本书为教育部人文社会科学研究西部和边疆地区项目

“冷战在刚果：美国对刚果危机（1960—1963）决策研究”

（编号12XJC770002）最终成果

本书获得兰州大学中央高校基本科研业务费支持

（项目编号16LZUJBWZX009）

冷战在刚果

美国对刚果危机（1960—1963）决策研究

王延庆　著

中国社会科学出版社

图书在版编目(CIP)数据

冷战在刚果：美国对刚果危机（1960—1963）决策研究／王延庆著．—北京：中国社会科学出版社，2017.8

ISBN 978-7-5203-0511-2

Ⅰ.①冷… Ⅱ.①王… Ⅲ.①美国对外政策—研究—刚果 Ⅳ.①D871.20

中国版本图书馆 CIP 数据核字(2017)第 135668 号

出 版 人　赵剑英
责任编辑　刘志兵
特约编辑　张翠萍等
责任校对　冯英爽
责任印制　李寡寡

出　　版　中国社会科学出版社
社　　址　北京鼓楼西大街甲 158 号
邮　　编　100720
网　　址　http://www.csspw.cn
发 行 部　010-84083685
门 市 部　010-84029450
经　　销　新华书店及其他书店

印　　刷　北京明恒达印务有限公司
装　　订　廊坊市广阳区广增装订厂
版　　次　2017 年 8 月第 1 版
印　　次　2017 年 8 月第 1 次印刷

开　　本　710×1000　1/16
印　　张　18.75
插　　页　2
字　　数　280 千字
定　　价　79.00 元

凡购买中国社会科学出版社图书，如有质量问题请与本社营销中心联系调换
电话:010-84083683
版权所有　侵权必究

目　录

绪　论

20 世纪 50—60 年代，非洲在美国全球冷战战略优先序列表上的位次虽然较低，但在其政府及国家安全委员会的日程表中并非可有可无。在世界范围内非殖民化风起云涌以及大国领导人“零和”思维、“多米诺骨牌”理论盛行的年代，美国对来自非洲地区的任何动荡或变动都会时刻保持着高度的警惕。本书主要探讨大国、非殖民化与冷战的问题，所选案例刚果危机（1960—1963）正是“非洲（20 世纪）60 年代非殖民化进程中美国干涉最剧烈的事件，也是美国与其对手赌注最高的事件”。[①] 在《纽约时报》1960 年题目索引中，关于“刚果”的目录竟长达 12 页，“多于美国之外的任何国家，比卡斯特罗的古巴还要多一些”。[②]

1875 年，比利时国王利奥波德二世把刚果（利）变为私人领地后，推行了严酷的家长式统治和愚民政策。1908 年，比利时政府接管该地区后，基本上延续了这种统治方式，这使刚果民族主义运动在 20 世纪 50 年代前处于低水平状态。50 年代中期以后，刚果各地纷纷涌现的政治组织绝大多数都是以种族、地区为基础的。刚果民族运动是唯一具有全国性的政治组织，但是基础十分薄弱，其领导人帕特里斯·卢蒙巴（Patrice Lumumba）无法依靠该组织实现对整个刚果的有效控制。独立几天后，利奥波德维尔发生了刚果士兵不满比利时军官的兵变，骚乱迅速向全国蔓延，引发了黑人与白人、部落之间的冲突。比利时以保护欧洲侨民为借口迅速出兵干涉，并支持加丹加与南

---

① Odd Arne Westad, *The Global Cold War: Third World Interventions and the Making of Our Times*, London & New York, 2005, p. 136.

② *New York Times*, August 2, 2001.

开赛地区独立，美、苏及其各自阵营、联合国、非洲国家等外部力量都不同程度地参与其中，从而引发了一场旷日持久的国际危机。

国内外学术界关于这一历史事件的称呼并不一致。国外一般称之为“刚果危机”或“刚果冲突”等①；国内一般称之为“刚果事件”“刚果问题”“刚果危机”等②。尽管上述说法各异，但均认定该事件是非洲冷战对抗中的典型案例。本书拟采用“刚果危机”的说法：一则这是国外学术界的主流称呼，在概念层面能与“国际接轨”，有助于人们更好地理解事件的性质；二则美国官方解密文件集（尤其是《美国对外关系文件集》与国务院的相关档案）也多以“刚果危机”指称该事件。

学术界关于刚果危机的时间断限也颇具争议。在其起始时间上，学术界的观点是一致的，即刚果独立几天后利奥波德维尔附近军营的士兵突然哗变，继而骚乱向全国蔓延，比利时、联合国、美国、苏联等国际力量相继卷入其中。而对于这场危机结束的时间，学术界的观点却大不相同，目前主要有三种看法：一是 1963 年初加丹加分裂结束；二是 1964 年联合国部队撤离刚果；三是 1965 年蒙博托建立军事独裁政权。③ 应该说，上述观点各有自己的裁定标准。本书拟采纳第一种看法，主要原因有两点：其一，刚果骚乱衍化为国际性危机的主要原因是加丹加的分裂，因而应以其分裂结束（1963 年初）作为事件结束的标志；其二，现有的美国解密档案也支持上述看法，尤其是

---

① See Catherine Hoskyns, *The Organization of African unity and the Congo Crisis, 1964 - 65: Documents*, Oxford University Press, 1969; James Alan, *Britain and the Congo Crisis, 1960 - 63*, St. Martin's Press, 1996; Odd Arne Westad, *The Global Cold War: Third World Interventions and the Making of Our Times*, London & New York, 2005, etc.

② 参见王玒、吴康和等编《战后国际关系史（1945—1992）》，超星图书馆；杨泽伟、谢韬编著《20 世纪国际关系史》，中国法制出版社 2001 年版；何春超主编《国际关系史（1945—1980）》，法律出版社 1983 年版；刘绪贻主编《美国通史》第 6 卷，人民出版社 2002 年版，等等。

③ 参见梁根成《美国与非洲：第二次世界大战结束至 80 年代后期美国对非洲的政策》，北京大学出版社 1991 年版；Lise A. Namikas, "Battleground Africa: The Cold War and the Congo Crisis, 1960 - 1965", PhD, University of Southern California, May 2002; Odd Arne Westad, *The Global Cold War: Third World Interventions and the Making of Our Times*, London & New York, 2005; Georges Nzongola-Ntalaja, *The Congo from Leopold to Kabila: A People's History*, London: Zed Books, 2002。

其国务院历史学家办公室选编《美国对外关系文件集》“刚果危机”专题卷中虽然也选取了少量1964年的档案，但其核心内容认同1963年初刚果实现统一为危机的结束时间。律联商讯公司出品的“刚果危机”档案专题微缩胶片（共40卷）中的资料也集中于加丹加分裂结束前。鉴于研究目标及档案资料方面的原因，本书认为把1963年初刚果实现统一作为危机结束的下限较为合理。

一　研究现状及相关文献述评

在冷战初期盛行的“零和”思维、“多米诺骨牌”等对抗理论的影响下，美、苏两个超级大国对全球范围内（冷战边缘地带也不例外）出现的任何机会或危险都时刻保持着高度的敏感与警惕，对引发地区政治动荡的重大事件更是迅速地作出反应，从而导致地区性的政治动荡衍化为国际危机。国内外相关机构与学术界对刚果危机的关注与研究早在其发生后不久就已经开始，迄今不衰。

（一）国外、学术界的研究状况

根据不同侧重点，我们可以将国外学术界对刚果危机的研究工作大致分为三个阶段。

1. 20世纪60年代：基本资料的收集、整理及初步研究

1960年7月初，刚独立的刚果（利）发生了本地士兵不满比利时军官的哗变，由此引发的骚乱迅速向全国蔓延。比利时政府借口保护欧洲侨民出兵干涉，并支持富庶的加丹加省与南开赛地区宣布独立，从而使一场原本由非殖民化危机引发的地区性政治与社会动荡迅速升级为外部参与力量众多，且持续两年半之久的国际性危机。这场危机的突发性及外界对该地区认知的有限性决定了学术界的早期关注与研究一般侧重于基本资料的整理方面，目的主要是试图弄清楚这场危机产生的根源及其基本的史实。

作为刚果的前宗主国，比利时在资料收集与整理方面显然有着得天独厚的优势。乔治·杜蒙特（Georges H. Dumont）曾任比利时政府官方历史学家，参加过1960年比利时—刚果之间商谈独立的圆桌会

议。他在著作中详尽地描写了此次会议期间公开及私下会晤的主要内容。弗兰克斯·帕恩（Francois Perin）主要介绍了这次会议期间制定《基本法》（*Loi Fondamentale*）等相关史实。甘绍夫·范·德·米斯奇（Ganshof Van Der Meersch）是比利时派驻刚果恢复法律与秩序的最后一任部长。在一份任务报告中，他主要介绍了这段时期的刚果武装力量、选举及其国内各党派谈判的基本情况。时任卢蒙巴新闻随员的塞奇·米歇尔（Serge Michel）与比利时记者弗朗西斯·蒙黑姆（Francis Monheim）分别描述了卢蒙巴、蒙博托在刚果独立前后的思想状况与行动。杰拉德－利博伊斯（J. Gerard-Libois）的《加丹加的分裂》（威斯康星大学出版社 1966 年版）专门描述了加丹加分裂的始末，填补了过往研究的不足。该书注重原始资料的使用，刊出了许多未公开的绝密文件，证实了比利时的军事援助是冲伯分裂政权建立的决定性因素。然而，它偏重于加丹加分裂早期历史的探讨，对后期历史的描述过于粗略，在联合国和加丹加关系的描述中基本没有挖掘与使用新的资料。①

最早系统整理该事件相关资料的机构是比利时社会政治研究中心（C. R. I. S. P.，位于布鲁塞尔）及其刚果政治研究所（I. P. C.，位于利奥波德维尔）。该机构相继出版了《刚果：1959》、《刚果：1960》（卷一和卷二）、《刚果：1961》、《刚果：1962》和《刚果：1963》等系列资料集，主要收录了相关重要人员的演讲稿、会议记录等，并附有大事记，成为后世相关研究不可或缺的资料来源。不过，该系列资料皆由比利时人整理，偏重于刚果与比利时双方，而关于加丹加分裂、联合国刚果行动方面的资料则少有收录。

总体而言，上述比利时人的工作对该事件的研究十分重要，也是西方学术界开展相关研究无法绕开的。不过，由于这些资料多为法文本且国内各大图书馆罕有收藏，于中国学术界开展相关的研究非常不利。

刚果危机爆发后不久，英语学术界的研究也迅速跟进。早期，他们研究的领域多侧重于阐释这场危机的根源。阿兰·梅利姆（Alan

---

① 上述内容主要参阅 Cathreine Hoskyns，"Sources for a Study of the Congo since Independence"，*The Journal of Modern African Studies*，Vol. 1，No. 3，1963，pp. 373－382。

P. Merriam）的《刚果：冲突的背景》（西北大学出版社 1961 年版）主要介绍了刚果独立前的社会、经济与政治状况，尤其是细致地描述了其独立后 3 个月内发生的重大事件，认为比利时政府加速了刚果的独立进程。不过，该书存在一些基本的史实错误。克劳福特·扬（Crawford Young）的《刚果政治：非殖民化与独立》（普林斯顿大学出版社 1965 年版）是一部颇受好评的政治分析著作，被学术界誉为“当代世界历史主流中关于最混乱新国家的权威性描述”。其部分结论发人深省，例如它认为“刚果领导人的非洲化被批准，是因为比利时确信它会倒台”。不过，该书对刚果民族主义的觉醒、政治进展及加丹加分裂的关注度有限，也没有论及联合国等外部力量的影响。凯瑟琳·豪斯肯斯（Catherine Hoskyns）的《独立以来的刚果：1960. 1—1961. 12》（牛津大学出版社 1965 年版）较为客观地剖析了危机前后发生的事件，尤其是刚果士兵的兵变、哈马舍尔德的困境及其与卢蒙巴的分歧、西方在危机各阶段的参与以及亚非国家在联合国的态度等，认为比利时缺乏对非洲新趋势的理解很大程度上导致了这场悲剧。

联合国在刚果危机期间的立场与行动也是学界关注的主要领域之一。时任驻加丹加代表的康纳·克鲁斯·奥－布赖恩（Conor Cruse O' Brien）根据自己 1961 年 6 月至 11 月在任期间的观察，出版了《往返加丹加》（1962）。他批评联合国高层官员（包括秘书长哈马舍尔德）故意发布错误的声明，隐瞒了 1960 年 9 月刚果国内政变的真相。恩斯特·莱弗沃（Ernest W. Lefever）的《刚果危机：联合国军在行动》（1965）根据大量的调查资料（包括采访过 100 多位相关的人员），阐释了联合国干预在法律方面遇到的问题。由于该书侧重于澄清史实，被认为“缺乏色彩、深度，甚至缺乏整体性”，且其部分结论似有臆测之嫌，例如它认为刚果士兵的“兵变可能受到了渗透到该国的共产党集团代理人的鼓动”等。[①] 危机期间，主要由非洲国家派兵组成的联合国部队发挥了重要的作用，罗伯特·古德（Robert Good）在《中立主义》（第一卷）中较为详细地介绍了这些国家在联

① Ernest W. Lefever, *Crisis in the Congo*: *A United Nations Force in Action*, Washington, D. C.: Brookings Institution, 1965, p. 11.

合国行动期间发挥的作用。

整体而言，20 世纪 60 年代国外对刚果危机的关注主要表现在两个方面：一是相关资料的收集与整理，保存了不少基本史料，为后人开展深入的、广泛的研究奠定了基础；二是相关研究多侧重于描述刚果独立前后的历史与社会状况以及联合国行动的基本史实，所用资料主要是新闻报纸，相关政府、国会公开的资料以及部分当事人的说法，故而不得不绕开乃至回避一些重要的甚至关键性的问题（如卢蒙巴遇害等）。

2. 20 世纪 70—80 年代：解密档案文献渐多，研究开始系统化

这一时期，大国冷战进入缓和阶段，刚果也因蒙博托建立军事独裁政权而复归平静。学术界的注意力开始转向新的热点地区（如越南战争、中美关系、中东石油危机、阿富汗战争等）。不过，随着部分重要当事人的回忆录的出版以及大国相关档案资料开始解密，西方学术界关于该事件的研究视野空前地扩大，研究内容也开始系统化。

重要当事人的回忆录无疑为刚果危机的研究提供了珍贵的一手资料。卢蒙巴政府驻联合国大使托马斯·康扎（Thomas Kanza）的《帕特里斯·卢蒙巴的起落：刚果的冲突》（企鹅丛书 1971 年版）对危机期间的一些重要人物，尤其是对卢蒙巴、哈马舍尔德等人性格的细致刻画是该书最具有启发性的内容。然而，他基本上没有参阅同时期的其他原始资料、著作或评论，故而不可避免地带有主观性、片面性。曾任哈马舍尔德驻刚果特别代表（1960. 9—1961. 5）的印度人拉杰什瓦尔·达亚尔（Rajeshwar Dayal），以亲历者的半回忆录方式写成的《哈马舍尔德的使命：刚果危机》（牛津大学出版社 1976 年版）有着更为深远的影响。该书严格以时间为线索，描述了哈马舍尔德处理危机的过程，披露了许多鲜为人知的细节，阐释了联合国刚果行动的成败之处，并揭示出卢蒙巴内心的一些真实想法。当然，他作为当事者无法不为自己、哈马舍尔德及联合国行动辩护，例如他坚决否认联合国应该对卢蒙巴遇害负责。此外，作者依据的其他资料主要是豪斯肯斯的《独立以来的刚果：1960. 1—1961. 12》等著作及新闻资料、口述资料，部分内容的可靠性存在一些疑点。

此外，关于联合国在危机期间的行为与作用的研究也渐趋深入，

研究视角也开始多元化。乔治·阿比－萨伯（Georges Abi-Saab）的《联合国在刚果的行动：1960—1964》（牛津大学出版社1978年版）主要从法律角度探究联合国最初干预刚果的决定、1960年8月联合国在加丹加地区部署军队、9月的宪法危机及导致结束加丹加分裂的决定等。该书仅限于探讨联合国的决定，特别是秘书长对法律的影响，而忽略了其他重要参与者的作用。

上述研究成果主要集中在刚果、比利时和联合国方面，而对作为主要幕后参与者的美国并没有专著涉及。斯蒂芬·魏斯曼（Stephen R. Weissman）的《美国对刚果的政策：1960—1964》（康奈尔大学出版社1974年版）无疑填补了这方面的空白。作者采访过许多参与危机决策的美国官员，并参考了多种相关资料。该书系统地分析了美国参与危机的过程，尤其对重要决策者（艾森豪威尔时期的赫脱、狄龙、墨菲及肯尼迪时期的鲍尔斯、斯蒂文森、威廉姆斯、古里昂和麦吉等）进行了细致的描述，认为美国的刚果政策与国际现实不合，“没有增强国家安全，因为国际共产主义的威胁是错觉”等。[①] 然而，该书并未就他所认定的美国对刚果政策的根源进行深入探究。此后关于美国参与这场危机的探讨成为最重要的研究领域。马德林·G. 卡尔布（Madeleine G. Kalb）利用美国政府的“信息自由法”[②]，从国务院和中情局获得了2000余份（包括中情局试图暗杀卢蒙巴的绝密电报）资料，还从苏联获得了不少相关资料。在此基础上，他的《刚果海底电报：冷战在非洲——从艾森豪威尔到肯尼迪》（麦克米伦出版公司1982年版）深入讨论了危机期间联合国的作用、苏联的地位以及亚非新兴国家的崛起。该书还改变了传统学术研究的刻板面孔，“读起来有时像一本詹姆斯·邦德的故事，有时则像国际政治学的一篇课文”。[③] 迈克尔·W. 威廉姆斯（Michael Wayne Williams）的博士论文《美国与第一次刚果危机：1960—1963》（加利福尼亚大学，

---

① Stephen Weissman, *American Foreign Policy in Congo* (*1960—1964*), Cornell University Press, 1974, p. 291.

② *Freedom of Information Act*，也译成“情报自由法”，是美国于1967年颁布的关于联邦政府信息公开化的行政法规，规定了民众获得行政情报方面的权利和行政机关向民众提供行政情报方面的义务。

③ Review (s), *Library Journal*, July 1982.

1991年）考察了美国对危机的反应，认为艾森豪威尔与肯尼迪都竭力操纵刚果国内事务，并借助联合国防止刚果“巴尔干化”。然而，该文在研究方法、资料发掘与使用或研究视角方面并没有明显的突破。

20世纪70年代以后，“经济—社会史”“文化—社会史”学术新潮在西方学术界迅速兴起，对历史研究的方法论产生了革命性的影响。大卫·杰布斯（David N. Gibbs）的《第三世界干涉的政治经济：矿业、金钱与美国在刚果的政策》（芝加哥大学出版社1991年版）当属这股新潮中刚果危机研究的代表作。该书通过对大量解密档案与文献的解读，认为美国投资者在一定程度上决定了白宫的政策。艾森豪威尔政府官员与加丹加投资者保持着较为密切的经济关系，促使政府试图维持加丹加的分裂，而肯尼迪政府分为亲加丹加派与反加丹加派，决定了政府在刚果决策中不断地游移。他还认为美国的政策不能完全以现实的或反共产主义的态度进行解释。遗憾的是，该书未能对美国商业利益集团在多大程度上以及如何影响政府决策等问题进行深入的探讨。

总体来看，该时期的刚果危机研究在前期资料积累与研究的基础上开始在视角上有了新的突破，在领域上有所扩大，在资料发掘与具体问题的研究方法上也取得了显著的进步。不过，这些研究总体上仍属于以美国、联合国为中心的单边研究，在多边档案文献和社会史料的发掘与使用方面仍未取得重大的进展。

3. 后冷战时期：解密档案资料更丰富，多边研究渐成趋势

长期以来，冷战史研究的重点是美、苏、中等大国及两大集团之间的直接对抗与缓和，以及斯大林、杜鲁门、赫鲁晓夫、毛泽东等少数重要人物。冷战结束后，各大国的档案开始大规模解密，极大地拓宽了冷战史研究的领域。新近的研究表明，在冷战进程中，“最超乎寻常的单独要素并非华盛顿与莫斯科的外交对抗或核军备竞赛，而是第三世界革命的重复发生”。[1] 在这种形势下，刚果危机的深入研究获得了极大的拓展空间。

---

① ［英］弗·哈利迪：《革命与世界政治》，张帆译，世界知识出版社2006年版，第189页。

冷战结束后，相关重要当事人陆续出版的回忆录、口述资料等进一步丰富了刚果危机研究的史料库。印度将军因达·里克惠（Indar Jit Rikhye）曾任哈马舍尔德的军事顾问，也是联合国刚果行动前两年的实际指挥官。他的《秘书长的军事顾问：联合国维和与刚果危机》（纽约1993年版）利用联合国文件、《纽约时报》及其回忆录等资料，详细地叙述了危机的过程，认为正是卢蒙巴引发了一系列导致联合国历史上最严重危机的事件、其本人政治上的倒台与丧生。① 2004年，伍罗德·威尔逊中心冷战国际史项目组织了刚果危机当事人口述专题会议，约请了托马斯·康扎、原利奥波德维尔省省长克里奥菲斯·卡米塔图（Cleophas Kamitatu）、原中情局驻刚果情报站首任站长劳伦斯·德夫林等多位重要的当事人、部分学者，以及联合国、美国政府代表一起讨论危机期间的细节。② 此次会议澄清了不少此前鲜为人知的史实，如卢蒙巴在被解职前就已知晓此事并试图与总统卡萨武布和解，康扎曾为营救卢蒙巴向苏、美求助等。他们一致认为，刚果、美、苏、比之间的误会导致了危机，刚果人的作用非常重要。中情局积极干涉刚果政局，在很大程度上改变了其政治的基本走向。德夫林的《刚果情报站长：在热点地区打冷战》（华盛顿哥伦比亚特区2010年版）则生动地描述了情报站在收集情报、拉拢刚果高层人物、组织策反以及暗杀卢蒙巴等方面的细节。

英国虽是非洲的传统殖民大国，但其参与刚果危机的程度有限且多呈隐性。詹姆斯·阿兰（James Alan）的《英国与刚果危机：1960—1963》（麦克米伦出版公司1996年版）主要依据英国对外办事处的大量档案、联合国文件以及美国解密档案进行研究，揭示出英国政党与政府如何试图平衡英国、北约盟国及英联邦之间的利益。该书认为，由于加丹加经济对英国的重要性，其政府始终强调结束加丹加分裂不应当不惜任何代价。遗憾的是，该书几乎没有谈及英国政府具体的刚果决策与行动。英国官员艾瑞克·帕克海姆（Eric

① Indar Jit Rikhye, *Military Adviser to the Secretary General: UN Peacekeeping and the Congo Crisis*, New York & St. Martin's, 1993.

② 包括俄罗斯学者谢尔盖·马佐夫（Sergey Mazov）、美国学者斯蒂芬·魏斯曼和里斯·纳米卡斯（Lise A. Namikas）、刚果学者兼比利时议会调查卢蒙巴暗杀委员会顾问基恩·奥玛松博（Jean Omasombo）等，以及来自联合国发展项目、美国国家档案馆的代表。

S. Packham）长期在殖民地机构任职，还担任过联合国驻刚果南开赛平民事务办事处主任，其著作《成功或失败：联合国在刚果独立后的干涉》（1998）主要介绍了南开赛地区在危机期间的基本情况。然而，该书在出版后立即遭到了批评，有学者指责它没有分析联合国行动的历史重要性，也没有注意到已经解密的联合国、英、美档案，且没有任何结论。

近些年来，西方学术界关于刚果危机的研究出现了喷涌之势，且呈现出不断探索新领域以及开展多边研究的特点。卢蒙巴是这场危机早期的主角之一，其遇害之谜众说纷纭。1999 年，德·韦特（Ludo de. Witte）的《暗杀卢蒙巴》（法文版，1999；英文版，2001）是世纪之交刚果危机研究的一部力作。该书使用了大量当事人的采访资料（例如比利时前外长保罗-亨利·斯巴克、前哈马舍尔德代表拉尔夫·本奇等），以大量的细节驳斥了西方国家认为卢蒙巴有共产主义倾向的歪曲宣传，认定西方国家与联合国共同谋害了卢蒙巴。遗憾的是，该书未能具体说明相关各方在多大程度上负有责任。该书还促发了广泛的社会舆论，迫使比利时议会成立了调查“卢蒙巴遇害中的比利时责任”的委员会。[①] 约纳山·海尔姆瑞奇（Jonathan E. Helmreich）的《美国与比利时、刚果的关系：1940—1960》（联合大学出版社 1998 年版）聚焦于美、比政府高层在 1940—1960 年的双边外交谈判，没有涉及两国间的政治、文化和经济之间的互动。约翰·肯特（John Kent）的《美国、联合国与非殖民化：冷战冲突在刚果》（牛津郡和纽约 2010 年版）在对美、英档案（尤其是 1960—1965 年的美国总统文件和英国内阁文件）解读的基础上，认为所谓的刚果共产主义威胁几乎不存在，美国及其欧洲盟国只是打着苏联威胁的幌子，目的是建立一个亲西方的温和派政府，以确保西方的经济利益。不过，该书在说明经济因素如何推动美国的刚果政策方面缺乏说服力。

长期以来，学术界对刚果危机的研究主要围绕以美国为首的西方国家、联合国进行，而对苏联、其他相关国家的研究较为罕见。而随

---

① 2001 年 11 月，该委员会发布了长达 1000 页的调查报告，认定当时的比利时政府参与了杀害卢蒙巴的行动，负有“政治和道德责任”。

着苏联档案的大量解密，这种缺憾得到了一些弥补。谢尔盖·马佐夫曾于20世纪90年代在俄罗斯当代历史国家档案馆工作，其新作《冷战中一条遥远的战线：苏联在西非和刚果（1956—1964）》（斯坦福大学出版社2010年版）深刻且极具开拓性。该书第二、第三章相当部分内容利用苏联档案，系统地梳理了莫斯科与刚果民族主义者建立与发展关系的历程，指出苏联在向刚果提供援助方面非常谨慎，对西非与刚果的政策是意识形态和安全考量的混合物。① 当然，该书中一些观点，如"卢蒙巴被暗杀是对苏联声望的一次沉重打击"等有待于进一步商榷。凯文·斯邦纳（Kevin A. Spooner）在新著《加拿大、刚果危机与联合国维和（1960—1964）》（温哥华2010年版）中，细致地梳理了加拿大参与刚果危机的历史进程，认为它并未奉行积极支持北约盟国的方针，而是真诚地希望接受一个中立的刚果政府，其政策中最重要的决定性因素是支持联合国及维护该地区的和平。②

不难发现，前述刚果危机研究多属传统的单边研究，真正的多边研究并不多见。里斯·纳米卡斯的《战场非洲：在刚果危机（1960—1965）中的冷战》（斯坦福大学出版社2013年版）应属多边研究探索中的一部杰作。该书主要利用俄国与美国新近解密的档案及少量的德国、比利时档案，考察了美国—苏联—刚果的三角关系，为更好地理解这场危机的全球影响及冷战意义提供了真正的国际视角。他还把中国纳入考察之列，认为赫鲁晓夫参加联合国在刚果的行动，削弱了中国人可能在刚果承担角色的任何可能性。③ 当然，本书所用资料仍存在明显的不均衡（以美国解密档案为主），且偏重于从宏观上把握该事件的冷战意义，对苏联的作用有夸大之嫌。阿兰娜·奥麦利（Alanna M. O'Malley）的《非殖民化外交：1960—1964年刚果危机期间的美国、英国和联合国》（曼彻斯特大学出版社2017年版）则是又一部值得期待的多边研究新作。据悉，该书利用联合国、美国

---

① Sergey Mazov, *A Distant Front in the Cold War: The USSR in West Africa and the Congo, 1956 - 1964*, Woodrow Wilson Center Press & Stanford University Press, 2010.

② Kevin A. Spooner, *Canada, the Congo Crisis and UN Peacekeeping, 1960 - 1964*, University of British Columbia Press, 2010.

③ Lise A. Namikas, *Battleground Africa: The Cold War in the Congo Crisis, 1960 - 1965*, Stanford University Press, 2013.

国家档案馆和肯尼迪总统档案馆等处的资料，重点考察英、美在联合国围绕刚果问题出现的一致与分歧。① 目前，笔者已经与该书作者取得了联系，却未能从她那里获得关于该书的更多信息。

（二）中国学术界的研究状况及未来展望

中国社会和学术界关于刚果危机的研究起步较晚，研究深度也长期受到时代与资料的极大限制。危机之初，中国社会对该问题的关注主要表现为有选择地追踪国外新闻报道，试图了解事件的真相。学术界的主要工作是选译部分国外相关著作和资料，如比埃尔·约阿等人的《在刚果的托拉斯》（世界知识出版社 1964 年版）、罗贝尔·科纳万的《刚果（金）历史》（商务印书馆 1974 年版）、西克·安德烈的《黑非洲史》（上海人民出版社 1979 年版）等。这些选译作品的相关内容侧重于从阶级斗争和民族解放斗争的角度探讨危机，强调刚果人民斗争的主动性。由上海译文出版社组织翻译的《国际事务概览》丛书则是一套备受国内外学者推崇的著作，其中由巴勒克拉夫、瓦特共同主编的两卷（上海译文出版社 1986 年版）中有专门章节涉及刚果危机，侧重对危机过程的概略性描述。

直到 20 世纪 90 年代，中国学术界的相关研究才有了新的进展，代表性作品主要有两部。一部是梁根成先生的《美国与非洲：第二次世界大战结束至 80 年代后期美国对非洲的政策》（北京大学出版社 1991 年版），系统地探讨了美国对非洲主要国家的政策。该书所用资料主要是上述西方研究著作及报纸，而没有使用一手的档案文献，故而关于刚果危机的部分主要侧重于历史进程的描述，未能对美国政府的决策过程进行深入研究。另外一部是钟伟云的《血洒加丹加：卢蒙巴事件始末》（世界知识出版社 1997 年版），以讲故事的手法描述了卢蒙巴在危机前后的活动及其遇害经过。然而，该书带有传统研究中意识形态色彩过于浓重的特点，且部分内容有猜测之嫌。据作者介绍，该书主要依据非洲统一组织的文件写成，却未注明具体来源，大大地降低了学术质量。此外，国内学术界关于非洲史的著作，如陆

---

① Alanna M. O'Malley, *The Diplomacy of Decolonisation: America, Britain and the United Nations during the Congo Crisis, 1960 - 1964*, Manchester University Press, 2017.

庭恩、彭坤元主编的《非洲通史》（现代卷）（华东师范大学出版社1995年版）等也有部分章节涉及，偏重于事件过程的简要介绍。

迄今，中国以刚果危机为题的学位论文有3篇。刘增莉的《联合国二十世纪六十年代在刚果的维和行动（ONUC）》（外交学院，2004年）和姜莉莉的《1960—1963年刚果危机与美国的政策》（陕西师范大学，2006年）硕士学位论文侧重于介绍和简要分析刚果危机的过程，虽然也使用了《美国对外关系文件集》中的部分档案文件，但利用并不系统。笔者的博士学位论文《美国与刚果危机：1960—1963》（华东师范大学，2009年）主要在《美国对外关系文件集》第20卷“刚果危机”、国务院中心档案缩微胶片“刚果对外关系”系列等档案文献的基础上，系统地梳理艾森豪威尔与肯尼迪两任政府对这场危机的不同认知与决策过程。该文认为，美国的刚果政策目标在于遏制苏联插手刚果，保持西方在该地区的传统优势地位，然而它无法摆脱英、法、比等盟国的压力，不得不重视亚非中立国家的立场，同时有意或无意地忽视刚果民族主义的诉求，结果导致其政策经常陷于摇摆不定的困境。

综上所述，国际学术界关于刚果危机的研究一直持续不断，以新资料、新领域和新视角为目标的多边研究热潮方兴未艾。这些成果或相互印证，或相互补充，有助于我们全景式了解这场危机的地区意义与国际意义。我们有理由相信，随着各相关国家更多档案的解密和其他资料的进一步发掘，该问题的研究仍有很大的拓展空间，如美、苏对危机的认知与决策仍需深入探讨（例如两大国在决策中如何在国家利益和价值目标追求之间作出优先选择的?），需要加大对英、法、比等重要参与国的研究力度，而为联合国提供大量维和部队的印度、加纳、尼日利亚等国态度与行动的研究目前基本上属于空白。对我国学术界而言，深入开展该问题的研究同样具有较大的学理价值和现实意义。当前，中国的相关研究最有可能产生突破并在国际学界获得话语权的领域，是探讨中国对刚果危机的认知与行动问题。

二　研究的基础及意义

本书拟在国内外先辈学者研究的基础上，系统地梳理美国政府对刚果危机的认知与决策过程。所用近年来美国解密档案主要有三种：第一种是《美国对外关系文件集》（FRUS），如1955—1957年第18卷“非洲和南亚”（1989）、1958—1960年第14卷“非洲”（1992）、1961—1963年第20卷“刚果危机”（1994）[①]；第二种是国务院中心档案缩微胶片“刚果对外关系”系列；第三种为美国数据库“解密文件系统”（DDRS）。其中，第一种档案中关于刚果危机问题的文件较为系统，重要性不言而喻。不过，该系列档案文件的选编与出版是美国政府的官方行为，不可能不为其“不光彩的行为”掩饰，主要是少选甚至不选于己很不利的文件，例如卢蒙巴遇害、扶植阿杜拉政府上台等方面的档案非常缺乏。[②] 幸运的是，这种缺陷在后两种文件中得到了部分弥补。

笔者通过本专题的探究，期望能在下列三方面为中国学术界开展相关研究略尽绵薄之力。

第一，在一定程度上填补国内相关研究的不足。目前，冷战史研究已经成为国际学术研究中重要增长点之一。依托冷战后各大国（尤其是美、苏、英、中等国）相继开放的解密档案，国内外学者对冷战时期的重大事件与重要人物的研究已经取得了令人瞩目的成就。近些年来，冷战史研究正逐步向更广阔的领域拓展，非殖民化与冷战问题就是其中的主要论题之一。目前，国际学术界对该论题的研究已经较多，所涉及的地域也较广阔，而国内的相关研究主要集中于亚洲非殖民化，如印度尼西亚、印度支那、马来亚等少数地区，而对非洲（尤其是南部非洲）的非殖民化与冷战的问题极少涉及，本书将在一定程度上弥补国内在这方面研究的不足。

第二，丰富冷战与第三世界相关问题的研究。冷战史新研究代表人物约翰·盖迪斯（John L. Gaddis）指出：“如果想把握二战后国际体系的本质，我们则需要一个分析框架。这个框架能够描述大国的起

① 编者承认，某些文件由于安全原因没有解密，宣称这部分文件仅占选编文件的0.38%。大卫·杰布斯认为，“最严重的缺陷是它几乎没有提到美国暗杀帕特里斯-卢蒙巴”。参见David N. Gibbs, “Let Us Forget Unpleasant Memories: The US State Department's Analysis of the Congo Crisis”, *The Journal of Modern African Studies*, Vol. 33, No. 1, 1995, pp. 175-180。

② Ibid.

伏，同时能指出在大国本身以及他们势力范围内的变量，且能够说明施加在大国身上的限制，这些限制使得边缘力量起到作用，尽管事件是由力量中心来控制。”[①] 盖氏在这里注意到，冷战不仅是美苏大国之间的全面对抗，也包括“第三世界”作为变量对它们的影响与钳制。当前，不少学者也越来越认为第三世界是美、苏进行冷战争夺的主要地区，也能更鲜明地体现冷战的复杂性与多层次性，正如魏斯曼所说，刚果危机“为理解美国在（20世纪）60—70年代在第三世界的干涉提供了引线”。[②]

毋庸置疑，刚果危机是多种冷战力量在第三世界交汇与碰撞的重要舞台之一。遏制共产主义势力在该地区的渗透与扩张是美国政府一贯的全球战略和对外政策的基点。然而，英、法、比等盟国则更关注本国在殖民地或原殖民地的战略安全和经济利益，亚非新兴国家倾向于支持刚果民族主义者的诉求并努力保持其中立，而后者的首要目标是维护国家主权独立与领土完整。上述各方在利益与目标上的冲突经常使美国政府在决策中陷入多重的困境，只能根据刚果形势的轻重缓急游移其间。

第三，揭示某些历史真相具有一定的现实意义。刚果危机遗留的一些问题，尤其是卢蒙巴遇害事件半个世纪以来一再被人们提起。1975年1月，美国参议院建立“丘奇委员会”（Church Committee）调查本国的情报活动，包括卢蒙巴遇害。1999年，比利时议会专门建立调查委员会调查卢蒙巴遇害事件，并于2001年11月发布了长达千页的报告，认定比利时政府参与了杀害卢蒙巴的行动，负有“政治和道德责任”。作为当事人的克雷奥法斯·卡米塔图则强调美国政府通过中情局策划了整个事件，应该负有更大的责任。因此，探查卢蒙巴的遇害真相仍是学者不可推卸的责任。

总而言之，美国的刚果政策及其行为为本国乃至世界留下了不少需要深思的问题和值得吸取的教训。魏斯曼将之主要归结为两点：第一，刚果迄今仍在为建立民主与稳定而努力。人们只有敢于直面过去

① John L. Gaddis, *We Now Know: Rethinking Cold War History*, New York & Oxford University Press, 1997, p. 27.

② Stephen Weissman, *American Foreign Policy in Congo (1960 - 1964)*, p. 301.

践踏刚果民主的历史，才能有助于建设刚果的未来；第二，美国当年在刚果的行为与当前反恐斗争有关联，“必须避免过分恐惧和热情，导致我们对最基本原则的破坏性干涉”。[①] 苏联职业外交家维·列西奥夫斯基也慨叹：“过去的错误不应当重演。无论是在地球的哪一部分发生的国际危机都有一个共同点，那就是大国和各大陆的国家集团往往会卷入其中，导致无法解脱的矛盾，不容易找到出路，危机就会无尽无休，甚至蔓延到世界的其他地区。刚果的事态发展正是如此。刚果事件是悲剧性的，它使数千人丧失了生命，长久地延宕了这个国家的和平发展。”[②]

三　研究方法与结构

随着大国冷战时期的重要档案相继解密以及“新研究”的兴起，冷战史研究的重心也发生了转移。传统研究由于缺乏相关的重要档案文献，侧重于探讨历史事件的原因及结果，而对事件过程的描述通常是概略性的，不得不有意或无意地回避一些重要的问题。而“冷战史新研究”强调依托解密档案，尽可能地系统梳理与研究变化不定的历史过程，力求还原事实真相。本书试图在档案文献的基础上，探究美国政府在刚果危机决策中面临的多重困境，进而揭示非殖民化与冷战的复杂关系。

本书正文共分为五章。第一章，梳理20世纪50年代美国对非洲、比属刚果政策的演变。随着欧亚冷战格局的形成及第三世界非殖民化运动的兴起，美国政府开始重新评估非洲在其国家安全政策中的地位，自然资源在决策中的地位逐渐下降，而其战略利益与意识形态地位日益突出，比属刚果就是典型的案例。然而，由于比利时对其他国家染指刚果始终保持着高度的警惕，美国只能在强调与其合作的基础上获得在该地区的最大利益。

① Stephen Weissman, “Opening the Secret Files on Lumumba's Murder”, *Washington Post*, July 21, 2002.

② ［苏］B. M. 列西奥夫斯基：《联合国前秘书长死亡之谜》，龚毅华译，群众出版社1989年版，第78页。

第二章，探讨危机初期美国的认知与决策。艾森豪威尔政府从最初强调比利时负有责任，到支持联合国出兵，再到努力防止苏联“朝鲜式”介入成为其政策的重心。为此，美国政府迫使比、英、法等盟国作出部分让步，并支持联合国在刚果事务上发挥主导作用。以卢蒙巴为首的激进民族主义者向苏联寻求军事援助，试图以武力解决加丹加分裂，致使美国的早期政策失败。

第三章，围绕美国对付卢蒙巴政权及其个人的政策展开。美国通过中情局支持卡萨武布、蒙博托先后发动政变，推翻了卢蒙巴政权，还通过从国外招募杀手等方式试图从肉体上消灭刚果合法的总理。由于卢蒙巴遇害，艾森豪威尔政府完成了其遏制苏联干涉的主要目标，但是问题并未因此得到解决。

第四章，阐述肯尼迪重建刚果合法政府的努力。肯尼迪执政之初便制定出以建立基础广泛的政府为核心的刚果新政策，并为此进行了不懈的努力。阿杜拉政府的建立完成了他重建刚果政府的主要目标，但他为此不得不向西方盟国妥协，在结束加丹加分裂问题上犹豫不决，延缓了解决刚果分裂的进程。

第五章，主要探讨美国政府结束加丹加分裂的努力。肯尼迪政府提出了以武力为基础的“吴丹计划”。然而，在该计划经过西方盟国的重大修改后，美国政府不得不继续主张以和谈方式解决。冲伯无休止地拖延致使以和谈方式解决分裂彻底失败。最终，联合国部队主动以武力解决了加丹加分裂。

第一章

20世纪50年代美国非洲政策的演变

旧式的西方殖民主义正在消失，一种新型的帝国主义已经开始向全球每个领域张开了它的攫取之手……新的苏联殖民主义比老殖民主义更狡猾、更有害……（亚非殖民地）不成熟的独立可能是危险的、倒退的与破坏性的……国家的独立绝非解决亚洲与非洲复杂问题的灵丹妙药。

——负责近东、南亚与非洲事务助理国务卿
亨利·贝鲁特（1953年10月）

美国现代学者拉波特·埃莫森曾明确指出，美国在非洲的利益主要包括资源、战略和意识形态三个方面。① 然而，这三个方面在美国不同时期的非洲政策中不能等量齐观，其侧重点往往随着全球冷战格局以及非洲地区形势的转换而变动。总体来看，在20世纪50年代之前，由于大多数非洲地区尚处于西欧殖民国家的统治之下，美国对非洲的政策主要以战略物质资源为中心。随着50年代欧亚冷战格局的形成以及民族解放运动的蓬勃兴起，美国决策层不得不重新评估非洲在本国安全与全球战略中的地位，自然资源在决策中的地位逐渐下降，而战略利益与意识形态地位日益凸显出来。

艾森豪威尔政府时期，美国的非洲政策就已经开始出现明显的变化，大体上是从严格的以欧洲为中心的非洲政策，开始转向试图把欧

① Wlater Goldschmidt, ed., *The United States and Africa* (revised), New York & London, 1963, pp. 5 - 6.

洲与非洲分开考虑的政策。与之相应的是，美国决策层对非洲独立的认识也从之前“对西方的一种威胁”逐渐转变为“一次建立稳定的、亲西方国家的机会”。[①] 艾森豪威尔虽然不得不考虑遏制苏联共产主义集团在非洲扩张势力与渗透的可能性，但他不愿把美国有限的资源投放到这块冷战的边缘地区。同时，由于西欧盟国极力反对美国插手它们在非洲殖民地的事务，加之艾森豪威尔极力倡导与欧洲盟国的“集体安全”，美国在其非洲政策上只能更多地强调这些宗主国对本国殖民地的责任。美国对比属刚果政策正是其对非洲政策的典型案例之一。

比属刚果地处非洲心脏地区，铀、钴、铜和钻石等重要战略矿产的蕴藏量极其可观。美国在这里的早期活动主要限于对战略物资的争夺。第二次世界大战后的十年间，全球冷战的战略考量逐渐成为美国对比属刚果政策的核心要素。决策者相信这块地区对比利时战后的经济复兴意义重大，因此在该问题上给予了必要的支持。加拿大和南非铀矿的发现使刚果的战略物质资源在美—比关系中的地位不断下降。同时，由于非殖民化浪潮的勃兴，西方国家在刚果的战略安全利益、意识形态问题日益凸显出来。然而，由于比利时始终对美国染指刚果保持着高度的敏感与警惕，美国政府只能在与比利时合作的基础上谋求在该地区的最大利益，这也注定了美国在西方盟国与独立后的刚果之间无法作出明确的抉择。

第一节　从资源到战略、意识形态利益的转变

第二次世界大战期间，非洲尤其是北非地区作为欧洲反法西斯主战场的侧翼引起了西方盟国的重视。然而，美国在冷战初期对非洲的重视程度远较世界其他地区低得多。美国政府忙着与中东、东南亚等地区的国家缔结军事条约或者防卫条约时，基本上没有考虑通过类似的缔约确定自己在非洲的地位。据此，有学者认为美国政府根本没有一项完整的、系统的针对非洲大陆的外交政策。为确证这种观点，他

① Steven Metz, “American Attitudes toward Decolonization in Africa”, *Political Science Quarterly*, Vol. 99, No. 3, 1984, pp. 515 – 553.

们经常引用美国著名历史学家和政治评论家小阿瑟·施莱辛格（Arthur Schlesinger）的话："在所有的大洲之中，这一个洲（即非洲）受美国的忽视最久。直到1960年，我们在政治上或经济上、军事上或文化上对非洲的直接关系都是不够的。没有任何传统的原则指导我们的非洲政策，没有任何同盟条约使我们的军队承担义务。对于非洲的开发，我们的对外原则计划只做出了象征性的贡献。"① 与美国对世界其他地区的重视程度相较而言，上述观点符合基本史实。然而，倘若仅局限于这种宏观的定性认识，则只能看到一幅静态的历史图景，只有认真地审查其间"量"的变化，方可观察到美国对非洲政策的动态流变。大致说来，美国在20世纪50年代的非洲政策经历了从战略物质资源为中心到冷战战略、意识形态为中心的转变过程。

一　从反殖民主义到反对殖民地独立

第二次世界大战前，美国在非洲地区的活动主要集中在商业投资、传教、教育等有限的领域，投资金额仅占其海外投资总额的1.1%左右，且主要分布在北非地区与南非联邦。第二次世界大战爆发后，非洲地区迅速成为西方盟国反法西斯战争的"一个基地、一个战场、一个战略地带"。在1941年底参战后，美国迅速进入北非和西非地区开展反法西斯的军事行动，例如向摩洛哥派驻军队、在利比里亚修建罗伯茨空军基地等。与此同时，自1929年经济大危机以来美国与非洲之间几乎停滞的贸易也迅速增至10亿美元以上。1943—1950年，美国在非洲的投资大幅度增长，占其海外投资总额的2.5%。② 第二次世界大战后，矿物原料（尤其是重要的战略物资）上的自给率下降以及战后欧洲经济重建的需要，促使美国政府开始强调非洲战略原料的地位。根据杜鲁门政府1949年提出的《援助落后地区经济开发计划》（简称"第四点计划"），美国首先向非洲（特别是北非地区）提供必要的经济援助。直至1954年，大部分美国援

---

① ［美］小阿瑟·施莱辛格：《一千天：约翰·菲·肯尼迪在白宫》，仲宜译，三联书店1981年版，第471页。

② 美国西北大学非洲研究计划处：《美国对非洲的外交政策：美国西北大学非洲研究计划处研究报告》，北京编译社译，世界知识出版社1960年版，第94页。

助都是以较大数额的贷款和赠予的形式进行的，主要用于改善该地区的运输与动力设施。①

第二次世界大战结束后，杜鲁门政府在殖民地问题上至少在表面上仍在延续传统的反殖民主义立场。1949年10月初，国务卿迪安·艾奇逊宣称："美国支持那些逐步向联合国宪章所规定的自治或独立目标前进的人民的民族主义意愿。我们政府的政策是……支持一切以自己行动表明他们值得且已准备享有自由的人们来获得自由。"② 然而，由于东西方阵营的形成以及冷战在全球范围内逐步展开，美国政府不得不强调与西欧盟国之间的密切关系，在北大西洋公约组织成立后更是如此。尽管非洲民族解放运动的步伐在艾森豪威尔时期明显地加快，但是他几乎没有对上述政策作出任何变动。③ 究其原因，主要在于非洲地区并非美国的传统势力范围，且"与非洲关系重大的、最后的决定权掌握在我们北大西洋公约组织盟国手中的事实，就意味着非洲问题在我们的思考中只能占一个有限的位置"。为维护与北约国家关系的稳定和团结，美国政府的非洲政策主要强调以欧洲为中心，基本立场是"既不能完全拒绝其盟友的要求，也不能为了满足他们的要求而完全放弃非洲"。④

随着冷战对抗格局的形成，非洲逐渐被纳入美国的全球战略蓝图之中。1950年4月，杜鲁门政府制定出第二次世界大战后第一份全面阐述美国国家战略的文件——著名的NSC 68号文件，提出美国及其盟国必须进一步加强北约的军事力量，以保卫包括非洲在内的某些地区以及与之相连接的交通线，防止这些地区被苏联控制。⑤ 美国决

---

① 根据官方数据，美国向非洲提供的经济援助（不包括埃及），1946—1948年为760万美元，1953年为2720万美元，1958年增至9970万美元。

② 《美国国务院公报》第21卷第535期，1949年10月3日，第496页，转引自美国西北大学非洲研究计划处《美国对非洲的外交政策：美国西北大学非洲研究计划处研究报告》，第13页。

③ Stephen Weissman, *American Foreign Policy in Congo (1960 - 1964)*, p. 43.

④ 美国西北大学非洲研究计划处：《美国对非洲的外交政策：美国西北大学非洲研究计划处研究报告》，第12页；Rupert Emerson, "American Policy in Africa", *Foreign Affairs*, Vol. 40, No. 1, 1962.

⑤ NSC - 68: United States Objectives and Programs for National Security, April 14, 1950, *FRUS*, 1950, Vol. I, pp. 234 - 292.

策层虽然在该文件中并未把非洲列入其优先性政策的选择序列之中，但强调这里是美国全球战略中的一环，并非可以忽略不计。就在该文件获得批准4天后，近东、南亚与非洲事务局的一份政策文件强调指出：非洲的战略价值日益增加，特别是其北部地区，这里也是美国与西欧所需重要战略原料的产地，“实际上是世界上的最后边疆”。[①] 随着朝鲜战争的突然爆发，美国不得不反复地强调欧洲和亚洲的关键性地位，而任由其在非洲的利益降至新的低点。[②]

与此同时，美国全球冷战战略的形成也使之对非洲的态度发生了明显的转变，主要表现是不再像以前那样积极地倡导殖民地的独立了。1951年6月27日，负责近东、南亚与非洲事务的助理国务卿乔治·麦吉（George C. McGhee）在西北大学当代非洲研究所的演讲中宣称：原始的、未受过教育的人民不成熟的独立对他们弊大于利，即刻获得国家独立并非解决所有殖民问题的灵丹妙药。西欧司在1952年4月21日题为“关于美国对殖民地和殖民国家的政策目标的基本考虑”的备忘录中也认为殖民地过早的、不成熟的独立会滋生大量的不满与动乱，进而被共产党人利用。基于各种因素的考虑，他建议美国政府倡导殖民地在独立问题上走渐进式的路线。[③] 然而，美国附属地事务署与联合国政治与安全事务署的官员却坚持美国应该走一条中间路线，强调上述主张将疏远强烈反对殖民主义的新兴国家，并将促进“第三种力量”的形成，甚至会导致这些国家投入共产主义集团的怀抱。他们建议美国政府对各殖民地区的政策应该视其具体状况而定，应该避免与反动的殖民政策发生密切的联系，以免影响美国在自由世界舆论中的领导地位。总而言之，无论从短期利益还是从长期利益来看，美国政府都应该遵奉一种棘手的中间路线和立场。[④]

---

① Policy Paper Prepared by the Bureau of Near Eastern, South Asia, and African Affairs, April 18, 1950, FMD D-4.

② Steven Metz, "American Attitudes toward Decolonization in Africa", *Political Science Quarterly*, Vol. 99, No. 3, 1984, pp. 515-533.

③ Memorandum by the Acting Deputy Director of the Office of Western European Affairs (Knight), April 21, 1952, *FRUS*, 1952-1954, Vol. Ⅲ, pp. 1102-1108.

④ Draft Memorandum Prepared in the Office of Department Areas Affairs and in the Office of United Nations Political and Security Affairs, May 8, 1952, *FRUS*, 1952-1954, Vol. Ⅲ, pp. 1111-1115.

为消弭部际间的分歧与矛盾并制定出对殖民地政策的总体性文件，国务院在原有殖民地委员会的基础上，于1952年6月18日成立了专门负责处理殖民地问题的工作组，由联合国事务署、政策规划署及其他相关部门组成。在6月20日首次举行的工作组会议上，会议主席威廉·卡戈（William Cargo）强调指出，工作组应该本着实用主义的态度处理具体的问题，也要考虑长远的政策。在此前提下，他主张工作组进一步考虑20世纪50年代关于殖民地政策的文件。此后，工作组就殖民地政策提出了一系列的问题：近期的问题，包括对殖民地的经济、技术援助，支持民族自决等；长期的问题，包括在殖民地区抵御苏联的宣传，保持它们的亲西方倾向——在政治、经济、教育和宣传等方面对美国的政策进行评估等。该工作组负责人本杰明·格里哥（Benjamin Gerig）始终坚持美国在殖民地问题上应该奉行中间路线。① 然而，直到该工作组于1953年9月被解散时，美国政府关于附属地区的总体性政策依然没有多大进展。

1953年1月入主白宫后，艾森豪威尔继续强化杜鲁门政府时期以“东西方斗争的全球性角度”看待地区问题的立场，积极地推行对苏联集团的全球遏制战略。在他们看来，第三世界的民族主义是一种对美国及西方阵营不利的力量。在就职前夕的一篇日记中，艾森豪威尔这样写道：“民族主义正在高涨，世界共产主义正在利用这种民族主义精神煽动对自由世界的不满。莫斯科引导许多被误导的人民相信，他们能够指望共产党的帮助来实现和维持民族主义的野心。实际上，正在发生的是，共产党人希望利用现存关系的毁坏造成的混乱，以及遭到破坏的贸易、安全，以及不确定性，来推进世界革命和克里姆林宫主宰所有人民之目的。”② 正因如此，他在非洲殖民地问题上延续了杜鲁门政府的立场。他在回忆录中这样表示：我们在非洲没有

① Minutes of Meeting of the Working Group on Colonial Problems, Department of State, June 20, 1952; June 24, 1952; Editorial Note, *FRUS*, 1952 - 1954, Vol. Ⅲ, pp. 1119 - 1123, 1160.

② 艾森豪威尔日记笔记，1953年1月6日，艾森豪威尔日记，惠特曼档：艾森豪威尔日记，第5盒，艾森豪威尔个人文书，“1953年至1954年（3）”卷宗。转引自［美］约翰·加迪斯《遏制战略：战后美国国家安全政策评析》，时殷弘、李庆四、樊吉社译，世界知识出版社2005年版，第186页脚注。

领土要求。然而，居于自由世界领导地位，我们不希望看到混乱局面在那些充满希望和期待的各国人民中间继续蔓延下去，也不能坐视共产党人在该地区从骚乱中兴高采烈地大捞一把。[①] 负责近东、南亚与非洲事务的助理国务卿亨利·贝鲁特（Henry A. Byroade）在 1953 年 10 月 31 日的演讲则几乎完全重复了其前任乔治·麦吉的话："旧式的西方殖民主义正在消失，一种新型的帝国主义已经开始向全球每一个领域张开它的攫取之手"，这种"新的苏联殖民主义比老殖民主义更狡猾、更有害"。继而，他警告说："国家的独立绝非解决亚洲与非洲复杂问题的灵丹妙药"，不成熟的独立可能是危险的、退步的与破坏性的，因为不成熟的独立会造成新的权力真空，导致其内部动荡以及外部的入侵。[②]

在斯大林逝世后，赫鲁晓夫通过排除异己，逐渐掌控了苏联的党政实权，也开辟了对外关系的新时代。与斯大林表面上对外强硬的态度不同，赫鲁晓夫宣称苏联将以和平方式，而不是战争的方式与美国在全球展开霸权的争夺。为此，他在大力倡导东西方缓和关系的同时，试图利用第三世界的非殖民化运动所带来的机会扩张苏联的势力。1953 年夏，他主动放弃了对土耳其的领土要求，并向伊朗主动提出解决双方边界、财政等问题。在这种新的形势下，如何遏制苏联在中东地区的渗透与势力扩张成为美国新政府面临的紧迫任务之一。5 月，素有"冷战斗士"之称的国务卿约翰·杜勒斯（John F. Dulles）专门巡视了中东地区，并在回国后提交的报告中指出，与苏联毗邻的"北排国家"（主要指土耳其、伊朗、阿富汗和巴基斯坦）也受到了共产主义的威胁。1954 年 7 月，国家安全委员会为此通过了 NSC－5428 号文件，要求美国政府努力建设包括土耳其、巴基斯坦、伊朗等国在内的"北排国家"。

在这种战略方针的指导下，艾森豪威尔政府与北非、东非国家签订了一系列"并不是与非洲本身有联系，而是与中东和反对共产主

---

① 《艾森豪威尔回忆录》（四），樊迪、静海等译，东方出版社 2007 年版，第 422—423 页。

② The Speech of the Assistant Secretary of State (Byroade) for Near East, South Asia and Africa Affairs, October 31, 1953, *FRUS*, 1952－1954, Vol. XI, part one, p. 57.

义的防务相联系的"的协定。由于难以在北非民族主义与殖民宗主国法国之间作出抉择，美国政府部分官员提出美国"应该与非洲人交朋友，但不要疏远我们的盟友"，主要目标仍是继续保持美国在该地区的军事基地和物力、人力资源，阻止苏联的影响及其共产主义意识形态的渗透等。在热带非洲地区，由于潜在的威胁并非来自苏联的军事进攻，而是来自非洲人独立的愿望，受西方技术与文化影响的本地制度的不稳定性等，他们建议政府利用经济、技术，甚至军事手段影响非洲政治转变的进程。①

随着法属北非几个地区独立日期的临近以及撒哈拉以南非洲民族主义运动的兴起，国务院认为非洲的形势越来越复杂，美国必须摆脱以欧洲为中心的非洲政策模式，制定出独立的非洲政策。非洲事务处在一份文件中直接指出，美国在非洲地区可能会面对严峻的殖民主义困境，"类似于我们当前在北非和其他地区遭遇的形势"，而摆脱这种困境的方法在于制定出独立的非洲政策。当然，他们也意识到欧洲宗主国对美国染指非洲事务极其敏感，故而强调不仅要"考虑我们自己的需要与利益，也要考虑宗主国的政策以及相关非洲人的诉求与态度"。若在欧洲与非洲之间作出选择，美国政府则必定承认欧洲的联盟体系更为重要。该文件意识到，撒哈拉以南非洲的形势复杂多样，总体性政策无法适应具体地区的需要，故而提出在三个政策层面上考虑该地区：第一，确定总的目标与行动方针；第二，考虑以各地区为基础的目标与行动方针；第三，针对非洲具体地区（国家）的目标与行动方针。此外，该文件还特别强调大规模地增加非洲战略物资生产的重要性，并鼓励与支持美国在非洲的经济活动与技术合作计划，以避免"在撒哈拉以南非洲出现当前我们在亚洲和北非地区面临的、同样的殖民主义困境"。②

---

① Memorandum from the Assistant Secretary of State for International Organization Affairs (Key) to Deputy Under Secretary of State (Murphy), April 20, 1955, *FRUS*, 1955 - 1957, Vol. XVIII, p. 7; National Intelligence Estimate, Conditions and Trends in the Tropical Africa, December 22, 1953, *FRUS*, 1952 - 1954, Vol. XI, part one, pp. 72 - 73.

② Memorandum Prepared in the Office of African Affairs, August 4, 1955; Memorandum from the Assistant Secretary of State for Near Eastern, South Asian and African Affairs (Allen) to the Secretary of State, August 12, 1955, *FRUS*, 1955 - 1957, Vol. XVIII, pp. 14, 12.

上述关于非洲政策的认识与建议在美国决策层中引起了共鸣。国务卿杜勒斯宣称：美国的政策必须建立在非洲潜在的与未来的基础之上，要超越当前的估计，应该是美国政策主要的决定性因素。他认为，在当前新形势下，必须“采取一种美国政策对抗非洲的殖民主义，并利用我们的灵活性……应该停止央求殖民国家（我们的北约伙伴），而应该让他们求教于我们”。为避免与殖民宗主国产生直接的冲突，他建议政府在《外交事务》杂志上再次公开发表一篇署名“X 先生”的文章，明确提出在非洲实施一种新方法，直接进入支持依附地人民自治的最前线。他还郑重地警告说：“没有一项该大陆的‘马歇尔计划’，非洲的堤防不可能抵御亚洲和苏联的联合进攻。”委任统治委员会代表歇尔斯对此深表赞同，也宣称“如果我们把欧洲与亚洲的问题作为当务之急，将模糊我们对未来日益增长的非洲重要性的认识”。①

二　非洲调研与新政策的形成

20 世纪 50 年代中期以后，世界形势发生了急剧变化。亚非国家万隆会议的成功召开，不结盟运动的兴起，加之北非地区各国相继获得独立、苏伊士运河危机等新形势使艾森豪威尔政府意识到改变传统非洲政策的必要性。同时，来自苏联的全面挑战使美国制定新的非洲政策更为迫切。在 1956 年 2 月苏共二十大的政治报告中，赫鲁晓夫提出，在东欧、亚洲和非洲地区出现了广阔的“和平地带”，新独立的国家和民族解放运动摆脱了西方的控制与剥削，打破了资本主义体系的完整性。发展中国家与社会主义国家是苏联反对殖民主义、新殖民主义和帝国主义的天然盟友，苏联可以与它们进行广泛的合作。该报告还明确地提出，任何发展中国家只要提出请求，都会得到苏联在军事、经济和技术上的援助。此后，从某种意义上说，“冷战逐渐不再被视为两大军事集团的对峙，冷战的性质转变为两条发展道路的竞争。第三世界的重要性也不再体现在军事盟友的意义上，而是体现在

① Memorandum by the Consul General at Leopoldville (McGregor), December 28, 1955; Memorandum from the Representative at the Trusteeship Council (Sears) to the Secretary of State, February 15, 1956, *FRUS*, 1955 - 1957, Vol. XVIII, pp. 25, 27, 29, 37.

发展道路上”。[①]

面对世界发展的新形势，美国民主党内的自由主义者开始对艾森豪威尔拒绝与第三世界的民族主义者建立联系与合作的做法表示不满。他们批评美国政府的保守方法不仅没能阻止第三世界日益勃兴的民族主义浪潮，反而疏远了那里的民族主义者。[②] 时任参议员的约翰·肯尼迪更是严厉地批评艾森豪威尔政府的对外政策被冷战目标所垄断，而对广大殖民地的非殖民化运动兴趣不够，呼吁美国人民与政府用扩大宣传美国独立的传统历史的做法来赢得“他们的心”与“友谊”。民主党领导人阿迪莱·斯蒂文森（Adlai E. Stevenson）和切斯特·鲍尔斯（Chester Bowles）也不遗余力地倡导世界所有民族的自治权利。这些批评也迫使艾森豪威尔政府重新评估美国对第三世界的政策。[③]

在这种形势下，非洲地区的战略重要性被明确地提了出来。1956年8月的一份国家安全评估认为，尽管当前共产党在热带非洲地区的力量微弱，但是他们的数量与影响力无疑会逐步增加。由于政治上的不断觉醒，一些非洲人将大量地接受外部提供的援助，甚至向阿拉伯—非洲国家或者苏联集团国家求援。该文件强调指出，无论非洲将来发生什么样的政治变革，西方都要保证从该地区获得战略利益以及必需的原料，“万一发生另一场战争，热带非洲可能会有很大的军事重要性”，特别是北非、近东基地及地中海—苏伊士的通信线路若被切断，该地区可能成为西方在其他地区行动的中转与补给基地。[④] 为适应上述非洲新形势的需要，国务院于1956年9月设立了负责非洲事务的助理国务卿帮办职位，还把非洲事务局分成北非事务局和南部

---

① 刘青：《美国对亚洲不结盟国家态度与政策的变化（1953—1963）》，《美国研究》2008年第1期。

② Chester Bowles, *Africa's Challenge to American*, University of California Press, 1956, p. 103.

③ Steven Metz, “American Attitudes Toward Decolonization in Africa”.

④ National Intelligence Estimate, NIE 72 - 56, August 14, 1956, *FRUS*, 1955 - 1957, Vol. XVIII, p. 47.

非洲事务局。[①]

在非洲殖民地问题上，艾森豪威尔虽然一直强调欧洲宗主国应该负起主要责任，但他显然并不信任这些国家，副总统理查德·尼克松的访非活动就体现出美国试图制定单独的非洲政策的意向。1957 年 2 月 28 日—3 月 21 日，尼克松对非洲进行了为期 3 周的访问，先后访问了摩洛哥、加纳、利比里亚、乌干达、埃塞俄比亚、利比亚和突尼斯。在 4 月 5 日给总统的报告中，他指出，由于阿尔及利亚战争以及法—突、法—摩之间关系严重恶化，法国在北非的声望与影响在以一种惊人的速度下降。他建议美国政府紧急制订新的行动计划，既承认法国的利益，又要让其意识到“在北非面临的及其向整个西方暴露出的极端危险”，以尽快采取行动确保北非国家持久的亲西方倾向。他要求政府继续对摩洛哥、突尼斯、苏丹、加纳、利比里亚提供援助，并考虑援助利比亚建立军队以填补因英国撤离而留下的安全真空。他还建议国防部和国际合作署在非洲地区的计划与行动上给予更高的优先性，甚至建议美国官员在公开场合避免使用“非亚人的”或“亚非人的”等概念，如无法避免，就用“万隆组织”或“阿拉伯—亚非组织”等替代性词语。[②] 此外，他还特别强调美国不应该在非洲有取代欧洲宗主国的意图，并保证与它们就殖民地经济发展联合计划进行磋商。由于之前美国与西方盟国都在努力地避免谈及与非洲殖民地经济有关的计划，尼克松的报告表明美国在制定独立的非洲政策上迈出了重要一步。更重要的是，这份报告直接导致了国家安全委员会第一份关于非洲基本立场的文件——NSC－5719/1 的出台，尼克松也因此被誉为“非洲新政策之父”。

另外，美国政府部分官员也越来越意识到新兴的非洲可能会被拖入冷战之中。英国外交大臣塞尔文·劳埃德（Selwyn Lloyd）预言说，

---

① 前者主要负责与埃塞俄比亚、利比亚、摩洛哥、突尼斯、英属和法属索马里兰和索马里以及西属撒哈拉的关系。后者主要负责与南非联邦、利比里亚、安哥拉、巴苏陀兰、比属刚果、喀麦隆、法属赤道非洲、法属西非、黄金海岸、西属和葡属几内亚、肯尼亚、马达加斯加、尼日利亚、罗得西亚和尼亚萨兰联邦、卢旺达—布隆迪、塞拉利昂、西南非洲、斯威茨兰、坦噶尼喀、法属多哥、乌干达、桑及巴尔和多个英属和法属印度洋岛屿。

② Report to the President on the the Vice Presidents visit to Africa, April 5, 1957, *FRUS*, 1955－1957, Vol. XⅧ, pp. 57, 67.

由于共产主义在非洲积极地开展活动，未来10年的战争可能会发生在这块大陆。杜勒斯表示赞同，也宣称美国未来在非洲可能会陷入很大的麻烦之中，甚至非洲可能不再为自由世界所有。[①] 随后，艾森豪威尔总统亲自主持了第335次国家安全委员会会议，重点讨论美国在1960年前对撒哈拉以南非洲的政策。尼克松建议美国政府把援助集中在已经取得独立的非洲国家或即将独立的地区。他特别指出，NSC－5719文件低估了共产主义在非洲威胁的严重性，警告说“共产主义在非洲将给它们穿上伊斯兰的、种族主义的、反种族主义的，或者民族主义的外衣”，所以共产主义势力在这里渗透的潜在危险非常大。副国务卿克里斯蒂安·赫脱（Christian Archibald Herter）对这种看法表示支持，建议在NSC－5719文件中增加表明共产主义对非洲的潜在威胁比实际威胁更大的词句。[②] 参谋长联席会议主席内森·特文宁（Nathan Twining）则指出，美国军方关于撒哈拉以南非洲的军事与战略价值的声明也低估了该地区的某些战略重要性。

在杜勒斯与赫脱的帮助下，尼克松在修订的NSC－5719/1文件中增加了共产党在非洲威胁的词句，承认“共产主义迄今在撒哈拉以南非洲不是一个主要问题，但是它的潜在影响应该是一个被不断引起关注的问题”。[③] 当然，NSC－5719/1文件中最显著的修订是更加强调非洲地区潜在的战略价值，认为这种价值当前虽然有限，但是万一发生战争或西方失去了地中海通道，控制该地区空中与海洋通信将变得相当重要。美国的主要战略利益是确保该地区不受共产党的控制，因为“通过撒哈拉以南非洲的某些基地，共产党能够对大西洋、印度洋和红海，以及对我们在北非的重要战略设施形成严重的威胁”。在政治层面，文件认为尽管非洲距离苏联势力所及的外围地区

---

① Memorandum of a Conversation, March 23, 1957, *FRUS*, 1955－1957, Vol. XVII, p. 54.

② 8月21日，国务卿赫脱建议，在NSC－5719/1文件中“它的潜在的影响是一件不断受到关注的事情”后补充一句，即“大体上，共产主义在撒哈拉以南非洲到现在不是一个主要的问题”。

③ Report to the President on the Vice President's Visit to Africa, April 5, 1957, *FRUS*, 1955－1957, Vol. XVIII, pp. 57－66; and NSC－5719/1, “Statement of U. S. Policy toward Africa South of the Sahara Prior to the Calendar Year 1960”, August 23, 1957, *FRUS*, 1955－1957, Vol. XVIII, pp. 75－87.

遥远，但是这里若发生严重的混乱，北约盟国就会受到极大的影响。文件还指出，美国当前的非洲政策必须随着该地区形势的变动而适时地调整，为此应该扩大对新兴非洲国家的政治支持与经济援助，并在发展非洲地区问题上直接与殖民宗主国合作。该文件还建议，虽然暂时不需要直接的军事行动，但是应该对该地区进行定期调查以决定战略的转变。① 总体而言，NSC－5719/1 确定了美国决策层对非洲价值的基本判断，被认为是“遏制思想正式运用到非洲——它独立于欧洲防务之外——的最初几次之一”。②

为进一步加深对非洲的了解，负责北约事务的国务卿特别助理尤利乌斯·霍尔姆斯（Julius C. Holmes）于 1957 年 10 月 6 日对非洲进行了为期 10 周的调研活动。次年 2 月 6 日，他在关于非洲状况的报告中再次提到共产主义向非洲渗透的威胁，指出“非洲现代化中最困难的问题，以及产生不稳定的最大因素是非部落化”，建议美国向该地区渴望经济与社会进步的人民提供援助。当然，他也看到了非洲各地的状况千差万别，宗主国殖民政策也各式各样，认为非洲人的自治与独立之路存在非常困难的、长期的不确定性，共产党人可以从中渔利。其证据是，苏联政府外交部在 1958 年建立了专门负责非洲事务的机构，与刚独立的利比亚、埃塞俄比亚和苏丹等国建立了外交关系，还试图通过工会、青年人组织、巴黎与伦敦的学生以及自称是共产党或追随者的人向非洲渗透。他警告说，当前西方失去非洲的可能性大为增加，若失去这里，欧洲将遭到严重的削弱，甚至失去防卫的能力。最后，他再次提醒说，非洲的形势变化多端，美国政府必须提前作出安排，以免因事后补救而付出过于沉重的代价，或者造成无力挽救的局面。③

然而，美国政府在非洲问题上不能不照顾到北约盟国的“情

---

① National Security Council Report, NSC－5719/1, August 23, 1957, Enclosure “Statement of U. S. Policy toward Africa South of the Sahara Prior to Calendar Year 1960”, *FRUS*, 1955－1957, Vol. XVIII, pp. 78－80.

② Lise A. Namikas, “Battleground Africa: The Cold War and the Congo Crisis, 1960－1965”, Ph. D, University of Southern California, May 2002, p. 59.

③ Memorandum from the Secretary of State's Special Assistant (Holmes) to Secretary of State Dulles, February 6, 1958, *FRUS*, 1958－1960, Vol. XIV, pp. 3, 11.

绪”。1958年4月，关于撒哈拉以南非洲的国家安全委员会政策文件第一份进展报告指出，西方殖民宗主国对美国怀有广泛的猜疑。在3、4月间，克拉伦斯·兰道尔（Clarence B. Randall）先后访问了5个非洲国家和领地，回国后忧虑地指出：宗主国不想让美国向其非洲殖民地提供援助，而新独立的国家又想知道美国对殖民主义的立场，这样“我们就钻进了一方是北约，另一方是非共产主义非洲的牛角尖”，“必须采取一种坚决的反殖民主义的立场”的时间正在迫近。他认为非洲问题不完全与经济进步相联系，多数源于宗主国自身，当前最紧迫的是“人的问题”，即如果美国不维护民族自决的原则，那么苏联将发起挑战。对抗共产主义的威胁意味着美国不得不在非洲采取更积极的政策。6月13日，他向对外经济委员会递交了“总统能长时间阅读并能记住的最好报告”，提出由于非洲各地的情况迥异，美国政府不可能制定一项整体性的政策，必须按照国家或地区逐一地审视非洲。①

尼克松、霍尔姆斯与兰道尔的实地考察与建议无疑对总统产生了较大的影响。此后，艾森豪威尔开始改变以往只关注非洲独立国家经济需要的立场，开始强调非洲的政治意义与阻止共产主义向该地区渗透的重要性。在8月7日的国家安全委员会第375次会议上，他同意兰道尔的看法，也认为美国“必须相信殖民地人民获得独立的权利”，甚至表示与其减缓非洲的独立运动，倒不如站在土著人一边。由于杜勒斯提醒说这样的政策将引起美国与盟国之间的复杂问题，他才转而强调不应该过分地强调殖民地的独立。计划委员会则要求脱离英、法殖民统治的新国家必须保持亲美倾向，建议对撒哈拉以南非洲的军事考虑应仅次于经济与政治考量，获得了与会人员的广泛赞同。美国空军参谋长托马斯·怀特（Thomas D. White）趁机强调非洲不断增长的军事重要性，宣称西欧在北非地区的地位已遭到削弱，特别是在苏伊士运河危机后更是如此，这使撒哈拉以南非洲对西方的海军基

---

① Memorandum of Discussion at the 365th Meeting of the National Security Council, May 8, 1958, *FRUS*, 1958 - 1960, Vol. XIV, p. 14.

地、空中航线以及导弹发射点的潜力价值增大。[①]

在美国官员看来，非洲在独立后亲西方的倾向似乎在逐渐变小，美国在应对苏联的颠覆上更为脆弱，从而加剧了制定非洲新政策的紧迫性。艾森豪威尔原则上同意非洲具有军事上的重要性，但是反对“在该地区军事活动将有益”的观点。他指出，“如果人们（非洲人）不想要，我们的军事设施是没有用的。我们必须赢得非洲，但是我们不能通过军事行动赢得它”，“基地具有莫大的价值，但是我们不能赢得战争，除非我们能赢得人民”。[②] 8月20日，国务院宣布设立由北非、中非以及南部非洲事务处组成的非洲事务局，并任命外交经验丰富的约瑟夫·萨特斯韦特（Joseph C. Satterthwaite）为首任负责非洲事务助理国务卿。[③] 显然，这一机构的设立表明美国政府已经开始在政策层面上把非洲视为一个独立的区域了。

三　NSC－6001：确保非洲新兴国家倾向西方

到20世纪50年代末，美国越来越把共产主义在非洲的威胁视为必须优先考虑的重要问题，为此首先准备与西方盟国达成共识。然而，这些西方宗主国更关注自己在非洲的既得利益，极力反对美国插手该地区的事务。例如，法国部长克劳德·勒贝尔（Claude Lebel）抱怨美国的非洲政策是一种“全球性的美国在北非和黑非洲替代法国的政策”。在重掌政权后，总统戴高乐立即提出在北约框架之外，由美、英、法就非洲事务磋商与行动的议案，得到其他两方的积极响应。1958年7月，艾森豪威尔在与戴高乐、麦克米伦会晤期间，强调仅靠单个国家无法挑起帮助非洲新独立国家发展的重担，美国尽管在非洲的利益有些分散，但愿意“以最大的同情心，考虑许多共同

① Memorandum of Discussion at the 375th Meeting of the National Security Council, August 7, 1958, *FRUS*, 1958－1960, Vol. XIV, pp. 20－21.

② Ibid.

③ 埃及和苏丹事务依然由近东和南亚事务局负责，其余非洲地区由非洲事务局负责。阿尔及利亚继续由欧洲事务局负责。到1959年3月，美国在撒哈拉以南非洲设立了6个大使馆、9个总领事馆和11个领事馆。参见美国西北大学非洲研究计划处《美国对非洲的外交政策：美国西北大学非洲研究计划处研究报告》，第107页。

的问题”。[①] 12月15日，国务卿杜勒斯在巴黎参加北约部长会议期间与戴高乐举行会谈，重申“非洲是西方的关键。如果从北方—南方的观点来看，非洲是西欧的腹地”。双方约定在1959年4月的三方会谈中专门就非洲问题进行磋商。

1959年4月16—21日，美、英、法三方召开首次关于非洲的会谈。美方代表罗伯特·墨菲（Robert Murphy）[②] 着重强调了非洲对自由世界政治、经济与战略的重要性，认为非洲的革命包含着一种易受极权主义政权影响的自然因子，如果苏联控制了北非地区，“将从侧翼包围非洲，自由世界能否逃过这一劫是令人怀疑的”。继而，他强调非洲急需大量的经济援助，而这为共产主义集团的渗透提供了越来越大的机会；“如果共产党占领或渗透到太多的国家，我们将失去大西洋战场，欧洲将处于危险之中，我们在远东的联系一旦被切断，那么就会失去巨大的原料来源”。总之，西方阵营如果在非洲问题上的分歧继续扩大，那么在非洲和中东地区的整体地位就会受到威胁，尽管“撒哈拉以南非洲的战略重要性较小，但是它庞大的资源能对自由世界作出重大贡献，其政治调整将对全球的力量平衡产生明确的影响”。会议还注意到，苏联在1958年公开给予了非洲“一种我们不能忽视的重要性”，表现为各类机构在非洲涌现出来，如开罗的亚非人民团结委员会秘书处就是“一种非洲共产党和工人情报局”，当前特别关注民族主义和“泛非主义”。因此，他希望避免非洲民族主义转变为大规模的、可能会被共产党利用的反欧洲运动，为此应该就非洲“达成共同的军事、政治和经济原则”。最后，三方达成共识，一致同意共产主义的威胁是全球性的，“猜测一块地区是否比另一块更为重要是没有意义的。真正的问题是我们如何才能阻止苏联的扩张”。[③]

---

① Memorandum of Conversation, November 12, 1959, *FRUS*, 1958 - 1960, Vol. XIV, p. 70.

② 罗伯特·墨菲（1894—1978），美国外交官，第二次世界大战后先后任驻比利时大使（1949—1952）、驻日本大使，1959年任副国务卿。由于他对刚果了解较多，成为美国制定刚果政策的重要顾问之一。

③ Memorandum of Conversation, April 16, 1959, *FRUS*, 1958 - 1960, Vol. XIV, pp. 48, 50.

美国情报机构的相关报告也确认了上述共产主义威胁的结论。一份关于西非地区前景的国家情报评估报告认为，当前共产主义在西非内部政治中尚未形成一股强大的力量，但是其影响可能会随着中苏集团与该地区新独立国家建立外交与经济关系而逐步得到增强。在此后几年中，中苏共产主义集团将以西非地区独立的支持者和反帝国主义国家的身份建立起稳固的地位。另一份关于东非与中非的国家情报评估也认为，尽管共产主义未来几年中在这两块地区还不能实现有效的控制，但是共产主义集团的影响远不是“一个可以忽略不计的因素”，非洲民族主义的发展肯定会为共产党和中苏集团的渗透提供越来越多的机会。①

上述关于非洲未来形势的判断都要求艾森豪威尔政府的政策作出相应的调整。1959 年 1 月 14 日，行动协调委员会在报告中指出，撒哈拉以南非洲地区（特别是新独立的国家）的政治发展迅速，造成了美国通常不能施加决定性的作用，而“苏联正在通过非洲民族主义运动对非洲施加控制性的影响，因而非洲被一分为二的时刻临近了”。杜勒斯建议，国务院应当鼓励美国使领馆增加与东道国民族主义领袖联系的次数与频率，对他们直截了当地说明美国关于民族主义的观点将使他们非常感激。为此，他建议国务院要求国会邀请更多非洲领导人访美，称这是当前“建立亲善关系的最廉价和最有效的方法之一”。该报告还特别提醒说，与欧洲和亚洲其他地区非常紧迫的问题相比，“非洲的危险近在咫尺，以至于不容错过任何机会”。② 对那些直接参与处理非洲事务的官员而言，这种紧迫感更为强烈。例如，美国驻联合国代表亨利·洛奇（Henry C. Lodge）在 3 月 17 日的电报中强调说，非洲的“事态发展似乎比大约 6 个月前想象的要快得多”，以至自己在联合国中“几乎没有一天不是在强烈地感受非洲快速发展的革命中度过的”，考虑美国在非洲的机遇与灾难非常

---

① National Intelligence Estimate, NIE 76 – 59, October 20, 1959, *FRUS*, 1958 – 1960, Vol. XIV, pp. 57, 67.

② Memorandum from the Representative at the Trusteeship Council (Sears) to the Representative at the United Nations (Lodge), January 29, 1959, *FRUS*, 1958 – 1960, Vol. XIV, p. 40.

迫切。[①]

深受威尔逊自由主义影响的参议员约翰·肯尼迪（John F. Kennedy）则提出了积极争取非洲的具体方法。在1959年6月的演讲中，他宣称美国的目标是“有一个强大的非洲。这对非洲有好处，对西方也有好处。要想有强大的非洲，就必须有强大的人民”。为此，他建议政府推行新的非洲政策，尤其是要“迅速承认新的国家、改善外交关系、参加国际组织”，等等。他还指出，非洲人民对经济发展远比对理论更感兴趣，“对于获得相当好的生活水平，比追随东方或西方的标准更感兴趣”，因此美国政府必须加大对非洲的资金与技术援助。在他看来，美国政府还必须重视非洲人的教育问题，因为这是完成非洲真正独立和进步的唯一关键，将使美国在增进亲善、贸易和国家安全各方面获得许多倍的报偿。[②]

在非洲独立运动如火如荼的形势下，国家安全委员会于1960年1月14日召开了第432次会议。在对南非、中非和东非的政策讨论的基础上，国家安全委员会通过了一份关于非洲的极为重要的总体性政策文件——NSC－6001。该文件在很大程度上重复了NSC－5719/1文件的基本观点，对共产主义在非洲威胁的认识更加明确化，认为非洲地区的最重要之处在于它日益重要的政治意义。因为这里的政治稳定面临严峻的考验，“许多领地向自治和独立运动太快，常常处于多种族的、敌对部落的紧张之中。在该地区的过渡和独立时期，共产党渗透和影响的机会可能会增长，并使该地区已经困难与复杂的问题变得更加复杂，使该地区认同西方更为困难”。这些国家若得不到西方的支持，可能会转向共产党集团或其他不同情宗主国或美国的国家求助。一旦发生战争或者西方失去通过地中海及其空中的通道，控制非洲地区的海洋和空中道路将极其重要。此外，该地区的设施还对美国研究与发展外太空领域、导弹武器和世界通信愈益重要。在上述认识的基础上，NSC－6001政策文件设定了非洲政策的总目标，即“维

① Telegram form the Mission at the United Nations to the Department of State, March 17, 1959, *FRUS*, 1958－1960, Vol. XIV, p. 43.

② 肯尼迪1959年6月28日在美国非洲文化协会第二次年会上的演讲；1959年10月3日在卫斯理大学的演讲。转引自［美］阿兰·内文斯编《和平战略——肯尼迪言论集》，世界知识出版社1961年版，第200、203—204页。

持该地区的自由世界的定位，并阻止该地区落入共产党控制之下”，为此要求美国就其在非洲的活动与计划与相应的宗主国磋商，“万一这样的国家接受了与中苏集团的外交和经济关系，需要保持灵活的姿态以便把对美国声望的损害降到最低限度”。①

这样，NSC－6001文件就在确认共产主义威胁的基础上，确定了美国未来对非洲新政策的基调，即确保非洲新独立国家在意识形态上倾向于西方。可以说，新的非洲政策表明美国决策者对非洲的未来形势充满忧虑。事实表明，非洲的非殖民化速度还是超出了他们的想象，令他们在政策应对上措手不及。在1960年3月24日国家安全委员会召开的第438次会议上，与会者就对西非地区的发展态势感到震惊，意识到西非可能是当今世界变化最快的地区，新国家不断涌现，其国民决心成为本国的主人。当然，他们对西方盟国是否愿意向这些新独立的国家提供援助，以及援助的能力表示怀疑。更令他们忧虑的是，随着非洲独立国家的不断增加，“苏联集团和亚非集团一起投票就能控制联合国。如果我们继续像以前一样做联合国的银行，我们为了自己一方的政治地盘，必须尽一切努力控制新出现的非洲国家。如果我们想让宗主国承担援助的负担，我们必须督促它们承担其自己有利益地区的负担。”②

在上述对非洲、欧洲宗主国及苏联认知基础上，艾森豪威尔与赫脱都认为美国的非洲新政策需要保持一定的“弹性”，为此强调与欧洲宗主国磋商的重要性，尤其应该从它们那里获得最大限度的援助，必要时美国再提供援助。参谋长联席会议则意图表明该地区军事与战略的重要性，要求在修订后的NSC－6005中加入一段话，即向非洲国家提供观察员以保持军事的同步发展。③ 1960年4月7日，萨特斯韦特在给副国务卿克拉伦斯·狄龙（Clarence D. Dillon）的备忘录中也表达了同样的看法：“非洲的事件进展太快，以至于超出了我们应

① National Security Council Report, NSC－6001, January 19, 1960, *FRUS*, 1958－1960, Vol. XIV, pp. 79, 80－81.

② Memorandum of Discussion at the 438th Meeting of the National Security Council, March 24, 1960, *FRUS*, 1958－1960, Vol. XIV, p. 94.

③ Memorandum of Discussion at the 440th Meeting of the National Security Council, April 7, 1960, *FRUS*, 1958－1960, Vol. XIV, p. 107.

对它们的能力”，相关的执行机构“必须准备把该大陆作为一个主要的政策地区”。此外，萨特斯韦特还强调说，尽管美国政府希望并期待欧洲国家向非洲提供大量的援助，然而完全依附宗主国或前宗主国是危险的，也是不现实的，当前必须依靠我们自己的资源去采取一切行动。最后，他强烈建议赫脱发表一场具体针对非洲的重要演说，明确宣布热带非洲地区是开发贷款基金活动的优先地区之一。①

然而，美国政府内部围绕如何援助撒哈拉以南非洲问题还是出现了细微的分歧。以财政部部长罗伯特·安德森（Robert B. Anderson）为代表的一派虽然赞成美国向该地区提供援助，但是极力主张政府首先让欧洲宗主国担负起援助前殖民地的责任；若它们不能满足非洲属地的需要或非洲属地不愿接受前宗主国的援助，那么美国才应该去填补空缺。另一派则认为政府应该在非洲殖民地问题上采取更为积极的政策。例如，副国务卿、相互安全办公室副协调员约翰·贝尔（John O. Bell）宣称非洲当前是美国前所未有的好机会；美国情报局官员爱德华·罗伯茨（Edward Roberts）强调美国对非洲人的影响90%依靠自己的所作所为，而只有10%在于自己说过什么；欧洲事务局官员罗伯特·麦克布里（Robert McBride）也提醒说，美国不应该对欧洲宗主国为非洲提供更多援助抱有幻想，“如果我们能够鼓励它们继续以当前的水平提供援助，那么对美国来说就算是幸运的了”。②

综上所述，至20世纪50年代末，欧亚冷战格局的形成以及世界范围内非殖民化浪潮的兴起促使美苏开始把争霸扩大到广阔的第三世界。美国政府对非洲在其全球战略中地位的认识随之发生了转变，即开始从以物质资源为中心转向以战略、意识形态为中心，其非洲政策也逐渐摆脱以欧洲为中心的模式，并制定出相对独立的非洲政策。然而，由于欧洲宗主国的抵制以及多数非洲殖民地此时并未独立，美国的非洲新政策仅限于政策的规划层面。艾森豪威尔不愿把美国有限的资源投放到这块冷战的边缘地区，正如萨特斯韦特所说：“如果我们

---

① Memorandum from the Assistant Secretary of State for African Affairs (Satterthwaite) to the Under Secretary of State (Dillon), March 30, 1960, *FRUS*, 1958 - 1960, Vol. XIV, pp. 99, 101.

② Memorandum of Conversation, April 7, 1960, *FRUS*, 1958 - 1960, Vol. XIV, pp. 115 - 116.

努力满足非洲人的需要，我们将分散我们的资源，并鼓励非洲国家邀请苏联人合伙与西方进行竞标，我们将很快发现自己处于一种不得不加倍下注的赌博之中。”① 同时，艾森豪威尔在一定程度上受到法属非洲非殖民化进程平稳的鼓舞，相信非洲新独立国家能够保持亲前宗主国的立场。正如奥塔韦夫妇所说，美国的民主党人和共和党人都一样，只是当他们突然觉察到西方盟国或西方在非洲大陆的利益受到共产党国家的威胁，或是深刻感到共产党国家要打破东、西方在那里的力量均势时，黑非洲才真正引起他们政治上的严重关注。②

第二节　美国对比属刚果政策的演变

长期以来，美国一直奉行避免参与欧洲事务的“孤立主义”外交政策，对比属刚果的关注非常有限，且主要集中在矿产资源，尤其是稀缺的战略资源方面。第二次世界大战后，美国确信比属刚果殖民地对比利时的经济复苏与重建意义重大，故而给予了比利时必要的支持，例如20世纪50年代中期美国国防部就在比利时关于刚果地区的防卫计划中发挥了积极的作用。随着加拿大、南非等地区新铀矿的发现，比属刚果的战略物质资源在美国—比利时关系中的重要性不断下降，甚至美国曾拒绝购买这里生产的铀矿石。在中亚地区的铀矿被发现后，苏联也对这里的铀矿资源兴趣渐失。随着50年代中期以后非殖民化浪潮的兴起，其战略地位与意识形态倾向的重要性日益突显。然而，由于比利时在自己的刚果殖民地问题上始终对美国保持着高度的警惕，艾森豪威尔政府只能在强调与其合作的基础上获得在该地区的最大利益。

一　战略资源之争：50年代之前的美国与比属刚果

比属刚果地处非洲中西部，面积相当于西欧，人口众多，素有

---

① Memorandum from the Assistant Secretary of State for African Affairs (Satterthwaite) to the Deputy Coordinator for Mutual Security (Bell), June 30, 1960, *FRUS*, 1958 - 1960, Vol. XIV, pp. 145 - 146.

② 参见［美］戴维·奥塔韦、玛丽娜·奥塔韦《非洲共产主义》，东方出版社1986年版，第5页。

“非洲心脏”之称。[①] 该地区的黄金、铀、钴、钻石、有色金属等稀缺矿产资源储量丰富。早在独立之前，这里就已被西方国家视为潜在的富裕国家。20世纪前，美国在非洲事务中的角色微不足道，与比属刚果更是没有多少利害关系。在1878年柏林会议前，美国政府一直秉承不介入欧洲事务的“孤立主义”外交传统，在比属刚果问题上给予了比利时谨慎的支持。[②] 那时，比利时国王利奥波德二世甚至可以通过美国财政集团得到其政府的支持，例如在1884年，美国政府第一个承认“刚果国际协会”是“一面友好政府的旗帜”，并与比利时签订了一项友好和通商条约，随后还正式承认了利奥波德二世在刚果享有的各项权利。次年，美国与比利时签署《移民法与协定》，并支持比利时国王建立刚果自由邦。

19世纪末20世纪初，美国进入帝国主义阶段后，开始与欧洲列强激烈地争夺国外市场，并在世界各地积极推行其殖民政策。这时，比属刚果的自然资源开始进入美国资本集团的视野。美国政府曾趁利奥波德二世财政困难之际，劝他把非洲领地以4.5亿法郎的价格卖给美国，但遭到后者的断然拒绝。同时，美国金融资本开始向该地区渗透。1906年，美国“瑞安—古根海姆”财团与“比利时总公司”合资成立的“福米尼埃尔公司”垄断了比属刚果南部地区金刚石的开采权。当然，第二次世界大战前美国资本集团在比属刚果只能扮演“二流角色”。宗主国比利时在该地区的主导地位十分稳固，在刚果出口物品总额（包括再输出）中占近3/4，进口额占一半，英国次之，然后才是美国、法国、日本、德国和南非联邦等。[③]

第二次世界大战爆发后，比利时很快被纳粹德国占领，其政府被迫流亡伦敦，比属刚果暂时由英、美共同代管。战争期间，该地区为盟国提供了大量的战略原料，如钢、钴、锡、橡胶、铀、铜、铅、锌等。据统计，在1943年比属刚果向美国输出了10.12万吨钢、1.08

---

① 刚果民主共和国分别与刚果（布）、中非共和国、苏丹、乌干达、卢旺达、布隆迪、坦桑尼亚、赞比亚、安哥拉等国接壤。

② 参见［美］S.F.比米斯《美国外交史》第3分册，商务印书馆1997年版，第107—108页。

③ 参见［苏］B.A.马尔蒂诺夫《帝国主义压榨下的刚果》，何清新译，世界知识出版社1963年版，第50—51页。

万吨金属锡和 0.6 万吨精锡矿、2.14 万吨锌、1.02 万克拉金刚石、2.43 吨棕榈油。[①] 同时，美国在比属刚果的对外贸易中迅速占据主导地位。这里向美国输出的商品总额从 6030 万法郎（1939 年）飙升至 15.545 亿法郎（1943 年）；美国向刚果的输出商品总额也从 7880 万法郎（1939 年）猛增至 9.806 亿法郎（1943 年）。[②] 大批的美国代表团与顾问陆续进入比属刚果行政当局机构中指导其政策，建设军事基地、机场和战略交通线等。与此同时，美国垄断组织趁比利时遭到德国重创之机，加紧向开发刚果资源的比利时公司渗透，例如摩根财团取得了“比利时总公司”下属银行的大量股票控制额，进而操纵了其大部分的刚果公司（包括重要的“上加丹加联合矿业公司”）。

此后，美国政府更重视对刚果战略资源生产与销售的控制，为此与比利时矿业公司签订合同，重新开发加丹加地区已倒闭的辛科洛布韦矿并收购其全部产品。早在 1941 年，美国就开始与比利时流亡政府讨论一项关于战争资源的购买协定。1942 年 6 月，英国邀请美国参与英、比购买铀矿石与经济协定的修改，并于 9 月达成分配该地区铀矿石的协定。据此，美、英垄断了刚果铀矿的全部收购权，其中美国获得 75% 份额，其余份额则归英国所有。在该协定生效后不久，美国就迫使英国放弃了其份额，从而垄断了比属刚果的铀矿。[③] 美国军事政策委员会为避免在战争末期处于“有工厂、有技术而无原材料的非常令人为难的处境”，也要求增加各种原料的供应。考虑到英国很可能利用比利时流亡政府垄断刚果的战略原料，美国政府力图从比利时获得独家开采的长期合同。联合政策委员会同意与比利时流亡政府达成一项三方协议。比属刚果的铀原料对随之而来美国核武器的顺利研制作用极大，因为在美国曼哈顿工程于 1944 年启动时，在铀原料的三大来源地（加拿大、科罗拉多高原与比属刚果）中，只有后者的铀矿才是高品位矿。[④]

---

① 《比利时和比属刚果统计年鉴》第 66 卷，布鲁塞尔 1945 年版，第 290 页，转引自［苏］B. A. 马尔蒂诺夫《帝国主义压榨下的刚果》，第 52 页。

② 参见［苏］B. A. 马尔蒂诺夫《帝国主义压榨下的刚果》，第 52 页。

③ 参见陈竹珊《比属刚果的铀》，《世界知识》1956 年第 12 期。

④ 参见［美］安东尼·凯夫·布朗《原子弹秘史》，董斯美等译，原子能出版社 1986 年版，第 263 页。

英国显然不甘心退出对比属刚果自然资源的争夺。1944 年 6 月 13 日，丘吉尔与罗斯福签署了一份关于比属刚果铀矿的托拉斯协议与公告。根据该协议，双方联合在华盛顿设立一家名为“联合开发托拉斯”的机构，由联合政策委员会负责管理美、英领土外获取原料的计划。9 月 26 日，美、英与比利时再次签订协议，规定两国在 1956 年 2 月 15 日前享有开采刚果铀矿的特权，其中 75% 供美国使用，25% 归英国。在 1950 年初美、英、比在华盛顿举行的秘密会议上，美国政府提出继续保持自己收购刚果全部铀矿的特权，英国力图争取收购 25%，比利时则要求上涨铀矿的价格。最终，比利时以美国提供“开发”刚果贷款作为交换条件，同意为美国军工厂提供所有的铀矿石。1951 年 6 月，美国通过进出口银行向刚果殖民地当局提供了一笔为期 25 年的 1550 万美元贷款；受美国控制的国际复兴开发银行也向比利时提供了 7000 万美元贷款，以资助其实施所谓的比属刚果 10 年开发计划。

不久，由于加拿大、南非联邦等国家在铀源勘探领域取得了技术突破，加之英、比的压力不断增大，美国政府被迫同意修改比属刚果出口铀矿的分配比例。1955 年末，美国与比利时重新缔结协定。根据新的协议，比利时有权在 1956—1957 年获得在刚果开采铀矿的 10%，1958—1960 年增加为 25%。在此期间，美国与比属刚果的经济联系获得了长足的发展。1955 年，刚果向美国出口总额达 1.09 亿美元，超过南非（0.95 亿美元）居首位，同时从美国的进口总额占其输入总额的近 15%。① 捷克著名旅行家杰·汗泽尔卡和米·席克蒙德在周游这里后感叹道：“在非洲其他任何国家都不会像在刚果看到那样多的美国货。美国剃胡膏，美国照相机，美国衣服，美国口香糖，美国卡迪来克汽车”。②

随着欧亚冷战格局逐渐形成，美国政府不断增加对比属刚果战略资源的关注。1948 年 8 月 26 日，国家安全委员会下发了关于在国外

① 参见［苏］B. A. 马尔蒂诺夫《帝国主义压榨下的刚果》，第 54—55 页；［美］威廉·艾菲厄斯·韩顿《非洲的命运：目前冲突的起源》，齐干译，世界知识出版社 1958 年版，第 186 页。

② ［捷］杰·汗泽尔卡、米·席克蒙德：《非洲：梦想与现实》第 2 卷，三联书店 1958 年版，第 303 页。

为美国及其盟国生产重要战略物资工业运行安全的指示——NSC－29[①]，强调美国国家安全要求采取一切可行的与适当的措施保护这些外国工业正常运行，免遭敌对国家的劫掠；国务卿应该协调并指示政府的所有活动，以达到这项目标。为此，美国政府专门建立了一个部际特别委员会，确保该指令得到顺利执行。[②] 1948 年 12 月，美国在为《北大西洋公约》准备的谈判期间，就刚果防卫问题与比利时非正式地交换了观点，明确承认刚果在本国防卫体系中的重要性，并承诺确保该地区不受侵犯。由于比属刚果地处非洲心脏地区，是多种重要矿物原料的产地，因而在北约组织的战略计划中占有一席之地。在美国顾问的指导下，比属刚果当局加紧战略交通要道、机场及军事基地的建设，还举行过有多兵种参加的大规模军事演习。

1949 年 4 月，比利时积极地加入了北约组织，成为美国的重要支持者。在随后双方安全援助协定谈判期间，比利时正式向美国提出了比属刚果的防卫问题。1950 年 1 月，比利时向美国递交了一份包括向刚果转交共同防御援助物质用于宗主国部队训练及保护该地设施的议案，国务院表示基本同意。1 月 27 日，双方在华盛顿正式签订《相互防卫援助协定》（3 月 30 日生效）。1950 年末，美国—比利时军事代表团访问刚果，为这里的防御列出了一份价值约为 2500 万美元的军事装备清单。参谋长联席会议在讨论后认为，苏联对该地区空中打击的可能性不大，故而取消了比利时所要求的大量防空警报和防卫装备，并把援助削减至 700 万美元，还决定根据《相互防卫援助协定》408（e）条款，以有偿援助的形式向比利时提供军事装备。比利时对此表示不满，并在此后两年中多次提出该问题。例如，在 1952 年 7 月一次会谈中，比利时大使巴鲁恩（Baron Silvereruys）强调比属刚果（尤其是加丹加地区）的安全关乎所有北约成员国（尤其是美国）的利益，而该地区的防卫超出了本国人力与财力的承受

---

① 该文件全称“Security of Strategically Important Industrial Operations in Foreign Countries”，在国家安全委员会 1948 年 9 月 2 日第 19 次会议上通过（NSC－Action No. 104），并于 1948 年 9 月 4 日得到总统批准。1953 年 10 月 24 日，又以 NSC－163/1 同名文件取而代之。

② The Despatch from the Secretary to the Ambassador in Belgium（Cowen），August 8，1952，*FRUS*，1952－1954，Vol. XI，p. 410.

范围，请求美国向这里转交必需的军事装备。然而，美国代表只是再次对国会大幅削减军事援助资金表示无奈。[①]

事实上，美国对刚果铀矿之外战略资源的兴趣非但没有减少，反而有所增加。1952年7、8月间，政府部际委员会把这里的钴列入战略物资的清单，提出美国应该重视包括比属刚果钴生产及流失的问题，并深入调查这种具有战略重要性物质生产的安全。至1959年，这里生产了西方世界所需钴的49%、工业钻石的69%、铜的9%、锡的6.5%以及用于核工业和电子工业的其他稀有金属。[②] 美国在该地区还有其他明显的物质利益，例如仅加丹加在1960年就为美国提供了其进口铜的近3/4以及一半的钽，工业钻石的80%也靠刚果供应。[③] 美国在加丹加和中部非洲地区经济的深层渗透也是显而易见的。美国金属集团公司（Metal Climax）持有罗得西亚选矿托拉斯集团（Rhodesian Selection Trust）50.6%的股份，后者与英美公司控制了罗得西亚铜矿带的大部分。纽约拉扎德投资银行（Lazard Freres）在矿业联盟[④]及其巴黎分支机构在坦噶尼喀特许公司（Tanganyika Concessions）持有最大股份权。"瑞安—古根海姆"财团持有刚果林业和矿业国际公司（Forminiere）股份的四分之一。在拥有丰富矿产资源的上加丹加联合矿业公司中，美国的股份则占到20%以上，仅次于比利时和英国。[⑤] 正因如此，历史学家魏斯曼认为正是这些物质方面的"利益而不是投资兴趣可能是美国卷入刚果最重要的物质动

---

① Memorandum of Conversation, July 25, 1952, *FRUS*, 1952 - 1954, Vol. XI, pp. 406 - 409.

② The Despatch from the Secretary to the Ambassador in Belgium (Cowen), August 8, 1952, *FRUS*, 1952 - 1954, Vol. XI, p. 410; *United Nations Statistical Yearbook* 1962, New York, 1963, p. 152; Quoted from Catherine Hoskyns, *The Congo since Independence* (*January* 1960 - *December* 1961), London & New York, 1965, p. 14.

③ *U. S. Bureau of Mines*, *Mineral Yearbook* 1960, Washington, 1961, pp. 385 - 387.

④ 矿业联盟成立于1906年，由英国和比利时资本家共同提供原始资本建立。参见 S. Hempstone, *Katanga Report*, London, 1962, pp. 49 - 50; F. Coleman, *The Northern Rhodesia Copperbelt*, 1899 - 1962, Manchester, 1971, p. 9。

⑤ 参见 Stephen Weissman, *American Foreign Policy in Congo* (*1960 - 1964*), pp. 32 - 33；梁根成《美国与非洲：第二次世界大战结束至80年代后期美国对非洲的政策》，北京大学出版社1991年版，第74页。

机”。[①]

二 卡隆吉签证、新闻署增加人员与出版物问题

至20世纪50年代中期，美国政府在殖民地问题上依然保持着谨慎，坚信“非洲依附人民可以一种有序的自治方式，通过宗主国政府获得其进步的主导性利益”。这种态度表明美国将一如既往地尊重而不是干预宗主国对殖民地的各种政策，结果导致了美国决策者对比属刚果的实际情况了解甚少。有学者指出，美国人关于刚果“98%的信息都来自比利时政府”。时任刚果驻联合国代表的托马斯·康扎也证实，“美国唯一的信息来源是布鲁塞尔。正是布鲁塞尔给了美国人每一条关于刚果的信息，一些人被说成亲西方，其他人则是亲共的。所以，美国安全机构的文件从一开始就是错误的，由于你可能是亲比利时的，那么你是亲西方的。或者说，如果你是反比利时的，由于国内原因你就是自动反西方的。”[②]

50年代中期，美国试图进一步加强与比属刚果的联系，却因此与比利时、比属刚果殖民当局之间产生了矛盾。早在1956年，美国驻比利时大使就曾建议，由于比利时当局一般不允许刚果人读大学，且正为刚果建造大学的设施，美国政府现在不应该向刚果人提供奖学金。美国政府的援助“当前限于一项适度的技术援助计划，并鼓励美国私人投资”，且任何援助都应“仔细考虑比利时非同寻常的敏感，这可能让他们产生失去刚果的恐惧，并怀疑美国的反殖民主义倾向可能导致美国采取剥夺他们在那里利益的立场”。[③] 不久后，国务院就在刚果政府委员会[④]的议员伊萨克·卡隆吉（Isaac Kalonji）签证

---

① Stephen Weissman, *American Foreign Policy in Congo (1960 – 1964)*, p. 28.

② *The Congo Crisis, 1960 – 1961: A Critical Oral History Conference*, Organized by The Woodrow Wilson International Center for Scholars' Cold War International History Project and Africa Program, September 23 – 24, 2004, pp. 14, 18.

③ The Despatch from the Embassy in Belgium to the Department of State, March 21, 1956, *FRUS*, 1955 – 1957, Vol. XVIII, pp. 303 – 304.

④ 该委员会是一个咨询机构，由当时约200“进化人”（比利时对有一定知识的刚果人的称呼）组成。刚果人要想成为“进化人”，首先必须会讲流利的法语，有初中以上的学历，在经济上必须能养家糊口，生活方式也必须欧化。此外，还要求他们通过殖民当局的各种严格考试。“进化人”与比利时人在理论上是平等的，但在现实中根本不可能平等。

问题上直接而深切地感受到了比利时人的这种敏感。

1956年11月，卡隆吉申请前往美国访问的签证。如果获得批准，他将成为第一位访美的刚果知识分子。对此，美国驻布鲁塞尔大使馆表现得极为谨慎。大使弗雷德里克·阿尔杰（Frederick M. Alger）建议驻利奥波德维尔的总领事馆官员与刚果殖民当局高层讨论该签证的申请问题，“以使他们知道卡隆吉的访问申请，如果他们要预先阻止，那么责任就落在他们身上”。驻利奥波德维尔总领事詹姆斯·格林（James F. Green）也意识到了问题的严重性：比利时人想让刚果人不受美国任何直接预设的“反殖民主义的”影响；而不批准他的签证“不仅会使非洲人在思想上对美国政府的良好意图产生怀疑，且可能会对提高美国在非洲人中的声望产生不良影响。然而，由美国处理卡隆吉先生访问这种事，可能会在比利时人中造成挫折感”。阿尔杰对此表示赞同，强调卡隆吉签证超出了把签证发给一位刚果人的问题，这种事自始就应由总领事与刚果高级部门进行非正式磋商。他还特别提醒说：“正是比利时，而不是美国对刚果负有直接的责任。”在此基础上，他强烈建议美国吸取北非地区的前车之鉴。然而，格林并未根据上述原则处理与刚果殖民当局讨论卡隆吉的签证及访问的问题，宣称自己不希望有关当局过分关注这件事，以免造成比利时当局“不适当地关注它”。①

卡隆吉的签证问题虽然没有引起很大的麻烦，但是国务院还是采纳了大使威廉·伯登的意见。1957年3月5日，国务院同意驻比利时大使馆及驻利奥波德维尔总领事馆分别与比利时政府高级官员保持非正式的接触，讨论比、美之间的重要问题。国务院还同意将之作为一项总的原则，即未经与比利时当局的坦诚讨论，就不在重要的与敏感的问题上采取单独行动。国务院还进一步指示说，美国关于刚果发展的最好姿态就是“安静地期望以及平静地接受管理当局的进步措施”，反对以其他方式的行动给比利时留下美国对刚果有想法的印象。② 国务

① Despatch from the Embassy in Belgium to the Department of State, December 28, 1956; Instruction from the Department of State to the Embassy in Belgium, CA-7083, March 5, 1957, *FRUS*, 1955-1957, Vol. XVIII, pp. 305-308.

② Instruction from the Department of State to the Embassy in Belgium, CA-7083, March 5, 1957, *FRUS*, 1955-1957, Vol. XVIII, p. 308.

院的上述提醒和指示并非多余，因为比利时此后对美国在刚果的活动越发敏感。这在下列两件事情上集中表现出来。

第一，美国新闻总署增加驻刚果人员与出版物的数量问题。美国新闻总署（USIS）是美国政府于1953年成立的对外信息宣传机构，其主要任务是促进外国国民对美国政策的理解、加深美国国民和外国国民的对话与交流，以此维护美国的利益。该机构成立后，陆续在世界各地设立工作站，特别是在一些美国情报机构欠缺的地区主要承担起了情报收集的任务。由于50年代中期比属刚果民族主义的觉醒，新闻总署认为有必要收集该地区更多的情报，为此提出增加驻利奥波德维尔工作站的人数。然而，该建议立即遭到美国驻比利时大使威廉·伯登的反对。在他看来，新闻总署在比属刚果发挥的作用并不会因为人数的增加而大为增强，如果得不到比利时当局的充分信任，就很难获得该地区的重要情报。他还提醒说，虽然赢得这种信任必然是一个缓慢的过程，但还是值得美国这样做，而“不应该把自己置于比利时认为会削弱他们在刚果地位的困境”。[①] 然而，美国新闻总署并未听取上述建议，而是悄悄地增加了工作人员的数量以及出版物的发行量。

1957年3月11日，比利时外交部政治事务处处长德·芬菲（Jacques Delvaux de Fenffe）召见美国汇报官员菲利普·斯普洛斯（Philip D. Sprouse），向他传达了本国政府对美国增派驻利奥波德维尔总领事馆人数以及增加新闻总署出版物发行量的不满。大使伯登立即要求驻刚果总领事馆仔细审查这些出版物，决定它们是否对美国在刚果的国家利益足够重要，并要求通过停办或合并一些刊物来减少发行量。4月17日，国务院指示总领事格林就人员任命问题与新闻总署进行了一次非正式的接触，5月15日又指示驻布鲁塞尔大使馆向比利时外交部解释美国的人员任命计划以及新闻总署出版物的新方针。美国代表斯普洛斯受命会晤德·芬菲，强调美国政府承认与比利

① Despatch from the Embassy in Belgium to the Department of State, March 21, 1956, *FRUS*, 1955 - 1956, Vol. XVIII, p. 304.

时关于刚果问题合作的重要性。[①] 8月，驻刚果总领事馆与比利时殖民当局进行单独磋商后，就该问题作出了两项重大调整：一是明年或多或少地降低这种活动的调子，建议目前美国新闻总署驻利奥波德维尔人员由领事斯蒂芬和一名有能力的、会说法语的助理组成，下级官员应该会说法语、年轻且职衔较低，最好是一位没有领事名号的新人；二是美国新闻总署的文字翻译是“Services Americains’ Information”（法语意为“美国情报机构”），在法语国家容易造成误解，建议予以修改。[②]

第二，美国驻刚果官员与非洲人接触的问题。自1957年起，美国驻比属刚果领事馆人员为更多地了解该地区的实际状况以及获取相关的情报，逐渐与刚果本地的政治组织、个人增加接触。比利时殖民当局对此极为警觉，并立即表示出不满。1957年7月，比属刚果副总督康奈利斯在与拉洛克的会谈中，声称美国驻刚果总领事馆有几位官员在资助刚果独立运动方面过分热心。他批评总领事馆过于重视与刚果领导人的会晤，而没有注意自己领事的职责限制。8月2日，德·芬菲向斯普洛斯抱怨说，某些与美国驻刚果领事馆有关系的人（例如布尔斯利）正在接见太多的“被认为进行独立运动的刚果人”。7日，比利时外交部政治事务处再次抱怨美国总领事馆人员与刚果部分政治运动的领导人接触密切，并鼓励该地区的独立或解放运动。[③] 美国驻刚果总领事馆辩解说：“除副领事比尔斯外，总领事馆人员与非洲人只有少量接触”，且与他们接触的这些非洲人在法律上都是“欧洲人”的进化派。总领事馆还提醒说，比利时若比过去更加限制与非洲领导人的接触，那么领事馆在汇报刚果状况方面会更加不足。[④] 直到10月底11月初，国务院才宣称布尔斯利因个人原因从政府部门辞职。11月1日，霍尔姆斯向康奈利斯重申，干涉盟友的殖民地事务并非美国的政策。

---

① Despatch from the Embassy in Belgium to the Department of State, March 21, 1956, *FRUS*, 1955 – 1956, Vol. XVIII, pp. 309 – 310.

② Despatch from the Consulate General at Leopoldville to the Department of State, August 27, 1957, *FRUS*, 1955 – 1957, Vol. XVIII, pp. 317 – 318.

③ Ibid., p. 314.

④ Ibid., pp. 314 – 316.

正是由于美国与比利时之间上述矛盾的显现，NSC－5719/1 文件在关于比属刚果的部分特别指出，鉴于比利时政府及其刚果殖民当局对美国在该地区的活动持有广泛的猜疑，要求避免在独立国家留下“一种美国准备赞同他们最终独立的印象”，要“明确我们没有试图取代宗主国”，并建议政府决策层接触比利时当局，以解释美国在非洲活动的情况。① 此后，美国政府在比属刚果的活动更为谨慎，以至比利时政府在 1960 年 1 月允许刚果殖民地独立时，美国政府几乎没有关于刚果地区的重要情报。德夫林也证实：“在独立前，美国对刚果的兴趣有限。当我们想了解该国时，我们咨询我们的盟国比利时。”② 1960 年 5 月，美国政府所邀请的刚果访美代表团也都是由比利时人组成的。

三　观望与担忧：美国对刚果独立的态度与应对

长期以来，比属刚果被西方视为唯一安定的绿洲，比利时殖民当局更是吹嘘它是殖民统治的典范，并扬言“刚果能避免非洲其他地区所患的病症”。③ 然而，随着 50 年代中期加纳、几内亚等非洲殖民地（特别是 1958 年法属非洲）的独立，比属刚果人民要求独立的呼声越来越高。一般说来，殖民地顺利地实现非殖民化需要具备许多条件，尤其是精英阶层的形成、杰出领导人的出现以及切实可行的政治道路等。在此前已经获得独立的法属、英属非洲殖民地，一般是先形成民族主义的精英阶层，然后他们利用民族主义的力量，与殖民国家斗争并最终赢得独立，进而建立起现代国家。然而，比属刚果显然并不具备上述条件，这也注定了它的仓促独立只能是内外压力催生的、缺陷致命的早产儿。

比属刚果经济在 50 年代获得一定程度的发展，如雇佣劳动者人

---

① Report by the Operations Coordinating Board, April 23, 1958, *FRUS*, 1958－1960, Vol. XIV, p. 12.

② Larry Devlin, *Chief of Station, Congo: Fighting the Cold War in a Hot Zone*, New York, 2007, p. 28.

③ 陆庭恩、彭坤元主编：《非洲通史》（现代卷），华东师范大学出版社 1995 年版，第 307 页。

数大大地增加，到1959年底达到120万人，约占全国人口的10%。[1]然而，该殖民地财富分配极不均衡。到50年代中期，3.17%的雇主掌握着51.15%的雇佣劳动力。[2] 晚至1958年，仅占人口大约1%的外国居民控制了刚果总财富的95%、个人存款的88%、牛的47%和农业产出的35%。[3] 比利时政府在政治上“长期忽视该地区的变革力量，并没有真正为刚果人的自治做些什么”。[4] 刚果殖民当局一直极力禁止刚果人获得中、高等教育的机会。至1960年独立时，这里仅有1名律师、26名大学毕业生，没有法官、医生、教授、工程师等。换言之，刚果在独立前根本不具备形成强大的民族主义力量的基础，建立在成年男子普选权基础之上的选举是社区式的（1957年）与区域性的（1959年）。他们在殖民政府中担任的最高职务是“主任科员”，在殖民军队中担任的最高级别军官是班长。1959—1960年度，这里虽然号称有140万小学生，但中学生只有28961人，能上大学或接受职业技术培训的仅有136人。[5] 上述迹象清楚地表明，比利时只准备给刚果政治上的独立，并不会放弃关键的军事、经济和商贸权力。

50年代中期亚非地区民族独立运动的高涨，尤其是法属殖民地获得自治激起了刚果人对欧洲统治的敌意，比利时被迫改变传统的殖民统治政策。1955年，比利时国王博杜安在访问比属刚果时，提出了建立比利时—刚果共同体的主张。为配合殖民政策的调整，安特卫普海外领地学院教授范·比尔森（van Bilsen）制订了“比属非洲政

---

① 参见苏联科学院非洲研究所编《非洲史：1918—1967年》，上海人民出版社1974年版，第783—784页。

② 参见［英］巴兹尔·戴维逊《现代非洲史：对一个新社会的探索》，舒展等译，中国社会科学出版社1989年版，第315页。

③ Jean-Philippe Peemans, “Capital Accumulation in the Congo Under Colonialism”, in Peter Duignan and L. H. Gann, eds., *Colonialism in Africa, 1870 - 1960*, Vol. 4, Cambridge University Press, 1975, p. 181,

④ See Catherine Hoskyns, *The Congo since Independence (January 1960-December 1961)*, pp. 33 - 34; René Lemarchand, *Political Awakening in the Belgian Congo*, Berkeley, CA: Universitiy of California Press, 1964, pp. 25 - 74; Crawford Young, *Politics in the Congo Decolonization and Independence*, Princeton University Press, 1965, pp. 33 - 161.

⑤ 参见钟伟云《血洒加丹加：卢蒙巴事件始末》，世界知识出版社1997年版，第8页。

治独立的30年计划”，宣称在30年内逐步实现刚果的独立。[①] 此后，刚果全境纷纷成立以部落和地区为基础的政治组织，除之前约瑟夫·卡萨武布（Joseph Kasavubu）领导的阿巴科党[②]外，还有贾森·桑德韦（Jason Sendwe）领导的北部加丹加巴卢巴卡特党[③]、戈德弗雷德·穆农戈领导的科纳卡特党[④]等。一位美国观察家写道：“几乎在刚果成立的每一个政党都可在部落组织中找到自己的根基。由于有许多部落，因此就有许多党。地方利益是首要的，而且从来就是政治上的一个强有力的因素。”[⑤] 帕特里斯·卢蒙巴领导的刚果民族运动（成立于1958年）则是刚果唯一跨部族的全国性政治组织，但由于缺乏部落和地区基础而没有强大的号召与组织力量。

美国政府认为刚果人很不成熟，“即便以非洲标准来说也是愚昧无知的”，“一些人还没有从树上下来”，甚至“许多人仍是食人族”[⑥]，因而不主张该殖民地过快地获得独立。然而，随着刚果民族主义运动的兴起，他们也不得不承认刚果获得独立已为时不远了。1958年2月，霍尔姆斯不无忧虑地指出，“自治之病毒已经侵入刚果”，而“似乎直到最近，部分比利时官员才意识到它的潜在力量”。[⑦] 在10月8日与比利时官员的会谈中，国务卿杜勒斯宣称，虽然美国认为比利时将同意刚果人“获得他们的正义力量”，但并不意味着他们在准备好之前有能力行使这些权利，因为殖民地人民自治的过程是一个缓慢的、艰难的过程，本地的管理人员应该是受过教育的、有道德的和自律的。他还强调了非洲对欧洲的意义重大，“欧洲未来的伟大依赖于大陆欧洲更大的统一，以及大陆欧洲与非洲之间更

---

① ［法］罗贝尔·科纳万：《刚果（金）历史》（下），史陵山译，商务印书馆1974年版，第436页；［英］G. 巴勒克拉夫编著：《国际事务概览，1959—1960年》，上海译文出版社1986年版，第512页。

② “巴刚果人联盟”的简称，成立于1954年。

③ “加丹加巴卢巴人联盟”的简称，成立于1957年。

④ “加丹加部落协会联盟”的简称，成立于1958年，后来由莫伊兹·冲伯领导。

⑤ ［英］罗兰·奥利弗、安东尼·阿尔莫特等：《1800年以后的非洲》，李广一等译，商务印书馆1992年版，第281页。

⑥ 《艾森豪威尔回忆录》（四），第423页；Lawrence S. Kaplan, *NATO and the UN: A Peculiar Relationship*, 2010, p. 67.

⑦ Memorandum from the Secretary of State's Special Assistant (Holmes) to Secretary of States Dulles, February 6, 1958, *FRUS*, 1958 - 1960, Vol. XIV, p. 6.

大的统一。非洲就是欧洲的腹地。”①

1958年12月，卢蒙巴参加了在加纳首都阿克拉召开的第一届非洲国家独立大会。回国后，他努力把刚果民族运动改组成一个纪律严明的政党，准备在独立后组建高度集权化的政府。比利时人认为，阿克拉大会给刚果造成了决定性的影响，“卢蒙巴在那里得到了为实现他的独立诉求所需要的支持”。② 1959年1月4日，7000名刚果人为庆祝阿克拉大会成功召开在首都举行了集会，卢蒙巴发表了热情洋溢的演说，宣称：“1960年以后，所有的非洲都应从殖民统治下解放出来。我们很高兴地说，会议的决议和我们运动的目标是一致的。我们将把刚果人团结起来，形成一股集体力量，向殖民政权和人剥削人的社会制度进行清算。现在是刚果人民起来斗争的时候了。”当天，殖民当局出动了大批军警对这次集会进行镇压，至少造成49人死亡，241人受伤。③ 接着，利奥波德维尔发生了严重的骚乱，失业民众抢劫了一些欧洲人的商店和教会学校。

随后，这场骚乱迅速向全国蔓延，各地的敌对势力之间很快出现了紧张乃至冲突，许多地区法律与秩序明显地陷入崩溃的边缘。在开赛省，从事油棕榈种植业的开赛巴卢巴人与视之为入侵者的贝内卢卢亚人甚至存在爆发内战的可能。④ 这场大规模的骚乱极大地震惊了比利时政府。13日，国王博杜安一世（Baudouin）和首相加斯顿·伊斯肯斯（Gaston Eyskens）分别发表讲话，宣称将转变对刚果的殖民政策，“组织一种民主制度，使之能行使主权，并能决定它的独立”，在原则上立即放弃种族歧视；立法权力移交给由间接选举重新产生的刚果总参议会；地方基层议会及参议会则通过民众普选产生。这些机构将选出省参议会议员，再由省参议会任命总参议会议员。⑤ 狄龙对

① Memorandum of Conversation, October 8, 1958, *FRUS*, 1958 - 1960, Vol. XIV, pp. 252 - 253.

② 参见［英］罗兰·奥利弗、安东尼·阿尔莫特等《1800年以后的非洲》，第274—275页。

③ Edgar O'Balance, *The Congo-Zaire Experience (1960 - 1998)*, New York: St. Martin's Press, 2000, p. 8.

④ 参见［英］罗兰·奥利弗、安东尼·阿尔莫特等《1800年以后的非洲》，第281页。

⑤ 参见［英］G. 巴勒克拉夫《国际事务概览（1959—1960年）》，第514页。

此承诺抱有极大的兴趣，建议比利时政府“确保每项措施都要向刚果人展示可信的与可实现的目标，而不仅是展示一种似乎遥不可及的未来前景”。[①]

此后，刚果各主要政治组织纷纷为实现独立而开展政治活动。一方面，它们积极地寻求外部援助，其中一些还向苏联求助。例如，阿巴科党曾致信苏联对外事务部，希望在1959年1月19日前接受莫斯科的军事援助。[②] 赫鲁晓夫则指示对外事务部首先弄清楚刚果正在发生的事情，以及谁需要军事援助等问题。1959年4月15日和1960年1月11日，苏联政府分别邀请卢蒙巴和基赞加访问莫斯科。[③] 另一方面，它们开始走向联合。1959年4月和6月，比属刚果各主要政党两次召开联合会议，直接提出民族独立、迅速成立独立政府的斗争纲领。此后，刚果许多地区都掀起了声势浩大的工人罢工和群众运动。6月，萨特斯韦特专程到比属刚果考察，在利奥波德维尔会晤了约瑟夫·卡萨武布。后者重申他的阿巴科党要求刚果立即独立，批评比利时承诺的独立仍然“过于模糊”。萨特斯韦特总结认为，阿巴科党已决定建立单独的刚果政治实体，而这样“一种大陆的巴尔干化将带来混乱，并将公开地邀请共产党在非洲心脏地区安顿下来”。[④] 在刚果人民的强大压力下，比利时政府又被迫于10月抛出了一项刚果5年内分阶段独立的计划。

为获得更多关于非洲地区的情报，艾森豪威尔于1959年10月特地派预算局官员莫里斯·斯坦斯（Maurice Stans）前往非洲调研。回来后，他在11月5日的国家安全委员会第432次会议上指出，“在刚果的政治问题解决前，可能会发生大量的流血（事件）”。他认为，刚果本地人的独立观念非常模糊，最好能有一项25年内不给予该地

---

① Memorandum of Conversation, May 13, 1959, *FRUS*, 1958 – 1960, Vol. XIV, p. 524.

② *The Congo Crisis, 1960 – 1961*: A Critical Oral History Conference, *pp. 12 – 13.*

③ 卢蒙巴请求苏联提供金钱援助，阿巴科党等组织请求苏联的武器、金钱以及电台方面的援助，但这些请求都遭到了苏联的拒绝。参见 *The Congo Crisis, 1960 – 1961: A Critical Oral History*, pp. 24 – 25。

④ Despatch from the Consulate General at Leopoldville to the Department of State, June 23, 1959, *FRUS*, 1958 – 1960, Vol. XIV, pp. 255 – 257.

区独立的计划。[1] 他还强调美国政府需要加强对共产党人不断地“利用（刚果）人民的迷信”的关注。负责政治事务的副国务卿利文斯顿·默尔钱特（Livingston T. Merchant）则认为刚果当前的形势是“混乱的、困难的与破碎的”，其独立过程将十分艰难。驻比利时使馆也持同样的看法，认为美国把刚果的责任留给比利时会让自己的长期目标，即一个稳定的、亲西方定位的刚果陷入失败的尴尬境地，建议政府发挥更为积极的作用，尤其要考虑扩大对刚果援助的范围。[2]

国务院接受了上述建议，指示驻布鲁塞尔大使与比利时政府进行一系列磋商，希望后者能继续向刚果提供经济与技术援助，并与之开展各层次的技术及政策交流与合作。此时，美国不愿过多地参与刚果的事务，宣称“如果比利时人提出了美国在刚果的经济或技术援助问题，大使应该指出用于这方面的资金极为有限，已制定的美国政策只有在宗主国不能满足其领地的要求时，才能允许美国在这些领域内行动”。美国之所以保持这种克制态度，一方面在于它仍在延续宗主国为殖民地负责的传统思想，另一方面则认为对刚果援助必定导致更多的非洲新兴国家请求美国的援助，而“宗主国可能会对美国参与刚果事务（包括援助）不满，如果我们不能细致地解释这种行动的目的并非努力维护殖民主义，独立的非洲国家可能也会不满”。当然，他们确信与比利时合作将是对美国“最为有利的影响未来独立刚果的方式之一”。[3] 1960 年 1 月出台的 NSC－6001 政策文件决定，鼓励比利时通过发展刚果地区的经济条件，做好其最终自决与独立的准备，并愿意与比利时建立联系，履行卢旺达—乌隆迪委托人那样的责任。[4]

---

① Memorandum of Discussion, November 5, 1959, quoted in editorial note *in FRUS*, 1958－1960, Vol. XIV, pp. 257－258.

② Memorandum of Discussion, 432th NSC Meeting, January 14, 1960, *FRUS*, 1958－1960, Vol. XIV, p. 77; Telegram from the Department of State to the Embassy in Belgium, January 8, 1960, *FRUS*, 1958－1960, Vol. XIV, p. 258.

③ Ibid., pp. 258－260.

④ National Security Council Report, NSC－6001, January 19, 1960. Annex, General Considerations Relating to Individual Countries and Territories of South, Central and East Africa, *FRUS*, 1958－1960, Vol. XIV, p. 88. 比利时管辖的联合国在东南非洲的托管地，1962 年分别成立卢旺达和乌隆迪（今“布隆迪”）两个国家。

1959年12月，比属刚果各主要政治组织再次举行联合会议，断然拒绝了比利时政府提出的刚果5年内独立的计划，要求立即获得独立。比利时政府不得不再次作出让步，提议在1960年1月召开比利时—刚果圆桌会议，讨论刚果的独立与未来。伯登认为这样的圆桌会议为大国提供了更好地了解刚果未来领导人的机会，美国政府应该在会议前准备在刚果发挥积极的作用。然而，国务院并不支持该建议。狄龙提醒他说，美国在殖民地问题上依然仰赖于北约盟国，与比利时合作是影响独立刚果的最好方式，况且"美国在刚果任何的积极活动都会对欧洲及非洲其他地区产生重大的影响。例如，任何大规模援助的计划必定导致美国面对来自许多新兴非洲国家的购货单"。①

1960年1月20日至2月20日，比利时—刚果圆桌会议按时在布鲁塞尔召开。比利时政府派出了副首相带队的庞大代表团，包括5名内阁部长和比利时三大政党的各10名代表。刚果方则派出了由各主要政党领导人和少数部落酋长组成的40人代表团。刚果代表团成员虽然复杂，但在事关国家独立的重大问题上基本上能够团结一致。会议期间，各相关国家也似乎突然对这些刚果代表产生了兴趣。相关档案文件显示，"60%的刚果政治阶层都与比利时的秘密机构合作，他们接受金钱并相互指责"。比利时利用这些误解、分歧，阻止刚果人讨论两个至关重要的问题，即刚果的经济与军队；法国则邀请卡萨武布访问巴黎，促成他与法国非常重要的工业集团签订一份协定；美国政府邀请了来自加丹加和开赛的美国人会晤美国矿业集团。蒙博托和恩达卡则从东方集团国家（恩克鲁玛、捷克、俄罗斯和南斯拉夫）接收送给卢蒙巴的金钱（卢蒙巴从未如数地得到这些钱）。②

经过激烈的讨价还价，比利时—刚果圆桌会议最终通过了16项决议，确定1960年6月30日为刚果独立日。随后讨论经济的圆桌会议则由少数年轻学生与包括蒙博托在内的一些代表参加。4月18日，

① Telegram from the Department of State to the Embassy in Belgium, January 8, 1960, *FRUS*, 1958 - 1960, Vol. XIV, p. 260.

② *The Congo Crisis, 1960 - 1961: A Critical Oral History*, pp. 33, 43, 30, 39.

比利时政府公布了刚果临时宪法的最后文本，共包括253项条款。[①]对于这次会议的成果，正在突尼斯召开的全非人民会议给予了高度的评价，称“这一事件不仅是刚果历史的一次危机，而且是非洲历史的转折点，是非洲主义的一个胜利”。[②] 事实上，刚果即将到来的独立还谈不上非洲民族主义的胜利，“说它是比利时的犹豫不决和像比利时这样的小国无力抵挡国际压力的结果倒更确切些”。[③] 比利时迅速地给予刚果独立是一种不负责任的做法，正如英国历史学家弗兰克·E. 哈格特所言：“对比利时来说，从一个父权主义的国家过渡到一个帝国主义已成历史的国家，是个急剧的转变；正如对刚果来说，从一个殖民地变成一个独立的主权国家，同样是个急剧的转变。责任在于比利时方面，但是两个国家同样受到影响。因为双方都没有一个适当的转变时期，使彼此间的态度能有一定时间加以明确并经受考验。”[④]

关于刚果未来发展趋势的评估指出，美国是刚果政治舞台上的新来者，基本上没有足够的信息对大选作出判断。中情局认为刚果正在部落联合基础上发展政治集团化，例如科纳卡特党就是由支持加丹加分裂的非洲人和欧洲人组成的地区性政党。这些党派没有明确的意识形态基础，唯一的政治诉求是国家独立。由于当前没有任何政治领导人或政党能获得多数，他们都会努力为自己的代表在未来政府内任关键职位而结成联盟或新的政治组织。美国应密切关注政治趋势和有希望的候选人，并谨慎地支持少数重要的候选人（前提是不要牵连到

① 临时宪法规定由议会两院在联席会议上选出国家元首，至少须经一院三分之二多数或者两院简单多数的表决，方可改组刚果政府。选举国家元首，也需要议会三分之二的多数票同意，独立后正式宪法的通过则需经各省议会三分之二多数票的同意。参见［匈］西克·安德烈《黑非洲史》第4册（下），上海新闻出版系统“五·七”干校翻译组译，上海人民出版社1979年版，第732—733页。

② ［英］G. 巴勒克拉夫编著：《国际事务概览（1960—1961年）》，上海译文出版社1986年版，第518页。

③ ［英］罗兰·奥利弗、安东尼·阿尔莫特等：《1800年以后的非洲》，第280页。

④ ［英］弗兰克·E. 哈格特：《现代比利时》下册，南京大学外文系法文翻译组译，江苏人民出版社1973年版，第412页。

美国政府)。[①] 据此，中情局制定了在比属刚果政治行动的具体任务，即辨别那些与美国政策最为契合的领导人并给予一定的支持，也要努力识别出与美国政策不一致，却在即将到来的大选中很有机会获胜的其他领导人。中情局还注意到，卢蒙巴是少数具有全局意识的刚果领导人之一，虽然自3月以来反对卢蒙巴的趋势不断地增强，但美国不应对卢蒙巴关闭大门，以免使他与美国为敌。总体而言，刚果的政治形势在大选非常不稳定，美国开展任何重大的政治行动都是不明智的。

国务卿克里斯蒂安·赫脱(Christian A. Herter，1959年6月接替杜勒斯)虽然表示“宁愿非洲国家不要独立得如此之快”，但他不得不接受现实，向比利时驻美大使路易斯·斯基伊文(Louis Scheyven)委婉地提出：“若能有更多时间制定出新独立国家建设的具体计划会更好。”[②] 2月18日，大使伯登与副国务卿狄龙、副国务卿帮办雷蒙德·哈里(Raymond Hare)及其他18位国务院官员对独立刚果应该采取的对策展开讨论。伯登提醒政府避免重蹈苏联在法国撤离几内亚后趁机渗透的覆辙，建议增加驻刚果总领馆工作人员，以便在其独立时作为大使馆运行，并任命经验丰富的官员为大使；刚果已经出现了“潜在的、爆炸性的政治形势”，应该为其提供经济援助。然而，关于向刚果提供经济援助的建议并未得到决策层的认可。艾森豪威尔坚持认为，“我们应该拉直松弛的绳索”，尽量敦促宗主国尽可能向其殖民地提供经济援助。在4月15日与法国代表交换意见时，狄龙进一步阐释了这种立场，“由于美国在其他地区的责任沉重，它不想做它并非必须要做的任何事情，而是希望其他自由世界，特别是前宗主国继续承担起援助非洲的主

① Memorandum From the Chief of the Africa Division, Directorate of Plans, Central Intelligence Agency (Tweedy) to the Assistant Secretary of State for African Affairs (Satterthwaite), April 18, 1960; Memorandum From the Chief of the Africa Division, Directorate of Plans, Central Intelligence Agency (Tweedy) to the Deputy Director for Plans, Central Intelligence Agency (Bissell), April 1, 1960.

② Memorandum of Discussion at the 438th Meeting of the National Security Council, March 24, 1960, p. 94; Telegram from the Department of State to the Embassy in Belgium, February 12, 1960, p. 261.

要责任。"[①]

为了能在刚果独立后的政治中主动发挥作用，艾森豪威尔政府主要采取了下列三项应对措施。

第一，准备结好刚果新政权。4月5日，比利时部长德·思科瑞维尔（de Schrijver）提醒美国，苏联将于7月1日向利奥波德维尔派驻大使。他预言卢蒙巴可能会成为首位总理，断言此人已经与共产党机构建立了联系，并从共产主义国家集团那里获得了不少资金。伯登对此忧心忡忡，认为向刚果派驻大使非常重要，"不仅是因为与东方竞争的问题，也因为面对新刚果国家的问题将是非常重要的与困难的，以致我们的大使必须尽快到场。"为此，艾森豪威尔特地选派了外交经验丰富的罗伯特·墨菲（Robert P. Murphy）作为个人代表率团参加独立庆典仪式。[②]

第二，考虑给予刚果一定的经济援助。3月底，大使伯登访问刚果，发现那里经济处于崩溃的边缘，很可能会"作为背负着完全亏空和沉重债务的独立国家开始它的新生"。他认为美国向刚果新政府示好非常重要，尤其要表现在具体的行动中，建议从总统紧急援助基金中提供500万美元用于刚果的奖学金计划、训练计划、通信和无线电广播等。[③] 比利时政府也意图让美国承担起刚果独立后的经济责任。4月5日，驻美大使雷蒙德·斯基伊文（Raymond Scheyven）请求美国向刚果迅速提供大量的经济援助，以免那里出现不利的政治影响。[④] 5月初，国际合作政府（ICA）向刚果派了一个调查团，考察刚果在农业、教育、公共管理及英语培训中的可能计划，建议美国应

---

① Memorandum of Discussion at the 438th Meeting of the National Security Council, March 24, 1960; Memorandum of Conversation, April 15, 1960, *FRUS*, 1958 – 1960, Vol. XⅣ, pp. 97, 133.

② Letter from the Ambassador in Belgium (Burden) to the Under Secretary of State (Dillon), April 7, 1960, *FRUS*, 1958 – 1960, Vol. XⅣ, p. 267.

③ Ibid., pp. 266 – 270.

④ 比利时政府表示，刚果在独立前需要1.25亿—1.3亿美元的经济援助。杜勒斯表示，在富庶的加丹加地区要求脱离刚果并与罗得亚联盟的运动可能会有所发展。参见Memorandum Prepared by Deputy NSC Executive Secretary Marion W. Boggs, May 5, 1960; Editorial Note, *FRUS*, 1958 – 1960, Vol. XⅣ, p. 275。

该强调刚果的教育和农业计划，估计花费大约为220万美元。[①] 为弥补刚果的预算赤字及平衡财政收支，美国政府鼓励国际货币基金组织在其独立后提供2000万美元的贷款。此外，美国还支持世界银行向比利时提供一笔4000万美元的贷款用于刚果的经济开发（主要用于发展交通设施）。[②]

第三，防止刚果出现政局混乱与共产主义的渗透。艾森豪威尔政府注意到共产党与刚果人的接触自圆桌会议以来大为增加，防止共产主义的渗透自然成为重要的问题。为此，伯登建议政府帮助刚果新政府处理一系列内在的问题，最好办法是通过增强刚果军队（尤其是反颠覆的能力），并运用美国的援助保持其内部的秩序稳定。不过，这会让美国与比利时的关系发生微妙的变化，因为这样会让美国走上"一条狭窄的小道上，不应鼓励在第三世界国家的积极干涉，以使我们的地位发生危险"。此外，国务院还认为鼓励加纳总统恩克鲁玛增强对刚果的影响对抵制共产主义的渗透是有用的。[③]

1960年5月，刚果举行议会选举，共有28个政党角逐议会中的137个席位。比利时本打算由巴刚果人联盟领导人组建新政府，然而该党在众议院仅获得了12个席位。卢蒙巴领导的刚果民族运动主张建立独立统一的刚果和强有力的中央政府，在选举中赢得36席（包括在东方省获得21席，在基伍省、开赛省各获得6席，在赤道省获得2席，在利奥波德维尔省获得1席），与之联盟的政党（刚果民族联盟、巴卢巴卡特党，开赛部落联盟及非洲团结党和非洲联合中心）获得13席。较温和的民族进步党获得14席，主张逐步向独立和平过渡，要求政府分散权力。卡萨武布的阿巴科党、同盟科纳卡特党以及刚果民族运动党的卡隆吉派共同获得19席位。这样，卢蒙巴就获得了组建刚果独立后首届政府的权力。6月27日，他宣布国家在独立

---

① Telegram from the Consulate in Leopodeville to the Department of State, May 21, 1960. Quoted from The Letter form the Ambassador in Belgium (Burden) to the Under Secretary of State (Dillon), April 7, 1960, p. 269.

② Stephen Weissman, *American Foreign Policy in Congo (1960 – 1964)*, p. 53.

③ Telegram from the Embassy in Belgium to the Department of State, May 1, 1960; Telegram from the Department of State to the Embassy in Ghana, April 28, 1960, *FRUS*, 1958 – 1960, Vol. XIV, pp. 271 – 273.

后命名为刚果共和国。[①] 对于这一结果，比利时政府不得不接受，并为确保本国利益于6月29日与卢蒙巴政府签订了保留卡米纳和基托纳两处军事基地的协定。

总体而言，美国对于刚果即将获得独立的态度是复杂的，甚至是矛盾的。一方面，希望与刚果新政权结好，使之保持亲西方的倾向。为此，艾森豪威尔特地在其独立日向总统卡萨武布和总理卢蒙巴发去私人贺信，向他们保证美国希望与刚果继续保持友好互利的关系，并将尽力促进两国间的合作。[②] 随后，国务院宣布把驻刚果总领事馆升格为大使馆，并任命外交经验丰富的克莱尔·廷伯莱克（Clare H. Timberlake）为首任大使。此外，美国代表团还准备在独立日与卢蒙巴政府讨论一项为300名刚果人提供奖学金与培训的计划。另一方面，又对刚果的发展趋势表示担忧。就在6月30日召开的国家安全委员会会议上，艾森豪威尔忧愁地指出，革命已经推翻了古巴、土耳其的亲西方政府。[③] 卡贝尔将军宣称卢蒙巴政府虚弱不堪，10位内阁部长中有5位与左派有染，倾向于共产主义。德夫林也证实，美国政府那时就已经意识到“皮埃尔·缪勒尔（Pierre Mulele）确实成了苏联的一个代理人”。[④]

---

① 前法属刚果在1958年11月被命名为“刚果共和国，联合国为两个刚果作了下列区分：一个是刚果共和国（布拉柴维尔），另一个是刚果共和国（利奥波德维尔）”。

② 参见 Public Papers of the Presidents of the United States: *Dwight D. Eisenhower* (*1960 – 1961*), p. 544；［匈］西克·安德烈：《黑非洲史》第4册（下），第757页。

③ June 30, 1960, *Ann Whitman File*, *NSC series*, box 12, No. 449, DDEL.

④ 康扎承认，“我们刚果人从不知道共产党或其他党派；我们知道左派分子或者反动派。当你是一个亲比利时人时，你是反动派，当你反对他们时，你就是左派分子。所以接触共产党就是接触左派；只是后来，我们才被贴上了亲俄或亲中国的标签。”他还表示：“我们不能高估那时刚果政治家理解冷战的能力。没有人知道冷战。……1960年上半年，卢蒙巴不可能知道冷战，直到他成为总理后才知道一些。”*The Congo Crisis*, *1960 – 1961*: *A Critical Oral History*, pp. 35, 37, 46, 56, 59.

第二章

刚果危机爆发与美国的介入

（刚果的）形势是令人不安的和紧迫的。历史学家将评判过失和功绩。而我们现在必须决定如何应对当前的问题。

——前驻刚果大使 C. H. 廷伯莱克（1960 年 7 月）

刚果（利）独立前后正是全球冷战处于紧张对峙时期，艾森豪威尔政府相继遭受了一系列挫折。“U－2 飞机事件”[①] 给正在积极宣传“戴维营精神”的赫鲁晓夫当头棒喝，直接导致了巴黎四国首脑会议流产；由于苏联与古巴建立外交关系，美国对后者采取了一系列制裁措施；苏联部队击落一架入侵领空的美国 RB－47 侦察机；艾森豪威尔预定的访日活动因日本共产党领导的骚乱而被迫取消；苏联干涉老挝以及巴特寮叛乱扩大让美国自顾不暇，等等。在这种形势下，美、苏必然对任何其他国家出现的机会或危险（如革命、内战、政权更迭、边界冲突等）保持高度的敏感与警觉，一旦发生重大的政治危机，外部干涉是可想而知的。在美国政府看来，刚果危机正是为苏联集团势力渗透到中部非洲，进而控制该大陆多数地区提供了一个有力的跳板。

新生的刚果在政治、经济上虚弱不堪，不仅增加了危机爆发的概率，也增加了外来干涉的可能性。热拉尔—利布瓦与贝诺瓦·维哈根确信，刚果的政治独立是一场误会，但又是一场不可避免的误会，

① 1960 年 5 月 1 日，一架美国 U－2 高空侦察机深入苏联领空 1200 公里后被苏军击落，中情局雇用的飞行员弗朗西斯·鲍尔斯被活捉，对收集情报的任务供认不讳。

“新的政治机构将使一个刚果政权得以分期分部门地实现过去比利时当局所无从设想的非殖民化。人们所能寄予的希望至多不过如此”。[①]然而，殖民主义势力与影响并未在刚果独立后一夜之间消失，宗主国比利时的军官仍控制着这里的军队与警察，比利时人主导的矿业联盟仍操纵着这里的经济命脉，加丹加等地方分裂势力也在伺机而动。概言之，卢蒙巴政府所继承的刚果不过是一个政治认同普遍缺失、经济濒于崩溃、财政预算赤字估计为2800万英镑的烂摊子。

刚果的紧张形势还引起了欧洲其他殖民国家与亚非新兴国家的密切关注。前者在非洲有直接或间接的现实利益，例如英国投资者在中部与南部非洲拥有大量的投资，担心刚果（特别是加丹加地区）成为非洲民族主义泛滥的入口，而法国、西德与意大利是加丹加铜与其他矿物的主要消费者，时刻对刚果—罗得西亚铜矿带的安全保持着警惕。除加丹加的自然资源外，法国还担心卢蒙巴政权的激进行为影响到原法属赤道非洲的保守派力量。亚非新兴国家则希望刚果的非殖民化顺利进行，担心这场危机不利于东部与中部非洲独立运动。然而，由于自身力量不足，它们只能寄希望于联合国实现上述目标。

第一节 危机爆发及其国际化

正如原中情局驻刚果情报站站长拉里·德夫林所言：“在那些日子里，每件事都是用冷战术语来衡量的，我们确信自己将助长苏联控制中部非洲的重大企图，使之成为控制该大陆多数地区的一个跳板。”[②] 刚果独立后几天内，首都利奥波德维尔附近军营的士兵突然发生了反对比利时军官的哗变，由此导致的骚乱迅速向全国蔓延。比利时立即以保护侨民为名出兵干预，并支持加丹加与南开赛建立分裂政权。这些突发性事件使国内冲突迅速升级为一场国际性的危机，尤其是卢蒙巴向苏联求援引起了美国的警惕。艾森豪威尔认为非洲的“变革之风”只是一种“破坏性飓风”的力量，苏联介入刚果是打入

① ［法］罗贝尔·科纳万：《刚果（金）历史》，史陵山译，商务印书馆1974年版，第486页。

② Larry Devlin, *Chief of Station, Congo: Fighting the Cold War in a Hot Zone*, p. 66.

华盛顿的“一枚楔子”。他担心刚果危机从混乱发展为“共产主义综合征”，避免“另一个朝鲜”的出现也就成了优先考虑的问题。鉴于杜鲁门在朝鲜战争问题上的深刻教训，他不愿让美国深度地参与此事，而是希望借助联合国干预来化解这场危机。

一　危机爆发与各方的反应

1960 年 6 月 30 日，刚果举行了盛大的独立日庆典，包括美、苏等在内的 60 个国家的代表出席了这一隆重的仪式。依照之前安排的程序，比利时国王博杜安、刚果总统卡萨武布与总理卢蒙巴依次发表重要演讲。博杜安在演讲中回顾了刚果的历史，自豪地颂扬其祖父利奥波德二世的勇猛无畏与远见卓识，并在结束时宣称：“让我的国家同你们的国家为今天这个日子而欢颐。”在美国代表墨菲看来，博安杜的演讲十分得体，无疑是一场优雅的演说。然而，两位刚果领导人在内容与语调上截然相反的演说却反映出“在共和国将来的发展中，存在着两种鲜明的敌对倾向”。[①] 卡萨武布依照惯例致答谢词，称颂比利时政府表现出了“顺应历史潮流的智慧与仁慈”，并承诺刚果可以向全世界展示它将是统一国家的典范之一。

然而，在以卢蒙巴为代表的民族主义者看来，刚果的独立“似乎是一个分水岭，把过去和完全不同的将来截然分开，任何事情都可能变成现实”。[②] 因而，他的演说并没有遵奉外交礼仪的标准。在这篇被称为“非洲民族主义经典文本”之一的演说中，卢蒙巴痛斥比利时的残暴统治让刚果人遭受了“比死亡更悲惨”的掠夺与压迫，提醒人民不要忘记殖民主义者带给他们的痛苦与灾难：奴隶劳动、贫穷和饥馑、侮辱、种族歧视以及对刚果爱国者的折磨与屠杀等。在结束演讲时，他又极其自豪地宣称：“你们所选举的代表已经投票选择给我们国家管理自己的权力。自殖民压迫以来，我们曾经遭受了肉体上和心灵上的摧残。如今，我们非常自豪地告诉你们：所有这些都结束了，从此以后都结束了！刚果共和国已经宣布，我们的国家现在掌

---

① 苏联科学院非洲研究所编：《非洲史：1918—1967 年》，第 798 页。

② ［英］巴兹尔·戴维逊：《现代非洲史：对一个新社会的探索》，舒展等译，第 324 页。

握在它自己孩子的手中了!”[①] 这篇演讲显然与刚果独立庆典的场合不协调，让在座的西方国家代表尴尬不已。

事实上，卢蒙巴的这篇演讲既与他此前没有正式收到博安杜演讲的副本，也没有收到卡萨武布演讲的副本有关，还与他之前的演讲风格“没什么两样”。康扎证实，“卢蒙巴演说的具体起草者尚不明确，但思想是卢蒙巴自己的”。[②] 就演讲内容而言，他关于刚果殖民地时期的说法是正确的，然而他关于刚果未来的判断只能是毫无经验的豪言壮语。事实上，独立后的刚果并没有掌握在“它自己孩子”的手中：军队与警察仍由比利时军官控制着[③]，矿业公司控制着经济命脉，中情局、比利时情报机构的秘密代理人以及英、法等也都在密切注视着这块冷战中的热土。卢蒙巴在演讲中也肯定了将来与比利时合作的重要性，称“这种合作对两国都有利”，并在随后晚宴上提议为国王的健康干杯，然而这篇演讲似乎再次确证了美国政府之前对他的不良印象——“不稳定”“偏执”和“缺乏经验”，这些品质会让刚果不稳定、更脆弱，更利于苏联的侵入。[④]

就当时而言，美国代表团官员对卢蒙巴的演讲虽有不满，但是基本上认定这种现象是刚果人民对比利时殖民统治怨愤情绪的宣泄，并不特别反常，仍希望通过和平的方式争取新生的国家。7 月 3 日，墨菲专程拜会总理卢蒙巴，试探他的治国政策与计划。卢蒙巴向他明确表示，刚果将在国际事务中保持中立，并重申共产主义的意识形态与

① Lumumba, *Speech on Proclamation of Independence*, quote from Jean Van Lierde ed. , *Lumumba Speaks: The Speeches and Writings of Patrice Lumumba, 1958 – 1961*, Little, Brown and Company, 1972, pp. 220 – 224.

② *The Congo Crisis, 1960 – 1961: A Critical Oral History*, p. 107.

③ 独立之时，刚果治安军由大约 2.4 万名刚果士兵和未经任命的军官组成，而控制权掌握在大约 1000 名比利时人军官的手中。参见 Alan James, *Britain and the Congo Crisis, 1960 – 1963*, London, 1996, p. 42. 比利时在刚果独立时仍保留着三处军事基地。加丹加省的卡米纳基地和下刚果省的基托纳基地共驻有比利时 2 个营的正规部队，拥有 70 多架各式战斗机、轰炸机和运输机。第三处设在刚果河口的巴纳纳港，是一处小型海军基地，拥有数艘舰艇。参见李智彪《刚果民主共和国》，社会科学文献出版社 2004 年版，第 55 页。

④ Lumumba, “Speech on Proclamation of Independence”, quote from Jean Van Lierde, ed. , *Lumumba Speaks: The Speeches and Writings of Patrice Lumumba, 1958 – 1961*, pp. 220 – 224; Dwight D. Eisenhower, *Waging Peace (1956 – 1961)*, New York: Doubleday, 1965, p. 573.

刚果格格不入。[①] 两天后，墨菲又与卢蒙巴讨论了刚果的经济状况与需求问题。在给国务院的报告中，他警告说："如果我们在这里不尽快提供足够的援助，共产党将那样做。"美国首任驻刚果大使廷伯莱克并没有打消对卢蒙巴的疑虑，称此人正在快速地"由中立转向似乎是亲美、亲西方情绪的表达，让自己的话适应听众的胃口是他典型的特点"。[②]

英国著名史学家巴兹尔·戴维逊认为，一般而言，由殖民地独立产生出的政权很快就会成为动乱的牺牲品。[③] 只是刚果的动乱来得如此之快，超出了几乎所有人的想象，也令众多专注于刚果的观察家与分析人士大跌眼镜。7 月 4 日，刚果首都利奥波德维尔附近蒂斯维尔（Thysville，距首都西南约 100 英里）军营的一位黑人下级军官对士兵说："刚果已经独立了，没有必要再听从白人指挥官的指挥了。"这句话激怒了当时的刚果治安军总司令、比利时人埃米尔·杨森斯（Emile Janssens）。次日，他专程赶往该军营，解除了那位黑人军官的职务，并且面对要求立刻更换所有外籍军官和提高待遇的士兵，在黑板上写下了"独立前 = 独立后"。这一举动让他犯了一个心理上不可饶恕的错误，"后来被各种讲演和谣言加以夸大而没有一个人能够和愿意予以更正"。[④] 当日晚，该兵营的士兵突发兵变，监禁了他们的比利时军官，并开始逮捕、侮辱以及攻击欧洲人。

卢蒙巴与卡萨武布闻讯后立即赶到该兵营，召集参加哗变的士兵代表开会，并当场作出四项紧急决定：解除杨森斯等所有比利时军官的职务；刚果治安军更名为刚果国民军，任命加丹加省雅多维尔市黑人区区长维克多·伦杜拉（Victor Lundula）为总司令，任命总理府

---

① Robert Murphy, *Diplomat Among Warriors*, Garden City, 1965, p. 409.

② Telegram from the Embassy in the Congo to the Department of State, July 4, 1960, *FRUS*, 1958 – 1960, Vol. XIV, pp. 280 – 281.

③ 参见［英］巴兹尔·戴维逊《现代非洲史：对一个新社会的探索》，舒展等译，第 343 页。

④ ［法］罗贝尔·科纳万：《刚果（金）历史》（下），史陵山译，第 493 页。

国务秘书约瑟夫·蒙博托（Joseph Mobutu）[①] 为参谋长；各级指挥权完全刚果化，均由驻军单位的士兵推选产生；选留一批值得信任的比利时军官为国民军顾问。[②] 然而，这些安抚措施未能平息刚果士兵迅速高涨的不满情绪，骚乱还是迅速蔓延到利奥波德维尔。美国驻刚果大使馆遭到袭扰，利奥波德维尔与华盛顿之间的通信也被切断；联合国代表拉尔夫·本奇（Ralph Bunche）[③] 在宾馆阳台上遭到枪击。大批欧洲白人公务员、军官、职业干部以及商界人士纷纷逃离该城市。继而，骚乱向刚果其他地区迅速扩散，形成了全国性的反比利时人浪潮，本地的其他欧洲国家的人也遭到了黑人士兵的殴打甚至杀害。与此同时，刚果境内的不同种族也发生了冲突，尤其是开赛地区非洲人之间的冲突最为激烈，巴卢巴人和贝内卢卢人之间甚至演变成公开的战争。[④] 从刚果返回后，惊魂未定的本奇向记者这样描述刚果的形势："混乱难以描述，只有亲身经历过才能知道。"

这场兵变的直接诱因自然是刚果士兵要求军官本土化，以及独立带给他们的自豪感和对欧洲政治特权阶层的愤懑。然而，其根源却在于比利时长期的家长式愚民统治及其对这里经济命脉的控制。独立之初，卢蒙巴只能依靠 9801 名比利时文职人员和 11803 名非洲雇员维持政府的运转，而这 1.1 万非洲人中几乎都是目不识丁的五级职员。[⑤] 康扎证实："我永远不会忘记，作为部长，我们不知道部长的责任。我们没有办公室，所有的事情都是由比利时人操纵的；独立日的准备是比利时人定的。"[⑥] 萨特斯维特也承认，"独立时，刚果大约有 16 名大学毕业生（内阁中仅有一位大学毕业生），没有非洲人的

---

① 约瑟夫·蒙博托（1930—1997），人民革命运动党主席和创始人，扎伊尔总统，武装部队最高统帅。1957 年，他加入卢蒙巴的刚果民族运动，1960 年刚果独立后任政府国防国务秘书，后任陆军参谋长。同年 9 月，他发动军事政变，接管了政府。1965 年，他再次发动政变，自任总统兼武装部队总司令，后在 1970 年、1977 年、1984 年三次蝉联总统。

② 参见李智彪《刚果民主共和国》，第 230 页。

③ 本奇因 1948 年以色列与阿拉伯国家之间的停火调解而获得 1950 年诺贝尔和平奖，被认为是联合国维和原则与政策的主要设计师。1956 年，哈马舍尔德提拔他为自己的高级助手，1960 年 6 月以联合国代表的身份参加刚果独立庆典。

④ 参见［英］罗兰·奥利弗、安东尼·阿尔莫特等《1800 年以后的非洲》，李广一等译，商务印书馆 1992 年版，第 283 页。

⑤ 参见［英］巴兹尔·戴维逊《现代非洲史：对一个新社会的探索》，舒展等译，中国社会科学出版社 1989 年版，第 317—318 页。

⑥ *The Congo Crisis, 1960 - 1961: A Critical Oral History*, p. 57.

行政部门……新当选的领导人卡萨武布和卢蒙巴，除他们自己地区的追随者外，并没有获得广泛的支持，也没有很快地建立起强大的权威取代家长式的国家机构。”① 有学者指出，比利时若以法国或英国的方式训练殖民地精英管理干部，或者如果没有急于给予刚果独立，1960 年危机可能不会出现。② 比利时首相伊斯肯斯早在刚果独立前夕也曾默认这些失误：“如果我们能在那时依靠省一级的适当组织，则刚果政治问题的解决就会非常容易了。”③

另外，刚果的经济命脉始终牢牢地控制在少数欧洲白人手中。比利时是控制刚果经济高达 70% 的矿业联盟的大股东之一，而该公司在加丹加的采矿业务又与其缔造者之一的坦噶尼喀特许公司有着密切的关系。后者以伦敦为基地，在罗得西亚和南非投资广泛，控制着矿业联盟 20.2% 的投票权，还为其出口产品提供运输（刚果危机期间，矿业联盟的产品主要通过它运往国外）。两大公司相互持有对方的股票，且管理层也在对方委员会中交叉任职。迟至 1958 年，大约占总人口 1% 的外国人控制着刚果殖民地总资产的 95%、个人储蓄的 88%、牛的 47% 及农产品的 35%。20 世纪 50 年代，比利时公司的年利润为 8%—9%，而在刚果平均约 20%。④ 显而易见，正是这些巨额的经济利益促使比利时试图控制独立后的刚果。

面对刚果突如其来的大规模骚乱，卸任在即的艾森豪威尔决定立即采取紧急行动，以免刚果的混乱为苏联干预整个非洲打开大门。⑤ 总体而言，美国政府早期应对刚果骚乱的行动主要集中在三方面。

第一，疏散刚果地区的美国人。骚乱发生后，美国政府立即组织撤离与营救这里的美国人，为此向该地区紧急调派了两架空军 C-124 运输机（由于利奥波德维尔机场被关闭，只能降落在刚果河左岸

---

① Memorandum from Satterthwaite to the Secretary of State, July 10, 1960, Confidential U. S. State Department Central Files, Congo: 1960-January 1963, reel 2.

② Lawrence S. Kaplan, “The United States, Belgium, and the Congo Crisis of 1960”, *The Review of Politics*, Vol. 29, No. 2, 1967, pp. 239-256.

③ ［英］罗兰·奥利弗、安东尼·阿尔莫特等：《1800 年以后的非洲》，李广一等译，商务印书馆 1992 年版，第 280 页。

④ Jean Cruise O'Brien, *To Kantaga and Back*, Simon and Schuster, 1962, p. 173.

⑤ Lawrence S. Kaplan, “The United States, Belgium, and the Congo Crisis of 1960”, *The Review of Politics*, Vol. 29, No. 2, 1967, pp. 239-256.

的布拉柴维尔机场），同时还调派了一架飞往索尔兹伯里的飞机疏散南部刚果与伊丽莎白维尔（今卢本巴希）的美国人。[①] 国防部则命令“大黄蜂号”航空母舰前往刚果附近海域，对外宣称它被用于必要时疏散刚果的美国人。

第二，要求比利时对刚果的社会稳定负起责任。7 月 8 日，美国驻伊丽莎白维尔领事威廉·卡纳普（William A. M. Canup）与英、法领事联合请求比利时政府进行军事干预，结果比利时人只是“在最极端的压力以及极不情愿情况下，同意部署比利时部队”。当然，这不过是比利时故作姿态而已。档案资料表明，比利时政府在刚果兵变当日就召开了关于卢蒙巴政府军队改组问题的会议，当场决定对刚果进行军事干预。9 日，比利时政府派遣 1200 名伞兵增援靠近利奥波德维尔的基托纳基地和南加丹加省的卡米纳军事基地，同时通知美国驻布鲁塞尔大使馆其军事干涉的计划，宣称目的是“保护欧洲人的生命以及重建最低程度的秩序”。[②] 10 日晨，卡米纳基地的 300 余名比利时伞兵突降伊丽莎白维尔机场，随后占领市区。当晚，2 个连的比利时伞兵进攻开赛省首府路路阿堡（今卡南加）机场。刚果驻军进行了顽强抵抗，但终因力量悬殊而未能守住机场。随后，这支部队向开赛省的路路阿堡挺进。130 名比利时伞兵也用同样的方法，占领了雅多维尔。[③]

随着比利时军队的迅速推进，美国政府开始担心这会引起刚果及世界舆论的强烈不满。大使伯登要求比利时发表声明，解释自己的行

---

① 这些人主要是美国的传教士，大约有 1600 人。参见 Stephen Weissman, *American Foreign Policy in Congo (1960 - 1964)*, p. 61; Memorandum from Satterthwaite to the Secretary of State, July 10, 1960, Confidential U. S. State Department Central Files, Congo: 1960-January 1963, reel 2。

② Telegram from the Embassy in Belgium to the Department of State, July 10, 1960, *FRUS*, 1958 - 1960, Vol. XIV, p. 286; Telegram from Burden to the Secretary of State, July 9, 1960, Confidential U. S. State Department Central Files, Congo: 1960-January 1963, reel 2.

③ 刚果独立时，比利时驻刚果正规部队仅有 4 个营的伞兵，5 个连的步兵，支援部队为两个空军中队和停在刚果河口、由 5 艘小军舰组成的海军特遣队。听到兵变消息时，这支部队迅速扩大，有 1 个突击营和 26 个独立连，从 7 月 9—19 日由比利时航空运输公司的飞机运往刚果，或运往卢旺达—布隆迪。高峰时期，比利时军队大约有 1 万人，分为许多小队散驻各地，几乎没有损失地恢复了 23 个中心市镇的公共秩序。参见［英］G. 巴勒克拉夫《国际事务概览（1960—1961 年）》，曾稣黎译，上海译文出版社 1986 年版，第 532 页。

动目的与计划，并特别请求这种声明不要向联合国发出，“以免被理解为争论的问题是两个完全不相关国家之间的事情”。7月10日，他拜会比利时外交大臣皮埃尔·维尼（Pierre Wigny），指出任何人都不反对为人道主义目的而动用军队，然而“维持秩序在一般意义上是主权的一项职能，如果比利时没有应刚果共和国的请求而公开宣布在刚果接管这种职能，它将被谴责为重新强占殖民地。”他宣称，任何公开声明都应该表明比利时“所采取的军事行动都是为了拯救欧洲人的生命，并表明比利时在刚果的意图不是接管与维持作为整个国家的公共秩序”。[①] 比利时官员不得不随声附和这种看法。驻刚果代表范·登·博申克（Van Den Bosch）也建议政府声明自己在刚果军事行动的目的是拯救欧洲人的生命与财产，而没有任何政治意图，并宣称刚果局势恢复稳定后，比利时部队将撤回他们所在的基地。

第三，建议卢蒙巴政府向联合国请求援助，并努力把刚果的比利时部队纳入联合国部队。美国决策层意识到，联合国若不及时介入，苏联可能会进行单边干涉，“这会导致西方的反干预以及赤道非洲变成一个冷战的战场”。[②] 据此，廷伯莱克7月10日紧急约见卡萨武布和卢蒙巴。在会晤中，刚果领导人对比利时违反协定，军事占领刚果要地的做法提出了严正的抗议。由于两人都坚决拒绝比利时的援助，廷伯莱克建议他们通过秘书长代表本奇请求联合国干预。他提醒两人必须尽早这样做，以便让世界舆论相信他们是在按照自己的意图行事，而不是受到了比利时的强迫。此外，廷伯莱克还请求联合国立即任命一位司令到刚果指挥作为维和部队的比利时军队，这样不仅可以控制刚果的无政府状态，且“不会造成比利时人与刚果人之间的永久性破裂，或者造成我们所担心的世界舆论的不利反应”。随后，他就上述会晤内容致电国务院，宣称“这能让熊远离刚果鱼子酱”。伯登对廷伯莱克的建议表示赞赏，认为“这似乎是摆脱暂时困难形势

① Telegram from the Embassy in Belgium to the Department of State, July 9, 1960; Telegram from the Embassy in Belgium to the Department of State, July 10, 1960, *FRUS*, 1958 - 1960, Vol. XIV, pp. 284 - 286, 290.

② Lawrence S. Kaplan, "The United States, Belgium, and the Congo Crisis of 1960", *The Review of Politics*, Vol. 29, No. 2, 1967, pp. 239 - 256.

的最好方法”。①

为平息刚果各地的骚乱，卡萨武布与卢蒙巴马不停蹄地飞往各地安抚民众。然而，路路伯格等地区的混乱局势还是让他们感到惊讶。起初，卢蒙巴似乎在某些条件下，原则上同意比利时在路路伯格的部队可以驻留至少两个月，但要求他们的行动仅限于保护欧洲人的生命与财产，并没有允许他们在伊丽莎白维尔和其他地区进行更广泛的干涉。② 然而，比利时海军于7月10日轰炸了刚果唯一的港口城市马塔迪，随后占领该地并杀害了19名刚果人。他们似乎“变得完全没有理性，便在许多方面的行为比最坏的刚果人还要坏”。③ 得知比利时部队占领马塔迪、伊丽莎白维尔和其他要地后，卡萨武布与卢蒙巴立即要求比利时迅速撤军。在遭到拒绝后，两人于10日向本奇口头请求联合国提供旨在增进国家安全的“技术援助”，以组织、增强及训练刚果国民军，更好地维持各地的法律与秩序。当日晚，卢蒙巴还通过国家电台向全国发表广播讲话，强烈抗议比利时的军事行动，并号召刚果人民团结起来抗击比利时的军事侵略，捍卫国家的独立与主权。然而，由于刚果国民军基本上处于一盘散沙状态，面对比利时迅速升级的军事行动并无还手之力。

与此同时，美国政府内部围绕着刚果问题出现了明显的分歧。威廉·伯登完全支持卢蒙巴向联合国求助，建议美国政府全力支持该请求，以便尽快地将之提交秘书长。他还提醒政府不要冒犯比利时人，也不要把自己的政策与英、法的政策（他注意到，英、法在刚果的利益与美国的利益不同，甚至相悖）联系起来。美国驻联合国代表

---

① Telegram from the Embassy in Belgium to the Department of State, July 10, 1960, *FRUS*, 1958 - 1960, Vol. XIV, pp. 286 - 288; Larry Devlin, *Chief of Station*, *Congo*: *Fighting the Cold War in a Hot Zone*, p. 35.

② Letter to M. Lumumba to the Belgian Consul General in Luluabourg, July 11, 1960, id, at 17 - 18; Crawford Yound, *Politics in the Congo*: *Decolonization and Independence*, Princeton University Press, 1965, p. 317; Thomas M. Franck, "United Nations Law in Africa The Congo Operation as a Case Study, Law and Contemporary Problems", *African Law*, Vol. 27, No. 4, 1962, pp. 632 - 652.

③ Kevin A. Spooner, *Canada*, *the Congo Crisis*, *and UN Peacekeeping*, *1960 - 1964*, The University of British Columbia, 2009, p. 28; Department of State, "An Annlytical Chronology of the Congo Crisis", January 27, 1961.

亨利·洛奇也建议联合国向刚果派遣军事顾问、专家和技术人员，以帮助卢蒙巴政府重新组建和训练一支部队。[①] 然而，萨特斯维特对刚果的前景并不乐观。在给国务卿的备忘录中，他指出，比利时的干涉即便在重建卢蒙巴政府中能够成功，刚果的未来也会暗淡无光，因为那里根本没有合格的官员，刚果人对国家不忠诚，加丹加和下刚果地区支持分裂的势力非常强大。2 万名国民军虽然训练有素，却没有军官。由于没有欧洲的技术人员，刚果的经济难以运行，卢蒙巴政府已经严重恶化的财政状况将更加糟糕。[②] 廷伯莱克则具体地指明，比利时撤军是“占据着刚果人心灵的中心的、普遍性的问题”，如果联合国不能在该问题上有所作为，卢蒙巴政府将求助于能够做到的其他国家。[③]

对卢蒙巴政府而言，更严重的是继之而来的加丹加分裂。在与比利时部队联手稳定了加丹加的局势后，该地区领导人莫伊兹·冲伯（Moise Tshombé）于 7 月 11 日通知卡纳普，加丹加将于当日宣布独立，请求美国政府予以承认。随后，他发表了《加丹加独立宣言》，宣布该省脱离刚果共和国，成立“加丹加共和国”。他宣称：“现在的刚果中央政府所谋求的只是解散各种军事机构和行政机构，实行恐怖制度，并赶走我们的合作者比利时人。”随后，他还表示将在经济上与比利时合作，并请求后者承认加丹加为独立的国家。[④] 冲伯及其领导的加丹加被认为是极右翼主义，得到美国、法国内保守势力及前法属殖民地保守的非洲国家的支持。[⑤] 在这种形势下，比利时的军事行动更是有恃无恐，其伞兵迅速占领了利奥波德维尔附近的恩吉利国际机场，15—18 日又利用突然袭击的方式先后占领了下刚果省的战略要地基奎特市、基武省的戈马和金杜以及东方省的布尼亚等地。

---

① Telegram from New York to the Secretary of State, July 10, 1960, Confidential U. S. State Department Central Files, Congo: 1960-January 1963, reel 2.（华东师范大学冷战中心藏）。

② Memorandum from Satterthwaite to the Secretary of State, July 10, 1960, Confidential U. S. State Department Central Files, Congo: 1960-January 1963, reel 2.（华东师范大学冷战中心藏）。

③ Leotel 269 quoted in “Analytical Chronology”, pp. 19 – 20.

④ 参见［英］G. 巴勒克拉夫编著《国际事务概览（1959—1960 年）》，曾稣黎译，上海译文出版社 1986 年版，第 533 页。

⑤ Robert B. Shepard, *Nigeria, Africa, and the United States: from Kennedy to Reagan*, Indiana University Press, 1991, p. 17.

加丹加面积虽然不足刚果的1/12，人口比例少于总人口的1/20，然而这里是南非—罗得西亚铜矿和铬矿带的重要组成部分，也是刚果最大的矿产地，铜、钴等矿产收入占全国总收入的3/5。因而，该地区的分裂极大地恶化了刚果的政治、经济与社会问题，“在很大程度上，正是由于这种局面及其进一步的发展，才使刚果中央政府无法克服危机”。用某位评论家的话来说：“如果加丹加坚持分裂，那么，要是没有长期的大量外援，刚果的财政金融困难将是无法克服的。”① 卡萨武布与卢蒙巴得知加丹加独立的消息后，立即飞赴伊丽莎白维尔，然而该地机场已被比利时部队控制，不许降落。被迫返回首都后，两人又在机场遭到比利时平民和士兵的侮辱。这些事实使他们确信，比利时正在全面地控制刚果，国家的主权与独立地位受到了严重的威胁。②

对于加丹加请求承认的问题，艾森豪威尔政府自然不想节外生枝。负责非洲事务的助理国务卿帮办詹姆斯·彭菲尔德（James K. Penfield）明确地表示，“在当前形势下，美国绝不可能承认（加丹加）”。③ 大使伯登也要求国务院立即采取不予承认加丹加的立场，并警告说：“我们此时的任何拖延都可能导致利奥波德维尔政府猜疑我国、其他国家与比利时串谋，支持或者至少默许加丹加的独立。这可能会非常迅速地疏远我们在刚果政府中的朋友，并把刚果大部分地区送入共产主义者的怀抱。”④ 鉴于当前刚果局势紧张，美国政府曾考虑派本国部队及一艘航空母舰任务部队到刚果沿海一带，后来被认为过于冒险而作罢。⑤ 艾森豪威尔不愿在传统势力范围之外投放美国部队，同意由联合国组成的多国维和部队取代刚果的比利时军队。国务院还特别指示驻联合国代表向哈马舍尔德、安德鲁·戈迪亚（An-

---

① ［美］西奥多·索伦森：《肯尼迪》，复旦大学世界经济研究所译，上海译文出版社1981年版，第471页；［英］D. C. 瓦特：《国际事务概览（1961年）》，上海市政协编译工作委员会译，上海译文出版社1988年版，第128页。

② Catherine Hoskyns, *The Congo since Independence* (*January 1960-December 1961*), London & New York, 1965, p. 128.

③ Telegram from the Embassy in Belgium to the Department of State, July 11, 1960, *FRUS*, 1958 – 1960, Vol. XIV, p. 291.

④ Telegram from Brussels to the Secretary of State, July 12, 1960, Confidential U. S. State Department Central Files, Congo: 1960-January 1963, reel 2.

⑤ *New York Times*, July 13, 1960.

drew Cordier，也译作安德鲁·科迪埃）申明：美国政府相信联合国在刚果恢复秩序及维持其领土完整中能发挥重要的作用；秘书长应该在联合国刚果行动中发挥领导作用；美国将尽力支持联合国；最直接的问题是加强国民军的纪律，等等。[①] 可以说，美国政府支持联合国组织部队进入刚果表明，它已经决心阻止任何外部势力单边干涉该地区了。

二　卢蒙巴寻求外援与安理会第143号决议

年轻的卢蒙巴政治经验不足及其对刚果主权与统一缺乏应有的耐心，显然是导致刚果成为冷战新战场的重要原因。就在他与卡萨武布向秘书长哈马舍尔德发去第一份请求联合国军事援助电报时，比利时部队在马塔迪杀害了几名刚果士兵。刚果内阁在总统与总理缺席的情况下召开紧急会议。外长朱斯汀·邦博科（Justin Bomboko）在主题发言中提出，刚果需要一支外国中立军队恢复国内的秩序。他先是建议向以色列求援，在遭到否决后，又提议求助美国，得到了包括比利时外交官在内官员的普遍赞同。随后，刚果内阁请求廷伯莱克向美国政府递交派一支2000人的部队进入刚果的正式请求，以确保下刚果地区与首都利奥波德维尔的秩序。[②] 廷伯莱克当即原则上同意了这个请求，并立即将之转呈国务院，建议把驻德国备用基地的第24步兵团调派到布拉柴维尔待命。他还特别指出，由于卢蒙巴政府已经授予了美国军用飞机在刚果任何地方着陆的许可证，“他们在场会产生非常令人满意的结果”，还提醒说如果美国军队打着联合国的旗帜要好得多。[③] 无论出于何种考虑，廷伯莱克贸然答应美国出兵只是他个人对刚果形势的一种应急性的反应，并不能代表政府的态度。

---

① Telegram from the Department of State to the Mission at the United Nations, July 11, 1960, *FRUS*, 1958 - 1960, Vol. XIV, pp. 292 - 293.

② Telegram from Leopoldville to the Secretary of State, July 12, 1960, U. S. Confidential State Department Central Files, Congo: 1960-January 1963, reel 2. 该电报中的数字是2000人，一说是3000人，参见 *Congo* 1960, Vol. II, pp. 542 - 554。

③ Memorandum of Telegram Conversation between President Eisenhower and Secretary of State Herter, July 12, 1960, *FRUS*, 1958 - 1960, Vol. XIV, p. 296; Telegram from Assistant Staff Secretary (Eisenhower) to the Staff Secretary (Goodpaster), July 12, 1960, *FRUS*, 1958 - 1960, Vol. XIV, p. 294.

果然，廷伯莱克的建议遭到国务院的断然否定。美国决策层意识到，由于刚果依然混乱且未来趋势并不明朗，直接出兵干预可能会造成一种类似“西班牙内战”的困境，导致美苏之间的直接对抗，或者造成“一场毫无必要的、无休止的丛林战”。况且，国会也不会批准派一支美国部队远征非洲。当前，最合理的办法是敦促联合国尽快组织刚果维和部队，“因为它不受白人优越论的影响，也没有大国直接干涉的外表”。① 对美国而言，这种做法仅以相对较小的代价就可以防止刚果的混乱加剧与共产主义势力的渗透，联合国将成为美国在刚果反共政策的“保护伞”。② 在与国防部的讨论中，赫脱坚决反对向刚果派兵。艾森豪威尔也重申当前坚决不能派出部队，因为美国单方面介入刚果事务将是完全错误的。在他看来，其他西方国家的军队最好也不要参与其中，“如果不能得到非洲的军队，我宁愿看到突尼斯或者巴基斯坦的军队”。随后，赫脱向哈马舍尔德保证美国“不会单方面做任何事”。③ 在 7 月 12 日记者招待会上，艾森豪威尔明确地否定向刚果派驻美国部队，宣称这场危机需要联合国处理。在次日的声明中，美国政府正式宣布：联合国已经收到卢蒙巴政府的援助请求，美国认为任何给予刚果的援助都应该通过联合国，而不能由任何国家进行单边援助。对此，赫脱在晚些时候解释说，华盛顿不想让苏联或“其他的国家”（指中华人民共和国）将之引证为美国殖民主义野心的标志。④

---

① ［美］西奥多·索伦森：《肯尼迪》，复旦大学世界经济研究所译，上海译文出版社 1981 年版，第 469 页。

② Stephen Weissman, *American Foreign Policy in Congo（1960 - 1964）*, p. 60.

③ Telegram from the Department of State to the Embassy in the Congo, July 12, 1960; Memorandum of Telegram Conversation between President Eisenhower and Secretary of State Herter, July 12, 1960; Memorandum of Telegram Conversation between Secretary of State Herter and Secretary-General Hammarskjöld, July 12, 1960, *FRUS*, 1958 - 1960, Vol. XIV, pp. 295 - 298.

④ *New York Times*, July 13, 1960; July 12, 1960. 美国政府竭力通过联合国行动解决刚果危机之所以获得广泛的支持，其原因有多种：第一，联合国的行动将有助于限制苏联给刚果援助；第二，联合国在刚果行动有助于使布鲁塞尔以及其北约盟国确信，美国不准备接管他们在非洲的政治责任；第三，有助于偏转殖民后期来自刚果的政治与军事援助；第四，通过联合国向刚果输送援助有助于把国内的政治代价保持在可以接受的水平上；第五，“语言与肤色的问题”使派白人或浅肤色美国部队引起麻烦。参见 Lise A. Namikas, *Battleground Africa: The Cold War and the Congo Crisis, 1960 - 1965*, pp. 121 - 122。

自1956年苏伊士运河危机以来，秘书长哈马舍尔德一直践行着他的“预防外交”政策①，希望能将之运用到刚果，避免这里成为大国角逐的战场。早在1960年1月访问刚果时，他就已经预料到仅靠比利时的援助，刚果独立后无法解决面临的各种问题，需要联合国提供无任何政治条件的大规模技术援助。② 为此，他派特使本奇出席了刚果的独立庆典，以便与卢蒙巴政府讨论技术援助的问题。然而，刚果形势的急剧恶化还是出乎了他的意料。7月11日，他被迫突然中止对其他非洲地区的访问，返回联合国总部。第二天，他收到了卡萨武布与卢蒙巴联合签发的请求联合国军事援助的第一份电报。该电报谴责比利时粗暴地践踏了比利时—刚果友好合作条约，支持加丹加省分裂，企图控制整个刚果，请求联合国提供军事援助以“保护刚果的国家领土不受当前外部势力的侵略”。③ 起初，哈马舍尔德对提供

---

① 早在1958年黎巴嫩危机时，哈马舍尔德就提出了“预防外交”的思想，即“从一开始就是以预防为目的”，以填补真空的方式“避免各方中任何一方采取行动”。主要内容为以下几点。（1）填补“真空”。对新独立国家要防止任何可能诱发大国介入的行为。（2）抢先行动。对出现冲突的重要地区要迅速采取行动，防止其因冲突而被纳入“集团政治”的斗争。（3）冲突“局部化”。在出现冲突的地区，特别是对处在大国对抗边缘的地区的冲突，应采取措施使冲突局部化，防止战火蔓延。（4）防止大国“迎头相撞”。对发生在“集团政治”争斗地区的冲突也要使其局部化，从而阻止出现大国之间直接、全面和大规模的战争。参见方中霞主编《世界大管家——联合国秘书长们》，时事出版社1997年版，第64页；宫少朋：《哈马舍尔德和他的“预防外交”》，载谢启美等主编《走向21世纪的联合国》，世界知识出版社1996年版，第30页。1960年，联合国秘书长哈马舍尔德在第十五届联合国大会《关于联合国组织工作年度报告》的序言中，首次正式使用“预防性外交”一词，认为联合国“必须关注集团势力分歧之外的新发生的冲突，在这种情况下，预防性行动必须首先填补这个真空，使其不致引起来自任何主要大国一方的行动……联合国在不对任何大国集团承担义务基础上的参与，可以提供一种关系到所有各方的保障，反对来自任何一方的先发制人。对这一特殊需要的特殊可能性，可称之为预防性的外交”。（联合国大会正式记录第16届会议补编第1号，转引自周启朋《关于联合国预防性外交的几点分析》，载袁士槟、钱文荣主编《联合国机制与改革》，北京语言出版社1995年版，第136页。）可见，哈马舍尔德的预防性外交在东西方冷战的特定形势下，指的是冷战争夺之外的地区所发生的冲突，联合国应该及时介入，以防止冷战蔓延或引起更大规模的冲突。

② *The Blue Helmet-A Review of United Nations Peace-Keeping*, New York: The UN Department of Public Information, 1996, p. 176.

③ 参见 Ernest W. Lefever, *Uncertain Mandate: Politics of the U. N. Congo Operation*, Beltimore, 1967, pp. 224 – 225。

军事援助能否在刚果取得成功不大乐观，没有直接答应他们的请求。[①]

13日，卡萨武布与卢蒙巴回到首都并得知内阁已经请求美国出兵后，立即向联合国发去第二封电报，澄清求助联合国的目的不是恢复秩序，而是抵制比利时的侵略。他们请求联合国从中立国家而不是从美国征调军队组建维和部队，并强调如果不能从联合国很快获得这种援助，刚果将向"万隆条约国家"求援。[②] 他们的要求显然超出了联合国军事技术援助的范围，且涉及安理会的和平与安全问题，这并非属于秘书长的权限范围。因而，该电报让哈马舍尔德大为震惊，意识到刚果形势出现了紧急状况。如果联合国不能立即采取行动，刚果局势将进一步恶化，大国极有可能被卷入其中，而这显然与他积极倡导的"预防外交"和联合国维护和平的目标背道而驰。

刚果危机爆发之前，联合国维和行动已在中东和印巴边界处实施过多次。然而，《联合国宪章》并没有对维和行动进行明确的界定，其法律基础主要是第六章（"和平解决冲突"）和第七章（"对于威胁和平、破坏和平和侵略行为的行动"）。哈马舍尔德在紧急考虑后，针对刚果危机提出三种处理方法：第一，坚持卢蒙巴最初的军事、技术员的请求是一项长期计划，只能从驻巴勒斯坦的联合国停战监督组织（UNTSO）中选派军官；第二，派遣一支足够规模的军队，迫使比利时从刚果撤军；第三，向刚果紧急提供给养和食物援助。随后，他根据《联合国宪章》第99条（即秘书长得将其所认为可能威胁国际和平及安全之任何事件，提请安理会注意），要求召开安理会紧急会议讨论刚果问题，提议建立联合国刚果行动中心，并为此获得足够的资金支持。后来，本奇曾明确表示，联合国刚果行动主要是秘书长的设想，也是他首次建立维持和平行动的先例，并因此扩大了自己的

---

① Lise A. Namikas, *Battleground Africa: The Cold War and the Congo Crisis, 1960 - 1965*, p. 118.

② 参见 Ernest W. Lefever, *Uncertain Mandate: Politics of the U. N. Operation*, Beltimore, 1967, p. 225; Telegram from New York to the Secretary of State, July 13, 1960, Confidential U. S. State Department Central Files, Congo: 1960-January 1963, reel 2。

职权范围。①

在刚果维和问题上，联合国内部的力量格局以及哈马舍尔德的个人倾向显然有利于西方。在安理会中，西方国家在5个常任理事国中拥有3个席位，6个非常任理事国中拥有3个席位。在联合国大会，西方和拉美国家只需12个亚非国家的赞成票就能获得2/3的多数（如有国家弃权，则需更少）。在秘书处的102个职位中，来自美、英、法的工作人员占了49个，俄罗斯仅占8个。在刚果危机的第一年，哈马舍尔德最密切的政治顾问全是美国人，尤其是拉尔夫·本奇。正如一位联合国官员所言，这些人无论多么高风亮节，都不会是中立者。美国学者玛德琳·卡尔布（Madeleine G. Kalb）也认为，“他们的先入之见、态度和信仰导致他们在许多方面与美国政府所为的相同方式看待（刚果的）形势”。② 例如，本奇就是怀着“对卢蒙巴整体否定的态度”前往刚果的，并参与了最终导致其政权倒台的决定。③ 哈马舍尔德在刚果问题上“与西方决策者的看法是相同的，并认为他们在刚果的使命是维护世界上既存的力量平衡”。总体来看，联合国官员普遍认为，“在非洲心脏地区爆发一场世界争斗将是可怕的灾难，不只是对非洲大陆”。④

早在安理会讨论刚果问题前，艾森豪威尔政府就已得知哈马舍尔德打算担负起维持刚果秩序的责任，而且他有意忽视比利时侵略的表态也让美国官员感到满意。在苏联是否会行使否决权问题上，赫脱认为，根据目前非洲国家的反应，苏联人在行使否决权问题上可能会犹豫不决，而如果中国共产党也参与其中，则会引发严重的问题。艾森

---

① Kevin A. Spooner, *Canada, the Congo Crisis, and UN Peacekeeping, 1960 – 1964*, pp. 3, 35.

② Stephen Weissman, *American Foreign Policy in Congo (1960 – 1964)*, p. 60; Conor Cruise O'Brien, *To Katanga and Back*, New York, 1962, p. 56; Madeleine G. Kalb, *The Congo Cables: The Cold War in Africa——From Eisenhower to Kennedy*, New York, 1982, p. 24.

③ Georges Nzongola-Ntalaja, "Ralph Bunche, Lumumba and the first Congo Crisis". See Robert A. Hill & Edmond Joseph Keller eds., *Trustee for the Human Community: Ralph J. Bunche, the United Nations, and the Decolonization of Africa*, Ohio University Press, 2010, pp. 148 – 149.

④ Georges Nzongola-Ntalaja, *The Congo from Leopold to Kabila: A People's History*, p. 114; Conor Cruise O'Brien, "The UN, Congo and Tshombe", *Transition: A Journal of the Arts, Culture and Society*, Vol. 4, No. 15, 1964, pp. 29 – 31.

豪威尔提议秘书长立即派兵到刚果，美、英、法将承担一定数目的经费。赫脱提出，美国可在补偿原则的基础上通过运输、通信等后勤支持联合国的行动。总统则强调联合国立即行动的必要性，表示可以把偿还问题放到行动之后。① 在给驻联合国大使洛奇的指示中，国务院强调说，如果联合国刚果的失败，可能意味着万隆国家（尤其指共产党中国）的干预，因而政府“急于让联合国的存在快速建立起来”。为此，国务院同意哈马舍尔德在紧急基础上从较小成员国抽调人员组成维和部队，并给予运输、通信和其他后勤方面“所有可行的支持”。为避免盟国（特别是比利时）的严重抗议，国务院强调美国支持联合国行动的出发点是“比利时人显然没有进行侵略”，并极力反对苏联集团国家提供部队。②

在得到美国的支持后，哈马舍尔德决定立即采取行动。7 月 13 日晚，安理会召开紧急会议，秘书长强调联合国行动的主要目标是：从长期看，向刚果提供技术援助，使其能有效地管理自己的事务；从短期看，向刚果提供军事援助，恢复以及维持法律和秩序。他指出，比利时人正在维持刚果的秩序，不过其行事方式造成了国际形势的紧张。因此，他建议安理会同意卢蒙巴政府的请求，授权秘书长向刚果提供必要的援助，以恢复那里的法律与秩序。苏联驻联合国代表阿尔卡迪·索伯列夫（Arkady Sobolev）认为卢蒙巴与卡萨武布电报中提到的“外部侵略”适用于《联合国宪章》第 39 条，宣称比利时的军事行动侵犯了刚果的领土主权，构成了侵略，应该立即无条件地从刚果撤军。如果安理会把“外部侵略”作为议题，那么首先必须认定比利时是否进行了侵略，其结果要么导致联合国根据宪章第 7 条对比利时进行“强制措施”，要么在第 41 条下进行制裁或者根据第 42 条采取军事措施。③

在秘书长的耐心解释和洛奇的强烈反对下，索伯列夫称自己不会

---

① Memorandum of Telegram Conversation between President Eisenhower and Secretary of State Herter, July 13, 1960, *FRUS*, 1958 - 1960, Vol. XIV, pp. 300 - 302.

② Telegram from the Department of State to the Mission at the United Nations, July 13, 1960, *FRUS*, 1958 - 1960, Vol. XIV, p. 303.

③ Arthur Lee Burns and Nina Heathcote, *Peace-Keeping by U. N. Force: from Suez to the Congo*, New York & London, 1963, p. 25.

强制性地提出该提案，但他在此基础上提出另一项议案，要求比利时“立即停止武装侵略刚果共和国，并在12天内从其领土上撤离所有侵略者的部队”。[①] 洛奇与英、法、意等国家坚持比利时的军事干预是出于人道主义的目的而没有进行侵略，无须立即撤军，可等到联合国完全有能力在刚果维持法律和秩序后再撤军。苏联随后又提出了由非洲成员国提供部队等三项修正案，但都遭到西方国家的否决。最后，突尼斯代表不结盟国家提出一项议案，要求比利时从刚果撤军，并授权秘书长采取必要的行动，向刚果政府提供必需的技术援助，使其军队充分履行职责。[②]

7月14日凌晨，安理会就突尼斯的提案举行表决。与1956年关于苏伊士危机的投票不同，美国的这次投票是不情愿的，其目的是安抚“联合国内的非洲成员国，并希望该决议的细心语言不会引起比利时人的抵制”。苏联投赞成票并非出于对秘书长计划的信任，而是承认自己在非洲问题上能力是有限的。15日，赫鲁晓夫在回应刚果的一个请求时曾这样表达无奈：“刺刀是比利时人，但老板是美国、比利时、英国和西德大垄断集团。”[③] 法、英以弃权表明对比利时的同情。最终，该提案以8票赞成，0票反对，3票弃权（英国、法国和“中华民国”）的结果获得通过，即第143号决议（1960）。在刚果行动期间，联合国大会同意把日常行动的权力交给秘书长。这也是在安理会紧急会议上仅美、苏两个常任理事国支持的“联合国历史上最具争议性的”决议。[④]

英国政府自然也想把共产主义势力排挤于刚果之外，从而避免一场冷战冲突。为此，首相麦克米伦向议会这样解释英国最初支持第143号决议及最后弃权的原因，“陛下的政府感到在当前对刚果形势了解的状态下，要求比利时部队无条件地撤离是不正确的”，因为刚果此时已经成为“一块竞争对手和大国担忧的便利地区。共产党无疑意图把刚果变为卫星国、一个基地，由此向整个大陆散播马克思主

① S/1960/4402, July 13, 1960.

② 联合国安理会1960年第143号决议案（S/4387），1960年7月14日。

③ 转引自 Lawrence S. Kaplan, *NATO and the UN: A Peculiar Relationship*, p. 57。

④ Kevin A. Spooner, *Canada, the Congo Crisis, and UN Peacekeeping, 1960 – 1964*, p. 36; Ernest W. Lefever, *Uncertain Mandate: Politics of the U. N. Operation*, p. 12.

义的福音。美国人和英国人同样决定防止这些计划。在某种意义上，英国的任务更复杂，因为尽管完全赞同华盛顿的目的，伦敦受各种相互冲突的利益的影响更大”。[①] 英国外相约翰·普罗富莫（John Profumo）也指出，一个“被切去了最富庶省份的国家只会成为非洲的贫民窟，共产主义非常容易扎根”。[②]

除了意识形态的考量外，英国的立场还与其在该地区的大量投资密切相关。英属罗得西亚联邦与加丹加有1100英里的共同边界，经济联系极为密切。南罗得西亚为加丹加的矿业供应必需的煤炭，英国运营的铁路则承担着加丹加货物进出口的任务。[③] 英国在矿业联盟也有大量投资，联合利华、英美烟草公司和壳牌石油公司等也在加丹加拥有大量股份。这些经济利益成为麦克米伦希望与非洲新生国家保持关系，支持哈马舍尔德的关键因素之一。当1960—1961年加丹加因比利时人撤离而陷于瘫痪状态时，正是联邦铁路和英国运营的安哥拉港口城市本格拉的铁路承担了其所有矿产品的出口。英国与比利时政府之间、企业之间的密切关系不可避免地导致了“加丹加院外集团”的形成。这个重要且有影响的组织主要由右翼保守派和罗得西亚、加丹加矿业公司领导人组成，在决定英国政策上有一种强大的声音。[④] 除加丹加院外集团外，英国对外事务部也担心联合国刚果行动存在扩大任务的可能性。

法国在加丹加的矿业公司中也有不少投资，在刚果稳定与阻止共产主义上与英、美有着共同的利益。然而，戴高乐总统在如何解决危机上却与美国有着不同的看法。他对比利时表示同情，曾通过法国的

---

① Harold Macmillan, *At the End of the Day, 1961 - 1963*, New York: Harper and Row, 1994, pp. 284 - 285.

② Memo, Boothby, “Congo: British Business Interests in the Katanga”, 20 July 1960, FO 371/146640. 1960年9月，麦克米伦仍在重复这种忧虑，警告说加丹加分裂将把非洲这块广袤的土地变为“一种非洲贫民窟……为共产主义的渗透敞开大门”。Macmillan to Barrow, 10 Aept. 1960, Welensky Papers, 258/4. Quoted from Matthew Hughes, “Fighting for White Rule in Africa: The Central African Federation, Katanga, and the Congo Crisis, 1958 - 1965”, *The International History Review*, Vol. 25, No. 3, 2003, pp. 592 - 615.

③ N. Pollock, *Nyasaland and Northern Rhodesia: Corridor to the North*, Pittsburgh, 1971, p. 408.

④ James Alan, *Britain and the Congo Crisis, 1960 - 63*, pp. 31, xxi.

安理会代表宣称比利时侵略只是一个传说，其在刚果的军事行动与1960年2月29日比利时—刚果友好条约一致。[①] 他认为联合国不该干涉刚果事务，而应该由北约组织通过美、法、英三驾马车协商解决。安理会第143号决议通过后，他向美国驻法大使艾默利·霍顿（Amory Houghton）抱怨美国在表决中投了赞成票。[②] 美国无法接受北约“三驾马车”的解决方式，法国则拒绝为联合国行动提供资金，并缺席了后来所有关于刚果的安理会会议。这让艾森豪威尔对法国的立场困惑不已。在1960年8月底的信中，他指出：“我们在过去安理会投票中对于事情的分歧并非缺乏彼此的磋商。事实上，我曾惊讶于我们在巴黎、华盛顿和布鲁塞尔的代表几乎每天都在进行磋商的频率和充分程度。”[③] 赫脱也向法国驻美大使赫尔夫·阿尔方德（Herve Alphand）表达过同样的意思，后者仅外交性地表示两国之间没有真正的不一致，只是在方法上存有分歧，尤其在联合国的适当作用方面。[④]

比利时政府则以怀疑的态度看待美国最初关于刚果骚乱的声明，认为当前“所需要的是（北约国家）对刚果政府紧急请求的一致回应，而不是欠考虑地或蓄意地从刚果人民的严重困难中捞取政治资本”。他们抱怨说，“蓄谋的”苏联人和“欠考虑的”非洲人或亚洲人正试图利用比利时的困难，美国应该关心的是在刚果的比利时人而不是刚果。7月14日，比利时驻北约理事会大使安德烈·德·斯泰克（Andre de Staercke）根据《北大西洋公约》第4条，请求召开理事会紧急会议，以便请求盟国支持它在“联合国部队能够确保白人安全”后尽快撤军的声明。[⑤] 北约盟国起初完全同情比利时的立场，承认存在苏联从西方盟国分裂中捞取利益的危险。然而，美国代表认为比利时军事当局只是利用“共产主义幽灵”获得对其地位的支持。卡伯特·洛奇（Cabot Lodge）宣称美国将在联合国争论中支持比利

---

① Ernest W. Lefever, *Uncertain Mandate: Politics of the U. N. Operation*, p. 114.

② *New York Times*, July 19, 1950.

③ Eisenhower to de Gaulle, August 30, 1960, *FRUS*, 1958 - 1960, Vol. Ⅶ, part. 2, p. 416.

④ Lawrence S. Kaplan, *NATO and the UN: A Peculiar Relationship*, p. 60.

⑤ Ibid., p. 61.

时，而当前投票支持联合国行动才是最好的解决手段。[①] 挪威也不支持比利时的请求，认为除非苏联威胁与比利时开战，否则北约不应发表任何支持比利时的公开声明。

曾任比利时总理的北约秘书长保罗·亨利·斯巴克（Paul-Henri Spaak）抱怨说，比利时在联合国受到了不公正的待遇，“我们美好的意图被扭曲了，我们的错误——不幸的是我们犯过一些——被无法估量地利用了”，最严重的错误是比利时政府在决定刚果行动上无法确保盟国的支持，当前必须找到一些方法纠正“甚至我们的朋友都保持沉默，我们独自被整个世界视为叛徒而不是受害者”的窘境。[②] 伊斯肯斯也抱怨说，比利时是在北约组织的坚持下建立了刚果军事基地；若执行安理会决议，比利时不仅应该撤出那些基地，每年节约军费开支7000万美元，甚至还要取消购买价值1亿美元的星式战机（F-104 Star fighter）能节约更多的钱。他还申辩说：“如果说我们是一个小国，我们还是一个主权国家，在军事领域有必要的决定权。”然而，比利时迫使美国注意的唯一行动似乎只有谴责并脱离北约组织，而这将直接影响荷兰、德国和英国而不是美国，因而它不得不“静静地放弃了对北约的威胁”。[③] 一些比利时议员无奈地哀叹：大国总是团结起来对付弱国，比利时作为国际阴谋的受害者，所能做的不过是“继续忍受苦难”，它的地位太轻微而只能是北约年鉴中的一个注脚。[④]

---

① Kevin A. Spooner, *Canada, the Congo Crisis, and UN Peacekeeping, 1960 - 1964*, pp. 43 - 44; Lawrence S. Kaplan, *NATO and the UN: A Peculiar Relationship*, pp. 61 - 62.

② Paul-Henri, *The Continuing Battle: Memoirs of a European, 1936 - 1966*, translated by Henry Fox, Boston: Little, Brown, 1971, p. 358; Lawrence S. Kaplan, *NATO and the UN: A Peculiar Relationship*, p. 62; Pierre Wigny, Belgium and the Congo, *International Affairs*, Vol. 37, 1961, p. 278.

③ Gaston Eyskens, press conference, L' Avenir (Namur), August 10, 1960. Quoted from Lawrence S. Kaplan, *NATO and the UN: A Peculiar Relationship*, pp. 62 - 63; Lawrence S. Kaplan, *NATO and the UN: A Peculiar Relationship*, p. 63; Lawrence S. Kaplan, "The United States, Belgium, and the Congo Crisis of 1960", *The Review of Politics*, Vol. 29, No. 2, 1967, pp. 239 - 256.

④ M. Schot, *Annales Parlementaires*, August 18, 1960, p. 42; P. De Smet, Compte rendu analytique, July 19, 1960, p. 830. Quoted from Lawrence S. Kaplan, *NATO and the UN: A Peculiar Relationship*, p. 63.

需要注意的是，安理会第143号决议的内容简单且含糊，并未明确比利时的军事干预是否构成侵略，也没有规定比利时撤军的具体时间；虽然授权秘书长提供军事援助，却未说明何种军事援助。美国政府也怀疑第143号决议第一段是否明智，并力图表明刚果秩序的恢复是比利时撤军的前提。国务院8月1日公报的一份特别声明重申，美国投票支持突尼斯议案只是因为刚果事件紧急。① 然而，该决议采用“模糊性的语言可能是付诸行动的唯一途径：把实在难做的决定推延到事件的进程及当局考虑的一种工作程式”，这在多数情况下何尝不是一件好事。② 正如突尼斯代表所说，如果这项决议不含糊，就无法取得东西方的一致同意。亚非中立国家与自己的基本立场一致让美国决策者认为这样的结果“比我们预期要好得多”，能尽快恢复刚果的法律与秩序，可以有效地遏制苏联的渗透与威胁，并赢得亚非国家的支持；而且，借助联合国行动还能缓解美国在北约盟国与非洲国家之间抉择的困境。③ 由于这些含糊性，秘书长在把安理会决议付诸实际行动中可以扩大自己的职权范围，从而填补了彼得·卡沃科雷西（Peter Calvocoressi）所谓的“决议与行动之间的间隙”。④

根据安理会第143号决议，哈马舍尔德决定立即组织联合国维和部队开赴刚果。需要注意的是，联合国刚果行动的创设与联合国紧急部队在法律上有着明确的区别。后者是根据“团结一致共策和平”的决议条款达成的一项决定为基础的，并由联合国大会创设，而联合国刚果行动的授权则是根据《联合国宪章》第七条，即安理会关于“威胁和平、破坏和平以及侵略行动”的权力。也就是说，联合国刚果行动在法律上是建立在《联合国宪章》授予的权利基础上的，而

---

① Security Council, Official Records, 873rd meeting, July 13, 1960, p. 43; *Department of State Bulletin*, XLIII, 1101, August 1, 1960, pp. 159 - 161.

② Thomas M. Franck, “United Nations Law in Africa The Congo Operation as a Case Study, Law and Contemporary Problems”, *African Law*, Vol. 27, No. 4, 1962, pp. 632 - 652.

③ Memorandum of Telephone Conversation between Secretary of State Herter and the Representative at the United Nations (Lodge), July 14, 1960, *FRUS*, 1958 - 1960, Vol. XIV, p. 307; Stephen Weissman, *American Foreign Policy in the Congo, 1960 - 1964*, Ithaca: Cornell University Press, 1974, p. 53.

④ Kevin A. Spooner, *Canada, the Congo Crisis, and UN Peacekeeping, 1960 - 1964*, the University of British Columbia, 2009, p. 36.

不像联合国紧急部队那样建立在东道国的请求或同意基础之上。① 据此，联合国保留了决定部队构成的权力及其在活动地区行动的自由。事实上，联合国刚果行动是平民行动与军事行动的混合物，由驻刚果维和部队、技术援助项目（包括联合国和特别机构提供多种形式的援助）以及马塔迪港口清理与河道疏浚特别项目组成。秘书长代表本奇任联合国刚果行动总指挥，斯图罗·林纳（Sturo Linner）负责所有技术员和其他非军事活动，莫里斯·帕泰（Maurice Pate）监督食品分发工作，雷蒙德·A. 维勒（Raymond A. Wheeler）负责港口与河道的清理计划。②

三 联合国出兵及其与卢蒙巴关系的紧张

在具体由哪些国家出兵的问题上，联合国内部曾发生短暂的争执。苏联代表索伯列夫提议联合国部队只能从非洲国家抽调，而美、英、法等国以非洲部队缺乏经验为由，建议以西方国家部队为主。哈马舍尔德综合考虑后认为，这次行动应该主要由非洲部队组成，但考虑到他们没有任何经验，没有能力单独完成任务，因而他采取了折中方案，既接受非洲国家部队，又呼吁西方国家出兵。这样，非洲部队构成了刚果行动的核心，其他部队则从 3 个欧洲国家、1 个亚洲国家以及 1 个拉美国家征募。在选择欧洲国家时，哈马舍尔德有意地回避了北约组织与华约组织成员国，只选了爱尔兰、瑞典和南斯拉夫 3 个没有殖民主义历史，且容易被非洲国家接受的国家，北约成员国挪威和丹麦只准提供后勤人员。③ 随后，秘书长任命了曾任联合国驻巴勒斯坦休战监督组织参谋长的瑞典将军卡尔·冯·霍恩（Carl von Horn）为总司令，印度准将里克耶为刚果军事顾问。④

联合国先遣部队由埃塞俄比亚、加纳、几内亚、摩洛哥和突尼斯

---

① Thomas M. Franck, "United Nations Law in Africa The Congo Operation as a Case Study, Law and Contemporary Problems", *African Law*, Vol. 27, No. 4, 1962, pp. 632 - 652.

② Robert A. Hill & Edmond Joseph Keller, eds., *Trustee for the Human Community: Ralph J. Bunche, the United Nations, and the Decolonization of Africa*, p. 121.

③ Kevin A. Spooner, *Canada, the Congo Crisis, and UN Peacekeeping, 1960 - 1964*, p. 47.

④ *The Blue Helmet-A Review of United Nations Peace-Keeping*, p. 178.

等非洲国家的士兵组成，共 7 个营，约 4000 人。[①] 哈马舍尔德还请求美、英、苏为其提供运输机，以便把部队快速地部署到刚果各地，得到积极响应，尤其是美国在调运联合国部队上非常积极，为此征用了近 50 架飞机和大约相同数量的飞机用于后续支持。艾森豪威尔曾提到，美国在危机第一周内通过陆路和海路把 1 万余名部队从其母国运到刚果。美国还为联合国部队提供了直升机和轻型飞机，并调拨了 400 吨面粉供联合国使用，其速度之快竟连国务卿赫脱都感到惊讶。[②] 此外，赫脱还答应为联合国部队提供足够的步枪、机枪、坦克等军事装备，并强调“现在最好不要介入一种谁付钱的争吵之中，最好就像救助我们自己的灾难那样”。[③] 此外，艾森豪威尔还批准了为刚果人民提供食物的计划。

7 月 15 日下午，由 1020 名突尼斯人和 1250 名摩洛哥人组成的首批联合国部队（带着数百吨美国军需品）抵达利奥波德维尔市，并于次日清晨部署到电台、电站等要地，迅速缓解了这里的紧张局势。至 17 日，埃塞俄比亚、加纳、几内亚、马里和瑞典等国的部队陆续抵达该市。[④] 接着，加纳旅进驻该市附近地区，瑞典营进驻恩吉利机场，摩洛哥旅进驻哈代营，几内亚营进驻沿河直达邦宁维尔一带，突尼斯旅进驻路路阿堡及开赛省的其他地方，埃塞俄比亚旅进驻斯坦利维尔（今基桑加尼），爱尔兰营进驻基伍省。[⑤] 26 日，联合国刚果部队超过 8000 人，分散部署到除加丹加以外的所有省份。至 7 月底，

① 不久，阿根廷、巴西、加拿大、丹麦、印度、爱尔兰、利比里亚、马里、瑞典、挪威、南斯拉夫等国家也派兵参加了维和部队。联合国刚果部队在顶峰时期多达 2 万余人。此外，30 多个国家提供了后勤支持。联合国还向刚果派了大约 2000 名专家和技术人员，在行政、技术和人力资源等提供帮助。关于联合国在刚果的民事行动及技术援助的资料，请查阅《联合国年鉴》。

② 参见《艾森豪威尔回忆录》（四），樊迪、静海等译，东方出版社 2007 年版，第 425 页；Memorandum of Discussion at the 451st Meeting of the National Security Council, July 15, 1960, *FRUS*, 1958 - 1960, Vol. XIV, p. 311.

③ Memorandum of Telephone Conversation between Secretary of State Herter and the Representative at the United Nations (Lodge), July 14, 1960, *FRUS*, 1958 - 1960, Vol. XIV, pp. 307 - 308.

④ S/4389, para. 32, 33.

⑤ 参见［英］G. 巴勒克拉夫《国际事务概览（1959—1960 年）》，曾稣黎译，上海译文出版社 1986 年版，第 538—539 页。

联合国部队增加到 11000 人，包括加纳人、爱尔兰人和利比里亚人，总指挥部设在利奥波德维尔，4 个分区指挥部分别设在利奥波德维尔、路路伯格、布卡武和斯坦利维尔。随着这些部队相继部署到位，各大中城市的社会秩序明显地好转，哈马舍尔德因此被誉为“世界上唯一能转变可能轻易导致一场国际灾难的人”，是“刚果黑暗中的一盏指路明灯”。[①]

与此同时，比利时的干涉部队被迫陆续撤离利奥波德维尔地区。然而，它以安理会第 143 号决议没有对其军事行为提出指控为借口，拒不从刚果其他地区撤军。[②] 就在该决议通过当天，比利时政府通过其驻利奥波德维尔大使向卢蒙巴政府发去一份正式函件，宣称比利时将执行安理会决议，同时提出了下列条件：第一，只有当联合国部队令人满意地恢复刚果秩序后，比利时部队才会从其他地区撤离；第二，为确保公共安全，比利时部队将继续留驻刚果；第三，要求刚果政府在恢复公共安全方面与其合作；第四，要求刚果政府避免采取可能导致无端挑衅与危险的措施，否则就要承担违反安理会决议的全部责任。卢蒙巴断然拒绝了这些条件，随即以政府公告的形式宣布与比利时断绝外交关系，要求其部队在 12 小时内从刚果全境撤离。

在联合国行动初期，加纳部队在进驻目的地后开始解除刚果国民军的武器，让卢蒙巴感到失望且产生疑虑。[③] 他相信，联合国的任务是帮助他的政府稳定局势，并以武力结束加丹加分裂，而联合国部队初期的行动并没有这样的迹象。为了对抗比利时的军事存在，卢蒙巴认为只有苏联的介入才能解决刚果的乱局与分裂。于是，他与卡萨武布联名向赫鲁晓夫发去电报，请求他“时刻关注形势的发展”，“可能不得不请求苏联干涉，如果西方阵营不能阻止它的侵略”。[④] 赫鲁

---

① Sture Linnér, *Dag Hammarskjod and the Congo Crisis, 1960 - 61*, pp. 23, 26.

② Madeleine G. Kalb, *The Congo Cables: The Cold War in Africa——From Eisenhower to Kennedy*, p. 13.

③ Kevin A. Spooner, *Canada, the Congo Crisis, and UN Peacekeeping, 1960 - 1964*, p. 63.

④ Howard M. Epstein ed., *Revolt in the Congo*, New York, 1964, p. 17. 纳米卡斯认为，卡萨武布和卢蒙巴“希望通过威胁在刚果的一场冷战而加速比利时的撤离。可能刚果人应该因这个决定的明智而受到斥责，但没有在刚果避免一场冷战的任何前景，他们获得比他们在提案中作出更多的影响是可能的。”参见 Lise A. Namikas, *Battleground Africa: The Cold War and the Congo Crisis, 1960 - 1965*, p. 133。

晓夫立即给予了积极的回应，称侵略者的手已经伸向非洲人民，如果侵略者继续当前的行动，苏联有必要更认真地考虑对策。7 月 16 日，他在给卢蒙巴的回信中宣布，苏联政府决定立即给予刚果共和国 1 万吨粮食的援助①，并向刚果提供 250 万卢布的经济援助。尽管这笔援助是通过联合国渠道，但它是单独运送的。② 尽管苏联的积极态度及其援助的影响在很大程度上仍是象征性的，但无疑让刚果领导人信心倍增。在这天的刚果议会上，卢蒙巴对美国支持比利时关于安理会决议的解释提出了公开批评。随后，刚果参议院通过一项决议，要求比利时立即撤军。③ 鉴于刚果政府的强硬立场，廷伯莱克要求邦博科说服卡萨武布和卢蒙巴延迟与比利时断绝外交关系，同时派拉瓦里和德夫林向他们表明类似的态度。④ 然而，两人并不为之所动，这也让廷伯莱克认定卡萨武布已经处于卢蒙巴的操纵之下。美国决策层虽然也提出卢蒙巴对苏联和美国的态度是一件需要“严肃关注的事”⑤，但是认为此时很大程度上依赖于联合国行动的速度，当前不需要审查自己的非洲政策。

在此期间，艾森豪威尔政府也受到了加丹加政权的压力。7 月 15 日，冲伯正式请求美国予以承认，并拒绝任何非联合国部队进驻该地区。加丹加独立博得了美国许多官员的同情：卡纳普当即同意冲伯（予以承认）的请求，狄龙也强调“不要关闭加丹加的大门”，甚至廷伯莱克也建议应该允许该省独立。这显然是美国官员与加丹加经济联系密切的反映，例如狄龙家族的公司在 1958 年曾向比属刚果贷款 1500 万美元。伯登当时在两家公司担任管理职位，其中之一便是著名的美国金属集团公司（The American Metal Climax），其罗得西亚铜

---

① 参见《人民日报》1960 年 7 月 18 日第 5 版。苏联赠送给刚果人民的一批食品于 24 日从敖德萨运出，包括 9000 吨小麦、1000 多吨糖和 30 万筒炼乳。参见《人民日报》1960 年 7 月 26 日，第 6 版。

② Alexander Dallin, *The Soviet Union and the United Nations: An Inquiry into Soviet Motives and Objectives*, London, 1962, p. 140.

③ Catherine Hoskyns, *The Congo since Independence (January 1960-December 1961)*, p. 129.

④ Telegram from the Embassy in the Congo to the Department of State, July 15, 1960, *FRUS*, 1958 - 1960, Vol. XIV, pp. 313 - 314.

⑤ Telegram from the Department of State to the Embassy in the Congo, July 16, 1960.

矿公司是“加丹加保守秩序的一个主要公司防卫者”。[①] 然而，美国政府无论多么愿意承认加丹加，它都不能冒险触怒黑非洲多数国家。因而，国务卿断然否决了卡纳普的建议，并警告说刚果的形势必须在整个非洲背景下重新考虑，承认加丹加独立会让美国陷于联合国行动参与国反感的尴尬境地，并且“承认不经过任何公民投票，来决定所有加丹加人民的愿望是危险的事。如果其他国家承认了加丹加，美国可能会重新考虑这件事，但是我们无论如何也不能带头”。他要求卡纳普劝冲伯保持冷静，强调不承认加丹加并不代表反对它，并希望能与冲伯继续在坦诚与友好的基础上讨论问题。[②]

与此同时，比利时极力夸大共产主义国家集团向刚果渗透的威胁，力图使自己在加丹加的活动得到美国的支持。7 月 15 日，驻美大使斯基伊文警告美国说，刚果当前的形势可能会导致苏联武装干涉，建议联合国警告苏联不要进入该地区，否则“可能标志着苏联人在整个非洲的净得利”。他还保证比利时当前不会承认冲伯政权，但认为加丹加可能会很快成为刚果与自由世界联系的“最后堡垒”，希望美国不要对冲伯施加太大的压力。赫脱基本上同意他的上述判断，但认为他夸大了苏联的威胁。[③] 19 日，比利时国务大臣卡米尔·戈特（Camille Gutt）代表皮埃尔·维尼在与赫脱的会谈中，再次强调了苏联在刚果渗透的危险性，认为“危机远远超过比利时与刚果之间的争吵”，“中部非洲已经变成东西方的一个战场”，“如同当年朝鲜危机一样”。最后，他请求美国政府针对苏联威胁发表一份强硬的声明，并在安理会支持比利时。赫脱答应发表这样的声明，但要求比利时也发表从刚果分阶段撤军的声明，以保持双方相对有利的地位。[④]

---

① Stephen Weissman, *American Foreign Policy in Congo（1960 – 1964）*, pp. 12，76，46，50.

② Telegram from the Department of State to the Consulate at Elisabethville, July 16，1960，*FRUS*，1958 – 1960，Vol. XIV，pp. 317 – 318.

③ Memorandum of Conversation, July 15，1960，*FRUS*，1958 – 1960，Vol. XIV，pp. 315 – 317.

④ Memorandum of Conversation, July 19，1960，*FRUS*，1958 – 1960，Vol. XIV，pp. 325 – 328.

美国政府的上述回应自然无法让比利时人满意。外交大臣皮埃尔·维尼气愤地指出，“即便我们的朋友保持沉默；全世界也都会把我们视为是叛徒而不是受害者。”① 不过，他们也意识到，比利时从刚果撤军不可避免，于是加紧扶植加丹加分裂政权。前比利时殖民当局的许多军官重新穿上殖民地时期的军服，继续控制加丹加的武装力量。7 月 20 日，比利时政府还组建了一个技术使团，在加丹加政权内担任要职，并任命里尼·克莱门斯（Rene Clemens）教授主持起草《加丹加宪法》。此外，冲伯还开始从南非、南罗得西亚和几个欧洲国家招募雇佣兵。这样，加丹加实际上成了一个“新殖民主义的傀儡国家”。②

与此同时，哈马舍尔德拒绝了卢蒙巴关于第 143 号决议的解释，坚持联合国刚果部队除非自卫，否则不能使用武力。本奇后来写道：“刚果官员那时对联合国的性质或它能做什么不能做什么、它的运作和结构，特别是联合国秘书处的含义和地位的理解不是太多”，卢蒙巴“很少知道或者不知道联合国如何运作以及联合国紧急部队的惯例”。③ 7 月 16 日，秘书长认为卢蒙巴四处求援可能招致苏联人堂而皇之地进入刚果，而阻止这种危险的最有效方式就是支持联合国尽快行动，以避免比利时人撤离后出现真空。④ 对于加丹加的分裂，他希望联合国部队在控制刚果其他地区后，能以承认冲伯的重要性为交换条件，把部队开进加丹加。另外，美国对苏联高调回应卢蒙巴并不感到意外，此后更坚定了反对他的态度。⑤ 17 日，廷伯莱克致电国务院，称当前的刚果政府“不知道正在发生什么，更不用说对它能够做些什么了……它甚至不知道应该要求什么”，而“一些比利时人特

---

① Pierre Wigny, “Belgium and the Congo”, *International Affairs*, Vol. XXXVII, 1961, p. 278.

② David N. Gibbs, *The Political Economy of Third World Intervention: Mines, Money and US Policy in the Congo Crisis*, University of Chicago Press, 1991, pp. 86 – 87.

③ Kevin A. Spooner, *Canada, the Congo Crisis, and UN Peacekeeping, 1960 – 1964*, The University of British Columbia, 2009, pp. 67 – 68.

④ Telegram from the Mission at the United Nations to the Department of State, July 18, 1960, *FRUS*, 1958 – 1960, Vol. XIV, p. 320.

⑤ Madeleine G. Kalb, *The Congo Cables: The Cold War in Africa——From Eisenhower to Kennedy*, New York, 1982, pp. 14 – 16.

别是军方变得完全非理性化，在许多例子中比最坏的刚果人还要糟糕”。他哀叹说，刚果正处在作为一个现代国家的死亡阵痛之中，已经到了非疗救不可的地步，请求美国政府制定一项重大政策，针对其中的关键性问题进行施救。此时的廷伯莱克显然焦躁不安，他宣称“形势是危险的和急迫的。历史学家将评估过失和功绩。我们现在必须决定如何应对当前的问题”。[①]

第二节　避免“又一个朝鲜”

正如中情局局长艾伦·杜勒斯所言，安理会第143号决议中关于比利时部队“撤离”是在两种不同的意义上被理解的：立即从刚果领土内撤离或是最终从军营撤离。[②] 联合国与卢蒙巴政府在比利时撤军问题上的分歧正在于此。在哈马舍尔德看来，比利时撤军和联合国部队的部署并非简单地以一种行动取代另一种，而是两者相互关联，“撤军是应该的，因为联合国军提供了比利时部队的替代性选择，因而使它们撤退成为可能。”[③] 正是基于这种思想，他支持比利时部队分阶段地撤离刚果，即先从刚果各地撤至那里的军事基地，然后从刚果全境撤离。然而，卢蒙巴认为，“撤离”意味着比利时部队立即从其全境撤离。双方在对安理会决议理解上的差异很快表现在了具体的行动上。卢蒙巴转而求助于苏联，增加了超级大国干预的可能性。艾森豪威尔自然不想让刚果成为“另一个朝鲜”，如何避免苏联进一步卷入刚果危机成为他的政府下一个阶段的主要目标。

一　“一个卡斯特罗或者更坏的人”

学者乔治·恩荣格拉－恩塔拉加断言，卢蒙巴对安理会第143号决议字面意义的理解是正确的，即安理会授权秘书长向刚果提供军事援助，以确保比利时撤军，结束加丹加分裂以及恢复整个国家的法律

---

① Telegram from the Embassy in the Congo to the Department of State, July 17, 1960, *FRUS*, 1958－1960, Vol. XIV, pp. 318－320.

② Memorandum of Discussion at the 451st Meeting of the National Security Council, July 15, 1960, *FRUS*, 1958－1960, Vol. XIV, p. 311.

③ Telegram from the Mission at United Nations to the Department of State, July 14, 1960.

与秩序，同时向刚果政府提供技术援助以确保管理机构的正常运行。然而，哈马舍尔德似乎并不认同这种解释，而是确信在联合国部队恢复刚果的法律与秩序后，比利时部队便会撤离。他不愿动用武力迫使比利时军事顾问和加丹加雇佣军撤出刚果，尤其是加丹加雇佣军。[①] 康扎后来证实，卢蒙巴当时对联合国一无所知，简单地认为在安理会通过给予刚果总体援助的决议后，向秘书长提出的任何要求都能得到满足。[②] 正因如此，卢蒙巴政府对联合国刚果部队行动"不力"很快表露出不满。7 月 17 日，卡萨武布和卢蒙巴联名向秘书长发出最后通牒，声明如果在 72 个小时内，即"到 1960 年 7 月 19 日，联合国不能履行我们托付给它的任务，遗憾的是，我们可能会被迫请求苏联的干预"。[③]

这份最后通牒让联合国、西方国家、亚非国家，甚至刚果政府的其他官员都恐慌不已。当本奇向邦博科和康扎出示它时，两人似乎也被这份突如其来的通牒"吓坏了"，认为它未经内阁或议会批准，是非法的。据此，伯登断定卢蒙巴已经沦为苏联侵略的一个工具。[④] 西方国家则普遍认为卢蒙巴是非理性的，批评他的要求是"专横的"，请求苏联人援助是一种"危险的机会主义"。[⑤] 然而，这份通牒在安理会得到了苏联的声援。7 月 19 日，苏联外长葛罗米柯向联合国递交了一份声明，强烈抗议 20 名美国军事人员在利奥波德维尔的活动。

---

① Georges Nzongola-Ntalaja, *The Congo from Leopold to Kabila: A People's History*, pp. 113 - 114.

② *The Congo Crisis, 1960 - 1961: A Critical Oral History*, p. 93. 在与哈马舍尔德第一次会晤后，卢蒙巴坚持召开一次记者招待会。他被问到一个问题："总理先生，在你与达哥·哈马舍尔德会晤后感觉如何?"他说："不，我不同秘书长会谈，他是一个国际公务员。他将与我的大使讨论。我作为政府的元首，不与国际公务员讨论。"这样的回答表明卢蒙巴没有任何国际外交知识。当下午进行第二次会谈时，哈马舍尔德不无嘲讽地说："作为一个国际公务员，我要听你讲，你会给我什么指示。"之后，他与卢蒙巴之间的关系变得冷淡了。Ibid., p. 94.

③ Telegram 139 from the Embassy in the Congo to the Department of State, July 18, Confidential U. S. State Department Central Files, Congo: 1960-January 1963, reel. 3.

④ Telegram from the Embassy in the Congo to the Department of State, July 18, 1960; Telegram from the Embassy in Belgium to the Department of State, July 19, 1960, *FRUS*, 1958 - 1960, Vol. XIV, pp. 323, 330 - 332.

⑤ *New York Times*, July 21, 1960.

驻联合国代表库兹涅佐夫更是公开支持卢蒙巴的最后通牒，要求召开安理会会议，讨论比利时部队撤离的具体期限，否则联合国与同情刚果事业的、热爱和平的国家将不得不采取更多积极的措施。在21日安理会的一份声明中，本奇疾呼："我们处在我们的态度具有决定意义的十字路口……不仅是为了这个组织的未来，也是为了非洲的未来，非洲在目前的情况下很可能意味着世界。"[①]

在美国决策层看来，卢蒙巴已经彻底地投入苏联人的怀抱。如果他继续在位，刚果的局势将继续恶化，苏联的单边干涉将不可避免。为防止这种状况的出现，美国政府迅速从以下三个方面应对新的形势。

第一，与联合国密切沟通并对比利时施加压力，以便在刚果问题上占据主动地位。在7月18日的会谈中，洛奇赞同突尼斯驻美大使及其联合国代表蒙吉·斯林（Mongi Slim）的看法，宣称比利时快速撤军也是其最大利益所在。为此，国务院一方面强调，比利时若在安理会前或在早期阶段声明已经开始撤军将对西方更为有利；另一方面则指示驻联合国代表，苏联人若提出要求比利时在72个小时内撤军的提案，应表明美国将敦促比利时尽快分阶段撤军，但要极力避免具体的时限。艾森豪威尔提出可以利用美国返程飞机把比利时部队运出刚果，并强调若苏联试图向刚果派作战部队，应让秘书长竭力阻止。[②] 通过上述准备，国务院认为即将召开的安理会已经处于美国的掌控之中。

7月21—22日，安理会就刚果问题连续举行了第878、879次会议。波兰完全支持苏联关于比利时立即撤军的提案，而英、法、意与阿根廷一致支持美国反对该提案。最后，突尼斯和斯里兰卡代表不结盟国家再次提出折中的提案，倡议比利时加速执行安理会第143号撤军决议，并授权秘书长为此采取任何必要的措施；要求任何国家不得

① Robert A. Hill, Edmond Joseph Keller, eds. , *Trustee for the Human Community: Ralph J. Bunche, the United Nations, and the Decolonization of Africa*, p. 126.

② Telegram from the Mission at United Nations to the Department of State, July 18, 1960; Telegram from the Department of State to the Mission at United Nations, July 20, 1960; Memorandum of Conference with President Eisenhower, July 19, 1960, *FRUS*, 1958 - 1960, Vol. XIV, pp. 324, 334 - 336, 329.

采取任何阻碍刚果政府恢复法律和社会秩序，以及破坏其主权独立与领土完整的行动；赞赏哈马舍尔德为第143号决议的行动迅速；邀请联合国专门机构向秘书长提供他可能需要的援助。[①] 该提案经过略微的修正后作为安理会第145号决议获得一致通过。与第143号决议一样，新的决议也采取了折中的、模糊的做法：虽然要求比利时撤军，但避免了苏联提出的“立即”字眼而代之以“尽快”；并未直接批评比利时支持加丹加分裂的活动，只是笼统地要求任何国家不得干涉刚果内部事务。美国政府对此表示满意，认为这是苏联的又一次失败，西方的再次胜利。

第二，策动刚果政治反对派推翻卢蒙巴政府。大使伯登认为，卢蒙巴现在已经开始反对西方、联合国且投入苏联的怀抱，因而“我们政治与外交行动的一个主要目标是必须破坏现在合法的卢蒙巴政府，但同时必须找到或培养出能够为非洲其他地区接受，并能抵制苏联政治攻势的其他人”。他认为卢蒙巴在刚果的优势主要包括作为普选总理的“合法性”及其在众议院的支配地位，卡萨武布与其合作等，同时也指出了他的根本弱点，即没有任何机构或组织可使之在刚果全境建立起事实上的权威。[②] 在此基础上，他于7月19日提出了一整套对付卢蒙巴的方案。就刚果国内而言，通过刚果议会取消卢蒙巴政府的合法性；建立省政府作为事实上的当局，并使之采取对中央政府的“不信任”立场。他建议美国政府当前应继续不承认加丹加政权，但不应损伤冲伯与其他省建立“联邦”关系的可能性。就刚果外部而言，美国及其他主要西方国家应私下向中立国家（尤其是非洲国家）指出，卢蒙巴只是把苏联集团全面引入非洲大陆的工具，必然导致东西方在该大陆的冲突，以激起他们的敌对情绪。该方案甚至设想在推翻卢蒙巴政府后，美国应该帮助刚果建立稳定的、负责任的以及对西方友好的政府，其中卡萨武布享有卢蒙巴所没有的宪法权力，将是刚果未来政府的最佳人选，希望他能“最终发展出基于所

① UN Security Council Resolution145（S/4405），July 22，1960.

② Telegram from the Embassy in Belgium to the Department of State，July 19，1960，*FRUS*，1958－1960，Vol. XIV，pp. 330－331.

有省份共同利益基础上的向心力量”。[①]

该方案得到了驻伊丽莎白维尔领事卡普纳的有力声援。他宣称，只要推翻卢蒙巴政府，西方国家就能迫使加丹加成为卡萨武布或其他温和派领导的松散联邦制下的一个省份，那么刚果问题也就迎刃而解了；如果卢蒙巴依然任刚果总理，冲伯与科纳卡特党就不会妥协，后果将非常严重：若卢蒙巴以武力统一加丹加，那么该地区的经济复苏及政治自由将不复存在；若卢蒙巴统一加丹加失败，后者将注定与中央政府分离。他提醒说，国务院若相信卢蒙巴政权可能变成共产主义政权，那么加丹加就是美国的大好机会；如果相信能从支持卢蒙巴当局中得到一些好处的话，那么牺牲加丹加的利益是正当的，不过美国首先应该弄清楚牺牲加丹加的目标是什么。[②]

第三，积极准备以武力应对危机。在 7 月 21 日的新闻会议上，国务卿赫脱谴责苏联干涉刚果是“不计后果、不负责任”的，宣布美国将“继续以其精神力量和物质资源支持联合国恢复和平与秩序的行动”。在同日召开的国家安全委员会第 452 次会议上，艾伦·杜勒斯直接把卢蒙巴定性为“一个卡斯特罗或者更坏的人”，确信他直接或通过埃及受到苏联人的指使，还得到了比利时共产党援助的承诺。另外，苏联正试图利用埃及作为在刚果和非洲的“一个矛头”，而这将作为他们在非洲行动的另一个控制杆。[③] 他警告说，如果苏联控制了卢蒙巴，将把刚果作为向周边地区渗透的基地，进而控制丰富的矿产、原料和石油地区，甚至使美国的武器和太空计划处于非常不利的状态。此外，苏联还会趁机扩大对第三世界及联合国的影响。国家安全委员会似乎赞同上述观点，例如在关于刚果的简报中指出，善变的总理卢蒙巴是当前刚果的主要消极因素。[④]

参谋长联席会议讨论了苏联军事干预刚果的可能性以及美国的应

---

① Telegram from the Embassy in Belgium to the Department of State, July 19, 1960, *FRUS*, 1958 - 1960, Vol. XIV, pp. 331 - 332.

② Telegram from the Consulate at Elisabethville to the Department of State, July 23, 1960, *FRUS*, 1958 - 1960, Vol. XIV, pp. 350 - 351.

③ Memorandum of Discussion at the 452d Meeting of the National Security Council, July 21, 1960, *FRUS*, 1958 - 1960, Vol. XIV, p. 338.

④ National Security Council Briefing, July 25, 1960.

对策略，并于22日把讨论结果向国务院递交了备忘录。该备忘录假设，中苏集团军事干涉刚果对联合国部队产生了不利的影响，引发了与比利时军队的严重冲突，并最终导致苏联控制刚果以及共产主义在非洲的扩散。在此基础上，文件建议美国首先积极营造出阻止苏联在刚果干涉的形势。为此，参谋长联席会议提出了两阶段行动的建议：第一阶段，督促联合国紧急封锁刚果地区（包括下刚果河口），阻止非联合国部队进入该地区以及未经联合国许可的空运行动，例如对刚果周边国家施加压力、对苏联飞机关闭所有刚果机场等。如果上述措施未能奏效，中苏集团军事干预已成事实，那么就进入第二阶段，即在联合国谴责共产党国家的单边主义行动违反了安理会决议；在联合国与北约组织内敦促比利时加速从刚果撤军；随时准备采取适当的单边军事行动阻止或击败苏联在刚果的军事干涉；在联合国内敦促单边干涉部队在刚果稳定后立即撤出；直接或通过联合国督促刚果政府要求非联合国干涉部队撤出。① 显然，参谋长联席会议的这套方案是非常细致、全面的，其最关键之处在于首次明确地提出了美国随时准备在刚果以单边主义的军事行动阻止共产主义。

然而，美国情报机构的报告认为上述假设言过其实。7月25日，情报与研究局局长卡明（Cumming）致电赫脱，指出在比利时殖民统治时期，共产党始终无法在当地建立组织，目前也无法操纵刚果现有的力量。他认为对卢蒙巴最准确的概括是其本人在1960年7月5日宣言中的说法，即“我们不是共产党、天主教徒或者社会主义者。我们是非洲民族主义者。根据积极中立的原则，我们有权与任何我们喜欢的人友好”。不过，他提醒说共产党的优势已经开始在刚果显现，例如卢蒙巴政府中的几位重要的刚果政治家（如基赞加、卡萨穆拉等）与比利时共产党官员，甚至苏联集团的官员有过私下的接触。廷伯莱克支持卡明的看法，也指出卢蒙巴当前是一位机会主义者，而不是一名共产党人，“他将属于哪个阵营的最终决定将不由自己做出，而是将由外部力量强加于他”，如果美国或比利时承认加丹加，卢蒙巴就会投靠苏联集团，因而建议政府继续支持联合国在刚果

---

① Memorandum from the Joint Chiefs of Staff to Secretary of Defense Gates, JCSM-321-60, July 22, 1960, *FRUS*, 1958 - 1960, Vol. XIV, pp. 347 - 349.

的行动与发展政策。[①]

情报机构的上述判断并非少数人的个人之见。9 月 11 日，卢蒙巴在与埃夫里尔·哈里曼（Averell Harriman）的会晤中，强调自己厌恶共产主义，称“共产党专制与民主制一样坏”，希望在东西方之间推行中立主义的政策。哈里曼对他的话深信不疑，认为艾森豪威尔此前的决定更多地反映了坏的判断，是“一种忽视非洲新兴国家中黑人的合法愿望和民族主义力量的世界观”。[②] 前总督也向肯尼迪报告说，卢蒙巴坚称自己不是共产主义者，但他想利用俄罗斯人。非洲事务局刚果问题专家马丁·F. 赫兹（Martin F. Herz）认为卢蒙巴“非常容易受夸梅·恩克鲁玛，以及较少程度上受尼赫鲁、塞古·杜尔、纳赛尔、凯塔，还可能包括苏加诺和铁托，而不是受赫鲁晓夫的影响或控制”。[③] 不过，这些报告与评估并没有使美国政府多数官员改变对卢蒙巴业已形成的厌恶情绪，他们看到的只是“另一个卡斯特罗，即便卢蒙巴的行为不像他”，卢蒙巴不只是一位第三世界民族主义情绪泛滥的革命者，其行动“象征着苏联利用非洲民族主义的能力”。[④]

二　卢蒙巴访美

安理会第 145 号决议通过后，刚果驻联合国代表托马斯·康扎立即通过电话将决议内容及安理会的讨论情况向卢蒙巴总理作了汇报。后者对该决议感到不满，决定亲自前往美国访问，目的主要有两个。一是向联合国与美国强调联合国部队进驻加丹加地区的必要性。他认为，自危机爆发以来，西方社会媒体和舆论关于刚果的报道大部分有失偏颇，必须尽快予以澄清。二是争取更多美国人的支持，尤其是争

① Memorandum from the Director of the Bureau of Intelligence and Research (Cumming) to Secretary of State Herter, July 25, 1960; Telegram from the Embassy in the Congo to the Department of State, July 26, 1960, July 26, 1960, *FRUS*, 1958－1960, Vol. XIV, pp. 355－357.

② Fifth Message from Harriman to Kennedy, from London, September 13, 1960. Leotel 655, September 11, 1960, cited from *Analytical Chronology*, p. 36.

③ Martin F. Herz, "Some Conclusions", pp. 1－2.

④ Lise A. Namikas, *Battleground Africa: The Cold War and the Congo Crisis, 1960－1965*, pp. 152, 2.

卢蒙巴抵达纽约（1960年7月24日）

取视他为英雄的美国黑人青年对刚果独立事业的同情与支持。

对于卢蒙巴此时来访，美国政府内部产生了分歧。部分官员认为这是争取他的好机会，廷伯莱克甚至强调卢蒙巴搭乘美国班机抵达纽约是重要的。财政部部长罗伯特·安德森（Robert B. Anderson）也认为可以利用这个机会，将其隔绝于刚果本土之外，故而主张安排他在美国逗留一段时间。然而，国务院一些主要官员对此并不热心。在国家安全委员会第453次会议上，赫脱表示难以理解卢蒙巴来访，“美国并没有邀请他来，也不知道他要做些什么”。负责政治事务的副国务卿利文斯顿·默尔钱特也明确表示，美国政府不应该为卢蒙巴之行提供便利，甚至认为他搭乘苏联飞机前来对美国更为有利。经过权衡，艾森豪威尔最终同意在一种适度的基础上为卢蒙巴提供为期三周的美国之行。① 最终，在加纳政府专机的帮助下，卢蒙巴与加纳大使德真、刚果下议院议长卡松戈、上议院副议长奥基托等人于7月23日乘机离开利奥波德维尔，在阿克拉和伦敦短暂停留后，于24日抵达纽约，受到了加纳、摩洛哥、苏丹等非洲国家驻联合国代表、美国护送官员及刚果驻联合国官员的迎接。

起初，联合国总部不同意卢蒙巴来访。秘书处官员海因茨·威斯乔夫（Heinz Weischloff）后来证实，秘书长哈马舍尔德试图通过本奇阻止卢蒙巴来访，还想通过康扎让卢蒙巴明白自己应该返回利奥波德维尔，并在自己访问刚果时与其会晤。对于卢蒙巴提出在联合国大会

---

① Memorandum of Telephone Conversation between Secretary of State Herter and the Under Secretary of State for Political Affairs (Merchant), July 21, 1960; Telegram from the Mission at the United Nations to the Department of State, July 25, 1960; Editoral Note, *FRUS*, 1958 - 1960, Vol. XIV, pp. 344, 352 - 354.

发言的请求，哈马舍尔德也不同意，建议他参加安理会下周一举行的非洲国家联合国代表的午餐会，以便他有非正式机会与安理会成员国代表交谈。在随后与哈马舍尔德的会谈中，卢蒙巴重申了联合国刚果行动部队进驻加丹加的必要性。秘书长则明确地告诉他，自己当前不能命令联合国部队进驻加丹加。①

既然卢蒙巴已经抵达美国，美国部分官员还是希望给他留下深刻的正面印象，为此特地安排他在布莱尔宫下榻，等待与艾森豪威尔会晤。② 7月25日，洛奇根据与威斯乔夫、康扎、哈马舍尔德会谈的结果，建议国务院为卢蒙巴的访美之行制订计划。他特别指出，如果美国不为他制订访问计划或作出一些安排，他的行程会将变得凌乱，可能会被不利于美国对外政策的人接手。26日上午，洛奇与卢蒙巴进行了首次会晤。在给国务院的电文中，洛奇称“卢蒙巴肯定不疯狂；他威胁召请中国共产党，只是要求联合国尽快地采取行动”，他“不是一个要对付的坏人；他在一些方面有些心情浮动与偏执；但是，他确切地知道他在做什么”。他建议赫脱多给他一点时间，这样可能会得到“丰厚的回报”，并为此建议政府首先应该在华盛顿给予卢蒙巴最高规格的接待，并全面安排他于第二天开始的日程。③ 国务院虽然部分地接受了洛奇的建议，但并不准备认真对待卢蒙巴。狄龙后来承认，卢蒙巴给美国官员留下的印象是非理性的，几乎患有精神病：“他从不会把你放在眼里。他抬头看天……他的话与我们想讨论的特别事情没有任何联系……你会有一种感觉，他是狂热无比的……他不是一个理性的人。他所留下的印象非常糟，这是一个难以与之打交道的人。”④

7月27日，国务卿赫脱与卢蒙巴举行了正式的会晤。在会谈中，后者系统地阐述了自己关于刚果问题的政治见解，严厉地谴责了比利

---

① Brian Urquhart, *Hammarskjöld*, p. 407.

② Lawrence S. Kaplan, “The United States, Belgium, and the Congo Crisis of 1960”, *The Review of Politics*, Vol. 29, No. 2, 1967, pp. 239 – 256.

③ Telegram from the Mission at the United Nations to the Department of State, July 26, 1960, *FRUS*, 1958 – 1960, Vol. XIV, pp. 358 – 359.

④ Dillon, 9/2/75, p. 24; Dillon, 9/2/75, pp. 23 – 24. Quoted from *Alleged Assassination Plots Involving Foreign Leaders*, p. 53.

时的军事干涉违反了两国签订的友好条约，宣称比利时撤军5分钟后，刚果的秩序就能恢复。他特别提醒说，如果联合国不能提供令人满意的援助，美国或其他国家将不得不提供帮助，因为自己不希望刚获得独立的刚果落入其他形式的独裁统治之下。随后，他希望在访美期间能得到美国的官方贷款、私人贷款用于建造刚果的因加大坝 Inga Dam 工程。然而，赫脱并不准备满足卢蒙巴的任何请求，只是一再重申美国只能通过联合国向刚果提供援助，甚至对卢蒙巴为自己和卡萨武布提供一架小型飞机的请求都没有答应。[①] 在重新考虑卢蒙巴空手离开可能造成的不利影响后，赫脱才匆忙在当晚的记者招待会上宣布美国政府正在考虑向刚果提供技术与经济援助的一揽子计划，但没有提到该计划的细节。[②]

在对美国政府极度失望后，卢蒙巴决定前往加拿大访问。得知该消息后，赫脱于7月28日与加拿大对外事务部部长霍沃·格林（Howar Green）进行了电话会谈，讨论卢蒙巴前往加拿大请求双边援助的问题。他告诉格林，“我们认为卢蒙巴可能是在进行一次购物之旅，他可能是在竭力让我们跟苏联人斗”，建议他坚持通过联合国提供援助，会减弱卢蒙巴的不利影响。格林接受了他的建议，同意在本周晚些时候会见卢蒙巴时采取同样的方针，即加拿大所有给刚果的援助都必须通过联合国。[③] 比利时驻渥太华领事也专程就卢蒙巴来访拜访格林。他为卢蒙巴贴上了共产党的标签，蔑称此人在布拉格和莫斯科接受教育，利用了东方集团提供的金钱当选刚果总理。[④]

德夫林后来坦率地承认，卢蒙巴访美造成的影响是灾难性的，“感觉是错误的人在一个错误的时间来到了错误的地方”。[⑤] 尽管美国政府拒绝了卢蒙巴的所有请求，但其接待他本身还是引起了比利时政府的强烈抗议。在7月27日北约代表会议上，比利时代表宣称对美

---

① Memorandum of Conversation between the Secretary and Prime Minister Lumumba of the Republic of the Congo, July 27, 1960, *FRUS*, 1958 – 1960, Vol. XIV, pp. 360, 362, 364.

② *New York Times*, July 29, 1960.

③ Memorandum of Conversation, July 28, 1960, *FRUS*, 1958 – 1960, Vol. XIV, p. 368.

④ Kevin A. Spooner, *Canada, the Congo Crisis, and UN Peacekeeping, 1960 – 1964*, The University of British Columbia, 2009, p. 56.

⑤ *The Congo Crisis, 1960 – 1961: A Critical Oral History*, p. 129.

国的刚果政策极为失望，警告说这可能会迫使本国政府采取中立的政策，而这意味着有可能退出北约组织。同日，外交大臣维尼专门就此事打电话给美国驻布鲁塞尔大使伯登，抱怨美国接待卢蒙巴是灾难性的，并极力主张美国向哈马舍尔德建议推迟派联合国部队进驻加丹加及比利时的刚果基地。次日，比利时驻美大使斯基伊文根据政府指示紧急拜会赫脱，抱怨美国接待卢蒙巴“对比利时政府和人民造成了一种巨大的和非常痛苦的印象”，“有些类似于比利时政府接受卡斯特罗访问布鲁塞尔并予以隆重接待时，美国人产生的反应”。他强调说，美国的接待明显地增强了卢蒙巴在刚果的地位，而削弱了比利时及刚果国内反对派。①

比利时政府的不满博得了美国某些官员的同情。8 月 4 日，伯登致信赫脱，报怨“钟摆现在摆向刚果方向太多了”，美国政府必须全面考虑自己的行动对比利时—刚果关系和北约造成的严重影响，不能通过满足刚果人的全部要求而牺牲自己朋友的代价获得成功。赫脱不得不解释说，接待卢蒙巴只是迫不得已的“一个礼节性的问题”，且美国政府没有答应他所要求的任何单边援助。他承诺美国政府将劝说哈马舍尔德在联合国部队不要仓促地进驻加丹加，并提醒说联合国才是对此事负责的机构，单个国家都不应表现得太积极。在此之前，国务院就对比利时在刚果的立场（如军队撤离、加丹加、军事基地、卢蒙巴等）向伯登发去详细的指示，进一步明确了美国政府将全力支持比利时的立场，希望其部队快速撤回并准备放弃刚果的军事基地，同时美国将继续寻找更值得信任的卢蒙巴的反对者。②

刚果国内对卢蒙巴访美无功而返更是非常失望。参议院主席伊里奥在 7 月 29 日接见廷伯莱克时表示，美国应向卢蒙巴提供某些类型的援助，不应该让他空手回来，否则他会向苏联集团求援。伊里奥的预言无疑是正确的，卢蒙巴意识到自己无法从美国或加拿大获得必需

---

① Telegram from the Embassy in Belgium to the Department of State, July 28, 1960; Memorandum of Conversation, July 28, 1960, *FRUS*, 1958 - 1960, Vol. XIV, pp. 367 - 368.

② Letter from the Ambassador in Belgium (Burden) to Secretary of State Herter, August 4, 1960; Memorandum of Conversation, July 28, 1960; Telegram from the Department of State to the Embassy in Belgium, August 2, 1960, *FRUS*, 1958 - 1960, Vol. XIV, pp. 384, 368 - 370, 381 - 383.

的援助，自然也就转向了苏联。[①] 7月28日，他在加拿大秘密地会见了苏联驻加大使。后者告诉他，苏联政府已经决定通过双边途径向刚果提供一批军事援助。卢蒙巴在随后的记者招待会上公开宣称，苏联才是唯一根据刚果人民的意愿提供援助的大国。在归国途中，他还决定访问非洲国家，试图绕过联合国直接寻求它们的援助。8月2—8日，他对突尼斯、摩洛哥、几内亚、加纳、利比里亚和多哥等国家进行了正式的国事访问。塞古·杜尔对他表示同情，宣称联合国部队若不采取措施结束加丹加分裂，刚果政府可以任意调遣几内亚全国的军队。恩克鲁玛则向他保证，联合国若无法让比利时无条件从刚果全部撤军，加纳将与其他非洲国家一起建立联合国武装力量指挥部，用武力赶走比利时军队。此外，卢蒙巴还与恩克鲁玛探讨了两国统一的问题，打算成立"非洲联盟国家"，设立单一的元首和议会，联盟内不设边界。纳赛尔则对上述统一方案表示支持。

三　联合国加丹加行动受阻与安理会第146号决议

7月31日，苏联政府公开发表声明，宣称目前"侵略者的行动实际上得到了北大西洋公约组织中所有殖民国家的鼓励"，考虑到这种侵略行动对世界普遍和平事业的危险后果，苏联将毫不犹豫地采取坚决措施反击侵略者，并愿意积极地考虑给予刚果广泛的经济援助。随后，苏联政府承诺为刚果提供100辆载重汽车，红十字会和红新月会联合会最近还将向刚果派出一个医务工作小组，并提供必要的药品和医疗设备。8月6日，苏联政府进一步发表声明，宣称刚果当前的局势"只会破坏联合国曾经通过制止侵略这个国家决定的威信"，警告说如果派往刚果的联合国部队没有能力有效地保证驱逐外部干涉军队，那么就把那些愿意参加这一正义行动的国家的军队派往刚果共和国。[②] 10日，苏联商船"列宁诺戈尔斯克号"满载9000吨小麦、1000吨糖和30万吨奶粉，停靠在刚果港口城市马塔迪。[③] 超级大国

---

① Kevin A. Spooner, *Canada, the Congo Crisis, and UN Peacekeeping, 1960 - 1964*, p. 58.

② 《人民日报》1960年8月2日第5版；1960年8月7日第6版。

③ *The Congo Crisis, 1960 - 1961: A Critical Oral History*, p. 124. 糖和奶粉很快分发完毕，然而由于刚果没有面粉厂，只能把小麦运到摩洛哥磨成面粉。

在刚果的冷战竞争与对抗似乎出现了一触即发之势。

艾森豪威尔政府对卢蒙巴请求苏联出兵以及苏联政府的强硬声明与援助十分震惊，并严厉警告说未经联合国许可的军队不能进入刚果。杜勒斯认为卢蒙巴是“一个卡斯特罗或者更坏的人”的论断得到了普遍的认可，共产主义大规模卷入刚果的威胁不能不成为决策层重点考虑的问题。他们清楚地意识到卢蒙巴很可能把苏联的力量引入刚果，从而在非洲造成“另一个朝鲜”的紧张局势。德夫林后来证实，自己、廷伯莱克及其他驻刚果使领馆人员都相信卢蒙巴并非一个共产主义者或者克格勃的代理人，或者任何类似的人，但却是“一个没有完全理解用一方反对另一方危险的人”。①

为避免“另一个朝鲜”形势的出现，美国政府必须紧急制定出相应的对策。8 月 1 日，国家安全委员会就刚果政策的问题召开专门会议，首先对苏联军事干涉刚果的应对之策展开讨论。赫脱基本上同意前述参谋长联席会议的报告，只是建议把某些含糊之处具体化。艾森豪威尔也同意该报告，指出苏联若在此时干涉，“我们将全力投入战斗”。杜勒斯则提到苏联政府已经宣布向刚果派第二艘船运输援助物质，建议美国政府通过联合国援助刚果的物品应该加上某些清晰可辨的标识。艾森豪威尔则提议把美国的援助车辆涂成红色、白色和蓝色。狄龙指出，美国政府已经向联合国建议与刚果签订协议，为其提供必需的技术人员并要求他们在关键职位上任职，至少可以阻止苏联技术人员这样做。国家安全委员会表示同意，并强调美国还必须随时准备采取必要的军事行动阻止或击败苏联的军事干预。②

此外，国家安全委员会还就下一步联合国行动的代价以及美国应当承担的经费份额进行了讨论。狄龙认为联合国行动大约需要 2 亿美元（包括军队、技术人员薪金和其他活动经费），其中美国需要投入大约 1 亿美元。艾森豪威尔指出，除非向国会要求把用于刚果的紧急资金增加 1 亿美元，以免除其他国家分摊这些资金，否则联合国刚果行动将一事无成。为此，他建议政府制定一项新的条款，以保证总统

---

① *The Congo Crisis, 1960 - 1961: A Critical Oral History*, p. 128.

② Memorandum of Discussion at the 454th Meeting of the National Security Council, August 1, 1960, *FRUS*, 1958 - 1960, Vol. XIV, p. 375.

为国家利益所需的花费，同时他也同意财政部部长安德森的建议，即极力要求苏联承担联合国刚果行动的相应份额。① 根据会议的决议，美国建立了一个由非洲事务局领导的国务院—国防部工作小组（包括负责国际安全事务的国防部部长助理办事处、参谋长联席会议代表、国务院及中情局的相关部门代表），负责制订刚果问题的应急计划以备不测。最后，艾森豪威尔还建议增加100万美元拨款作为非洲应急基金，主要用于刚果的潜在需要。

由于一些亚非新兴国家越来越怀疑美国的立场，艾森豪威尔政府不得不寻求它们的理解与支持。8月1日，国务院要求几内亚支持所有给刚果的援助均需通过联合国进行的立场，但遭到了几内亚大使泰勒·迪阿劳（Tell Diallo）的坚决反对。后者虽然同意把联合国作为对刚果援助的渠道，但认为这可能会让刚果人认为自己将成为联合国的托管地。他还着重指出比利时撤军与加丹加分裂才是问题的关键所在，主张美国在卢蒙巴回国前抓住使他亲西方的“唯一机会”（即提供双边援助）。在给恩克鲁玛的私人信件中，艾森豪威尔辩解说：“这种形势是特别的，尽管它（刚果危机）表现出对世界和平的严重威胁，但它也是整体上对联合国，尤其是对非洲国家政治才能的一次重大挑战”，“如果联合国在刚果不成功或者名誉扫地，对世界和平与合作将是灾难性的悲剧”。恩克鲁玛在8月6日回信中赞同艾森豪威尔关于刚果当前形势对世界和平造成威胁的判断，但认为安理会决议未被迅速地执行才是问题的关键。随后，他对西方国家提出了委婉的批评，说自己“有一个怀疑，我愿意相信是非常没有根据的，即美、法和英对联合国决定，即所有比利时部队应当从整个刚果撤离上没有给予全力支持，而是希望加丹加能够建立国家，并最终在既成事实的基础上予以承认”。②

随着美、苏卷入刚果事务的程度迅速加深，哈马舍尔德意识到联合国必须在亚非国家的支持下有所作为，否则难以避免超级大国在刚

① Memorandum of Conference with President Eisenhower, August 1, 1960, *FRUS*, 1958 - 1960, Vol. XIV, p. 377.

② Telegram from the Department of State to the Embassy in Ghana, August 1 - 2, 1960; Telegram from the Embassy in Ghana to the Department of State, August 6, 1960, *FRUS*, 1958 - 1960, Vol. XIV, pp. 378 - 380, 391.

果出现对抗。7 月 28 日，他在访问刚果期间重申，联合国在扫除外交障碍之前不会在比利时撤军与加丹加问题上动用武力，但也承认与比利时人在基地（即卡米纳和基托纳）问题上仍存有分歧，希望多给比利时人一些时间冷静下来。在同日召开的刚果内阁委员会会议上，哈马舍尔德宣布派本奇于 8 月 5 日前往加丹加，就比利时军队撤出刚果军事基地问题举行会谈，第一支联合国军事部队将于 6 日进驻加丹加。他事后解释说，这次行动是为了抢在几内亚、加纳、苏联和卢蒙巴、基赞加之前。本奇极力劝他暂时不要把部队派到加丹加，因为自己“非常怀疑一支联合国和平部队可以在任何国家驻扎很长时间，即便为了自卫，也会把它的枪口转向平民而不是武装部队”。①

比利时政府认为哈马舍尔德的举动违反了双方达成的谅解，提醒说联合国不应干涉刚果的内政，并希望美国向它施加压力。面对联合国与比利时的压力，美国政府决定采取较为保险的对策，即根据以前的声明支持联合国。赫脱表示，秘书长不应在刚果成为中央集权或较松散联邦国家的最后决定上采取强硬立场，同时重申秘书长并没有插手刚果国内政治问题。② 比利时政府只能被迫接受秘书长的声明，但私下仍支持冲伯政权拒绝联合国部队进入加丹加，冲伯则拒绝本奇的座机降落加丹加机场。在这种形势下，哈马舍尔德不得不求助于新的安理会决议，要求授权联合国部队在加丹加开展强制性行动。

8 月 6 日，哈马舍尔德向安理会提交了第二份关于执行第 143 号与第 145 号决议的进展报告。他在报告中满意地指出，比利时已经接受了关于加丹加的决议，并保证不反对联合国部队在加丹加执行任务。据此，联合国决定把军队部署到该地区。然而，加丹加当局的强烈抵制迫使他放弃了让联合国部队进驻加丹加的计划。对此，国务院认为哈马舍尔德不会对加丹加诉诸武力，只会把它作为宪法问题留给冲伯与卢蒙巴协商解决。然而，哈马舍尔德并不准备放弃。他在与洛奇的会谈中指出比利时仍是实施联合国行动计划的障碍，并重申其部

① Charles P. Henry, ed., *Ralph J. Bunche*, *Selected Speeches and Writings*, Ann Arbor: University of Michigan Press, 1995, p. 198.

② Telegram from the Embassy in the Congo to the Department of State, July 28, 1960; Telegram from the Mission at the United Nations to the Department of State, August 7; Memorandum of Conversation, August 5, 1960, *FRUS*, 1958 – 1960, Vol. XIV, pp. 371, 396, 386 – 390.

队必须撤离刚果，冲伯必须允许联合国部队进驻加丹加。他甚至无奈地表示，卢蒙巴政府内的中间派和激进派都采取了反对联合国拖延的方针，极端主义者能在一天内掀起反对联合国的起义，甚至刚果有可能出现另一个“中国”的危险，而自己的行动就是为了防止出现“另一个朝鲜”。本奇对此深表赞同，也表示比利时部队应立即撤出刚果，如有必要，可以冒比利时人从加丹加大批逃离以及引发混乱的危险。①

8月8日，安理会再次讨论刚果问题。突尼斯—斯里兰卡代表提交一份议案，请求安理会确定根据第143、第145号决议授予秘书长以下权力：要求比利时军队立即从加丹加撤离，并给予秘书长执行决议以必要的援助；宣布联合国部队进入加丹加的必要性；重申联合国部队不会成为刚果内部冲突的一方，不允许以任何方式干预刚果内政。② 次日，比利时外交大臣维尼就这份议案与洛奇私下接触，对其中没有提到维持刚果的法律与秩序表示不满，称这样的缺陷能被通过是不可想象的。洛奇并没有支持他，而是指责比利时只为自己而没有为刚果的比利时人考虑，重申在刚果出现过失的结果会导致出现“另一个朝鲜”，使该议案失败是危险的、不负责任的以及不可想象的。最后，他警告说，“比利时政治危机付出的高昂代价就是第二个朝鲜的风险”。③ 经过激烈的争论，安理会以9票赞成，0票反对，法国和意大利弃权的结果通过了突尼斯—斯里兰卡的联合提案，即安理会第146号决议（1960）。事实上，这份新决议并没有真正地改变联合国刚果行动的授权，只是把“以前含蓄的授权方面明确了……阻止了未经授权的使用武力”。④

---

① Telegram from the Department of State to the Mission at the United Nations, August 6, 1960; Telegram from the Mission at the United Nations to the Department of State, August 7, 1960, *FRUS*, 1958 - 1960, Vol. XIV, pp. 392, 396 - 397.

② Office of Public Information, UN, *Yearbook of the UN 1960*, New York: UN Publications, 1961, p. 56.

③ Telegram from the Mission at the United Nations to the Department of State, August 9, 1960, *FRUS*, 1958 - 1960, Vol. XIV, pp. 401 - 402.

④ Jane Boulden, *The United Nations and Mandate Enforcement Enforcement: Congo, Somalia and Bosnia, Kingston: Centre for International Relations*, Queen's University/Institut Québécois des Hautes Études Internationales, Université, 1999, pp. 29 - 30.

美国政府对安理会的新决议相当满意。在当日举行的一次记者招待会上，艾森豪威尔高度赞扬了哈马舍尔德，并要求比利时接受新的安理会决议。比利时政府自然对此极为不满。8 月 10 日，首相伊斯肯斯宣布取消比利时对北约的支持，并暗示说其军队现在需要留在刚果。① 卢蒙巴政府也对安理会新决议表示十分不满。邦博科极力宣称，除非联合国军队进驻加丹加，否则刚果危机无法得到根本解决。卢蒙巴则通知联合国，刚果政府如果对比利时撤军不满意，就会下决心“承担起自己的责任”②，接着宣布刚果处于紧急状态，并向人民承诺他和他的政府将很快进入加丹加。在这种紧急形势下，哈马舍尔德根据安理会第 146 号决议于 12 日亲率第一支联合国部队进驻加丹加，随后两天内从比利时军队手中接管伊丽莎白维尔，比利时军队被迫从加丹加撤离。从那时起，联合国开始充当刚果政府与冲伯之间的“一个政治的与军事的缓冲器”。③ 然而，数以百计的比利时官员转而帮助冲伯建立宪兵队，“继续从比利时国防部接受命令”。这支部队最初不超过 200 人，后来发展到大约 1500 名，利用卡米纳军事基地及比利时干涉期间的剩余物质（包括 12 架以上的飞机及空军装备）武装起来。④ 许多比利时人作为内阁主管与顾问进入科纳卡特党内，确保联合国不会影响到冲伯与卢蒙巴之间的“内部”争端。⑤

就本质而言，美国的刚果政策是支持比利时的，然而时常因此处于两难的选择困境。随着比利时部队撤离加丹加，美国决策者越来越意识到，这里可能是刚果危险形势中的“稳定之岛”。因而，国务院默许了比利时公务员米歇尔·斯图伦斯（Michel Struelens）于 8 月在纽约开设办事处，任由其成为加丹加的情报机构。不过，他们也清楚，当前最重要的是坚持“联合国不能被拉入总理卢蒙巴与省主席

---

① *New York Times*, August 10, 11, 1960.

② Jean van Lierde, ed., *Lumumba Speaks: The Speeches and Writings of Patrice Lumumba (1958 – 1961)*, pp. 326 – 327.

③ Ludo de Witte, *The Assassination of Lumumba*, translated by Ann Wright and RenÉe Fenby, London & New York, 2001, p. 13.

④ Stephen Weissman, *American Foreign Policy in Congo (1960 – 1964)*, p. 70.

⑤ Catherine Hoskyns, *The Congo Since Independence (January 1960-December 1961)*, pp. 159 – 160.

冲伯的政治斗争之中”。[1] 哈马舍尔德自然不想让西方国家指责联合国干涉刚果的内政，于8月12日向安理会递交了一份备忘录，重申联合国部队“绝对不干涉刚果的国内冲突，亦不被利用以影响此种冲突之结果，无论是宪法上的冲突或者任何其他冲突”。简言之，联合国部队不能被用于帮助刚果中央政府强迫省政府。[2] 最后，他还提出了关于刚果“民政措施”的备忘录，宣称将在刚果建立一个“联合国行政机构”。

在对刚果形势分析后，廷伯莱克认为卢蒙巴将很快在政治上与其反对派摊牌。在他看来，苏联支持卢蒙巴的目的是获得在刚果的主导性影响，若卢蒙巴失败，苏联则会把目前的政策转变为分解刚果，以便控制分裂后的一个或多个地区。比利时支持加丹加分裂，很可能也支持其他地区的分裂。他认为，卢蒙巴至少在刚果近期的政治生活中仍将继续发挥关键作用，将来可能会通过集权成为强权人物，因而应该注意“避免公开可能会增强卢蒙巴地位的表示，或者可能有助于他获得明显野心的政策声明”，同时要增强更接近中间路线的力量取代卢蒙巴政府。国务院在回电中也强调卢蒙巴的共产主义倾向虽然不坚定，但苏联当前比美国更能对他产生持久的影响，进而决定最好采取“或多或少中立卢蒙巴的立场”，培养与增强“潜在的、有效的和友好的敌手政治家”，如基赞加、卡萨穆拉等。[3]

第三节　卢蒙巴与联合国决裂

正如吉尔伯特与雷诺兹所言：“从全球范围看，严酷的冷战政治意味着非洲国家面临着意识形态上的危险形势，这种意识形态上的危险在‘资本主义的西方和共产主义的东方’之间的冲突拓展到非洲

---

① Catherine Hoskyns, *The Congo Since Independence (January 1960-December 1961)*, p. 130.

② See U. N. doc. S/4417/Add. 6, also printed in *American Foreign Policy: Current Documents*, 1960, pp. 549 - 551.

③ Telegram from the Embassy in the Congo to the Department of State, August 12, 1960; Telegram from the Department of State to the Embassy in the Congo, August 12, 1960, *FRUS*, 1958 - 1960, Vol. XIV, pp. 408 - 410.

时竟变成了现实的危险。”[①] 美国在比利时与加丹加分裂问题之间举棋不定，加之卢蒙巴在实现国家统一问题上急躁冒进，致使刚果危机迅速升级。苏联政府则借卢蒙巴解决加丹加分裂问题心切之机进一步卷入刚果。显而易见，美国与苏联向刚果提供援助并非出于善意，只是想把这里变为对自己有利的力量，使其从属于资本主义的西方阵营或共产主义的东方阵营。因而，卢蒙巴与联合国决裂并求助于苏联触及了美国冷战的底线。在苏联单边干涉既成事实的形势下，艾森豪威尔政府认为，仅依靠联合国不足以实现美国的既定目标，还必须采取单独的行动。从这种意义上说，卢蒙巴必定会成为大国冷战的一个牺牲品。

一 卢蒙巴的最后通牒及其与联合国的决裂

正如赫脱在国家安全委员会第455次会议上所感叹的那样，当前“已经克服了刚果的一个障碍，但是麻烦无论如何都没有结束”。[②] 确实如此，特别是比利时政府不顾卢蒙巴和苏联政府的声明，继续和扩大支持刚果的分裂活动。8月9日，比利时策动刚果民族运动党卡隆吉派领导人阿尔贝·卡隆吉在开赛宣布成立“开赛矿业共和国”，试图在卢蒙巴政权与冲伯政权之间建立一个缓冲地带。对此，卢蒙巴强硬地声明，无论谁能帮他收复加丹加、南开赛，并把比利时人赶走，他都会接受。在对技术援助方式研究后，哈马舍尔德决定立即派高级专家到卢蒙巴政府中任职，并保持自主地位。这种做法立即遭到卢蒙巴的强烈反对。在8月9日的记者招待会上，他发表了强硬的声明，称刚果永远不做联合国的殖民地，永远不接受联合国的托管。[③] 此外，哈马舍尔德在加丹加问题上的犹豫不决使卢蒙巴坚信必须靠本国部队和非洲国家的援助才能完成国家的统一。当联合国部队于12日进驻伊丽莎白维尔时，卢蒙巴并不相信它会有所作为，而是认定其目

① ［美］埃里克·吉尔伯特、乔纳森·T. 雷诺兹：《非洲史》，黄磷译，海南出版社、三环出版社2007年版，第356页。

② Memorandum of Discussion at the 455th Meeting of the National Security Council, August 12, 1960, *FRUS*, 1958 - 1960, Vol. XIV, p. 406.

③ 参见［法］罗贝尔·科纳万《刚果（金）历史》（下），史陵山译，商务印书馆1974年版，第499页。

的是支持加丹加分裂，并决定立即向哈马舍尔德摊牌。

安理会的新决议（第 146 号）只是要求比利时从加丹加立即撤军，并没有授权联合国部队干涉加丹加内部事务。秘书长认为加丹加分裂是刚果内部事务，应该由卢蒙巴与冲伯通过和谈方式解决，而卢蒙巴意图让联合国迫使比利时撤军并以武力结束加丹加分裂。对于联合国作用的不同观点导致了卢蒙巴看法的明显转变，从那时起他拒绝了与联合国的任何正常关系，且越来越敌视秘书长和联合国刚果行动中的白人部队。11 日，哈马舍尔德抵达利奥波德维尔，决定率领一支瑞典部队进驻加丹加。次日，他与本奇在没有征得卢蒙巴政府同意的情况下访问加丹加，随行的瑞典两个营成为部署在那里的第一支联合国部队。此举进一步激怒了卢蒙巴，对他及刚果民族主义者而言，“联合国的行动似乎它是在一块被征服的领土上，而不是在一个主权国家”。他怀疑哈马舍尔德与比利时串通好了，而瑞典部队随其前往就是一个串谋的重要证据。[①]

8 月 14 日，哈马舍尔德在返回利奥波德维尔后便收到了卢蒙巴的一封信。在信中，卢蒙巴拒绝了他对安理会决议的解释，援引了安理会第 143 号决议中的“授权秘书长向刚果政府提供军事援助，并在同它磋商中这样去做”的条款，谴责联合国干涉加丹加与中央政府的冲突。他要求从联合国部队手中接管刚果的所有机场，联合国为刚果国民军和来自非洲各地的部队进驻加丹加提供运输机；把缴获的加丹加宪兵队的武器置于中央政府控制之下；所有非非洲人部队都要从加丹加撤离。在结语中，他宣称上述要求若不能得到满意的答复，他的政府将被迫采取其他措施。第二天，双方又连续交换了 5 封信。卢蒙巴进一步强调刚果政府已经对秘书长失去了信心，要求他修改自己对决议的解释，并重申了上述其他要求。[②] 哈马舍尔德决定不予答复，两人之间的关系随之彻底破裂。随后，刚果国民军搜查了联合国驻军总部，逮捕一些官员。对此，哈马舍尔德在 8 月 15 日紧急致信

① Brain Urquhart, *Hammarskjöld*, New York, 1972, pp. 429 – 430; Bunche, *The United Nations Operation in the Congo*, p. 417.

② See U. N. doc. S/4417/Add. 7. Also printed in *American Foreign Policy: Current Documents*, 1960, pp. 552 – 554; Editorial note, *FRUS*, 1958 – 1960, Vol. XIV, pp. 412 – 413.

戈迪亚，指示说：“刚果不应允许成为一个朝鲜，也不应成为一个匈牙利或者慕尼黑。”①

就政治层面而言，选择与联合国决裂是卢蒙巴所犯的致命错误。卢蒙巴与联合国合作在很大程度上提高了他在国内外政治中的地位，并给了亚非中立国家支持他的机会。没有联合国的参与，这些外部的承认与支持都不复存在，卢蒙巴也就很快成为冷战中的一名人质以及最终的受害者。② 在 8 月 17 日给妻子的信中，本奇本能地表达了自己对卢蒙巴的憎恶：那个疯子卢蒙巴现在不计后果地——且非常恶毒地攻击达格（即秘书长哈马舍尔德）和联合国，我们可能会陷入一段艰苦的时期，因为公众将会被电台广播搅动起来。这是一个悲剧，但是这次看起来像是国际上的最大努力将要被一个不计后果、精神错乱的家伙的谴责毁了。我们可能在几天内被赶走。几天后，他又在信中写道：“卢蒙巴越来越坏了。他是我见过的最下作的人。我鄙视基赞加，但是憎恨卢蒙巴。”③ 8 月 18 日，他试图最后一次会晤卢蒙巴。在遭到拒绝后，两人彻底地分道扬镳。

与此同时，卢蒙巴向苏联政府正式请求军事援助，并开始制订进攻加丹加与南开赛的作战计划。根据他的军事计划，由巴卢巴卡特党领导人、加丹加省专员贾森·桑德韦和司法部部长雷米·姆万巴率领一支刚果国民军经基伍省进入加丹加北部地区，发动那里的巴卢巴人起义。刚果国民军主力则以开赛省首府路路阿堡为基地，进攻卡隆吉的“开赛矿业共和国”，获胜后取道卡尼亚马关，进入北部加丹加，与那里的起义部队一起夹击南部加丹加。不过，这次军事行动的给养与后勤保障成为他最为头疼的问题，为此不得不与苏联驻刚果大使米哈依·雅科夫列夫（Mikhail Yakovlev）进行频繁的接触。④

---

① Hammarskjöld to Cordier, B472, August 15, 1960, quoted from Robert A. Hill & Edmond Joseph Keller, ed., *Trustee for the Human Community: Ralph J. Bunche, the United States and the Decolonization of Africa*, p. 154.

② Richard Doyle Mahoney, *The Kennedy Policy in the Congo, 1961 – 1963*, pp. 18 – 19.

③ Quoted from Crawford Young, "Ralph Bunche and Partrice Lumumba: The Fatal Encounter", in Robert A. Hill & Edmond Joseph Keller, eds., *Trustee for the Human Community: Ralph J. Bunche, the United States and the Decolonization of Africa*, p. 142.

④ 8 月 17 日，苏联驻刚果领事馆正式升级为大使馆，新任大使雅科夫列夫向总统卡萨武布递交了国书。

对此，德夫林在给总部的电报中断言，卢蒙巴“生来就会煽动革命，而不能在成功后管理它”，是“一个托马斯·潘恩而不是一位托马斯·杰斐逊”。[①] 在8月11日的电报中，他又提醒说，卢蒙巴正在左倾，共产党的影响日益增强，而推翻卢蒙巴有助于西方目标的完成。他还警告说：刚果的形势令人绝望，共产党虽然尚未接管刚果政府，但是几乎没有机会或时间采取行动避免“另一个古巴”了。[②] 当美国得知卢蒙巴断绝与联合国的关系，并准备在苏联支持下对分裂政权采取单独的军事行动时，“沮丧笼罩在华盛顿的上空”。[③] 美国自然不愿让联合国撤离刚果，为此狄龙于8月16日向洛奇强调美国的主要目标是确保联合国在刚果继续存在；美国代表应该谋求安理会成员国给予秘书长最全面可能的支持，包括完全支持他对8月9日安理会决议的解释，以及支持他反对从联合国部队中撤出非非洲国家的部队。美国还邀请法、英就刚果问题进行磋商，一致认为处于支配地位的卢蒙巴肯定不会保持中立，当前应尽可能获得非洲国家对联合国更大规模行动的支持。[④]

与此同时，国务院要求驻刚果情报站继续评估从宪法上推翻卢蒙巴的可能性。[⑤] 实际上，国务院早在8月12日给廷伯莱克的绝密电报中，就明确地指出决定刚果政府改变是否对我们有利的重要因素是卢蒙巴的替代者，要求发掘和培养潜在有效的反对派政治家。虽然萨特斯维尔特在3天后补充说，上述意见仅供廷伯莱克参考，并不代表国务院的决策，然而事实表明美国后来的行动就是根据上

---

① Larry Devlin, *Chief of Station, Congo, Fighting the Cold War in a Hot Zone*, pp. 34 – 35.

② Telegram from the Station in the Congo to the Central Intelligence Agency, August 11, 1960; Leopoldville to Director, August 18, 1960, quoted in *Alleged Assassination Plots*, *FRUS*, 1958 – 1960, Vol. XIV, pp. 14 – 15; Brian Urquhart, *Hammarskjöld*, pp. 415 – 416.

③ Lise A. Namikas, *Battleground Africa: The Cold War and the Congo Crisis, 1960 – 1965*, p. 167.

④ Telegram from the Department of State to the Mission at the United Nations, August 16, 1960; Memorandum of Conversation, August 17, 1960, *FRUS*, 1958 – 1960, Vol. XIV, pp. 413 – 417.

⑤ Telegram from the Central Intelligence Agency to the Station in the Congo, August 12, 1960.

述方针确定的。[①] 随后，廷伯莱克对刚果政府可能的继任者进行了分析，认为卡萨武布幼稚、愚蠢、懒惰且贪于享受，将继续是一个"政治傀儡"；伊里奥可以在参议院获得推翻卢蒙巴的2/3多数票，而后者有时间阻止任何参议院的行动。[②] 相较而言，他更看好外长邦博科，认为此人在许多场合中表现出了莫大的勇气。事实上，廷伯莱克对推翻卢蒙巴的后果顾虑重重，认为这尽管能解决一个问题，但可能会制造出更多的麻烦，例如基赞加可能接替他并受到共产党顾问的影响，联合国会被谴责为共谋或者至少负有疏忽的责任。然而，卢蒙巴若继续执掌大权，无疑将削弱刚果反对派的力量，当前最好的办法是争取尽可能多的非洲国家和西方国家支持联合国更大的行动。对于廷伯莱克的分析与建议，国务院基本表示同意。[③]

接着，刚果国民军的敌对行动迅速恶化了政府与联合国之间的关系。8月17日，几名给卢蒙巴送信的白人联合国安全人员受到了虐待，次日加拿大士兵在恩吉利机场遭到袭击。德夫林向总部紧急报告说："大使与情报站都相信刚果正在经历典型的共产党接管政府……无论卢蒙巴是真正的共产党，还是在玩弄共产党游戏巩固他的政权，刚果反西方力量正在迅速加强，采取行动以避免出现另一个古巴或几内亚的时间已不多了。"[④] 这种状况迫使美国政府开始制订新的应对方案。在8月18日召开的国家安全委员会第456次会议上，艾森豪威尔警告说，联合国若被赶出刚果，后果将不堪设想，美国应当确保联合国部队继续留驻刚果，即便"这样的行动被苏联人用作挑起一场战争的理由"。洛奇对总统的意见提出了质疑，即卢蒙巴政府若要

---

① Telegram from the Department of State to the Embassy in the Congo, August 12, 1960, *FRUS*, 1958－1960, Vol. XIV, pp. 409－410. 8月15日，萨特斯韦特致电廷伯莱克，称"我们希望清楚地表明它意图在于引出你的思考，并不代表国务院的决策"。

② 根据刚果共和国《基本法》，对政府的不信任动议必须在参议院投票之前48个小时提出。

③ Telegram from the Embassy in the Congo to the Department of State, August 17, 1960, *FRUS*, 1958－1960, Vol. XIV, pp. 418－421.

④ CIA Cable, Leopoldville to Director, 8/18/60. Quoted from *Alleged Assassination Plots Involving Foreign Leader*, p. 14. 尽管这份报告用了匿名，只把自己作为一个"情报站官员"，但从背景看他就是该情报站主任德夫林。参见于力人《中情局50年》，时事出版社1998年版，第249页。

求联合国部队离开，他们能否继续留下来。狄龙也认为卢蒙巴政府若反对哈马舍尔德，联合国部队驻留刚果是困难的，如果联合国部队遭到驱逐，刚果人将邀请苏联人进行干涉。[1] 对此，艾森豪威尔气愤地指出，“洛奇先生竟然错到了这种程度——我们在谈的是有一个人迫使我们撤出刚果，谈的是得到苏联撑腰的卢蒙巴”。

为确保联合国在刚果的存在，美国决策者开始紧急考虑清除卢蒙巴的问题。副国务卿斯坦斯建议依靠刚果的政治反对派（尤其是卡萨武布和冲伯），通过和平方式推翻卢蒙巴政府。杜勒斯则强调加丹加保持经济独立的重要性，认为这样可以窒息脆弱的刚果经济，迫使苏联人把大量的金钱投向刚果其他地区。艾森豪威尔对杜勒斯的建议似乎更感兴趣，甚至更明确地提出联合国应该承认加丹加的独立地位。最后，国家安全委员会确定了当前行动的两条方针：一是在斯坦斯评论的基础上，讨论刚果形势近来的发展状况；二是注意总统的观点，即确保联合国在刚果的存在。正是这两点构成了国家安全委员会行动第2287条的主要组成部分，并于8月24日得到总统的批准。[2]

同时，美国军方也开始强调刚果在军事与战略上的重要性。8月18日，参谋长联席会议首次指出美国在撒哈拉以南非洲有着具体的战略利益，尤其是刚果的基托纳机场、巴拿拿的港口和卡米纳的基地位于该地区的中心，是支持南大西洋反潜艇战的基地，也是继续控制南大西洋海路及进入撒哈拉以南非洲的重要战略要地之一。当前，这些军事基地与设施是脆弱的，例如共产主义者只需少数人混入巴拿拿港的设施，如河流领航与疏浚、码头搬运或者港口控制，就会导致西方国家无法使用。此外，苏联对基托纳机场的渗透与控制将为其提供一个重要的机场，便于向西非地区进行军事扩张；只需少数技术人员就能操纵巴拿拿修船厂，使之成为苏联集团的一个潜艇基地。简言之，刚果基地群若被苏联集团控制，就会成为和平时期共产主义势力颠覆非洲的一个行动中心，战时将严重威胁自由世界在该地区的空中与海上交通。为避免出现上述不利结果，参谋长联席会议提出了4条

① Memorandum of Discussion at the 456th Meeting of the National Security Council, August 18, 1960, *FRUS*, 1958–1960, Vol. XIV, p. 422.

② Ibid., pp. 423–424.

行动方针：确保联合国控制该地区，排除不友好力量的单边控制；美国和/或其他友好政府实施军事援助计划，确保这些设施正常运行；训练刚果人维护这些基地；采取隐蔽行动。[①] 总之，此次会议明确了刚果军事基地的重要性以及苏联的现实威胁，其行动方针也成为处理刚果危机的基础。

二　苏联援助刚果与美国应急计划的提出

由于安理会会议召开在即，国务院就联合国部队能否留驻刚果问题征求廷伯莱克和洛奇的看法。在 19 日的复电中，廷伯莱克赞同国务院的前述意见，并提出两点建议：努力获得非洲国家的支持；劝说卡萨武布撤销联合国部队撤离的要求。洛奇在回复中也表示同意，并为此提出了下列解决方法：找到除掉卢蒙巴的方式；强调联合国部队只有征得联合国同意才能离开；认定卢蒙巴对刚果和平造成了威胁；请求恩克鲁玛劝说卢蒙巴放弃联合国撤军的要求。在上述建议的基础上，国务院在给某些外交使团的电报中指出，联合国依然是保护弱小国家的利益以及把冷战排除在非洲之外的独特力量，“联合国在刚果失败不可避免地导致那个国家的混乱，一切形势都意味着非洲作为一个整体的国际和平与安全问题有可能对联合国自身产生灾难性的影响。”[②]

国家情报评估委员会经过对刚果形势进行细致的分析，认为它对比利时及其他欧洲北约成员国造成了伤害，激发了亚非国家尤其是西非国家的反殖民主义情绪，给联合国造成了空前的负担并损害了其团结与尊严。不过，联合国若能在刚果继续发挥积极作用，就能很快削弱刚果政治斗争的强度及其对其他地区的影响。卢蒙巴继续掌权将使这种斗争在短期内无法解决，而解决的“一种可能就是暗杀卢蒙巴，

---

① Memorandum from the Chairman of the Joint Chiefs of Staff (Twining) to Secretary of Defense Gates, JCSM-363-60, August 18, 1960, *FRUS*, 1958 - 1960, Vol. XIV, pp. 425 - 427. 对于上述 4 点建议，狄龙在一封 9 月 16 日给道格拉斯的信中答复说，国务院强调这些基地不应落入苏联之手并支持第一项建议，其他建议不具有可行性。显然，美国政府担心后三项建议的行动过于明显地表明美国的参与，而国防部坚持其他三条建议是保证这些基地掌握在友好国家手中长期政策的必要组成部分。

② Telegram from the Mission at the United Nations to the Department of State, August 19, 1960; Telegram from the Department of State to Certain Diplomatic Missions, August 20, 1960, *FRUS*, 1958 - 1960, Vol. XIV, pp. 432 - 434.

或者迫使外部力量放弃对他的支持，以及刚果内部的有生力量反对他的政策明朗化”。该评估还注意到，刚果军事冲突的危险日益加剧，尽管苏联当前不可能出兵刚果，但无法排除东西方因刚果冲突而出现对抗。总而言之，评估报告认为：比利时在刚果问题上前景暗淡；苏联可能会终结西方大国在该地区的主导地位；将激起比、法、葡和其他北约成员国的不满，并遭到非洲与其他不发达地区民族主义运动与共产主义的联手挑战；这场危机使联合国面临史无前例的机会与风险。① 两天后，廷伯莱克证实了上述评估中的判断，警告说刚果的形势正在变糟，若不阻止卢蒙巴及其共产党顾问，那么“这个国家会以技术人员而不是刺刀的方式走向另一个中国”。②

8 月 21—22 日，安理会相继召开了专门讨论刚果形势的第 887、第 889 次会议。苏、美两国的争执从一开始就达到了白热化程度，最终未能通过任何决议。根据秘书长 21 日的建议，联合国秘书处于 23 日宣布成立一个由出兵国代表组成的咨询委员会，协助秘书长工作。③ 此外，哈马舍尔德也迫于亚非国家的压力，宣布把本奇召回纽约总部，而任命印度人拉杰什瓦尔·达亚尔（Rajeshwar Dayal）接任刚果行动总指挥。两次安理会会议无果而终使卢蒙巴最终抛弃了联合国帮他结束加丹加分裂的幻想。同时，苏联的军事援助也迅速提上日程。22 日，卢蒙巴秘密会晤苏联大使雅科夫列夫。卢蒙巴可能在这次会晤中得知，苏联最近将派 10 架伊柳辛飞机及机务人员到斯坦利维尔，且刚运抵刚果的 100 辆卡车也由他调度。④ 美国相关机构还汇

---

① Memorandum from the Board of National Estimates to the Director of Central Intelligence (Dulles), *FRUS*, 1958 - 1960, Vol. XIV, pp. 436 - 442.

② Telegram from the Embassy in the Congo to the Department of State, August 24, 1960, Confidential U. S. State Department Central Files, Congo: 1960-January 1963, reel 7.

③ Editorial Note, *FRUS*, 1958 - 1960, Vol. XIV, p. 435.

④ Madeleine G. Kalb, *The Congo Cables: The Cold War in Africa—From Eisenhower to Kennedy*, p. 60. 这些苏联卡车被留在刚果，并落入蒙博托的军队和警察之手。8 月 11 日，一架 IL - 14 飞机被作为礼物送给卢蒙巴；8 月 28 日，10 架 IL - 14 供卢蒙巴政府从莫斯科运送食物大约一年时间。5 架安 - 12 飞机用于支持刚果政府在 9 月 1 日从莫斯科到科纳克里运送武器装备；10 架安 - 2 和 5 架米 - 14 直升机将通过海路供刚果政府使用一年。共给了刚果 26 架飞机和 6 架直升机；5 架给了加纳；2 架飞机给了几内亚。参见 Sergei Mazov, Soviet Aid to the Gizenga Government in the Former Belgian Congo (1960 - 61) as Reflected in Russian Archives, *Cold War History*, Vol. 7, No. 3, August 2007, pp. 425 - 437。

报了苏联曾请求希腊政府允许其10架运送食物的飞机越其领空到刚果，或者降落补充燃料，后者在附加了几个条件（如检查货物的权力）后答应了。[①]

8月26日，洛奇根据国务院指示拜会秘书长。哈马舍尔德对美国的基本看法表示赞同，即刚果的形势只有在卢蒙巴被“解决”后才能顺利前进。他甚至表示，“一旦卢蒙巴失势，加丹加问题就一定能够解决，整个危机就会过去”。他准备在安理会提出刚果国民军没有能力维持国内的和平与秩序，联合国部队撤离将导致外部势力的干预，和平将因此遭到破坏。为避免这种情况发生，联合国部队须根据《联合国宪章》第42号文件（由安理会提供海陆空军队，维持或恢复国际和平与安全）在刚果履行维护和平的职责。[②]

卢蒙巴政府与联合国刚果行动之间的关系进一步恶化，其主要原因在于苏联政府决定增加给它的政府的军事援助。8月23日，苏联运输机抵达利奥波德维尔，运来了卡车和其他装备，以及3名捷克军事顾问，用于攻打南开赛的分裂势力。此外，苏联政府还承诺为他提供10架伊柳辛飞机和5架安－12飞机，借给他10架较小的安－2飞机用于运输和5架直升机一年。[③] 24日，卢蒙巴严正地要求联合国部队把利奥波德维尔机场转交给刚果政府，否则将以武力强行接管该机场。随后，他又从比利时航空公司下属的刚果航空公司征调了5架飞机，陆续把大约1000名士兵从利奥波德维尔空运至路路伯格，以“制止卢卢阿人和卢巴人的冲突惨剧”。[④] 这一天也被认为标志着卢蒙巴在苏联的帮助下开始以武力结束开赛和加丹加的分裂。

8月27日，刚果国民军冲进联合国驻斯坦利维尔司令部，逮捕并殴打了7名加拿大武装人员。当美国的一架C－124（空中霸王）

---

① Telegram from the Department of State to the Mission at the United Nations, August 27, 1960, *FRUS*, 1958－1960, Vol. XIV, p. 446. Footnote 1.

② Telegram from the Mission at the United Nations to the Department of State, August 26, 1960, *FRUS*, 1958－1960, Vol. XIV, pp. 444－445.

③ Madeleine G. Kalb, *The Congo Cables: The Cold War in Africa——From Eisenhower to Kennedy*, p. 56.

④ ［法］罗贝尔·科纳万：《刚果（金）历史》（下），史陵山译，商务印书馆1974年版，第505页。

运输机在斯坦利维尔机场降落后，正在迎接卢蒙巴的官兵殴打了8名机务人员及2名加拿大技术人员（被称为“斯坦利维尔事件”）。大使廷伯莱克对此极为愤怒，对随后抵达的卢蒙巴没有提及此事表示失望，认为美国已经不是在与“一个文明人或一个负责的刚果政府打交道”，联合国当前的软弱姿态持续的时间越长，潜在的混乱也就变得越大。[①] 国防部也高度关注“斯坦利维尔事件”，宣称这是迄今“最严重的一系列不负责任的暴力行动”，主张联合国必须迅速采取措施恢复刚果的秩序。负责国际事务的国防部副部长埃尔韦也建议美国政府督促联合国部队对刚果所有机场、基地、港口及其他相关设施进行有效的控制，如有必要，就解除国民军的武装、重组与训练。[②] 艾森豪威尔表示赞同，也倡议联合国必须采取立场，其驻刚果部队必须得到授权以免遭到暴徒的袭击。

对于苏联军事援助卢蒙巴政府，廷伯莱克紧急警告说：刚果正在经历典型的共产党接管的努力，除非联合国能在两周内成功地平定刚果，否则共产主义肯定会控制该地区。[③] 戈迪亚写道：“他们（苏联的）策略的显著特征之一是热烈地支持像卡斯特罗和卢蒙巴这样的人，他们被认为是破坏者并因而不仅成为俄国在海外影响的象征，而且成为他们觊觎的前哨阵地。”[④] 在他们看来，苏联大规模介入刚果事务证实了“苏联领导人正在采取一项前所未有的手段，这种手段威胁到改变两个超级大国之间的平衡”，这是“苏联人第一次在远离

---

① Leopoldville to Secretary of State, No. 533, August 29, 1960, Confidential U. S. State Department Central Files, Congo: 1960-January 1963, reel 7; Telegram from the Embassy in the Congo to the Department of State, August 29, 1960, *FRUS*, 1958 - 1960, Vol. XIV, pp. 448 - 449.

② The Letter from the Assistant Secretary of Defense for International Security Affair (Irwin) to the Under Secretary of State (Dillion), August 30, 1960, *FRUS*, 1958 - 1960, Vol. XIV, pp. 450 - 451.

③ David N. Gibbs, *The Political Economy of Third World Intervention: Mines, Money and U. S. Policy in Congo Crisis*, p. 94; *New York Times*, August 30, 1960.

④ Letter to Schwalm, 11 Jan. 1961, p. 3. 戈迪亚与他大学的良师益友施瓦姆教授在整个刚果期间的通信解释了刚果事件、人物以及他们的看法。这些通信现存于哥伦比亚大学图书馆戈迪亚文件集。

他们本国边界几千英里之外的一场冲突中进行军事干涉”。[①] 美国决策层确信刚果从混乱到共产主义综合征已趋近完成。9月1日，赫脱正式阐明了美国政府的观点：苏联正在使刚果的形势复杂化，“刚果的混乱是苏联的目标，也是共产党希望控制新秩序的先决条件”。[②]

为应对这种紧张局势，国家安全委员会特别小组同意，不排除考虑可能有助于除掉卢蒙巴的一切特别行动。随后，美国各部门相继制订出应对方案。8月30日，负责政治事务的副国务卿帮办雷蒙德·哈里在给国务卿的备忘录中，提出了刚果应急计划的三项措施：建立一个由非洲事务局主持的国务院—国防部工作组，负责制订最终的应急计划；由中央情报局建立一个工作小组，考虑隐蔽计划；建立一个由非洲事务局主持的工作组，关注应急行动计划在联合国框架外支持联合国。[③] 参谋长联席会议则紧急建议国务院立即实施两方面的行动。第一，要求联合国恢复刚果的法律与秩序；立即有效地控制刚果所有的机场与港口设施；只允许通过联合国渠道向刚果政府提供援助；确保未经授权的武器、军火或人员不得进入刚果；保护支持联合国刚果行动的人员与装备；强烈抗议刚果政府在斯坦利维尔攻击美国非武装机务人员。第二，美国应该协助联合国的上述行动获得成功，主要采取下列必要的（公开的或隐蔽的）措施：驱逐当前在刚果的未经授权的外国代理人（特别是共产主义国家集团的人员）；要求刚果政府对“斯坦利维尔事件”中的受害者进行赔偿；破坏或消除卢蒙巴的政治力量，支持对联合国负责的刚果领导人；照会相关国家政府，要求支持美国的上述行动。[④] 国务院基本同意了上述方案，指示洛奇向秘书长传达。上述两份行动方案表明，美国虽然仍坚持由联合国解决刚果问题，但在共产主义威胁与危机的本质问题上，艾森豪威尔已经决定在联合国框架之外采取单独行动了。

---

① Madeleine G. Kalb, *The Congo Cables: The Cold War in Africa——From Eisenhower to Kennedy*, p. xiii.

② Stephen Weissman, *American Foreign Policy in Congo (1960 – 1964)*, p. 83.

③ Raymond A. Hare to the Secretary of State, Status Report on Congo Contingency Planning, Confidential U. S. State Department Central Files, Congo: 1960-January 1963, reel 7.

④ Memorandum from the Joint Chiefs of Staff to Secretary of Defense Gates, JCSM-395-60, September 2, 1960, *FRUS*, 1958 – 1960, Vol. XIV, pp. 453 – 455.

第三章

隐蔽行动与卢蒙巴之死

上峰的观点很明确，如果（卢蒙巴）继续把持大权，必然的结果至好是混乱，最坏则是为共产党接管刚果铺平道路，将对联合国的存在以及自由世界整体的利益造成灾难性的后果。因而，我们认为，在现有形势下，除掉他是一个紧迫的和首要的目标，这是我们秘密行动的高度优先性。

——前中情局局长艾伦·杜勒斯（1960 年 8 月 26 日）

1960 年 8 月底 9 月初，卢蒙巴在苏联的支持下决心以武力结束南开赛与加丹加的分裂，这让艾森豪威尔政府极力避免“另一个朝鲜”的所有努力几乎化为乌有。趁卢蒙巴军事进攻南开赛之机，美国政府暗中支持刚果国内政治反对派发起倒卢运动。卡萨武布总统首先解除卢蒙巴的总理职务，继而参谋长蒙博托发动政变，中立了总统与总理，暂时扭转了对美国越来越不利的发展趋势。然而，蒙博托无法有效地控制全国的军队，其专员委员会的影响也仅限于利奥波德维尔地区，同时遭到软禁的卢蒙巴仍保留着合法地位和强大的影响力；而加丹加分裂的问题仍是刚果政治的首要问题。这些状况使刚果的未来充满了各种不确定性。艾森豪威尔政府决定绕开联合国，选择更简单和粗暴的处理方式，即利用中情局针对卢蒙巴开展更具有弹性的隐蔽行动。

亚非新兴国家对联合国的态度也发生了重要的变化。由于联合国此前在政策上与美国保持一致，没有采取任何反对加丹加和南开赛分裂的行动，反而无视卢蒙巴的政治诉求并处处制约他的行动，遭到了苏联集团国家与许多中立国家的批评。埃及率先以撤离其联合国刚果行动中的部队进行抗议，几内亚等国家也以此相威胁，赫鲁晓夫更是在联合国大会上抛出“三驾马车”计划。与此同时，十几个新独立的亚非国家相继加入联合国，极大地增强了中立主义的力量，制约了联合国在刚果问题上过于明显的亲西方倾向。哈马舍尔德新任代表达亚尔则致力于改善联合国的形象，极力主张重新召开刚果议会确立合法的政府，并支持卢蒙巴在未来刚果政府中发挥一定的作用。此后，联合国的刚果政策开始表现出独立于西方的倾向。这些新的变化预示着刚果未来的斗争必将呈现出不同于以往的发展趋势。

第一节　九月事变

美苏之间围绕刚果的争夺进一步分裂了当地政府，导致局势日益恶化。1960 年 9 月相继出现的三次“危机”成为相关力量重新分化与组合的导火索，也成为刚果危机进程的转折点。在与哈马舍尔德决裂后，卢蒙巴转向苏联集团寻求军事援助，赫鲁晓夫立即对此作出了积极的响应。8 月底 9 月初，随着苏联的部分军事装备和少量苏联集团军事人员陆续抵达，卢蒙巴命令国民军向南开赛与加丹加发起进攻，使刚果的紧张气氛骤然升温。卡萨武布总统在美国支持下解除卢蒙巴的总理职务，随后参谋长蒙博托发动政变，“中立”了总统与总理，而代之以所谓的“专员委员会”。卢蒙巴政府随之轰然倒塌，其速度之快简直说不上他的政府曾经统治过。[①] 联合国也因此遭到了前所未有的指责与挑战，埃及、几内亚等国对联合国解决加丹加分裂不力表示不满，相继从刚果行动中撤军或者威胁撤军。赫鲁晓夫则在联合国把矛头直接对准哈马舍尔德本人，从而引发了一场严重的联合国危机。

一　九月事变与卢蒙巴政权倒台

9 月 5 日晚，总统卡萨武布突然在国家电台发表演讲，公开指责

① 参见［英］G. 巴勒克拉夫《国际事务概览（1959—1960 年）》，第 539 页。

总理卢蒙巴“挑起冲突，剥夺公民自由，陷国家于内战”，宣布罢免他的总理职务，同时被罢免职务的还有副总理基赞加以及姆万巴、格本耶、卡萨穆拉、波兰巴和伦巴拉5位部长。继而，他宣布解散刚果国民议会，任命原参议院议长约瑟夫·伊里奥（Joseph Ileo）为新总理、邦博科为外长、珍·巴利康戈（Jean Bolikango）为国防部部长、阿尔伯特·卡隆吉为内务部部长、纳卡伊为财政部部长。[①] 同时，他还命令刚果国民军放下武器，并号召联合国部队承担起维护刚果和平的责任。卡萨武布的演讲及其罢免卢蒙巴的行动无疑像“投了一颗炸弹”。[②] 从后续历史进程看，这场政变打断了苏联集团军事援助卢蒙巴政府以及刚果政府以武力解决地方分裂势力的进程，也从根本上扭转了刚果未来的发展形势。

卡萨武布电台演说之时，卢蒙巴正在指挥对加丹加作战。得知该消息后，他迅速赶往国家电台发表广播讲话，宣称只有刚果国民议会才有权解散他的政府。随后，他又相继发表了两场广播讲话，宣布罢免卡萨武布的总统职务，并斥责他是国家的叛徒。[③] 当晚11点，他还在总理府紧急召开了部长特别会议，以表决的方式通过了一项公报，声明卡萨武布的政变是比利时、法国帝国主义者及其收买的刚果人共同策划的阴谋，违背了刚果的《基本法》，属于叛国行为，因而总统自动丧失了《基本法》赋予他的权力。此外，这次会议还决定立即召开刚果国民议会，并在首都部分地区实行宵禁等。卡萨武布与卢蒙巴相互解除对方的职务引发了一场严重的宪法危机，使刚果的政局立即陷入混乱之中。

那么，卡萨武布为何对正与自己同舟共济的卢蒙巴率先发难呢？美国在其中起了怎样的作用？联合国在这场危机中是否有偏袒行为？等等。显然，弄清上述一系列问题是理解刚果危机及其发展趋势的关键所在。就其国内根源而言，卡萨武布做出上述举动并非偶然。早在刚果筹划独立阶段，他与卢蒙巴作为刚果两位最大政党的领导人就因

---

① 转引自［英］G. 巴勒克拉夫《国际事务概览（1959—1960年）》，第544页。

② Thomas Kanza, *Conflict in the Congo: The Rise and Fall of Lumumba*, Penguin Books, 1972, p. 286.

③ Lumumba, *Speech on Proclamation of Independence*, quote from Jean Van Lierde, ed., *Lumumba Speaks: The Speeches and Writings of Patrice Lumumba*, 1958 - 1961, pp. 353 - 357.

权力分配问题存在一些矛盾。卡萨武布所代表的部族因卢蒙巴没有给予足够的内阁职位而愤恨不平。这种矛盾随着国家独立后各权力机构的运行而显现出来。危机爆发后，卢蒙巴对分裂的加丹加政权采取了强硬的政策，企图通过武力解决其分裂，引起卡萨武布对自身政治地位的担忧以及对卢蒙巴趁机扩大势力的猜忌，因此双方联盟的破裂只是个时间问题。此外，刚果的宪法——《基本法》确立的是多党议会政治制度模式，但没有非常明确地界定总统、总理和议会三者之间的具体权限，也没能建立起中央对地方有效控制的机制。因而，各方在发生政治纷争时难免在宪法的解释上各执一词，进而引发政治上的混乱。

在联合国、美国以及苏联等多方参与的背景下，两人政治联盟的破裂必然无法摆脱外部势力的影响。历史学家杰比断言：卡萨武布的能力和声望要比卢蒙巴低得多，这次行动并非根据他自己的意志采取的行动。[①] 部分当事人及学界普遍接受这种观点，并认定卡萨武布、联合国与美国为首的西方国家在这场政变中进行了“共谋”。例如，卡罗尔·柯林斯（Carole Collins）认为刚接任秘书长临时代表的戈迪亚从背后支持卡萨武布，严重地破坏了联合国的“公正”。[②] 联合国驻加丹加代表康纳·奥-布莱恩相信戈迪亚故意帮助美国谋划了驱逐卢蒙巴，并可能是在哈马舍尔德的批准下做的。[③] 我国有学者认为正是联合国临时代表戈迪亚策动了这场反卢蒙巴政变。[④] 刚果问题专家豪斯肯斯断言：“联合国刚果行动高级官员几天前就知道卡萨武布想干什么，且他们大多数人热切地希望他能成功。”[⑤] 达亚尔在回忆录中指出，9月4日傍晚，卡萨武布的比利时顾问范·比尔森看望了戈迪亚，向联合国提出10点要求，包括逮捕卢蒙巴等人、协助关闭电

① David N. Gibbs, *The Political Economy of Third World Intervention: Mines, Money and U. S. Policy in Congo Crisis*, p. 94.

② Craole Collins, “The Cold War Comes to Africa: Cordier and the 1960 Congo Crisis”, *Journal of International Affairs*, Vol. 47, No. 1, 1993, p. 246.

③ O'Brien, *Murderous Angels*, pp. 198 - 201.

④ 参见刘绪贻主编《美国通史》第6卷，人民出版社2002年版，第201页。

⑤ Catherine Hoskyns, *The Congo since Independence (January 1960-December 1961)*, p. 201. 他们把这一信息传递给哈马舍尔德已经被布瑞安·乌尔哈特所证实，参见 Brian Urquhart, *Hammarskjöld*, pp. 440 - 441。

台与机场等。戈迪亚不怎么尊重卢蒙巴，像杜勒斯那样认为卢蒙巴像古巴的卡斯特罗一样危险。①

戈迪亚后来也证实，自己应卡萨武布的请求曾4次与之会晤，讨论未来解除卢蒙巴职务的问题，向他详细地解释了联合国部队在一场国家紧急状态中的作用及其限度。联合国秘书处的威斯乔夫也报告说，戈迪亚在事变后只是把卢蒙巴作为普通的公民看待，甚至避而不见。从近年来发现的戈迪亚与大学导师V. F. 施瓦姆（V. F. Schwalm，时任印第安纳州曼彻斯特大学学院教授）的私人信件中，也可以看出戈迪亚在9月初的刚果事变中发挥了关键性作用。他从一开始就把卢蒙巴视为一个“完全不负责任的家伙——如果不是一个疯子的话”，“野心勃勃、贪于权势，并让挡他道的人害怕”，甚至称“恩克鲁玛是非洲的墨索里尼，而卢蒙巴是他的小希特勒”。他认为，卢蒙巴正“在玩一种双边游戏，并因此向苏联在刚果的影响大开门户”，“解决这个问题的唯一真正的方法是领导权的转变”。当然，他也意识到解除卢蒙巴的职务并不容易，《联合国宪章》不允许联合国进行干涉内政的直接行动，不过他认为可以在国际氛围中造成一种形势，以影响其国内的政治压力。②

卡萨武布发动政变后，哈马舍尔德担心刚果再次发生暴力行为，立即授权戈迪亚：如果形势不允许与纽约总部沟通，可由自己灵活处理。戈迪亚则向卡萨武布承诺联合国部队为总统府与国家电台提供保护。9月5日事变发生后，联合国的行动也明显地表现出对卢蒙巴的偏见。③ 达亚尔提到，卢蒙巴在国家电台上有力地反击卡萨武布后，戈迪亚担心其电台讲话会激起民众采取引发内战的武装行动，更担心苏联飞机会把斯坦利维尔忠于卢蒙巴的部队运送到利奥波德维尔。在

---

① Carole Collins, “The Cold War Comes to Africa: Cordier and the 1960 Congo Crisis”, pp. 260 - 261.

② Letter to Schwalm, 15 September, 1960, p. 1; 18 August, 1960, p. 1; 18 August, 1960, p. 4; 15 September, 1960, p. 7; 15 September, 1960, p. 7; 15 September, 1960, p. 5. Quoted from Carole Collins, “Fatally Flawed Mediation: Codier and the Congo Crisis of 1960”, *Africa Today*, Vol. 39, 1992, pp. 5 - 22.

③ Brian Urquhart, *Hammarskjöld*, p. 441; Rajeshwar Dayal, *Mission for Hammarskjöld: The Congo Crisis*, pp. 32 - 33; Stephen Weissman, *American Foreign Policy in Congo (1960 - 1964)*, p. 92.

与廷伯莱克密谈后，戈迪亚授意联合国部队司令冯·霍恩于9月6日派兵控制了国家电台，驻守路路阿堡、斯坦利维尔、利奥波德维尔及其他城市的机场，还派兵保护卡萨武布在城外的宅院。这些所谓的中立行动表面上是控制刚果危机升级，实际目的却是巩固卡萨武布对首都地区及要地的控制，并让卢蒙巴安静地接受现状。此外，戈迪亚还向刚果国民军提供食物和军饷以确保他们不为卢蒙巴所用。①

联合国的行动使卢蒙巴无法使用国家电台动员支持他的民众，而卡萨武布却可以到刚果河对岸的布拉柴维尔，自由地使用那里的电台。联合国部队关闭各大要地的机场也只对卡萨武布有利，因为支持他的大部分军队驻扎在利奥波德维尔地区，而支持卢蒙巴的部队却远在斯坦利维尔和路路阿堡，要把他们尽快运送到首都必须使用运输机。毫无疑问，这些行动很可能对卢蒙巴造成了决定性的打击，不久“卡萨武布未遭到挑战的广播讲话充满了刚果的天空，而他的对手却默然无声”。② 9月7日，秘书长在与负责国际组织事务的助理国务卿帮办沃德洛夫·华尔纳（Woodruff Wallner）会谈时也坦率地承认，他正在刚果努力进行超越刚果宪法的行动，在不损及联合国与自己的前提下除掉卢蒙巴。③ 目前，尽管联合国参与该事件的具体细节尚需深入探讨，但其与卡萨武布共谋发动了这场政变是不容争辩的。

正因联合国在政变中所起的作用是明显的，人们通常会忽视美国的作用。魏斯曼的研究证实，“美国在解除卢蒙巴职务中发挥的作用是相当清楚的”。安德鲁·杜里（Andrew Tully）则具体指出，中情局曾提醒卡萨武布，解除卢蒙巴的职务及组建新政府是他责任范围内

---

① Stephen Weissman, *American Foreign Policy in Congo (1960 - 1964)*, pp. 91 - 92; O'Brien, Murderous Angesl, op. Cit. , pp. 198 - 199; Cordier letter to Schwalm, 15 September, 1960, p. 2; Letter to Schwalm, 15 September, 1960, p. 4. Quoted from Carole Collins, "Fatally Flawed Mediation: Cordier and the Congo Crisis of 1960", *Africa Today*, 1992, Vol. 39, pp. 5 - 22.

② Catherine Hoskyns, *The Congo since Independence (January 1960-December 1961)*, p. 223; Conor Cruise O'Brien, *To Katanga and Back*, p. 94; Ernest W. Lefever, *Uncertain Mandate: Politics of the U. N. Operation*, p. 48; Rajeshwar Dayal, *Mission for Hammarskjöld: The Congo Crisis*, p. 38.

③ Telegram from the Mission at the United Nations to the Department of State, September 7, 1960, *FRUS*, 1958 - 1960, Vol. XIV, p. 465.

的事情，而卡萨武布“对中情局人员俯首帖耳”。① 近年来解密的美国档案更是可以证实美国难辞其咎。中情局驻刚果情报站在 8 月 25 日给总部的电报中表示，早在国民军叛乱期间，有人就带着暗杀卢蒙巴的计划接触卡萨武布，但遭到了后者的拒绝，理由是自己不愿诉诸暴力且没人能取代卢蒙巴。在 30 日的电报中，情报站又间接地得知，卡萨武布认为“卢蒙巴太出格了，必须滚蛋”，已经同意支持在参议院通过合法的行动罢免卢蒙巴，并打算任命参议员西里尔·阿杜拉（Cyrille Adoula）为新政府总理。情报站还称已经准备了行动计划，包括议会行动，避免警察与军队干涉的计划，以及支持（名字未解密）接管政府的宣传活动。8 月 31 日，中情局总部命令情报站迅速行动，并为此授予情报站当机立断的权力。德夫林后来承认，总部授权他 10 万美元用于对卢蒙巴开展任何可能的行动，“如果需要华盛顿支持我们取代卢蒙巴的结论需要进一步证据的话，那笔钱就是了”。②

早在卢蒙巴的职务被解除前 10 天，美国部际秘密行动督管特别小组就讨论过从宪法上除掉卢蒙巴的方法。③ 廷伯莱克也曾在政变前与卡萨武布的比利时政治顾问秘密地商讨。9 月 1 日，两人明确表示“8 月麻烦”是由卢蒙巴个人造成的，“形势非常明确，共产党处于可以定调子的地位，而卢蒙巴则乐于听从”，要求卡萨武布对卢蒙巴采取行动。④ 9 月 3 日，赫脱要求哈马舍尔德尽快把机场置于联合国控制之下，以阻止苏联飞机为卢蒙巴运送部队与装备。⑤ 事变次日，廷伯莱克致电国务院，称“如果卢蒙巴被成功地推翻，相信大多数

---

① Stephen Weissman, *American Foreign Policy in Congo (1960 – 1964)*, pp. 90 – 92; Andrew Tully, *CIA: The Inside Story*, New York, 1962, p. 221.

② Larry Devlin, *Chief of Station, Congo: Fighting the Cold War in a Hot Zone*, p. 64. 在德夫林看来，这是总部对他的信任，因为那时情报站站长的权限不能超过 5 万美元，此前没有其他情报站站长曾被给予过这样的自由度。

③ CIA Cable Leopoldville to Director, August 24, 1960, in *The Church Committee Report*, p. 15; Andrew Tully, *CIA: The Inside Story*, p. 221; Special Minutes, August 25, 1960, *The Church Committee Report*, p. 50.

④ Leopoldville to the Department of State, the “August Troubles”, September 2, 1960, *Confidential U. S. State Department Central Files, Congo: 1960-January 1963*, reel 5.

⑤ Telegram from the Department of State to the Mission at the United Nations, September 5, 1960, *FRUS*, 1958 – 1960, Vol. XIV, pp. 456 – 457.

分裂主义的问题可以得到解决"，"如果不能找到阻止卢蒙巴的方法，他将尽一切努力压制地区性的抵抗，并将囚禁或者驱逐其他反对派"。为防止卢蒙巴东山再起，他建议联合国解散卢蒙巴用以强制人民的唯一工具——刚果国民军，认为"一旦人民确信他们能不用担心暴力而言论自由时，我相信他们很快会以合法的议会方式清除他。联合国呼吁放下武器的决定性行动将很快获得结果。我认为，几乎不用流血"。[①]

事实上，联合国在这场事变中也把美国视为可靠的伙伴。事变发生后，哈马舍尔德就此事通知洛奇，称这次行动根据刚果《基本法》是正确的。他指出，苏联需要一个加丹加问题和一个"坏小子"，联合国必须努力消除这些借口。[②] 戈迪亚则紧急建议美国派官员前往利奥波德维尔密切关注苏联人的动向，还提醒说所派官员职衔"不要太高，也不要太低"，以免引起世界舆论的注意。[③] 他显然对联合国调解卡萨武布与卢蒙巴之间的关系不感兴趣，因此当卢蒙巴周二上午要求拜访时，"他都不在"。他还反对刚果议会召开会议，并对卡萨武布表示失望，"让我震惊的是，在总统从电台回来后，他直接在午夜去睡觉了，并认为（我猜）他的工作已经做完了。在周二上午几个小时他应该进行非常必要的接触，但他都没有参加。另一方面，卢蒙巴……废寝忘食地工作……并在整体上击败了总统及其少数积极的支持者作出的努力"。在10月21日给施瓦姆的信中，戈迪亚这样评论联合国当时的困境：如果卢蒙巴掌权，我们不能与他合作，许多政府将反对他；如果卡萨武布成功地获得优势并建立起稳固的政府，我们就能与其合作，但是许多政府，包括共产党国家、加纳、几内亚、印度和其他国家将反对他。[④]

---

① Leopoldville to Secretary of State, No. 623, September 6, 1960, Confidential U. S. State Department Central Files, Congo: 1960-January 1963, reel 5.

② 主要是指650名比利时伞兵仍驻扎在基托纳军事基地，两艘比利时炮艇停泊在马塔迪港。

③ Telegram from the Mission at the United Nations to the Department of State, September 5, 1960, *FRUS*, 1958 –1960, Vol. XIV, pp. 457, 459

④ Letter to Schwalm, 15 September, 1960, p. 3; 21 Oct. 1960, p. 4. quoted from Carole Collins, "Fatally Flawed Mediation: Cordier and the Congo Crisis of 1960", *Africa Today*, Vol. 39, 1992, pp. 5 –22.

9月7日，卢蒙巴紧急召见廷伯莱克，强烈谴责卡萨武布的行动不合法，称这是比利时与法国的阴谋，联合国也难辞其咎。接着，刚果众议院召开会议，137名议员中有90人出席。卢蒙巴在会议上慷慨陈词："法国人、美国人、比利时人到刚果来，他们认为理所当然；而俄国人要来，他们就无法容忍了。我们的国家究竟还是不是一个主权国家？我们想保持中立，既不想执行美国人的政治路线，也不想学俄国人，我们就站在这里，站在中间。"最后，刚果众议院通过决议，宣布卡萨武布与卢蒙巴相互解除对方职务的行动均无效。次日，卢蒙巴召集参议院开会，通过了谴责卡萨武布政变的决议。同时，联合国部队关闭利奥波德维尔机场与国家电台并未使卢蒙巴彻底失去对刚果形势的掌控能力，其部队仍继续对加丹加和开赛发动攻势。① 联合国部队在关闭刚果主要机场后拒绝采取进一步的行动，驻守国家电台的部队也开始让卢蒙巴使用电台，甚至允许他进入国会大厦向内阁提出请求。苏联飞机还在使用其他机场向开赛地区运送其部队，后续的飞机则经开罗直飞刚果。同时，以苏联为首的国际社会严厉地谴责联合国部队关闭机场和电台。赫鲁晓夫则直接把矛头指向哈马舍尔德本人，谴责他滥用安理会授予他的权力，"没有做到一点公正无私"。② 在9月9日的声明中，苏联政府宣称秘书长已经成为"公开为殖民者利益工作的组织机制的组成部分"。③

联合国与美国很快意识到了这种有利于卢蒙巴的逆转趋势。

9月7日，哈马舍尔德忧虑地指出，自己承认并支持卡萨武布，但是卢蒙巴有可能赢得这场斗争，最终可能会要求联合国部队撤出刚果。为避免出现这种状况，他强调了尽快撤走比利时部队的重要性，认为他们没有完全撤离刚果严重地削弱了联合国在应对苏联干涉中的

① Telegram from the Mission at the United Nations to the Department of State, September 7, 1960; Telegram from the Mission at the United Nations to the Department of State, September 9, 1960, *FRUS*, 1958－1960, Vol. XIV, pp. 463－464.

② Zorin statement, 14 September 1960, SCOR, 15th year, 901st meeting, quoted from Lise A. Namikas, *Battleground Africa: The Cold War and the Congo Crisis, 1960－1965*, p. 199.

③ Sergei Mazov, "Soviet Aid to the Gizenga Government in the Former Belgian Congo (1960－61) as Reflected in Russian Archives", *Cold War History*, Vol. 7, No. 3, August 2007, pp. 425－437.

地位。美国官员尽管抱怨联合国仅“在反对卢蒙巴上走了一半”，但也不得不承认卢蒙巴影响人民的能力远比卡萨武布大得多。杜勒斯甚至无奈地哀叹：“卢蒙巴似乎在每一场这种斗争中都会成功。”廷伯莱克也承认通过刚果议会反对卢蒙巴是不可能的，甚至沮丧地预言，除非秘书长在法律和秩序方面取得很大进展，否则卢蒙巴定将东山再起。①

为避免形势变得更糟，美国政府开始积极地敦促联合国采取措施。在9月7日的一份急电中，廷伯莱克请求秘书长命令戈迪亚为邦博科、其他政府及国会议员提供保护。收到这份电报后，哈马舍尔德立即授权戈迪亚照做。为阻止卢蒙巴获得苏联的军事援助，美国要求安理会通过决议，命令刚果行动部队保证刚果免受外部的干涉。此后，美国政府还多次督促联合国采取反对卢蒙巴的行动，且一再强调“不应在反对卢蒙巴问题上半途而废”。与此同时，美国决策层不得不承认在刚果问题上必须依靠联合国。在9日的国务院—参谋长联席会议上，利文斯顿·默尔钱特对哈马舍尔德的表现赞赏有加，称“必须给秘书长满分”，必须依靠他确保联合国部队的忠诚。他还特别指出，美国能对苏联施加的唯一压力就是通过他保持非洲成员国的支持。参谋长联席会议也认为，美国必须尽可能坚定地支持秘书长。然而，哈马舍尔德似乎并不准备命令联合国部队阻止苏联援助卢蒙巴的行动，而是指出当时刚果境内尚有650名比利时伞兵，比利时的“谎言”已经严重地削弱了自己的地位。②

正如默尔钱特所说，刚果不止有苏联一个问题，还有比利时的问题。比利时外交大臣维尼指出，如果刚果依然混乱，保持其亲西方倾向只能靠加丹加。他还警告说，苏联及其盟国正在进入刚果，西方在

① Telegram from the Mission at the United Nations to the Department of State, September 9, 1960; Telegram from the Mission at the United Nations to the Department of State, September 7, 1960; Memorandum of Discussion at the 458th Meeting of the National Security Council, September 7, 1960, *FRUS*, 1958 – 1960, Vol. XIV, pp. 464 – 467, 461.

② Memorandum of Discussion at the 458th Meeting of the National Security Council, September 7, 1960; Telegram from the Mission at the United Nations to the Department of State, September 7, 1960; Memorandum on the Substance of Discussion at the Department of State-Joint Chiefs Staff Meeting, September 9, 1960, *FRUS*, 1958 – 1960, Vol. XIV, pp. 462, 464, 468 – 470, 466.

非洲的心脏地区将损失惨重。美国政府试图修复与比利时的传统友好关系，也强调联合国行动不应削弱冲伯或加丹加的地位，或为卢蒙巴进军加丹加提供便利。[①] 与此同时，美国政府又不得不作最坏打算，这可以从萨特斯维特在9月9日致哈里的一份备忘录中看出来。该文件提出了美国在联合国行动失败后可供选择的行动方案：一是维持联合国对刚果的经济与技术援助；二是鼓励非洲国家提供国际援助；三是向刚果提供双边援助；四是援助刚果几个单独的省（尤其是加丹加），支持一种联邦制的解决方案。该文件认为，上述选择事实上都很不利，相比之下第一种选择尚可考虑，而第四种选择最没有吸引力[②]，而这也反映了美国仍寄希望于联合国，对单边介入刚果依然忌讳，迫不得已不会为之。

然而，卢蒙巴此时依然是美国在刚果目标的主要障碍。9月10日，国务院指示洛奇向哈马舍尔德申明，美国在解决卢蒙巴问题上继续支持他，并相信卡萨武布的行动是合乎宪法的；为保证伊里奥内阁得到议会的批准，秘书长应该指示联合国部队保护卡萨武布、伊里奥、伯利康戈等人，并解除利奥波德维尔的警察与国民军武装（政变前大部分由卢蒙巴控制）。国务院还建议联合国部队接管刚果议会大厦的安全任务，为即将召开的国民代表大会提供安全保护。如果秘书长接受这些建议，美国政府承诺将对卡萨武布及其他非洲领导人施加一切可能的影响，并为联合国部队驻留刚果提供支持。为进一步增强对联合国的影响，美国政府宣布向刚果行动提供大约4000万美元的捐助（国会规定美国捐助不超过总数的40%）用于阻止苏联渗透等重要目标。事实表明，联合国接下来的行动与美国的上述建议与目标是一致的。10日，联合国部队解除了驻利奥波德维尔的3000名刚果国民军的武装，还向他们发放了危机爆发两个月以来拖欠的薪饷，

---

① Telegram from the Department of State to the Mission at the North Atlantic Treaty Orgnaization, September 9, 1960, *FRUS*, 1958 - 1960, Vol. XIV, pp. 473 - 474.

② Memorandun from Satterthwaite to Hare, "Contingency Planning for Breakdown of UN Effort in the Congo", *Confidential U. S. State Department Central Files*, *Congo*: *1960-January 1963*, reel 5.

并要求刚果全境停火。[①]

二 蒙博托政变与专员委员会的建立

卡萨武布与卢蒙巴互相解除对方的职务后，前者迅速失去主动权，而后者却显示出他控制议会的强大能力。这让美国政府决定彻底推翻卢蒙巴，并另寻取而代之的政治强人。这段时期，中情局驻刚果情报站相继招募到几位重要的刚果领导人，组成后来所谓的“宾扎集团”（Binza group）[②]，其成员主要包括戴米安·坎多洛克（Damien Kandolok）、参议员阿杜拉、外长邦博科、参谋长蒙博托和财政专员阿尔伯特·恩戴尔（Albert Ndele）等。[③] 他们与美国代表团，尤其是中情局驻刚果情报站的关系密切。然而，德夫林认为这些人毫无经验且不值得信任，不得不经常向他们提供政治建议。[④] 事实证明，贿赂“宾扎集团”数百万美元使美国对刚果政局产生了极大的影响。

正当卡萨武布与卢蒙巴争执不下时，经过本土化改造的国民军迅速成为政治舞台上的一支重要力量，其参谋长约瑟夫·蒙博托也就成为举足轻重的人物。9 月 14 日晚，蒙博托在国家电台发表广播讲话，宣布国民军决定自即日起“中立”国家元首、政府和议会至当年 12 月 31 日。在此期间，国家事务将交由一批“专家”组成的委员会治理。他要求卡萨武布和卢蒙巴不得擅离自己的住所，并派兵封锁了总统府和总理府。此外，他还宣布了一项与联合国合作的政策，要求苏联、捷克和中国（大陆）外交使团与技术人员在 48 小时内离境，并将共产党国家的大使馆置于军队的监管之下。当日晚些时候，德夫林出席了蒙博托召开的新闻发布会。他按捺不住激动的心情，在回忆录中承认，“这是一个令人兴奋的时刻。我们努力除掉卢蒙巴并阻止苏联控制刚果的努力终于有了结果。我相信并继续相信，这次政变是生

---

① Telegram from the Mission at the United Nations to the Department of State, September 10, 1960; Telegram form the Mission at United Nations to the Department of State, No. 627, September 9; Paper Prepared by the President Assistant Staff Secretary (Esenhower), September 13, 1960, *FRUS*, 1958 - 1960, Vol. XIV, pp. 475 - 476, 105 - 106, 484.

② 因他们主要住在利奥波德维尔的一个郊区而得名。

③ *The Congo Crisis, 1960 - 1961: A Critical Oral History*, p. 125.

④ Stephen Weissman, *American Foreign Policy in Congo (1960 - 1964)*, p. 108.

死攸关的……我们急于让蒙博托和年轻的技术官僚组建一个可行的政府，因为它能确保我们的政策成功”。[①]

事实表明，蒙博托的政变从根本上逆转了卡萨武布与卢蒙巴之间政治较量的发展趋势，也改变了美国政府的决策环境，此后“在刚果，不再是一个操纵好战的政治家除掉了一个不友好的政府的问题。而是通过一个稳定的与有效的亲西方政权去建立一种持久影响的问题”。[②] 那么，蒙博托的这次军事政变缘何而起？美国究竟在其中发挥了什么作用呢？目前的文献资料表明，美国正是蒙博托政变的主要推动者，尤其是中情局发挥了关键性的作用。美国政府尽管对卡萨武布和伊里奥的消极被动非常失望，但是为了推翻卢蒙巴，必须保证他们能够成功，无论他们多么不合法或者多么无能。[③]

卡萨武布政变后，美国政府从各方面对其进行支持。例如，中情局总部致电德夫林，要求他立即会见卡萨武布，“以最强硬的话”建议他在10日上午安理会会议前致电秘书长，申明自己是国家的首脑，罢免卢蒙巴是根据合法程序进行的，并请求联合国保护刚果政治领导人，阻止任何单边干涉。然而，上述行动似乎成效不大。德夫林沮丧地哀叹：“在刚果试图完成一些事情就像试图用熟透的香蕉锤钉子一样。”廷伯莱克也抱怨“卡萨武布每天的行动更像一棵白菜，软弱无力。尽管我们向卡萨武布、伊里奥提出过大量的建设性建议，然而他们似乎在形势实际掌握在自己手中时不能进行任何行动”。他虽然努力撮合冲伯、卡萨武布和其他亲西方刚果人之间的合作，但似乎“反对派无论多么坚定地联合起来，总还是有危险，卢蒙巴的演讲加上威胁可将之转变为他自己的胜利”。[④] 总而言之，他认为伊里奥是一位“拙劣的行政领导”和“无用之人”，迫切需要找到一位新的替

---

① Larry Devlin, *Chief of Station, Congo: Fighting the Cold War in a Hot Zone*, p. 86.

② Stephen Weissman, *American Foreign Policy in Congo (1960 – 1964)*, p. 100.

③ *The Congo Crisis, 1960 – 1961: A Critical Oral History*, p. 125.

④ Telegram from the Central Intelligence Agency to the Station in the Congo, September 9, 1960; Larry Devlin, *Chief of Station, Congo: Fighting the Cold War in a Hot Zone*, p. 84; Leopoldville to the Secretary of State, September 13, 1960. Quoted from Madeleine G. Kalb, *The Congo Cables: The Cold War in Africa——From Eisenhower to Kennedy*, p. 87; Leotel 980, *Analytical Chronology*, p. 45.

代者。

起初，国务院、大使馆和中情局并不十分看好蒙博托。然而，随着刚果形势的急剧发展，他的地位迅速地凸显出来。早在刚果独立前，德夫林就在美国驻比利时大使馆结识了蒙博托。作为首任刚果情报站站长，德夫林到任后首先积极地在刚果建立情报与行动代理人的网络，使之成为一个“实际上的大使馆和小型战争部”。蒙博托因控制着军权自然受到中情局的重视。此时，蒙博托对卢蒙巴反复无常地调动国民军也心生不满。他与邦博科、恩达卡等人很快成为美国大使馆的常客。前中情局官员维克多·马彻迪（Victor Marchetti）也证实了中情局曾帮助蒙博托上台的事实。达亚尔则断言：“正是中情局通过利奥波德维尔大使馆向蒙博托提供资金”，让他的部队成为“非洲最富裕的士兵”。这些士兵可能不超过几百人，却构成了刚果国民军中能真正发挥作用的部队。①

在此基础上，蒙博托就可以在刚果政治中发挥决定性的作用。9月10日，戈迪亚授权给予蒙博托100万美元（由美国提供）用于支付国民军的军饷，“同意蒙博托分享这笔钱，希望这有助于逐步建立起他的权威，并增强他对自己人马的控制能力”。② 就在政变之前，蒙博托就“中立”总统卡萨武布与总理卢蒙巴之事曾会见德夫林，坦言若得不到美国的支持，他只能支持卢蒙巴。德夫林当即向他保证，“美国政府会承认一个由文官专家组成的临时政府”。随后，蒙博托表示“政变将会在一周内发生”，前提是需要5000美元给他的高级军官，用于政变失败后抚恤他们的家人。德夫林则当即答应次日给他这笔钱。然后，蒙博托向他透露了具体的政变计划：首先控制电台，继而组建一个新的政府，然后驱逐苏联、捷克大使馆和共产党中国代表团。这样，当消极的卡萨武布无法与卢蒙巴相抗衡时，中情局

① *Times*, September 26, 1960; Larry Devlin, *Chief of Station, Congo: Fighting the Cold War in a Hot Zone*, p. 142; Andrew Tully, *CIA: The Inside Story*, New York, 1962, p. 220; Rajeshwar Dayal, *Mission for Hammarskjöld: The Congo Crisis*, p. 66; Crawford Young, *Politics in the Congo: Decolonization and Independence*, Princeton University Press, 1965, p. 134.

② Catherine Hoskyns, *The Congo since Independence (January 1960-December 1961)*, pp. 29, 77, 90, 125, 102, 211-213, 222.

已经有了“以卡萨武布名义管事的人”。[1]

得知蒙博托政变的消息后，艾森豪威尔在9月15日的国家安全委员会第459次会议上满意地指出，“第三支力量已经在刚果出现”。杜勒斯则进一步宣称，第三支甚至第四支力量可能已经在那里发展。廷伯莱克也对刚果的未来充满了期待，指出刚果行动的第一步因联合国部队的介入及比利时部队撤至刚果基地而宣告结束，接下来要进行的第二步行动是在刚果重建“某种类型的政府”，为此必须首先采取措施制止形势进一步恶化。[2] 蒙博托随后的行动也没让美国官员失望。16日，他命令国民军进驻议会大厦，将议员全部赶出。次日，他下令停止对加丹加的军事行动，并把驻巴克旺加的国民军撤回到进攻南开赛前的位置，任由比利时军官指挥的“开赛矿业共和国”宪兵队卷土重来，卡隆吉恢复在该地区的统治。蒙博托还直接派兵监视共产党国家的使领馆，并在17日把他们“不礼貌地”驱逐出境，此后苏联在刚果的影响大为减弱。[3] 两天后，蒙博托亲自挑选了12名刚毕业的刚果大学生，组成了以邦博科为主席的“专员委员会”，正式接管政府的日常行政工作。

蒙博托政变后，卢蒙巴及其家人、几位贴身工作人员被软禁在总理府。新任秘书长特使达亚尔（9月8日抵达刚果）为保护他的人身安全，特地派了联合国卫队在总理府围墙内的花园里筑起一道防线。蒙博托则派刚果国民军在围墙外修筑工事，设立岗哨，盘查一切进出的人员与车辆，防止卢蒙巴违反禁令外出。此时，卢蒙巴的支持者仍有相当大的力量。就在蒙博托的“专员委员会”成立后不久，坚决拥护卢蒙巴的基赞加、伦杜拉等人在东方省首府斯坦利维尔宣布成立新的中央政府，并得到苏联、中国等社会主义国家以及加纳、几内亚、马里等非洲国家的承认。从1960年11月起，基赞加不断地向莫

---

① Larry Devlin, *Chief of Station, Congo: Fighting the Cold War in a Hot Zone*, pp. 78 - 81; Andrew Tully, *CIA: The Inside Story*, New York, 1962, pp. 220, 222.

② Editorial Note: Telegram from the Embassy in the Congo to the Department of State, September 16, 1960, *FRUS*, 1958 - 1960, Vol. XIV, pp. 489, 491.

③ 参见［英］G. 巴勒克拉夫《国际事务概览（1959—1960年）》，第545页。大约450名苏联人员离开刚果，取道前往阿克拉、开罗和科纳克里。苏联新闻记者也于9月底离开刚果。参见 Rajeshwar Dayal, *Mission for Hammarskjöld: The Congo Crisis*, pp. 75 - 76, 66.

斯科请求武器、军火，甚至苏联的单边军事干涉。[①] 这样，刚果国内出现了多个政权共存的分裂状态。

艾森豪威尔政府并没有立即承认蒙博托的刚果“专员委员会”，而是强调总统卡萨武布是任命总理及新政府成员的唯一合法人，而这意味着必须让蒙博托也承认他是国家元首，并由其任命邦博科及其“专员委员会”组成的新政府。然而，美国政府的上述建议让蒙博托疑惑不解。政变两天后，蒙博托就极力邀请德夫林到他在军营的家里会谈。尽管后者为着两人的安全考虑，不想在此时见他，但又无法忽视这个请求，因为“他那时就是政府，我们非洲政策的成功依赖于他”。当然，他也清楚，蒙博托“从来就不是一个美国代理人。他是一个合作者，而不是人尽可夫的娼妓”。

德夫林在自己的回忆录中生动地描述了这次对话的主要内容：

蒙博托：“为什么要我解除对卡萨武布的中立？”（他在桌前踱来踱去，像一个生气的、执拗的男孩，似乎比以前更瘦了。）

“出尔反尔让我看起来像个白痴。为什么？只是为了让一些美国官员开心？”

“这是一件刚果的事情，一个刚果的决定。它必须由我们，而不是由美国国务院决定。”

德夫林：“你有一个合法性的问题，只有卡萨武布能解决那个问题。”

“但是，在这一阶段，我认为遵奉宪法比试图制定新的规则更明智。”[②]

美国政府甚至十分在乎细节问题，例如无法忍受蒙博托所组建的专员委员会用“commissaries”一词，因为听起来“太俄罗斯化”。为此，国务院多次指示德夫林劝蒙博托将之换成其他词语。蒙博托表示可以考虑，最终只是把 commissaries 换成 commissioners。[③]

蒙博托虽然对上述建议有所不满，最终还是不得不接受了，随后开始与卡萨武布建立政治联盟。美国政府要求他逮捕卢蒙巴，建议首

---

① *The Congo Crisis*, *1960 - 1961*: A Critical Oral History, p. 145.

② Larry Devlin, *Chief of Station*, *Congo*: *Fighting the Cold War in a Hot Zone*, pp. 87 - 88.

③ 德夫林宣称：“我一定是接到了40封电报，指示去做这件事情！” *The Congo Crisis*, *1960 - 1961*: *A Critical Oral History*, p. 168。

先取得合法的逮捕证。10 月 9 日，蒙博托命令国民军包围卢蒙巴的住所，次日卡萨武布颁发了逮捕令。然而，新任秘书长特使达亚尔断然拒绝了蒙博托的逮捕令，后者则试图以武力强行进入总理府，局势一度紧张得令人窒息。[①] 11 日，邦博科被迫征求廷伯莱克的意见。后者以美国仍需要联合国解决刚果问题为由，警告邦博科说，动用武力逮捕卢蒙巴将是“最严重的失策”，会极大地影响其他国家对刚果的态度。[②] 德夫林也为此与蒙博托进行了长达几个小时的会谈，以确保他能意识到问题的严重性。与此同时，达亚尔准备在刚果政治事务中发挥积极的作用，以重新树立联合国的威望。为此，他努力召集刚果议会，希望卡萨武布与卢蒙巴能达成和解。事实上，达亚尔在任 6 个月期间表现出强烈的反美倾向，成为美国的“一根刺”。在美国官员看来，此人的看法“似乎总是建立在他的偏见之上”，而秘书长似乎完全听从他的建议。[③]

政变后大约两周内，蒙博托表面上在卡萨武布与卢蒙巴之间还能坚守“中立”。随着国内外压力急剧增大，他开始变得摇摆不定。在联合国大会召开期间，刚果民众群起反对蒙博托，支持卢蒙巴。9 月 20 日，利奥波德维尔省省长卡米塔图公开谴责蒙博托的暴行。还有人开始密谋发动政变，甚至试图暗杀他和卡萨武布。滞留于刚果的比利时人也对蒙博托的游移不定表示担忧，经常自发地对他、卡萨武布和某些专员施加影响。廷伯莱克注意到蒙博托此时已经处于极度的紧张状态，甚至“不得不强迫自己不停地吃喝，并谈论政敌对他不断增加的谋杀企图”。他认为，尽管蒙博托表示 90% 的军队听命于自己，但他给人的印象是一个说大话壮胆子的人。美联社也哀叹说：“这个亲西方集团（指蒙博托及其建立的政府）正在迅速分崩瓦解。”[④] 在这种形势

① Larry Devlin, *Chief of Station, Congo: Fighting the Cold War in a Hot Zone*, p. 107.

② Telegram from the Embassy in the Congo to the Department of State, October 11, 1960, *FRUS*, 1958 - 1960, Vol. XI, pp. 519 - 520.

③ Larry Devlin, *Chief of Station, Congo: Fighting the Cold War in a Hot Zone*, pp. 108, 103, 106.

④ Catherine Hoskyns, *The Congo since Independence (January 1960-December 1961)*, p. 215; Telegram form Brussels to the Secretary of State, No. 722, September 28, 1960; *Confidential U. S. State Department Central Files, Congo: 1960-January 1963*, reel 5; 《人民日报》1960 年 10 月 24 日第 6 版。

下，蒙博托很可能会迫于国内外的压力，接受卢蒙巴重新掌权。①

美国决策者虽然无法确信蒙博托就是可靠的人选，但是廷伯莱克仍希望尽可能支持他反对卢蒙巴，因为“只有时间才能表明蒙博托是否具有应对当前形势挑战必需的活力、道德勇气和政治机智”。杜勒斯也认为蒙博托是刚果政治中唯一的“强人”，无论他事实上是多么虚弱，至少当前他有利于美国。他在9月21日国家安全委员会会议上再次强调，蒙博托当前仍是一支有效的力量。至9月底，卡萨武布在美国的压力下同意支持蒙博托，而国家安全委员会不得不承认，在达亚尔为卢蒙巴提供人身保护以及埃及、加纳、几内亚和摩洛哥的支持下，确立他与卡萨武布的政治地位极为困难。② 当时有官员慨叹：“达亚尔是出现在错误的时间、错误的职位的一个错误的人。”③

三 “三驾马车”方案与联合国危机

鉴于9月初以来刚果政治局势的急剧恶化，南斯拉夫驻联合国代表认为，这种形势很可能危及世界和平与安全，建议安理会召开会议，并指责联合国部队的行为助长了刚果的分裂。卢蒙巴则致电联合国，请求安理会在利奥波德维尔召开关于刚果问题的会议，并宣称代表们将因之改变对刚果问题的立场。他的这一要求得到苏联与波兰的响应，苏联代表还为此援引了《联合国宪章》中的相关条款。在西方国家的坚决反对下，该提案以6票反对、3票赞成和2票弃权遭到了否决。

在12日继续讨论刚果问题时，安理会会场内出现了两个刚果代表团，即康扎率领的卢蒙巴政府代表团和邦博科率领的卡萨武布代表团。两个代表团都宣称自己才是刚果的真正代表，都要求享有联合国

---

① Telegram from the Embassy in the Congo to the Department of State, September 29, 1960, *FRUS*, 1958 - 1960, Vol. XIV, pp. 503 - 506. 杜勒斯也开始对能否保证蒙博托的忠诚表示怀疑。参见 Editorial notes, 459th NSC Meeting, September 15, 1960; 460th NSC Meeting, September 21, 1960, *FRUS*, 1958 - 1960, Vol. XIV, pp. 489 - 490, 496 - 497。

② Telegram from the Embassy in the Congo to the Department of State, September 29, 1960; Editorial note Regarding the 462 th NSC Meeting, October 6, 1960; Editorial Note, *FRUS*, 1958 - 1960, Vol. XIV, pp. 511, 516, 509.

③ Larry Devlin, *Chief of Station, Congo: Fighting the Cold War in a Hot Zone*, p. 149.

的合法席位。安理会不得不首先讨论刚果合法代表权的问题，结果发生严重的分歧，被迫休会。两天后，安理会重新讨论该问题，苏联与波兰代表坚持刚果的合法代表是康扎，称他一直是刚果政府派驻联合国代表，而卡萨武布的政变既未得到人民的认可，也未得到国际社会的承认，无权向联合国派驻代表团。美国代表则强烈建议安理会把邦博科代表团作为合法代表。为此，国务院指示华兹沃斯与秘书长及联合国大会主席斯林紧急磋商，要求把邦博科作为合法代表，而把康扎作为个人代表。国务院还特别强调，为了不让哈马舍尔德和斯林过分尴尬，“下一步可选择的替代做法将是两者都不听取”，因为“若不听取任何一方，可能不会损失太多”。① 哈马舍尔德虽然认为“卢蒙巴政府是非法的和不存在的，卡萨武布有权解散内阁”，但还是建议两个刚果代表团不要把发生在刚果的争吵带到纽约来。最终，安理会因无法就刚果代表权问题达成一致，决定让其代表席位暂时空缺，直至该国元首得到承认。实际上，这样的结果意味着联合国已经不再承认卢蒙巴政府为合法政府了。②

当安理会于 17 日再次召开时，蒙博托政变的消息已经传到了联合国。苏联代表对西方国家和哈马舍尔德的抨击更加激烈，强烈要求撤换刚果行动的全部领导人，并提出对秘书长在刚果问题上的权限进行严格限制。以突尼斯和斯里兰卡为首的中立国家既不主张削弱联合国在刚果的地位，也不赞成苏联集团对哈马舍尔德的人身攻击。次日，两国代表联合提出议案，重申联合国应该继续行动，禁止所有国家采取可能会阻碍刚果法律与秩序恢复或者损害其领土完整与政治独立的行动，并强调外部国家不应该向刚果提供单边的军事援助。③ 美国代表对此表示赞同，而苏联代表坚持秘书长和联合国立刻停止对刚果内部事务的所有干涉，并就从刚果所有机场和电台撤出部队的议案进行表决，结果以 7∶2 被否决。接着，苏联对突尼斯和斯里兰卡的提案报复性地行使了否决权。④ 这是苏联政府在刚果问题上首次行使否

① Telegram from the Department of State to the Mission at the United Nations, September 12, 1960, *FRUS*, 1958 – 1960, Vol. XIV, pp. 479 – 481.

② 参见李智彪《刚果民主共和国》，第 62—63 页。

③ U. N. doc. S/4523. Quoted from Editorial Note, *FRUS*, 1958 – 1960, Vol. XIV, p. 492.

④ Editorial Note, *FRUS*, 1958 – 1960, Vol. XIV, p. 492.

决权，使之与中立国家进一步疏远，而美国与西方国家则趁机把刚果问题提交即将召开的联合国大会。

9月20日上午，联合国年度例行大会召开，出席者包括10位国家元首和13位内阁总理。苏联代表首先提议把讨论刚果问题的特别会议推迟到接纳新会员国表决后举行。由于美国反对，苏联的提议遭到否决。在随后的辩论中，华兹沃斯指责苏联破坏安理会的正常工作，而佐林则重申了对秘书长哈马舍尔德的指责。会议期间，东西方集团在第三世界国家（特别是亚洲和拉美国家）中进行了积极斡旋，争取它们支持自己的立场。最终，一大批原本同情卢蒙巴的国家在西方国家的强大压力下，在投票的最后一刻改变了立场，转而支持突尼斯和斯里兰卡的提案。总体来看，这次紧急会议的胜利既不属于美国，也不属于苏联，而是属于亚非集团的中小国家。最终，两国的提案以70∶0，11票缺席（苏联、法国和南非联邦等）获得通过，成为联合国历史上有名的第1471（ES-IV）号决议。

在9月22日的联合国大会讲话中，艾森豪威尔总统首先对秘书长赞赏有加，宣称他“已经赢得了每个热爱和平国家的支持”，继而提醒说，“刚果人民有权在和平和自由中建立他们的国家。其他国家对他们内部事务的干涉将剥夺他们的那种权利，并在非洲中心地区造成一个冲突的焦点。因而，刚果出现的问题很可能会在非洲其他地方出现。这个问题的解决与否将决定联合国是否具备保护非洲的新国家，以及保护其他国家免受外部压力的能力。”为此，他提出了一项由五部分构成的非洲计划，即“不干涉非洲国家的内部事务；帮助确保它们的安全，不进行浪费的与危险的军备竞赛；对刚果紧急援助；为非洲长期的发展计划提供援助；联合国提供教育援助”。为此，他承诺向联合国提供大量援助。[①] 在次日大会演说中，赫鲁晓夫则首先从美国的U-2侦察机和RB-47飞机事件谈起，并把刚果形势与1956年苏伊士运河危机进行了比较，宣称刚果阴谋的根基是垄断资本家害怕失去刚果的核武器原料，这个阴谋的线从布鲁塞尔一直

① *American Foreign Policy*：*Current Documents*，1960，pp. 60-70. 两天后，赫脱宣布给予联合国刚果行动500万美元的捐赠。参见 *New York Times*，September 24，1960。

通到北约组织其他大国的首都。[1] 继而，他强烈谴责哈马舍尔德在刚果没有采取公正的立场，建议解除他的秘书长职位，代之以三人执行机构（即“三驾马车”，代表西方国家、社会主义国家和中立国家），并提议联合国把纽约的总部迁到瑞士或奥地利，甚至也可以设在苏联，只有这样才能“保证所有国家的利益”，不再重复刚果的经历。[2]

“三驾马车”方案表明联合国内部危机已经到了白热化的程度。赫鲁晓夫的提议立即遭到了美、英等国家的强烈反对。赫脱宣称赫鲁晓夫是在向联合国公开宣战。[3] 恩克鲁玛、塞古·杜尔、纳赛尔和苏加诺等亚非国家领导人虽然也批评西方的刚果政策，但并不支持赫鲁晓夫的建议，而是努力为刚果国内政治和解奔走。在洛奇看来，这些国家的最大目标是“恢复卢蒙巴被解职之前的状况；若不成功，至少要他成为部长之一”，放任这些国家继续下去将造成“更大的伤害”，有必要让它们清楚美国的想法，以减轻他们造成的压力。在 9 月 23 日复电中，国务院同意洛奇的看法，并要求他向几内亚、加纳和埃及阐明美国对卢蒙巴的态度，同时向秘书长表明美国支持邦博科是刚果在联合国的唯一合法代表。次日，国务院再次指示洛奇会晤加纳、几内亚和埃及代表团，反对他们支持卢蒙巴。[4]

与此同时，国务院指示廷伯莱克劝卡萨武布与蒙博托建立合法政府。9 月 26 日，廷伯莱克拜会卡萨武布，重申他“在反对卢蒙巴的斗争中并不孤独”，美国政府一贯支持他作为国家首脑的地位，甚至表示“我的人和我完全听命于你们”。他还警告说，卢蒙巴是一支对刚果“有害的邪恶势力”，与其达成谅解没有任何好处。卡萨武布和

---

① 参见《人民日报》1960 年 9 月 26 日第 5 版。

② 《赫鲁晓夫回忆录》，第 467—486 页。赫鲁晓夫的提法让苏联人自己也感觉不可思议，“这是一种没有希望的、不切实际的想法”，“从常识来看，他的这些想法也是奇怪、不可理解的”。参见［美］威廉·陶伯曼《赫鲁晓夫全传》，王跃进译，中国社会科学出版社 2009 年版，第 488 页。

③ *New York Times*, September 25, 1960.

④ Telegram from the Embassy in the Congo to the Department of State, September 22, 1960; Telegram from the Department of State to the Mission at the United Nations, September 23, 1960; Telegram from the Embassy in the Congo to the Department of State, September 26, 1960, *FRUS*, 1958 - 1960, Vol. XI, pp. 501 - 503.

伊里奥对美国的支持十分感激，似乎“也急于追随我们的建议”。[①] 29 日，卡萨武布宣布专员委员会正式办公，并颁布了具有宪法效力的法令，规定国民议会两院休会，立法权转由专员委员会以法令的形式施行。然而，由于蒙博托控制的军队数量有限，专员委员会当时的辖区仅限于首都利奥波德维尔、下刚果省和赤道省等少数地区，其他省区均不承认该机构是合法政府。

美国政府的上述立场与行动深得比利时的支持。在 9 月 26 日的讨论中，外交大臣维尼宣称，主要问题曾经是且至今仍是卢蒙巴，蔑称此人是一个愚蠢的和完全非理性的家伙，强调刚果必须要有理性的人（即卡萨武布、伊里奥、蒙博托和邦博科）在“桌子的另一边”，并呼吁秘书长和西方国家坚定地支持那些反对卢蒙巴的人。至于加丹加，他认为在新的刚果建立前，那里必须保持自由，否则“如果加丹加让步了，而卢蒙巴留下了，整个刚果就完蛋了”。赫脱同意维尼的上述看法，重申卢蒙巴非常危险，必须清除出政府。与此同时，美国政府还授意驻伊丽莎白维尔领事卡纳普接触冲伯。9 月 29 日，卡纳普在会谈中建议冲伯访问非洲国家以赢得支持，最好从那些最有可能欢迎他的国家开始，并认为这可能比派加丹加的外长埃瓦利斯特·基姆巴（Evariste Kimba）到纽约和华盛顿更有利。冲伯虽不反对这样的访问，但似乎并不热心，甚至批评美国不懂得非洲政治。在他看来，美国在真诚而公平的游戏中犯了错误，结果在与非洲独立国家的政治交易中不会成功。[②]

第二节 隐蔽行动的开展

卡萨武布与蒙博托相继发动针对卢蒙巴的政变后，刚果的形势似乎仍对美国为首的西方阵营十分不利。就西方的政治传统而言，能在刚果建立起亲西方的议会制联邦政府自然是艾森豪威尔政府政策的首

---

① Telegram from the Embassy in the Congo to the Department of State, September 26, 1960, *FRUS*, 1958 – 1960, Vol. XI, pp. 503 – 504.

② Telegram from the Mission at the United Nations to the Department of State, September 27, 1960; Telegram from the Consulate at Elisabethville to the Department of State, September 29, 1960, *FRUS*, 1958 – 1960, Vol. XI, pp. 508, 514.

选。然而，刚果脆弱且复杂的政治形势决定了完成这个目标相当艰巨，包括总统在内的决策层都意识到了卢蒙巴借机东山再起的紧迫性与危险性。正如威廉姆·J. 多尔蒂所言：隐蔽行动是“艾森豪威尔总统冷战战略的一个核心要素”。在美国政府陷入进退维谷境地之时，中情局的隐蔽行动（包括政治上的策反、肉体上的暗杀等）也就顺理成章地成为艾森豪威尔政府对付敌人的不二之选。然而，这种简单且粗暴的隐蔽行动很大程度上是应急性的，对危机根源的忽视致使刚果问题并非那么容易解决。

一　中情局暗杀卢蒙巴的行动

在 1960 年 9 月联合国大会后，戈迪亚在给大学导师施瓦姆的信中这样评论联合国的困境：若卢蒙巴掌权，联合国无法与其合作，许多政府也将反对他；若卡萨武布成功地获得优势并建立起稳固的政府，联合国就能与其合作，而共产党国家、加纳、几内亚、印度和其他国家将反对他。[①] 非洲部主任布朗森·特威迪（Bronson Tweedy）则以“多米诺骨牌”理论看待卢蒙巴卷土重来可能对非洲国家的影响：对卢蒙巴的关注事实上不是把他作为一个人来关注，他重新掌权会导致非洲大陆平衡的崩溃，若刚果陷落，那么尼日利亚将有同样感染的风险。在他看来，华盛顿关注卢蒙巴并非“因为他有什么特别之处，而是因为它是刚果”。[②]

其实，艾森豪威尔政府除掉卢蒙巴的设想早在 7 月中下旬就已经出现了，中情局为此也做过一些准备。丘奇委员会的调查表明，艾森豪威尔在 8 月 18 日国家安全委员会会议期间对卢蒙巴表现出强烈的关切，被杜勒斯视为暗杀卢蒙巴的授权。25 日国安会负责计划秘密行动委员会特别小组会议召开，总统的顾问提醒说，对卢蒙巴必须采取“非常直截了当的行动”，不排除考虑“一切有助于除掉卢蒙巴的

---

① Letter to Schwalm, 21 Oct. 1960, p. 4. Quoted from Carole Collins, “Fatally Flawed Mediation: Codier and the Congo Crisis of 1960”, *Africa Today*, 1992, Vol. 39, pp. 5 – 22.

② Tweedy, 10/9/75 II. p. 42. Quoted from *Alleged Assassination Plots Involving Foreign Leaders*, p. 18.

特别行动”。最后，特别小组通过了上述建议。[①] 第二天，杜勒斯紧急致电德夫林，内称：“上峰的观点很明确，如果（卢蒙巴）继续把持大权，必然的结果最好是混乱，最坏则是为共产党接管刚果铺平道路，将对联合国的存在以及自由世界整体的利益造成灾难性的后果。因而，我们认为，在现有形势下，除掉他是一个紧急的和首要的目标，这是我们秘密行动的高度优先性。”为此，中情局总部给予驻刚果情报站官员更广泛的授权，包括“若能保持隐蔽，甚至更侵略性的行动”，为此给予了 10 万美元的权限，以“执行任何摧毁计划，而不需要与总部磋商”。就当前形势而言，中情局的刚果紧急计划主要是向卢蒙巴的反对派提供秘密支持，包括武器、给养及训练等。[②]

随着时间的流逝，艾森豪威尔越来越强烈地感到消灭卢蒙巴的机会正在迅速地失去。在 9 月 19 日与英国外交大臣休姆的会谈中，他称自己希望卢蒙巴落入一条满是鳄鱼的河流之中。[③] 两天后，杜勒斯在国家安全委员会第 460 次会议上警告说，“蒙博托此时似乎在刚果是有效的政权，但是卢蒙巴还没有被处理掉，只要他没有被处理掉，就仍是一个极大的危胁”。[④] 会议决定，不排斥采取任何搞掉卢蒙巴的特别行动。廷伯莱克也强调了卢蒙巴的危险性，称此人是极具破坏性的“攻击性狂人”，是刚果政府和平与重建的严重威胁。[⑤] 24 日，杜勒斯致电德夫林，表示希望“尽一切可能支持消除卢蒙巴任何重新开始恢复在政府的地位，或者如果他在利奥波德维尔失败了，就把他自己安置在斯坦利维尔或者其他地方”。霍奇曼更是直接宣称，“唯一的解决办法是以最快速度让他在政治舞台上消失”。[⑥] 为此，中

---

① Special Group Minutes, 8/25/60. Quoted from *Alleged Assassination Plots Involving Foreign Leaders*, p. 15.

② *Alleged Assassination Plots Involving Foreign Leaders*, pp. 13, 15, 16 - 17.

③ Editorial Note, *FRUS*, 1958 - 1960, Vol. XI, p. 495; NSC Minutes, August 18, 1960, *Church Committee Report*, p. 58. 学术界关于艾森豪威尔是否下令暗杀卢蒙巴的问题仍在争论之中，例如有学者认为“可能他口头上或私下里向杜勒斯下达了这样的命令，但如有此事，这种行为与他的性格不符”。参见［美］斯蒂芬·安布罗斯《艾森豪威尔传》，董浩云译，湖北长江出版集团 2011 年版，第 279 页。

④ Editorial Note, *FRUS*, 1958 - 1960, Vol. XI, p. 497.

⑤ Telegram from the Embassy in the Congo to the Department of State, September 22, 1960, *FRUS*, 1958 - 1960, Vol. XI, p. 501.

⑥ United States Senate, *Alleged Assassination Plots Involving Foreign Leader*, pp. 62, 17.

情局迅速制订出暗杀卢蒙巴的具体方案，主要包括秘密投毒和雇用杀手两种。

中情局毒品专家约瑟夫·施奈德（Joseph Scheider）证实，他与负责秘密行动的副局长理查德·比斯尔（Richard Bissell）在1960年曾就暗杀国外领导人的技术能力有过“两或三次谈话”。他告诉比斯尔，中情局已经获得了致命的或潜在致命的生物材料用于暗杀行动。在随后与比斯尔在一次或两次关于非洲的会议上，他们又讨论了暗杀能力。比斯尔要求施奈德在夏末或秋初制造出这种物质，用于暗杀一位非洲领导人。比斯尔告诉他说，“最高当局”（对政府官员而言，“最高当局”指的是总统）指示他进行暗杀行动。[①] 在这次会晤后，他评估了马里兰州迪特里克要塞陆军生化部队[②]设施中可获得生物物质的清单，并从中挑选了一种能制造“在那块地区（非洲）才有的疾病，并可能是致命的”物质。特威迪及其副官命他送去这种有毒物质，并向驻刚果情报站官员传达总部的指示：“如果他（即刚果情报站官员）能安全地去做，就开展一次行动……要么严重使之失去能力，要么消灭卢蒙巴。”[③] 此次投毒行动的最初知情人仅限于杜勒斯、比斯尔、特威迪及其副手格伦·菲尔兹（Glenn Fields，特威迪的副官）、德夫林。[④]

9月19日，比斯尔发给德夫林一封仅供他本人过目的电报（代码为PROP。这是一种特别的、高度敏感行动的代码），内称“（乔）将于大约9月27日抵达……将称他自己是‘巴黎来的乔’（Joe from Paris）……这是紧急的，你应当在他打电话给你后尽快见（乔）。他将全面确认自己的身份并解释给你的指示。”[⑤] 在德夫林看来，这封

---

① Scheider, 10/7/75, pp. 6 – 7, 41, 51 – 55, 58; 10/9/75, p. 8. *Alleged Assassination Plots Involving Foreign Leader*, p. 21.

② 迪特里克要塞（Fort Detrick）是位于美国马里兰州府安娜波利斯市附近的一个军事基地，是一个专门研究传染性病毒、危险微生物和生物武器的陆军基地。

③ 施奈德表示，单子上有“七八种物质”，包括兔热病、布鲁斯菌病、肺结核病、炭疽病、天花和昏睡病等。参见 Scheider, 10/7/75, pp. 53 – 64, 66; 10/9/75, p. 9. In *Alleged Assassination Plots Involving Foreign Leader*, p. 20。

④ Larry Devlin, *Chief of Station, Congo: Fighting the Cold War in a Hot Zone*, p. 94.

⑤ CIA Cable, Bissell, Tweedy to the Station Officer, 9/19/60. Quoted from *Alleged Assassination Plots Involving Foreign Leaders*, p. 22.

电报非同寻常，因为“总部通常以书面形式发信息给执行人员”。26日，“巴黎来的乔”（即施奈德）把该物质亲手交给德夫林，向其传达上述指示，还解释说投毒并非上层官员授权的唯一方式，只要行得通且不会追查到美国人的其他方式也都可以使用。后来，德夫林在丘奇委员会听证会上表示，自己得知该计划后“非常震惊”，并询问这场行动由谁授权，答案是总统，要求“务必干净，不能牵连到美国政府”。他清楚，暗杀卢蒙巴在“道德上是错误的”，万一败露“将给大使馆、中情局和美国政府带来一场灾难”，“会把我们与第三世界的关系严重地复杂化，第三世界将被苏联利用并肯定会在刚果激起一场反对美国人和欧洲人的激烈浪潮”。①

然而，他必须执行总部的命令。9 月 27 日，他在回电中称，自己与施奈德都同意实施投毒计划。他认为，这次暗杀行动最好通过刚果人实施，美国只需提供幕后的帮助，如金钱、武器和建议等，因此他的行动计划包括收买卢蒙巴身边的随从等，如果总部同意，自己将派一名可靠的代理人以避难为由混入总理府，伺机探察那里的状况，并找到可行的投毒方式。起初，他们设想把毒药投入卢蒙巴的食物或牙膏，或者“任何能进入嘴巴的东西”。几天后，中情局总部确认投毒方式目前最为有效，授权他与其代理人进行“探察会谈”，要求务必谨慎，确保万无一失。德夫林与代理人主要探讨了如何把这种有毒物质投入卢蒙巴的食物或牙膏中，为此详细地问了代理人能够接近哪些地方，例如“可以接近浴室吗”“有机会接近厨房吗”等诸如此类的问题。②

不过，德夫林对这次投毒计划显得犹豫不决。联合国守卫部队昼夜保护着卢蒙巴，使他很难找到能够接近卢蒙巴且实施投毒计划的人，更难找到投毒的时机。10 月 5 日，由于这种有毒物质有效期将至，施奈德被迫离开刚果返回总部。在后来的参议院听证会上，他解释说，自己离开的主要原因是德夫林无法找到一位“足够安全的代

---

① 该委员会认定，有“合理的理由”认定暗杀卢蒙巴的命令来自总统艾森豪威尔。参见 *New York Times*, February 22, 1976; Larry Devlin, *Chief of Station, Congo: Fighting the Cold War in a Hot Zone*, pp. 95 - 96。

② Hedgman, 8/21/75, pp. 48, 60. Quoted from *Alleged Assassination Plots Involving Foreign Leader*, p. 28.

理人”，且毒药因为“没有被冷藏且不稳定”。[①] 在离开之前，他把毒药投进了刚果河。然而，这一说法与德夫林的说法大相径庭。德夫林证实，自己于10月7日曾向总部发过一份电报，称施奈德留下了一些有用的东西（指毒药），情报站将设法继续完成该行动。后来，他找到了代理人，探明了卢蒙巴的住所，但无法确保投毒万无一失。于是，他建议总部派一名“训练有素的第三国国民”执行暗杀计划。总部表示可以考虑这一建议，投毒计划暂时搁浅。该有毒物质一直存放在德夫林的办公室，直到12月卢蒙巴被捕后才被扔进刚果河。

事实上，德夫林并没有放弃其他除掉卢蒙巴的方法。情报站官员海德曼证实，暗杀模式留给他选择。总部接受了德夫林的建议，打算秘密地支持反对卢蒙巴的武装力量，并要求他不要与国务院的任何官员讨论这些计划。几天后，总部通过常规通道发来一份电报，强调美国政府不能在反卢蒙巴行动中采取一种积极的、直接的作用，只能在背后支持软禁或逮捕卢蒙巴。然而，同日的另一封绝密电报则称仍为他与同事讨论“特别目的”保留特别通道且是“最优先级”，并再次征求他关于派遣一名高级官员专门负责暗杀计划的意见。[②] 该电报还告诉他总部最近关于除掉卢蒙巴的想法：“或许可以派突击小组劫持（卢蒙巴），从河岸向悬崖上的那幢房子袭击”，或者利用他再次去城镇的机会实施绑架。这两封电报看似矛盾，却与中情局一贯遵奉的不能让暗杀行动牵连到美国政府有关。事实表明，刚果情报站以后的隐蔽行动基本上是按照绝密电报的要求去做的。

两天后，德夫林回复了上述绝密电报，称自己的代理人无法混入卢蒙巴亲近的随从队伍，不能提供完成这项任务所需的情报，且自己忙于其他任务，要求总部派高级事务官员专门负责此事。10月底，廷伯莱克认为，重新召开刚果议会的前景目前对卡萨武布和蒙博托非常不利。德夫林也在给总部的报告中称，如果反对派不能赢得多数席位，卢蒙巴重掌政权“几乎无法抵制”，唯一稳妥的方法仍是从肉体上消灭他。他还要求“总部尽快送来外国造的配有望远瞄准器和消音器的机枪”。特威迪证实，这份信息“显然是指通过外交邮袋发去

---

① United States Senate, *Alleged Assassination Plots Involving Foreign Leader*, pp. 29 – 30.

② *Alleged Assassination Plots Involving Foreign Leader*, pp. 18, 31.

一种武器用于暗杀卢蒙巴"。这次射杀计划被称为"狩猎季节开放"，即只要卢蒙巴身在住所之外，就实施暗杀。[①] 中情局总部显然接受了该建议，于10月29日致电德夫林，称专门负责暗杀计划的高级官员迈克尔·马尔罗尼（Michael Mulroney）将很快抵达刚果。[②]

11月3日，马尔罗尼抵达利奥波德维尔。然而，他对暗杀任务似乎没有热情，而认为若能中立或引诱卢蒙巴离开住所更好。首先，他制订了一项"中立"卢蒙巴的计划，试图诱骗他从总理府出来，然后实施抓捕并转交给合法当局进行审判。为此，他在总理府住所附近租用了一处观察点，并试图利用一名联合国卫兵引诱他到保护地之外。[③] 然而，该计划由于联合国部队护卫森严，加之卢蒙巴此后没有离开住所而失败。马尔罗尼的替代性计划是雇用代号为QJ/WIN的外国杀手暗杀卢蒙巴。不过，此人直到11月21日才抵达利奥波德维尔。为确保完成任务，中情局还雇用了一名无国籍且有抢劫银行前科的WI/ROGUE执行同样的任务，并对他进行了破坏、使用小型武器等技能方面的训练。然而，他们的暗杀行动尚未开展，卢蒙巴于11月27日夜逃出总理府。美国驻刚果大使馆官员得到该消息，首先通知卡萨武布与蒙博托。在追捕过程中，情报站人员还与蒙博托的追兵密切合作，封锁卢蒙巴可能逃跑的所有道路。QJ/WIN也似乎不想放弃暗杀行动，提出尾随卢蒙巴到斯坦利维尔实施暗杀，并希望由自己单独执行，不需要任何组织的帮助。该提议获得中情局总部的批准。[④]

几天后，卢蒙巴及其同事被蒙博托部队逮捕，并押回利奥波德维尔，暗杀计划随之取消。中情局之所以取消暗杀计划，其主要原因有三个。首先，卢蒙巴等人此时已被蒙博托逮捕并拘押起来。在中情局

---

① *Alleged Assassination Plots Involving Foreign Leader*, pp. 32, 18, 25 – 32.

② CIA Cable, Deputy Chief, Africa Division, to Station Officer, 10/29/60.

③ Mulroney, 6/9/75, p. 20; 9/11/75, p. 21. Quoted from *Alleged Assassination Plots Involving Foreign Leaders*, p. 43.

④ CIA Cable, 11/29/60; CIA Cable, Director to Leopoldville, 12/9/60; Inspector General Memo, 3/14/75; CIA Cable, 11/29/60; CIA Cable, Chief of Africa Division to Station Officer, 11/30/60. Quoted from *Alleged Assassination Plots Involving Foreign Leaders*, pp. 43, 46, 44.

看来，卡萨武布与蒙博托不会轻易放过卢蒙巴，由刚果人处理这件事不会牵连到美国。其次，美国四年一度的总统大选正在激烈进行之中，艾森豪威尔不得不考虑暗杀行动可能给他及其共和党带来的政治风险，即如果此事败露，民主党候选人肯尼迪必定用之作为攻击他民族主义政策失败的证据。最后，这种暗杀计划与联合国刚果行动的原则相悖，若事情败露将对自身造成极大的打击，最终可能迫使联合国取消在刚果的行动。如果是这样，美国除了直接出兵干预或者把刚果拱手让给苏联外别无选择。艾森豪威尔在这种形势下自然不想，也不能冒这种不必要的风险。[①]

二　对付卢蒙巴的其他方法

事实表明，美国通过中情局实施暗杀并非除掉对手的唯一方法，其他的方法则主要是鼓励刚果人对卢蒙巴实施逮捕和监禁的行动。9月底10月初，卡萨武布和蒙博托在美国的努力斡旋下实现了政治上的联合。随后，国家安全委员会授权中情局25万美元用于支持蒙博托。11月，中情局再次授权为蒙博托及其军队提供武器与物质。[②] 在美国的支持与推动下，卡萨武布、蒙博托积极要求逮捕卢蒙巴。10月9日，蒙博托曾命令刚果国民军闯进卢蒙巴的住所，试图强制逮捕他。次日，卡萨武布发出了逮捕卢蒙巴的命令。刚果执行军官努斯巴莫（Nussbaumer）曾带着逮捕证三次拜访达亚尔，要求他配合执行这项命令。然而，达亚尔首先拒不承认这份逮捕状的合法性，随后宣称由于加纳部队的保护，逮捕卢蒙巴有困难，最后则干脆直接地拒绝他的逮捕行动。当日，蒙博托在卢蒙巴住所周围增加了300名士兵，准备以武力强行进入，双方的对峙一时紧张得令人窒息。

在11月11日的外交使团首脑会议上，邦博科宣称卢蒙巴会使刚果陷入长期的分裂状态，极力要求逮捕他。达亚尔反驳说，逮捕卢蒙巴并非正确的解决方法而是“诡计”，对解决当前的刚果问题不利。

---

① Lise A. Namikas, *Battleground Africa: The Cold War and the Congo Crisis, 1960 - 1965*, pp. 224 - 225.

② *The Congo Crisis, 1960 - 1961: A Critical Oral History*, pp. 136 - 137. 德夫林证实，这笔钱是50万美元，但从来没有花过。

他相信最终的解决依赖于亚非国家的一致支持，要求廷伯莱克对邦博科施加影响，立即中止逮捕卢蒙巴，希望获得民主式的和平解决。哈马舍尔德也表示，卢蒙巴享有议会豁免权，联合国不可能这样做。同日，邦博科与廷伯莱克通电话，再次强调刚果政府要以武力逮捕卢蒙巴。后者深知美国政府仍需要联合国解决刚果问题，而逮捕卢蒙巴可能对联合国，特别是亚非国家集团造成不利的影响。因而，他不得不警告邦博科说，动用武力逮捕卢蒙巴会极大地影响其他国家对刚果的态度，将是最严重的失策。①

既然无法对卢蒙巴实施逮捕，邦博科与蒙博托只好退而求其次，要求联合国敦促卢蒙巴搬出总理府。在遭到达亚尔拒绝后，他们再次向美国求助。国务院表示理解他们的急切心情，但警告这样做“只会对联合国中的极端主义者有利，并可能在那里形成严重恶化形势的风暴”，所以美国会听取“完全合法的，并在这种形势下得到联合国认定为合理行动的建议”。不过，国务院也认为只要卢蒙巴继续住在总理府，就能继续享有“刚果宪法赋予的权威象征”，因而支持卡萨武布和邦博科督促联合国以保护卢蒙巴为条件，让他搬出总理府。为此，国务院指示廷伯莱克在与邦博科的交涉中，要努力避免“实施逮捕令”的具体问题，同时警告他不要贸然行动。10 月 13 日，廷伯莱克把美国政府的立场通告邦博科，后者被迫表示已经放弃了逮捕卢蒙巴的计划。②

无论能否逮捕卢蒙巴，尽快消除其政治影响无疑是美国决策层迫切需要达到的目标。10 月 11 日，狄龙在会谈中断言卢蒙巴即便不是共产党，也是共产党的工具，建议通过召开刚果议会推翻他有助于刚果形势明朗化。当然，他也意识到卡萨武布—蒙博托联盟存在明显的不利之处，如他们并未得到大多数民众的支持，甚至蒙博托部队就是

---

① Telegram from the Embassy in the Congo to the Department of State, October 11, 1960; Telegram from the Mission at the United Nations to the Department of State, October 11, 1960, *FRUS*, 1958 – 1960, Vol. XI, pp. 518 – 520, 524.

② Telegram from the Department of State to the Mission at the United Nations, October 12, 1960; Telegram from the Embassy in Congo to the Department of State, No. 974, October 13, 1960; Telegram from the Department of State to the Mission at the United Nations, October 12, 1960, *FRUS*, 1958 – 1960, Vol. XIV, pp. 526 – 527.

导致混乱的一个因素。[①] 在10月13日召开的国家安全委员会第462次会议上，杜勒斯警告说，军队强人蒙博托可能会很快采取对卢蒙巴的行动，并造成与联合国部队的冲突。赫脱宣称，蒙博托是“一个孩子似的人物”，“容易收买”，建议美国向联合国申明卢蒙巴没有理由继续住在总理府，并提出以后应该在一些不太惹人注意的地方逮捕他。杜勒斯与狄龙则强调了不能让卢蒙巴到斯坦利维尔的重要性。[②]

10月15日，华兹沃斯根据国务院的指示，要求联合国把卢蒙巴赶出总理府，但遭到哈马舍尔德的断然拒绝。秘书长支持达亚尔的立场，认为卡萨武布逮捕卢蒙巴的命令是自相矛盾的：一方面谴责卢蒙巴犯了罪；另一方面却提到他是议会代表（享有豁免权）。他申明联合国的目标不是逮捕卢蒙巴，而是“制服”冲伯。哈马舍尔德还认为联合国已经挫败了苏联初期卷入刚果的行动，接下来的主要任务是尽快结束加丹加分裂，并要求撤出所有不在联合国工作的比利时人员。在美国官员看来，这意味着秘书长将继续为卢蒙巴提供人身保护，而“这可能导致联合国支持他在刚果的立场”。随后，维尼请求美国政府支持比利时人员留在刚果。国务院对此极为关切，表示不能冒加丹加出现管理与安全上真空的风险，建议哈马舍尔德不要在这件事情上轻率地行动。[③]

美国决策层对哈马舍尔德和联合国在刚果问题上立场的转变深感不安。10月19日，国务院指示洛奇与秘书长会谈，强调刚果与比利时的议会体制相关联，《基本法》第二条明确授予总统任免总理的权力，因而卡萨武布解除卢蒙巴的职务是合乎宪法的，伊里奥是合法的继任政府（需提交议会，根据《基本法》第二十二条进行表决）。如果秘书长坚持“制服”冲伯以及消除比利时在加丹加的影响，并与

① Catherine Hoskyns, *The Congo since Independence* (*January 1960 - December 1961*), p. 245.

② Editorial Note, *FRUS*, 1958 - 1960, Vol. XI, pp. 527, 529.

③ Telegram from the Mission at the United Nations to the Department of State, October 15, 1960; Telegram from the Department of State to the Mission at the United Nations, October 18, 1960, *FRUS*, 1958 - 1960, Vol. XI, pp. 529 - 533. 当时仅在加丹加省的比利时技术人员和准军事人员约有900人，广泛分布在公共管理、技术服务、司法以及警察等重要部门。美国政府认为，如果他们在没有训练有素的人员替代的情况撤离会导致加丹加产生混乱。

卢蒙巴达成政治妥协，那么这种“两线并进的现实结果将意味着卢蒙巴重掌政权，他会重新要求联合国撤退，并且苏联将大规模地干涉，从而增加国际重大冲突的可能性”。[①] 在国家安全委员会第464次会议上，赫脱承认卢蒙巴的影响非但没有恶化，反而正得到逐步改善，而哈马舍尔德“内心的明显改变”可能意味着卢蒙巴卷土重来。格雷主张政府努力改变秘书长的看法。关于通过刚果议会解决问题的方式，他警告说：“苏联人和中国人的‘黑袋’行动会使刚果议会投票的结果令人怀疑。”杜勒斯则认为刚果问题可以通过议会解决，因为“控制军队在选票问题上是决定性的”。[②]

10月22日，华兹沃斯再次拜访哈马舍尔德，提出卢蒙巴的合法性以及撤离联合国的所有比利时人等问题。他宣称美国不支持任何导致加丹加局势不稳定的行动，不能让加丹加在管理与安全上出现真空，为此极力主张联合国不要对加丹加轻率地采取行动。哈马舍尔德否认自己的态度有任何变化，且完全不同意美国关于刚果宪法的解释，认为卡萨武布虽然不信任卢蒙巴，但刚果议会并没有对他投不信任票。故而，他重申联合国的政策与行动不能建立在卢蒙巴不是刚果总理的基础之上，相信刚果议会能够解决内部的问题，但是需要确保首都的安全及加丹加代表参加。他表示自己的政策是递进的，即先恢复利奥波德维尔的权威，然后恢复中央政府的权威，最后结束加丹加的分裂。最后，他还警告说，比利时人留在加丹加地区非常危险。这次会谈让华兹沃斯非常失望，断定在改变哈马舍尔德的态度上看不到真正的希望，建议撤换达亚尔或通过增加一名联合国官员钳制他。[③]

哈马舍尔德的“固执”让美国政府越来越无法容忍。10月26日，国务院抱怨埃及、加纳和几内亚教唆达亚尔在卢蒙巴问题上给卡萨武布、蒙博托制造了更多困难。赫脱则宣称美国不能袖手旁观，以免苏联在刚果的影响迅速增长。当然，他非常清楚此时必须依赖联合

---

① Telegram from the Department of State to the Mission at the United Nations, October 19, 1960, *FRUS*, 1958 – 1960, Vol. XI, pp. 537 – 538.

② Memorandum of Discussion at the 464th Meeting of the National Security Council, October 20, 1960, *FRUS*, 1958 – 1960, Vol. XI, pp. 539 – 540.

③ Telegram from the Mission at the United Nations to the Department of State, October 22, 1960, *FRUS*, 1958 – 1960, Vol. XI, pp. 543 – 553.

国，故而也强调了美国与秘书长的共同点，如都认为卡萨武布是合法的国家首脑，目标都是鼓励刚果出现合理的、稳定的“不结盟”政府。赫脱认为，在此基础上鼓励卡萨武布任命新的临时过渡政府（由邦博科或其他人出任总理）是非常有可能的，关键是明确蒙博托是维护临时政府的关键性力量，这样只要形势顺利，刚果临时政府就能得到议会的批准。为此，国家安全委员会特别小组批准向中情局拨款 25 万美元，用于争取刚果议会支持伊里奥政府。①

哈马舍尔德虽然认为没有卢蒙巴任何解决方案都不大可能，但也不得不同意在卡萨武布为国家首脑的基础上，重新召开刚果议会并批准伊里奥政府。不过，他坚持任何刚果新政府：都必须得到刚果议会及所有六省代表议会的批准；议员必须绝对自由；不反对蒙博托在政府中任职；所有措施必须“合乎宪法”，提交议会的计划必须公开；议会必须是“全体的”并处于联合国保护之下；联合国与刚果新政府合作，等等。出于妥协的目的，他没有坚持卢蒙巴必须进入新政府。② 国务院同意上述条件，确定了当前的目标是在刚果获得能与联合国合作的政府，要求廷伯莱克积极推动刚果议会尽快批准临时政府。然而，廷伯莱克在复电中表示反对，认为这种方法仅有支持或不支持卢蒙巴两种选择，而没有其他更积极的替代性选择，而且这样做使刚果温和派掌权的希望非常渺茫。他认为伊里奥缺乏必要的活力与才能，并非最好的总理人选，而阿杜拉有最大的可能性。他还非常重视已握有军队实权的蒙博托，认为此人虽然冲动、幼稚，却十分忠诚，应该成为新政府的成员且控制军队。最后，他还慨叹说：“刚果离民主还有多年……刚果人明显地不能实践他们尚未理解的事情。我相信民主不可能通过皮下注射的方式在一夜之间施加于任何人。”③

---

① Telegram from the Department of State to the Mission at the United Nations, October 26, 1960, *FRUS*, 1958 - 1960, Vol. Ⅺ, pp. 554 - 555; Stephen R. Werssman, "Opening the Secret on Lumumba's Murder", *Washington Post*, July 21, 2002.

② Telegram from the Mission at the United Nations to the Department of State, October 29, 1960, *FRUS*, 1958 - 1960, Vol. Ⅺ, pp. 556, 558 - 559.

③ Telegram from the Embassy in the Congo to the Department of State, November 2, 1960; Editorial Note; Telegram from the Embassy in the Congo to the Department of State, November 2, 1960, *FRUS*, 1958 - 1960, Vol. Ⅺ, pp. 564, 561.

美国政府并未因廷伯莱克的反对而放弃批准临时政府的想法。11月10日，国防部副部长道格拉斯在给赫脱的信中，建议抓住秘书长下一步目标不明朗的机会重新夺回主动权，建立合法的和负责任的刚果政府。他甚至提出了详细的行动方针。一是为刚果建立法律与秩序。要求联合国部队承担起责任；把卢蒙巴逐出总理府和首都；以更有效率的领导人替代达亚尔和冯·霍恩；控制刚果国民军；对所有港口与机场实施控制；保护议会、专员委员会及其他政府官员。他还建议美国政府采取五项单边行动：败坏卢蒙巴名声或制止他成为有效的政治力量；积极开展外交，引导其他国家（特别是亚非国家）支持联合国；甄别与驱逐未经授权的外国机构与人员；万一联合国努力恢复秩序或阻止卢蒙巴重掌政权失败，准备直接干预。二是在刚果建立有能力的政府。要求联合国支持新的临时政府（以卡萨武布为总统，邦博科为总理，蒙博托为参谋长）；给予卡萨武布代表团联合国合法席位；为新政府制订基本的行动计划；提供技术、政治、经济与军事顾问；重组、训练与管理刚果国民军与宪兵。为此，他建议美国政府采取下列单边行动：继续指导与激励卡萨武布、邦博科和蒙博托制订积极的计划与方案；派少量美国顾问提供帮助；在需要的经济和社会领域给予援助。①

国务院接受了上述建议，准备帮助刚果建立过渡政府。然而，廷伯莱克认为这种过渡政府无法获得刚果议会批准，甚至会在联合国造成更大的混乱。而国务院认为它获得国际批准的机会比专员委员会更大，可减轻加纳、几内亚等国家的压力，减少卢蒙巴东山再起的机会，增进刚果政府和联合国在关键经济计划上的合作，并减少咨询委员会制造麻烦的潜在性等。② 当然，国务院也不得不承认，组建刚果临时过渡政府无法从根本上消除加纳、几内亚、埃及中立国家的压力，不过这样做会使它们的公开反对变得困难，并使美国支持卡萨武布变得较为容易些。国务院还特别提醒说，蒙博托同意该计划具有关

---

① Letter from the Deputy Secretary of Defense (Douglas) to Secretary of State Herter, November 10, 1960. Enclosure about Recommended Courses of Action, *FRUS*, 1958 - 1960, Vol. XI, pp. 571 - 573.

② Telegram from the Department of State to the Embassy in the Congo, November 12, 1960, *FRUS*, 1958 - 1960, Vol. XI, pp. 585 - 586.

键性的作用，新内阁应包括他的许多专员，其本人应该任国防部部长或参谋长。国务院还进一步强调，卡萨武布在12月31日前完成必需的安排将有助于增进其个人威望，获得联合国的承认。[①]

第三节　卢蒙巴之死

在蒙博托政变后，遭到软禁的卢蒙巴在国内依然拥有大量的支持者，还能积极地争取非洲左派国家的支持。同时，刚果人民对卡萨武布和蒙博托的政变越来越不满，亚非国家也在联合国提出了严正的抗议，赫鲁晓夫更是把矛头直接对准了哈马舍尔德本人。秘书长新任代表达亚尔则拒绝接受蒙博托的“专员委员会”为刚果的合法政府，竭力召集国民议会，从而“把自己置于直接反对美国政策的地位”。[②]美国政府不可避免地陷入了进退维谷的境地，协助蒙博托和冲伯除掉卢蒙巴似乎是最为直接有效的权宜之计。尽管卢蒙巴遇害让艾森豪威尔政府在一定程度上完成了在非洲心脏地区遏制苏联的冷战目标，却没能因此解决刚果的分裂与军事冲突，从而给后任留下了一笔不良的遗产。然而，卢蒙巴之死使刚果失去了“唯一的民族领导人”，导致刚果政府内各派之间和解的希望基本上破灭。

一　联合国刚果代表权的确定与卢蒙巴出逃

美国此前为建立卡萨武布—蒙博托联盟过渡政府做过相应的准备，然而这种想法很快破产了。11月2日，秘书长新任代表达亚尔向联合国大会提交了第二份关于刚果行动进展的报告，否定了联合国支持蒙博托是稳定刚果形势的唯一方式。在这份报告中，他宣称刚果的当前形势一片混乱，政治解决毫无进展。由于那里根本不存在有效的合法政府，政治混乱从中央扩大到各省政府，“滥施拘捕、任意抢夺政权、缺乏有效的机构与合格的工作人员”导致法律与秩

① Telegram from the Department of State to the Embassy in the Congo, November 30, 1960, *FRUS*, 1958 - 1960, Vol. XI, pp. 603 - 604.

② 德夫林认为，卢蒙巴在政治上比卡萨武布更老练，如果召开议会，他可以利用贿赂、威胁、无度的承诺或敲诈获得多数。参见 Larry Devlin, *Chief of Station, Congo: Fighting the Cold War in a Hot Zone*, pp. 106 - 107。

序的大崩溃。在报告中，他强烈反对蒙博托的专员委员会成为刚果的合法机构，坚持重新召开刚果议会是解决危机的最好方法，还指出冲伯任命比利时人为顾问及其他行政职位妨碍了联合国刚果行动的民事工作。[①] 哈马舍尔德接受达亚尔报告中的观点与建议，于11月5日选任了由亚非国家15名代表组成的调解委员会，任务是到刚果实地调研并在快速恢复议会制度方针指导下找到解决困难的方法。[②]

达亚尔的报告立即让美国政府惶恐不安起来。国务院对此提出两种对策选择：一是激烈地攻击该报告，努力消除其可信性；二是尽可能保持乐观与宽容的态度，强调刚果问题解决方式的多样性，并尽力采取措施弥补该报告的缺陷。经过对两种选择的权衡后，赫脱认为第一种对策意味着与秘书长、联合国决裂，而第二种选择才是“仅有的、可行的处理联合国报告的方式”。由于该报告强烈谴责比利时在刚果的活动，赫脱提出要尽力减少联合国及国际社会对比利时人的关注。国务院为此致电卡纳普，要求他劝说冲伯不要采取进一步反对联合国部队的激烈行动，并重申他在“反对卢蒙巴道路上绝不孤独，美国政府和许多非洲国家正在采取各种形式的措施获得稳定的、温和的刚果政府”，只有这样才能阻止共产党干预，并促进刚果经济的复兴，加丹加也会从中获利。该电报还强调指出，如果没有加丹加的支持以及政府反对派的合作，清除卢蒙巴在政治上的影响相当困难。对于国务院的上述表态，冲伯自然非常满意，表示将遵照美国的建议去做。[③]

---

① 摘自《关于刚果共和国局势进展的第二个报告》，联合国大会正式记录，文件A/4557，1960年11月2日。参见［英］G. 巴勒克拉夫编著《国际事务概览（1959—1960年）》，第551页。

② 调解委员会由埃塞俄比亚、加纳、几内亚、印度、印度尼西亚、利比里亚、马来亚、马里、摩洛哥、尼日利亚、巴基斯坦、塞内加尔、苏丹、突尼斯及阿拉伯联合共和国的代表组成。具有亲美倾向的尼日利亚人瓦舒库（Jaja Wachuku）被任命为主席，马来亚的索皮厄任副主席。在美国政府看来，该委员会将给予卢蒙巴获得拥有大多数优势和重新召开议会的机会。

③ Telegram from the Department of State to the Mission at the United Nations, November 4, 1960; Telegram from the Department of State to the Consulate at Elisabethville, November 5, 1960; Telegram from the Consulate at Elisabethville to the Department of State, November 8, 1960, *FRUS*, 1958 - 1960, Vol. XIV, pp. 566, 569 - 570.

为巩固卡萨武布的国内政治地位，艾森豪威尔政府决定首先全力支持他获得联合国代表权。为此，国务院要求他出席 11 月 7 日下午的联合国大会，强调这将对他“非常有用”。为增加他的胜算，国务院特别提出了下列要求：冲伯给新闻社的声明应建立在广泛原则的基础上，不要与记者讨论刚果的细节；在国际上努力树立自己耐心、成熟、热情的新形象；与美国代表团密切合作等。国务院的建议与要求立即得到卡萨武布的赞同。[①] 在 8 日的联合国大会演说中，卡萨武布宣布了由自己率领的代表团名单，请求立即获得合法席位。赫脱虽然认为他没有在纽约留下特别好的印象，但是联合国证书委员会还是决定支持美国的提案。6 天后，证书委员会的建议以 6∶1、2 票弃权的结果获得通过。18 日，联合国大会建议授予卡萨武布代表团合法席位。对此，加纳代表提出延期讨论卡萨武布代表权的提案以及推迟资格审查委员会的决议草案。随后经美国官员多方周旋，16 个国家的代表团（大多数是拉美和欧洲国家）改变了投票立场。联合国大会在 11 月 22 日会议上拒绝了加纳延期讨论的提案，以 53∶24、19 票弃权的结果通过了批准卡萨武布在联合国合法代表席位的决议。由此，美国和其他西方国家可能“把一个钉子楔入卢蒙巴政治的棺材中”，让“他的追随者别无选择，只能退出并在斯坦利维尔建立一个敌对的政府”。[②]

这次联合国投票还在西方与“贡献了大多数部队且与苏联一起投票的非洲人之间打入了一个深深的楔子”。美国参议员韦恩·莫尔斯（Wayne Morse）承认该事件是一个“可怕的错误”，使美国失去了非洲国家的信任，因为“你可以收买你的卡萨武布，你可以收买许多加丹加的代理人”，但这只是“在流沙上搞建设”。[③] 不过，联合

---

① Telegram from the Embassy in the Congo to the Department of State, November 5, 1960, *FRUS*, 1958 – 1960, Vol. XIV, pp. 567 – 568.

② Analytical Chronology, pp. 49 – 50; Hoskyns, *The Congo Since Independence: January 1960-December* 1961, pp. 259 – 266; Stephen Weissman, *American Foreign Policy in Congo (1960 – 1964)*, pp. 106 – 108; Richard Doyle Mahoney, *The Kennedy Policy in the Congo, 1961 – 1963*, p. 30.

③ U. S. Senate Hearing Held before the Committee on Foreign Relations, *Briefing by the Honorable Dean Rusk, Secretary of State*, February 28, 1961, pp. 73, 75.

国的投票结果还是让美国官员兴奋不已，认为它的重要意义在于，哈马舍尔德将“不再过分地倚重加纳、几内亚及其他国家的看法做出联合国的决定，现在准备直接与卡萨武布及其支持者合作了”。为了继续给卡萨武布的胜利造势并增强其在国内的政治地位，国务院要求他为自己的凯旋组织盛大的欢迎仪式，并利用新闻传媒全面报道，并提醒他说目前只是“赢得了一场战役，而不是战争”，要求他必须与联合国刚果行动领导层坦诚地讨论刚果问题。[①]

毋庸置疑，卡萨武布的代表团获得联合国代表席位对刚果政治局势产生了极其重要而深远的影响。卢蒙巴的副官卡萨姆拉认为这种状况对卢蒙巴本人造成了“致命的打击”，迫使他决定立即逃离利奥波德维尔。康扎后来也证实，自己在此之前曾恳请卢蒙巴待在房子里直到1月25日，因为“肯尼迪入主白宫后，国家安全委员会将召开会议，（刚果）议会将被重新召开。如果议会重新信任卢蒙巴政府，他就会重新任总理。如果议会拒绝信任，他就会成为反对派的领导人”。[②] 然而，受困已久的卢蒙巴显然没有耐心等到那个时刻。11月27日夜，他趁夜黑借助一辆联合国的进出汽车，躲过哨兵的盘查，逃离总理府。在利奥波德维尔市郊，他与先期抵达的参议院议长奥基托、青年与体育部部长莫波洛等几十人会合，分乘米塔图为他们准备的20多辆汽车向东方省的斯坦利维尔进发。

美国驻利奥波德维尔大使馆得知卢蒙巴逃跑的消息后，立即通知卡萨武布与蒙博托，并让他们与中情局、内务部专员和恩达卡讨论追缉卢蒙巴的方案。德夫林提出，卢蒙巴在前往斯坦利维尔途中必须经过几条河流，因而在河流渡口“建立检查点是努力抓捕他的最好方式”。[③] 在追捕卢蒙巴的过程中，中情局还与蒙博托的国民军密切合作，封锁他可能的逃跑路线。同时，国务院要求华兹沃斯与哈马舍尔德讨论卢蒙巴建立分裂政府的可能性，要求联合国确保斯坦利维尔等地区的整体安全以及飞机场不被苏联和其他国家用于帮助卢蒙巴主义

---

① Telegram from the Department of State to the Mission at the United Nations, November 23, 1960, *FRUS*, 1958 - 1960, Vol. XIV, p. 595.

② *The Congo Crisis, 1960 - 1961: A Critical Oral History*, pp. 119 - 120.

③ Larry Devlin, *Chief of Station, Congo: Fighting the Cold War in a Hot Zone*, p. 115.

者。国务院还要求华兹沃斯向秘书长特别强调，美国政府“极为警惕东方省当前的发展、刚果的永久分裂和东西方对抗的可能性”，认定苏联、加纳、几内亚和埃及将支持卢蒙巴，对世界和平构成了重大威胁。①

12月1日，蒙博托的追兵在弗朗基港（Port-Francqui，现称伊莱博，刚果民主共和国西南部港市，位于开赛河右岸）逮捕了卢蒙巴及其随行同事，并于次日押回利奥波德维尔。那天，卢蒙巴在恩吉利机场最后一次公开露面的惨状被许多联合国观察员、新闻记者和游客看到：“他的眼镜没了，穿一件肮脏的衬衫，头发散乱，脸上有血迹，双手被反绑着。他被人用枪托粗暴地押上卡车，接着被裁定了。”② 随后，蒙博托把他囚禁在蒂斯维尔军营。有消息说，卢蒙巴将被判处死刑。哈马舍尔德非常担心卢蒙巴被杀会对联合国刚果行动造成非常不利的影响，为此分别于12月3、5日写信给卡萨武布，警告他若不按照《人权宣言》公正地对待卢蒙巴，联合国内部将掀起反对他及其政府的浪潮。他希望美国政府也向卡萨武布提出这样的要求。国务院同意在法律框架内对待卢蒙巴的重要性，并指示廷伯莱克尽快接触卡萨武布，劝他给予卢蒙巴人道主义待遇。3日，廷伯莱克向蒙博托和卡萨武布传达了国务院的意见，要求他们重视这种状况。三天后，国务院又督促卡萨武布尽快向哈马舍尔德声明卢蒙巴被捕与拘禁的事实，邀请红十字组织代表看望他，并根据合法的程序对他进行公正的审判。③

果然，联合国内部对卢蒙巴被捕及其未来命运的反应十分强烈。12月6日，苏联代表要求召开紧急会议，立即采取决定性措施迫使刚果当局释放卢蒙巴，还要求联合国解除蒙博托等“恐怖主义分子”的武装，建议亚非国家代表组成特别委员会，调查蒙博托等人的财政与武装问题，并将所有比利时军人与官员逐出刚果。华兹

① Telegram from the Department of State to the Mission at the United Nations, November 30, 1960, *FRUS*, 1958 - 1960, Vol. XIV, pp. 605 - 606.

② 转引自［英］G. 巴勒克拉夫《国际事务概览（1959—1960年）》，第557页。

③ Telegram from the Embassy in the Congo to the Department of State, December 3, 1960; Telegram from the Embassy in the Congo to the Department of State, December 7, 1960, *FRUS*, 1958 - 1960, Vol. XIV, pp. 611 - 613, 616.

沃斯承认，中立主义者、亲共产党的非洲人和苏联对秘书长的压力越来越大，“我们正在迅速地接近一次新的刚果危机”。他建议联合国采取以下具体的行动：替换达亚尔与冯·霍恩（建议挪威皇家空军总参谋长奥德·布尔接任）；积极支持卡萨武布与温和派；重新训练刚果国民军；确保斯坦利维尔的法律与秩序。他还建议美、英两国采取措施确保刚果与联合国合作：以更有效的方式强迫卡萨武布、邦博科和蒙博托重组文官政府取代专员委员会；使卡萨武布和蒙博托确信，只有与联合国合作才能维护刚果统一并获得美、英的支持；劝说冲伯与卡萨武布共同维护刚果的统一并建立有效的权威政府；继续对秘书长施加“中立主义的”压力（特别是通过对印度施加压力），使之不能提出更多的要求。在12月8日的回复中，赫脱完全同意华兹沃斯上述对刚果形势的判断，也认为英、美共同接触秘书长是必需的。[①]

12月12日，基赞加发表公开声明，宣布自己代行刚果总理之职，斯坦利维尔为刚果唯一合法政府的新首都，并任命克里斯托夫·格本耶（Christophe Gbenye）为内务部部长、马斯·比苏基罗（Marcel Bisukiro）为外交部部长、皮埃尔·缪勒尔为国防和教育部部长。14日，他致电赫鲁晓夫，以一种“令人困惑的甚至狂躁的语调”描述其政权面临的危险，请求他毫不拖延地在军事装备和食物上给予援助，以击退蒙博托部队的入侵，并特别请求他在两天内回复。然而，赫鲁晓夫直到25日才在复电中表示苏联难以向他提供迅速而直接的大量援助，只能保证“苏联政府过去和今后都同其他对刚果共和国友好的国家一道，给刚果人民及其合法政府在他们反对殖民主义者的正义斗争中以一切可能的帮助和支持”。[②]

赫鲁晓夫的谨慎态度是可以理解的，一方面直接向东方省援助可能会导致严重的国际压力，另一方面运送军事援助物品并非易事。马利诺夫斯基告诉缪勒尔，苏联可以派飞机支持基赞加，然而联合国将

---

① Telegram from the Mission at the United Nations to the Department of State, December 6, 1960; Telegram from the Department of State to the Mission at the United Nations, December 8, 1960, *FRUS*, 1958 - 1960, Vol. XIV, pp. 614 - 616, 618.

② 《人民日报》1960年12月26日第6版。

会击落这些飞机。苏联若直接向基赞加政权提供军事援助，则首先需要从苏丹获得通行权。在美国的压力下，苏丹拒绝与苏联就过境运送委托物质达成协定，甚至拒绝了苏联红十字会的人道主义援助过境运往斯坦利维尔。苏联只能另寻其他途径，即通过非洲国家向基赞加提供军事援助。1961 年 1 月 31 日，苏联副外长弗拉迪米尔·谢苗诺夫（Vladimir Semenov）在与纳赛尔的会谈中试探埃及是否准备派军事顾问帮助基赞加，并建议为基赞加派一些曾在阿尔及利亚有作战经验的埃及人。纳赛尔似乎也有援助的想法，并为此与塞古·杜尔、莫迪博·凯塔（Modibo Keita）打算让各自从联合国刚果行动中撤离的部队听命于基赞加，但最终遭到了恩克鲁玛的拒绝。

此外，苏联还敦促自己的东欧盟国向东方省提供援助。捷克驻苏大使理查德·德沃查克（Richard Dvorzack）和苏联外长代表雅科夫·马立克（Yakov Malik）、阿卡迪·索博列夫（Arkadey Sobolev）在 1960 年 12 月和 1961 年 3 月的会谈记录表明，捷克试图建立一条从布拉格经开罗、喀土穆到斯坦利维尔的航线，然而埃及拒绝其飞机过境飞行。捷克还给予驻开罗大使馆 2.5 万英镑支持基赞加政府，但是否送到基赞加手里是令人怀疑的。[①] 由于运送援助物质障碍重重，苏联便在金钱上尽量满足基赞加的请求：给予基赞加驻开罗代表 50 万美元，分成同等的两份支付。这样，基赞加就可以用第一笔 25 万美元向士兵支付军饷。苏联的援助在一定程度上巩固了基赞加对东方省的控制，并建立起对基伍省和加丹加北部地区的控制。

12 月 22 日，基赞加致信肯尼迪，建议美国与斯坦利维尔政权立即建立外交关系，但遭到了拒绝。美国政府认为，如果基赞加政权被共产党人控制，对联合国刚果行动及西方在非洲的地位将造成很大威胁，最终结果可能是朝鲜式的冲突。[②] 在 12 月 16—20 日的会议上，美、英、法三方非洲专家一致同意把以下作为共同的目标：加强卡萨武布的国内政治地位；避免东方省成为卢蒙巴的一个堡垒。就前者而

---

① *The Congo Crisis*, *1960 - 1961*: *A Critical Oral History*, pp. 146 - 147, 150. 有资料证实，苏联政府给予的金钱没有交给基赞加在开罗的代表缪勒尔。

② Telegram from the Department of State to Certain Diplomatic Missions, December 15, 1960, *FRUS*, 1958 - 1960, Vol. XIV, p. 630.

言，他们需要劝说哈马舍尔德进一步加强联合国与利奥波德维尔当局的合作；就后者而言，他们需要鼓励刚果各省之间重新建立相互的联系，强调联合国必须严格控制东方省的机场。赫脱宣称，只要卢蒙巴被囚禁于监狱，刚果议会在某个安全地召开，并批准新的政府就相对容易。为此，美国保证把给联合国的捐赠提高到4000万美元（其中，部分款项是有条件的）。[①]

12月7—14日，安理会相继召开9次会议，讨论对刚果最新事态采取紧急措施的问题。以几内亚、南斯拉夫为代表的中立国家批评联合国部队在执行安理会与联合国大会决议方面不力，威胁撤出在刚果的部队。[②] 8日，苏联代表提交了一份议案，谴责比利时、美国及其他殖民国家继续干涉刚果的内政，要求哈马舍尔德立即释放卢蒙巴及其同事，并采取一切必要的措施确保刚果合法的政府和议会的活动等。[③] 在苏联议案遭到否决后，斯里兰卡、加纳、印度等8个中立国家联合在16日联合国大会上提交了一份议案，建议联合国：全面行使托管权力，阻止违反和平与安全的行为；极力主张立即释放所有的政治犯，在联合国部队保护下召开刚果议会，要求比利时所有的军事和准军事人员立即撤离，所有必需的经济与技术援助通过联合国提供。[④] 美国认为这份议案有利于卢蒙巴，于次日与英国联合提出一项议案，建议秘书长继续履行联合国的托管职责，继续努力把违反联合国决议的外国军事人员排除在刚果之外；呼吁所有国家不要在联合国框架外向刚果提供军事援助，建议联合国保证刚果议会在绝对安全与自由的条件下召开。[⑤] 在20日联合国大会投票表决中，上述两份议案均遭到否决，最终通过了奥地利代表提出的议案，把刚果问题列入将于1961年3月召开的第十五次会议的议程。

---

① Memorandum of Conversation, US/MC/20, December 15, 1960, *FRUS*, 1958 - 1960, Vol. XIV, pp. 632 - 634.

② 这些国家包括斯里兰卡、几内亚、印度尼西亚、摩洛哥、阿拉伯联合共和国、南斯拉夫。这意味着撤离5680名部队，超过联合国部队的三分之一。参见 Ernest W. Lefever, *Uncertain Mandate: Politics of the U. N. Operation*, p. 163。

③ 参见《人民日报》1960年12月9日第6版。

④ Editorial Note, *FRUS*, 1958 - 1960, Vol. XIV, pp. 635 - 636.

⑤ Telegram from the Mission at the United Nations to the Department of State, December 18, 1960, *FRUS*, 1958 - 1960, Vol. XIV, p. 637.

二　硬汉末路：卢蒙巴的悲剧

1960 年 12 月底和 1961 年 1 月初，刚果的形势极为复杂。基赞加政权逐步巩固了对东方省的控制后，向南攻入基伍省的布卡武市，并俘虏该省的省长、几名部长和布卡武军队的指挥官。随后，他的部队攻入北部加丹加地区，获得了当地巴卢巴人的支持。占领北部加丹加最大城镇马诺诺后，基赞加宣布这里是北加丹加的省府。其他支持卢蒙巴的部队则向西部进军，进入赤道省的北部边界。该政权得到了社会主义国家和卡萨布兰卡集团的承认，马里、南斯拉夫、中国、苏联、加纳、几内亚、埃及、摩洛哥、伊拉克、印度尼西亚等国家陆续向斯坦利维尔派驻使节。卡萨布兰卡集团也开始讨论帮助卢蒙巴和基赞加的可能性。

12 月 27 日，哈马舍尔德宣称联合国调解委员会于 1 月 3 日到刚果开展工作，并竭力建议美、英迫使卡萨武布接受它。① 1 月 7 日，加纳、埃及、几内亚、摩洛哥和马里等国家会议召开，重申将从联合国刚果行动中撤出部队，支持“合法建立的”政府（即卢蒙巴政府），并要求释放所有的政治犯、解除蒙博托武装及驱逐比利时部队。为此，这次会议还建立了援助刚果的国际委员会，呼吁参与联合国行动的亚非国家向基赞加政权转交自己的部队，还从埃及向斯坦利维尔运去了给养，包括 7 吨苏联制武器以及 5 部收发报机作为新年礼物。另外，卢蒙巴仍是刚果最强有力的和最受欢迎的领导人。看守他的官兵邀他共进圣诞晚餐，并公开要求还他自由。廷伯莱克不得不哀叹说，除卢蒙巴外，刚果“没有人能获得使之成为总理的某种能量和推动力以及想象力”。② 这些新的发展态势预示着卢蒙巴可能随时东山再起，而蒙博托及其专员委员会可能会顷刻间倒台。

1 月初，美国政府在刚果问题上已陷入“不知该做些什么”的混乱状态。正如赫兹（Herz）所言：“我们在刚果不敢接受新的选

---

① Telegram from the Mission at the United Nations to the Department of State, December 27, 1960, *FRUS*, 1958 - 1960, Vol. XIV, p. 642.

② *Foreign Relations Committee Hearing*, Feruary 6, 1961, p. 89.

举……因为卢蒙巴的雄辩、金钱和民众支持将争取多数……我们甚至不敢看到卢蒙巴参加联合政府，担心他会统治内阁。对一个赞成民主信条的国家而言，这是一个明显的困境。”① 一份情报评估也悲观地指出，刚果目前的混乱状态还要“持续较长一段时间”。该评估还把影响刚果的外部力量分为三种：一是大多数独立的非洲国家，支持联合国干涉，迫使比利时人撤离并重建卢蒙巴政府权威；二是苏联集团国家，乐见刚果持续混乱与动荡；三是联合国，虽然在阻止单边干涉及限制部落冲突方面取得了成功，但是持续的政治混乱已使之处于“当地的与国际的政治斗争的火力交叉口”，无论行动与否都会激起反对方的批评。上述外部力量的利益与目标是相互冲突的，而问题解决很大程度上依赖于刚果内部形势的发展。该评估还预测了刚果未来发展的两种可能性：一是卡萨武布召开议会后，建立利奥波德维尔—开赛—加丹加之间某种形式的联邦，但不会得到卢蒙巴或斯坦利维尔政权的承认，也不会得到苏联集团和几内亚—加纳—埃及集团的支持；二是卢蒙巴回到斯坦利维尔后，在苏联集团与许多亚非国家的支持下抢先发难，最终导致刚果分裂成若干独立的邦国。②

根据当时形势的发展，上述情报评估预测的第二种可能性似乎正在变为现实。1 月 10 日，廷伯莱克警告说，埃及的飞机为基赞加运去了武器、金钱和给养，美国在刚果已经到了最紧要的关头，“结果将深刻地影响联合国的整个未来”。③ 在随后国家安全委员会第 474 次会议上，杜勒斯也警告说，卢蒙巴可能会重掌政权。赫脱抱怨联合国没有保护美国在刚果的利益，秘书长和达亚尔应该对这种形势负有责任。艾森豪威尔则谴责联合国在承认宣布独立的国家成员国资格中犯了一个重大错误，甚至气愤地表示联合国可能不得不离开美国的领土。根据讨论的结果，国务院指示驻联合国代表请求秘书长如下：紧急考虑替换达亚尔；鼓励其他不可靠的以及威胁撤离部队的国家（尤其是加纳、埃及和摩洛哥）撤离；要求更可靠的国家（如法属非

① Martin F. Herz, *Some Conclusions*, pp. 2 – 3.

② Special Intelligence Estimate, SNIE65 – 61, January 10, 1961, *FRUS*, 1961 – 1963, Vol. XX, pp. 5, 8 – 11.

③ Telegram from the Embassy in the Congo to the Department of State, January 10, 1961, *FRUS*, 1961 – 1963, Vol. XX, pp. 13 – 14.

洲、拉美国家）提供以及增加部队；尽可能把不可靠的部队安排在不太重要的地区，尤其要把埃及部队从赤道省的关键地区快速调离；必须区分联合国部队在加丹加的责任，使之不会对卢蒙巴集团有利。1月14日，美、英代表就上述指示共同接触秘书长，但遭到了哈马舍尔德的反对。[①]

美国官员普遍认为，当前无法阻止基赞加政权的扩张，并预言他们可能在不久后进军赤道省和开赛省。法国政府认为必须向卡萨武布政权提供单边支持。美国政府对此极为谨慎，坚持通过联合国解决刚果问题是最好方法。正因如此，当比利时政府于1月12日就邦博科求助问题征求美国政府的意见时，国务院强调必须澄清美国的刚果政策，否则比利时将继续向冲伯政权提供半军事的支持，导致刚果形势恶化。[②] 22日，国务院以邦博科请求联合国外的援助有害于美国与西方的利益而予以拒绝。然而，美国驻刚果官员被迫应对不断变化的新形势。德夫林在仔细研究刚果地图后，与蒙博托、邦博科等人会晤，主要讨论消除对他们政权威胁的方法。他还建议刚果政府要求恩克鲁玛召回加纳驻刚果大使。

在恩克鲁玛拒绝后，德夫林又建议蒙博托驱逐加纳大使馆人员。加纳使馆人员拒绝撤离，并决心以武器相对抗，蒙博托命令包围加纳大使馆，联合国刚果行动指挥部则立即派突尼斯部队保护大使馆。双方交战持续了大半夜，次日清晨才停火。[③] 美国政府不得不劝说蒙博托避免可能导致内战的行动，但后者并不为之所动，反而打算在12月31日对东方省兵分三路发动进攻，并为此请求美国提供更多的武器和金钱。廷伯莱克认为，美国的援助不会“医好蒙博托的部队正在滋生的疾病，只会提供暂时降低狂热的、昂贵的阿司匹林”，因为他的士兵没有作战的意志，且卡萨武布及其同事既不合法也得不到大

① Editorial Note: Telegram from the Department of State to the Mission at the United Nations, January 12, 1961, *FRUS*, 1961 - 1963, Vol. XX, pp. 14 - 16.

② Briefing Papers Prepared in the Department of State (for a Conference between President Eisenhower and Kennedy), undated; Telegram from the Embassy in Belgium to the Department of State, January 23, 1961, *FRUS*, 1961 - 1963, Vol. XX, pp. 19 - 20, 23.

③ Larry Devlin, *Chief of Station*, *Congo*: *Fighting the Cold War in a Hot Zone*, pp. 117, 118, 123.

众的支持。国务院认为，蒙博托的军事行动可能会被基赞加政权用作寻求外部援助的借口，不利于美国支持联合国刚果行动的政策，然而又不能轻易地挫伤他，只能向他表明全面的军事行动没有任何好处。①

卢蒙巴等人在伊丽莎白维尔机场（1960 年 12 月）

刚果的乱局迅速把卢蒙巴推向了死亡的边缘。1 月 13 日，卢蒙巴通过卡米塔图给哈马舍尔德写了一封信，请求他支持自己获释。然而，秘书长拒绝接受这封信，称自己不能阅读 8 月在纽约要他辞职的信。当日，蒂斯维尔哈迪军营的士兵突然哗变，扣押了军官并在军营中游行，高喊"释放卢蒙巴""拥护卢蒙巴"等口号，并威胁要用武力让卢蒙巴重获自由。卡萨武布、蒙博托、恩达卡、邦博科等人对此极为震惊，于 15 日决定前往该军营，并把卢蒙巴送走。为此，他们先后与刚果（布）、南开赛和加丹加的领导人联系，提出把卢蒙巴交

① Leotel 1558 cited in Supplement, XVI, January 20 to March 6, 1961, p. 1, See *Analytical Chronology*, p. 68; Telegram from the Department of State to the Embassy in the Congo, December 31, 1960, *FRUS*, 1958 – 1960, Vol. XIV, p. 644.

给他们随意处置。刚果（布）总统尤鲁拒绝接收卢蒙巴等人。[①] 随后，他们决定把卢蒙巴等人送往南开赛共和国“首都”巴克旺加。17 日，卢蒙巴等三人被押上飞机，踏上了他们的最后旅程。由于联合国部队正控制着该地的机场，飞机在最后一刻转飞伊丽莎白维尔。[②] 当晚，卢蒙巴、奥基托和莫波洛等人在惨遭加丹加宪兵队毒打后被枪决，尸体被扔进硫酸溶液浸泡后就地掩埋。[③]

卢蒙巴惨遭杀害是 20 世纪最重要的谋杀案之一，无论对刚果政局的发展还是对国际社会的影响都可谓深远。那么，究竟是谁谋杀了卢蒙巴等人，或者说谁应该为这起谋杀案负责呢？国际舆论界及学术界对此争论已久。[④] 当然，以冲伯为代表的反对派是杀害卢蒙巴等人的直接凶手，特威迪也曾宣称“卢蒙巴的命运最终完全是一个非洲事件”。[⑤] 然而，外部势力在卢蒙巴遇害问题上显然负有不可推卸的

---

① *The Congo Crisis*, 1960 – 1961: *A Critical Oral History*, pp. 102 – 103.

② U. N. Report, 11/12/61, pp. 98 – 100, 109; Editorial Note, *FRUS*, 1961 – 1963, Vol. XX, p. 17.

③ 联合国调查小组报告认为，卢蒙巴等人 1961 年 1 月 17 日被杀害。Report of the Commission of Investigation U. N. Security Council, Official Records. Supplement for October, November, and December, 11/11/61, p. 117. (Cited hereinafter as “U. N. Report, 11/11/61”.)

④ 目前，围绕卢蒙巴遇害的大规模调查共有三次：第一次，联合国于 1961 年 2 月组成由缅、墨、埃（塞）和多哥等国代表组成的卢蒙巴遇害调查委员会，进行了长达 10 个月的调查。11 月 14 日，该调查委员会结论认为，“有力的证据表明，与加丹加省政府所说的卢蒙巴、奥基托和莫波洛于 1961 年 2 月 12 日被部族村民杀害的结论相反，他们是于 1961 年 1 月 17 日到达离伊丽莎白维尔不远的一座别墅后，很可能当着加丹加省高级官员（即冲伯、穆农戈和基布韦）的面被杀害的。”第二次，美国参议院于 1975 年 1 月建立的“丘奇委员会”（“Church Committee”）调查情报活动。关于卢蒙巴事件的结论认为，尽管中情局驻刚果情报站官员觉察到了刚果移送卢蒙巴到巴克旺加的计划，但他们和伊丽莎白维尔的中情局代表事前不知道卢蒙巴将被移交加丹加。该委员会还认为，尽管在 1960 年后期中情局的活动目的是让卢蒙巴死亡，但是中情局在刚果的代表并没有参与卢蒙巴之死，也不知道他抵达加丹加后的命运。第三次，比利时议会迫于舆论压力，于 1999 年建立专门的调查委员会。2001 年 11 月，该委员会发布了长达 1000 页的报告，结论认为虽然没有证据表明当时的比利时政府参与杀害卢蒙巴的行动，但是一些比利时人的确参加了针对卢蒙巴的敌对行动，应负有“政治和道德责任”。当事人克雷奥法斯·卡米达杜同时强调，美国政府通过中央情报局策划并操纵了整个事件，比利时人只不过是在前台指挥而已。2002 年 2 月 5 日，比利时外交大臣路易·米歇尔在比利时议会发表讲话称，当年比利时政府中的有关大臣对卢蒙巴“冷漠无情”，对他的命运“无动于衷”，他们对卢蒙巴之死负有“不可推卸的责任”，并对卢蒙巴遇害事件给该国人民和卢蒙巴的亲属造成的痛苦表示深刻道歉。

⑤ CIA C able, Elisabethville to Director, 1/19/61, *The Church Committee Report*, p. 51.

责任。早在刚果独立前，即将成为比利时非洲事务部部长的哈罗德·林登（Harold D'Aspremont Lynden）与专员多西（Doussy）就曾密谋除掉卢蒙巴，预算为500万比利时法郎，甚至当时就已经决定了参与此事的种族组织和党派。联合国与卢蒙巴最后遇害似乎没有直接关系，但秘书长哈马舍尔德及其主要的刚果合作者向那些想要卢蒙巴命的人提供了以非法手段除掉卢蒙巴的依据与机会。①

在这一问题上，美国政府显然负有全面的、不可推卸的责任。中情局代理人约翰·斯托克维尔（John Stockwell）认为，卢蒙巴“不是被我们的毒药毒死的，而是被那些有匿名机构并从机构中获得薪水的人殴打致死的”，事实上是被那些与中情局关系密切的刚果人杀死的。② 德夫林称自己曾警告卡萨武布，蒂斯维尔部队兵变是普遍存在的，只能通过“重大的行动”才能阻止这种形势的恶化。该警告很可能促使卡萨武布把卢蒙巴从蒂斯维尔转移走。在他们动身前往哗变的军营前，德夫林专门与他们讨论了行动计划，并劝他们不要都去，“因为如果你们不能完成你们的任务，部队逮捕了你们，谁来领导政府，谁来领导军队，国家将再次混乱”。③ 目前，没有确凿的证据表明中情局策划了杀害卢蒙巴的计划，也可以基本认定美国官员（包括德夫林在内）不清楚卢蒙巴惨死的过程。④ 例如，国务院在1月18日指示卡纳普，希望冲伯依照法律程序给卢蒙巴等人“仁慈的待遇”。卡纳普于20日回电说，在会见加丹加内政部部长戈德弗鲁德·穆农戈时，强调美国政府要求给他人道主义待遇只是出于国际舆论的考虑，并非出于对他的同情。然而，穆农戈对此不屑一顾，这使卡纳普意识到向冲伯提出上述建议不会有任何结果，只会减弱美国在

① Georges Nzongola-Ntalaja, “Ralph Bunche, Lumumba and the First Congo Crisis”, in *Trustee for the Human Community: Ralph J. Bunche, the United Nations, and the Decolonization of Africa*, p. 156.

② John Stockwell, *In Search of Enimies: A CIA Story*, New York, 1978, p. 237.

③ Madeleine G. Kalb, *The Congo Cables: The Cold War in Africa——From Eisenhower to Kennedy*, pp. 184 – 185; United States Senate, *Alleged Assassination Plots involving Foreign Leader*, pp. 48 – 50; *The Congo Crisis, 1960 – 1961: A Critical Oral History*, pp. 102 – 103.

④ Larry Devlin, *Chief of Station, Congo, Fighting the Cold War in a Hot Zone*, pp. 127 – 128.

加丹加已经很小的影响。①

2 月 10 日，穆农戈在一次记者招待会上突然宣布：卢蒙巴、奥基托和莫波洛于 9 日晚从秘密的监禁地逃跑了。苏联驻联合国代表致函哈马舍尔德，要求他立即核实这些消息，并向安理会紧急提交报告。次日，几内亚、加纳、马里、埃及、摩洛哥、利比亚、斯里兰卡、印度尼西亚、印度和南斯拉夫 10 国驻联合国代表联名写信给秘书长，要求紧急调查卢蒙巴的下落与命运。② 3 天后，穆农戈又公开宣布：卢蒙巴、奥基托和莫波洛已于昨日晨在伊丽莎白维尔北部约 210 英里处的一个小村庄被当地村民杀死。他还傲慢地宣称自己不会为卢蒙巴之死假装遗憾，还补充说："人们将谴责我们暗杀了他。对此，我只有一种回应：拿出证据来！"当日，哈马舍尔德正式宣布了卢蒙巴的死讯，举世为之震动。20 多个国家向他提出了严正抗议，12 国代表要求参加安理会即将举行的讨论。③ 刚果国内形势也迅速恶化，许多敌对势力开始相互逮捕人质，甚至出现了谋杀的行动。达亚尔在关于刚果形势的报告中也警告说，刚果出现了"严重的内战局势"，需要联合国采取迅速行动。

2 月 14 日，苏联代表向安理会提交了一项议案，谴责哈马舍尔德是谋杀刚果国家领导人的同谋犯和组织者，要求撤掉他的秘书长职务，并宣布苏联今后不再与他保持任何关系，也不再承认他是联合国的官员。④ 22 日，赫鲁晓夫在给尼赫鲁的信中宣称，"如果坦率地说，卢蒙巴实质上死于哈马舍尔德之手。要知道，不仅手持尖刀或手枪的人是杀人犯，而是把武器交给他的人是主要杀人犯。"大多数亚非国家赞成苏联的部分立场，"内心里确信欧洲国家和联合国对卢蒙巴之死负很大的责任"，并相信西方国家会用任何手段乃至谋杀以颠覆非洲的独立。这种激烈反应显然是 1960 年秋天赫鲁晓夫在大会上所采

① Telegram from the Consulate in Elithebetvill to the Secretary of State, No. 420, *Confidential U. S. State Department Central Files, Congo*: 1960-*January* 1963, reel 8; Telegram from the Consulate at Elisabethvell to the Department of State, January 20, 1961, pp. 20 – 21.

② 参见《人民日报》1961 年 2 月 13 日第 3 版、1961 年 2 月 12 日第 4 版。

③ Catherine Hoskyns, *The Congo since Independence* (*January 1960-December 1961*), pp. 323 – 324；［英］G. 巴勒克拉夫：《国际事务概览（1959—1960 年）》，第 556 页。

④ 参见《人民日报》1961 年 2 月 16 日第 3 版。

用的路线的继续——对秘书处的正面攻击和对不结盟世界的强烈呼吁。①

卢蒙巴的死讯传开后，世界各地愤怒的抗议者纷纷举行悼念活动，在莫斯科、华沙、贝尔格莱德、哈瓦那、孟买、喀拉蚩、科隆坡、雅加达等地甚至发生了严重的骚乱，埃及还出现了袭击美国、比利时大使馆的暴力活动。2 月 15 日，包括学生、妇女组织、劳工领导人和主要人民党代表在内的 300 名加纳人在美国驻阿克拉使馆前举行抗议，所举标牌上写着“美国人谋杀了卢蒙巴”“推翻美国在非洲的帝国主义”“美国人，你们没有人性！”等。② 在纽约联合国总部大厦外，几乎全由美国黑人参加的游行转变为骚乱，导致 18 名联合国卫兵、2 名记者和 2 名骚乱者受伤。③ 中国政府在声明中痛责以美国为首的帝国主义集团和联合国。④ 国务院总理周恩来致电刚果共和国副总理安托万·基赞加，国家主席刘少奇复电几内亚共和国总统塞古·杜尔，申明中国坚决反美国、比利时帝国主义的立场。⑤ 18 日，北京还举行了 10 万名群众参加的隆重集会，声讨杀害卢蒙巴的罪行，并为他及其遇害的同事下半旗志哀。3 月 25—30 日，第三届全非人民大会宣布卢蒙巴为非洲英雄。在 1966 年刚果独立 6 周年之际，蒙博托正式认定卢蒙巴是刚果民族英雄，并把金沙萨（前利奥波德维尔）市主要街道之一命名为帕特里斯·卢蒙巴大街，还为他建造了宏伟的纪念碑。此后，关于卢蒙巴的讨论、纪念活动从未间断。近些

① Hoskyns, *The Congo Since Independence*, p. 318; Tripoli, T - 654, *Supplement to the Analytical Chronology*, p. 5；［英］D. C. 瓦特：《国际事务概览（1961 年）》，第 152 页。

② John F. Kennedy Presidential Library, Presidential Office Files, BOX 117B, Folder: Ghana Security 2/1/61 - 2/18/61, Accra to State, 15 February 1961. Quoted from Mary E. Montgomery, The Eyes of the World were Watching: Ghana, Great Britain and the United States, 1957 - 1966, Ph. D, 2004, p. 129.

③ *New York Times*, February. 16, 1961.

④ 参见中华人民共和国政府抗议帝国主义集团及其代理人杀害刚果共和国总理巴蒂斯·卢蒙巴的声明，《中华人民共和国国务院公报》1961 年第 2 期。

⑤ 参见国务院总理周恩来关于哀悼刚果共和国总理巴蒂斯·卢蒙巴被帝国主义及其代理人杀害给刚果共和国副总理安托万·基赞加的电文，《中华人民共和国国务院公报》1961 年第 2 期；国家主席刘少奇关于支持几内亚共和国政府对刚果共和国总理巴蒂斯·卢蒙巴被杀害事件所采取的立场复几内亚共和国总统塞古·杜尔的电文，《中华人民共和国国务院公报》1961 年第 3 期。

年来，影视界还出现了不少关于他的纪录片和影视作品。[1] 这样，作为“烈士”的卢蒙巴成为一个远比他活着时更具有影响力的精神人物。

显然，导致卢蒙巴惨死的原因是多方面的，而深层原因恐怕正如德夫林承认的那样：卢蒙巴“缺乏世界政治的经验，他与苏联的调情使之成为美国的一个严重的危险。毕竟，我们卷入了一场重大战争，尽管是一场冷战。如果苏联在非洲大陆成功地控制了一大片地区及其资源，它就能把我们逼入一场热战的红线”。[2] 卢蒙巴试图利用美苏冷战对峙的机会，完成国家的统一大业，结果却引火烧身。应该说，这一悲剧的发生使刚果失去了“唯一的民族领导人”，导致其政府内部各派之间和解的希望基本破灭了，刚果形势变得更为复杂。卢蒙巴虽然并非直接死于美国人之手，但这无疑是艾森豪威尔政府几个月来梦寐以求的结果，也为下任总统肯尼迪调整刚果政策提供了余地。

---

① 例如哈乌·佩克导演的纪录片电影《卢蒙巴：先知之死》（1992）、拉乌尔·佩克导演的电影《卢蒙巴》（2000）、里奇·斯迈斯导演的《雅多维尔围城战》（2016）等。

② Larry Devlin, *Chief of Station, Congo: Fighting the Cold War in a Hot Zone*, p. 131.

第四章

刚果合法政府的重建

美国在刚果的目标是建立和维持一个稳定统一的刚果，谨防共产党接管。下面的三点计划（即增强联合国的托管；基础广泛的刚果政府；建立刚果的联合国政府）就是指向这种结果。尽管存在大量的、须仔细考虑的严重困难和风险，但是下面的计划将为一个新的开始提供基础；它将是肯尼迪政府的一个积极的首创，为美国解决刚果问题，重获在非洲和亚洲的地位，以及把美国置于一项更有决定性的联合国计划之中提供了希望。如果该计划成功，就能增强联合国作为一个和平机构的力量。

——腊斯克致肯尼迪备忘录，附件（1961 年 2 月 1 日）

至 1961 年 1 月艾森豪威尔下台时，美国的刚果政策实际上已经陷入了彻底的混乱状态，而年轻的肯尼迪入主白宫给美国对外政策带来了新的气息。他深受威尔逊自由主义理想的影响，其外交政策也因此富有“理想主义”色彩和美国的“使命感”。在总统就职演说中，肯尼迪宣称美国是人类正义信仰的继承者，要求国家为世界的自由事业作出贡献。为此，他宣称“今天捍卫和扩展自由的主战场”是亚洲、拉美、非洲和中东，美国已经卷入了“心灵和灵魂、生命和疆域的战争”。他在哈佛大学主修国际政治专业，对世界形势的认知与判断与艾森豪威尔有着明显的差别：后者坚决而固执地反共产主义政策，并愿意向亲西方的国家提供足够的报偿，而肯尼迪则提出以援助来拉拢中立的国家，反对以干涉作为处理与小国关系的方式。在此基础上，他提出了美国对外政策的和平战略。就其本质而言，这种战略与杜鲁门的“全面遏制”和艾森豪威尔的“解放战略”一脉相承，主要目标仍是遏制苏联，只在手段上有所不同。

肯尼迪曾任参议院对外关系委员会下设非洲委员会主席，对非洲问题较为关切。在1960年的总统大选中，他反复地谈论非洲的重要性，并一再强调由于之前“忽略和忽视非洲人民的需要和追求”，美国已经失去了非洲的地盘。他还把刚果危机与老挝、古巴等问题联系起来，批评艾森豪威尔政府在处理非洲新独立国家和不结盟国家上缺乏想象力，无法应对苏联的挑战。他认为，西方殖民国家若不对民族独立运动作出妥协，就会导致殖民地“民族主义与共产主义的结合”。由于多数独立的非洲国家更倾向于保持中立，他不得不从美国的长远利益出发，试图改变前任政府对“中立”的敌视态度，同时大力争取这些国家倾向于西方。上任伊始，肯尼迪就开始加强与非洲领导人恩克鲁玛、纳赛尔的个人关系[①]，同时任命了一批非洲主义者，如威廉姆斯、斯蒂文森、鲍尔斯、古里昂等，非洲也成为其政策中具有一定优先性的地区。

然而，肯尼迪对刚果危机也没有长远的规划。上任之初，他所面临的问题依然是“如何使俄国人不再插手这场‘解放’运动，如何制止共产党的军事征服而不致造成苏美之间一场重大的军事对抗”。[②]正如他在1963年1月所写的那样，刚果的经历“与我们对外政策行动整个系列的任何行动一样困难和复杂”。[③]他自然不想让刚果成为另一个老挝，使美国的精力在与本地共产党军队进行的丛林战中消耗殆尽，也不想使之成为另一个古巴，在其后院为共产主义提供一个战略位置重要的军事基地。[④]为此，他继续推行艾森豪威尔政府时期的大部分政策，目的是在刚果建立稳定与统一的亲西方政府，遏制苏联的渗透与扩张。然而，他的新政策一再遭受失败，刚果问题不得不经常纳入总统的议程之中。

---

① Arthur M. Schlesinger, *A Thousand Days: John F. Kennedy in the White House*, Boston, 1965, pp. 554, 557.

② ［美］西奥多·索伦森：《肯尼迪》，复旦大学世界经济研究所译，上海译文出版社1981年版，第468页。

③ Quoted from Richard Doyle Mahoney, *The Kennedy Policy in the Congo, 1961 – 1963*, p. Ⅳ.

④ 参见［美］西奥多·索伦森《肯尼迪》，第470页。

第一节 肯尼迪的刚果新政策

1961年1月6日，苏联领导人赫鲁晓夫发表了关于第三世界民族解放斗争的重要演说，宣称所有的战争不是“致命的、不可避免的”或者必然注定升级到核战争，然而民族解放斗争，特别是越南、阿尔及利亚和古巴的民族解放运动是合理的、不可避免的，并允诺共产主义者应该把支持各国人民努力摆脱殖民统治的解放运动作为使命。[①] 赫鲁晓夫演讲的真实用意尽管未必就是对西方的“挑战”[②]，然而美国政府官员有理由将之视为苏联在第三世界的“真正战争宣言”。例如，美国驻莫斯科大使汤普森（Llewellyn Thompson）直接称之为苏联的“冷战宣言”和“推翻美国体制的决心”。因而，总统肯尼迪很自然地将之理解为苏联对外政策的关键性内容，以及对自己新政府的严峻挑战。

上任之初，刚果的政治形势于肯尼迪政府而言“简直坏得无以复加”。[③] 至1月中旬，在埃及的直接援助及苏联的间接支持下，基赞加政权有效地控制了东方省，并在北部加丹加地区打败了联合国部队与冲伯的宪兵队。卢蒙巴、莫波洛和奥基托被转送到加丹加的消息也流传开来。比利时政府则向罗安达-乌隆迪增派部队，准备增援加丹加地区。埃及、几内亚、摩洛哥和印度尼西亚等国宣布将在1月内从联合国刚果行动撤出部队。而刚果总统卡萨武布能否在圆桌会议上确立起自己的领导权也是个未知数；比利时增加在刚果的活动以及卡萨武布—邦博科—蒙博托政治联盟的无能导致美国政策越来越被认为与欧洲殖民者并无两样。随着几内亚、埃及等国撤军日期的临近，刚

---

① Margot Light, *The Soviet Theory of International Relations*, Wheatsheaf, 1988, p. 217.

② 例如，美国前外交官雷蒙德·加特霍夫认为，赫鲁晓夫演讲的更重要的信息是必须防止大国卷入战争。不只是防止核大战，也包括要防止大国卷入局部战争和有限常规战争。赫鲁晓夫表示要“全心全意地支持”解放运动，但并未许诺给予直接援助，因为他决不想直接陷进去。因为当时中国共产党攻击，他没有尽力推进世界共产主义，因此他作出这种姿态也是出于迫不得已。“赫鲁晓夫说的是一套，而真正想要表达的却是相反的信息，这是他惯用的手法”。参见［美］雷蒙德·加特霍夫《冷战史：遏制与共存备忘录》，伍牛、王薇译，新华出版社2003年版，第126—127页。

③ ［英］D. C. 瓦特：《国际事务概览（1961年）》，第125—126页。

果爆发一场全面内战的可能性急剧地增加。

一　肯尼迪政府初期的刚果政策困境

尽管卢蒙巴之死削弱了西方国家在整个非洲的地位和影响力，使肯尼迪新政府面临的处境更加困难，但这也去掉了他推行政治解决刚果危机政策的主要障碍。卢蒙巴遇害的消息传开后，立即在刚果国内外引发了新一轮的政治危机。就刚果当时的形势而言，刚果问题能否得到解决主要取决于三个方面，即刚果政治领导人的圆桌会议，联合国调解委员会努力的结果以及肯尼迪政府的新政策。1961 年 1 月 2 日，卡萨武布宣布，圆桌会议预备会议作为解决当前分歧的主要手段，将于月底在利奥波德维尔市召开。然而，没有卢蒙巴参加的刚果政治圆桌会议似乎从一开始就注定了失败的结局。联合国调解委员会于 1 月 4 日在利奥波德维尔开始工作，但由于与利奥波德维尔政权的紧张关系，有效的合作关系似乎不大可能很快建立起来。与此同时，由于几内亚、马里、印度尼西亚和埃及 4 个成员国置身事外，调解委员会的能力遭到进一步削弱。因而，刚果问题能否得到尽快解决的决定性因素在于即将于 1 月 20 日就职的肯尼迪政府的态度。

肯尼迪政府若继续执行艾森豪威尔政府不惜代价地支持卡萨武布—蒙博托联合政权的政策，并阻挠卢蒙巴重掌政权或释放卢蒙巴，便会很快发现自己陷入与秘书长、联合国部队（特别是亚非中立国家）完全敌对的困境。如果美国向亚非中立国家妥协过多，那么重新召开刚果议会以及卢蒙巴获释很可能会出现。因而，肯尼迪上任伊始就在刚果问题上不得不面对三项重大任务：一是尽快结束蒙博托的独裁，并重建至少有着议会制外表的合法政府，以改善刚果政府的公众形象；二是结束斯坦利维尔左派分裂政权；三是结束南开赛与加丹加分裂政权。与之相应，他的新政府面临三种可供选择的方案：一是继续执行艾森豪威尔政府时期的刚果政策；二是取消对联合国刚果行动的支持；三是向亚非中立国家的立场靠拢，至少向其中较为温和的大多数国家靠拢。

就其本质而言，肯尼迪在刚果问题上与其前任并无本质性的分别，都把刚果视为美国在 20 世纪 60 年代早期围绕苏联集团建立的包围圈中的一个潜在“裂缝”。[①] 他也必须努力避免在刚果与苏联发生直接的对抗，为此也必须像其前任政府一样借助于联合国解决这个棘手的问题。然而，联合国部队撤离刚果无疑会造成更大的灾难，结果不仅使美国为之提供1/3经费的联合国行动必然失败，也会为苏联更大规模的单边干涉敞开大门。因此，他需要在刚果问题上采取一种新的政策，以便争取到新兴亚非国家的支持，在未来与苏联争夺刚果的较量中占据更大的优势。

事实上，肯尼迪力图改变艾森豪威尔政府刚果政策的想法早在上任前就已露出端倪。在大选期间，他就试图让非洲问题成为中心元素之一，打算与非洲建立一种“新型关系”。[②] 为此，他连续发表了13篇关于非洲问题的演讲，批评艾森豪威尔政府的非洲政策，特别是反对尼克松那份备受赞誉的报告。他强调说，某些非洲人对“主义”不感兴趣，而是向往良好的生活水平，故而希望为美国与该大陆的未来关系找到新的方向。1960年12月，参议院对外关系委员会非洲次委员会主席阿尔伯特·高尔（Albert Gore）率一个工作小组到刚果进行了实地调查。他认为，比利时的公开干涉与卡萨武布—邦博科—蒙博托联盟的无能导致亚非国家把美国视为殖民主义者。而这些国家撤出各自的刚果部队可能导致联合国“可耻的撤离”、哈马舍尔德辞职，因而美国必须改变这种“在非洲声名狼藉”的政策。[③] 在12月1日的一次新闻发布会上，肯尼迪在任命国务卿、国防部部长，甚至司法部部长之前，公开任命了新政府第一位内阁职位，即由前密歇根州州长威廉姆斯任非洲事务的副国务卿。[④] 此后不久，威廉姆斯与陆续受到任命的国务卿腊斯克、副国务卿鲍尔斯进入国务院一层的临时办事处开始工作，着手处理刚果问题。[⑤]

---

① 迪安·腊斯克在美国历史协会的演说词，1961年12月29日，《文件，1961年》，第11—18页。参见［英］D.C. 瓦特《国际事务概览（1961年）》，第144页。

② Elizabeth Cobbs Hoffman, *All You Need is Love: The Peace Corps and the Spirit of the 1960s*, Cambridge & Harvard University Press, 1998, p. 90.

③ Richard Doyle Mahoney, *The Kennedy Policy in the Congo, 1961 – 1963*, p. 61b.

④ Mary E. Montgomery, The Eyes of the World Were Watching: Ghana, Great Britain and the United States, 1957 – 1966, Ph. D, 2004, p. 148.

⑤ Roger Hilsman, *To Move a Nation: The Politics of Foreign Policy in the Administration of John F. Kennedy*, New York, 1967, p. 233.

鉴于刚果情势紧急，肯尼迪命令新的政府班子立即重新研究整个刚果问题。1月25日，他在第一次记者招待会上发表了三项声明，其中第二项事关刚果。他宣布，美国政府决定向刚果增加大量生活物资援助，从剩余物资储备中向刚果空运1000吨食物以解燃眉之急。就职当天，腊斯克与英国驻美国、联合国大使会晤，强调联合国刚果行动必须得到增强，以建立起联合国对刚果的托管。① 然而，政府内部围绕刚果问题还是出现了两种不同的意见：以斯蒂文森、鲍尔斯和威廉姆斯为首的非洲派倡导"中立的刚果"，批评艾森豪威尔政府在相关事务中"无论是地理上还是美国能力问题上"都扩大遏制政策，其非洲政策已经使美国与非殖民化处于非常对立的状态。他们认为，美国"与共产主义的问题不在于我们地位不断增强的欧洲……而在于以前的殖民地世界……南越、老挝、刚果、加纳"，遏制苏联的关键是通过亚非新兴国家支持美国的政策来实现。在此基础上，他们强烈建议在刚果建立一个能够吸收卢蒙巴或卢蒙巴主义者的联合政府，大国应停止对刚果国内各大派系的支持，呼吁联合国部队解除刚果士兵的武装并重新召开刚果议会。②

然而，艾森豪威尔政府欧洲派遗老（包括国务院、五角大楼和中情局的欧洲派成员，主要代表是驻刚果大使廷伯莱克和助理国务卿克里夫兰）担心肯尼迪的刚果新政策会导致"非洲的一场重大冷战失败"。③ 他们认为，争取非洲与其他不结盟国家的支持并没有多大的政治价值，赢得冷战亦不取决于亚洲或非洲，而在于确保战略与核威慑的优势，而这种优势仰赖于美国与欧洲盟国密切合作的北约组织。他们普遍认为，美国应该与比利时进行刚果政策方面的协调，努力在其与刚果的谈判中寻求解决的方法。他们还认为完全民主的政府当前并不适合刚果的国情，倡导把刚果重组成部落或力量集团的松散

---

① John B. Martin, *Adlai Stevenson and the World*, Doubleday, 1977, pp. 598 - 599.《纽约时报》称刚果危机是"总统肯尼迪和大使斯蒂文森外交的第一次考验……一种新的动力和新的领导层是处理这种爆炸性的形势所必需的"。*New York Times*, February 2, 1961。

② Ibid.; pp. 61a - 61b; Stephen Weissman, *American Foreign Policy in Congo (1960 - 1964)*, p. 138.

③ Larry Devlin, *Chief of Station, Congo: Fighting the Cold War in a Hot Zone*, p. 136.

联邦。[1] 他们建议肯尼迪给卡萨武布更多的时间，以组建反卢蒙巴的联合政府取代蒙博托创建的专员委员会，还强调加丹加是保持刚果政治平衡的重要力量。

1 月 25 日，白宫召开参谋人员会议，专门讨论刚果危机问题。国务卿腊斯克开场便特别指出，“除非我们能在刚果获得稳定，否则我们将需要代价高昂的行动”。经过反复讨论，会议建议帮助卡萨武布成立以伊里奥为中心的中央政府并召开刚果议会，以便刚果人能以和平的方式解决内部的政治问题。关于下一步行动，斯蒂文森认为可以考虑直接与赫鲁晓夫接触，理想的状况是苏联知难而退，美国也进行妥协，以减少非洲冷战对抗的危险。他还指出，卢蒙巴的地位是问题的关键所在，若他获释将造成相当大的危险。哈里则认为美国政府不能指望刚果人，必须支持亚非人，如果不能指望他们，那么必须努力分裂他们或者求助于比利时人。[2] 显而易见，这次会议并没有提出解决刚果问题的新思路，很大程度上仍在延续艾森豪威尔政府时期的政策。然而，这次会议却预示着肯尼迪政府正准备向新的刚果政策转变。在 1 月 30 日的总统国情咨文中，肯尼迪关于刚果的部分采用了一种调和的语气，宣称美国将继续支持联合国恢复和平与秩序的英勇努力。[3]

二　肯尼迪政府的刚果新政策

2 月 1 日，腊斯克应肯尼迪的要求提交了关于刚果政策的报告，其主要目的之一就是重新确定美国的立场，以获得世界舆论的普遍支持，特别是非洲和亚洲主要舆论的支持。[4] 就其内容而言，该报告主

---

① Thomas J. Noer, *Cold War and Black Liberation*: *Cold War and Black Liberation*, Columbia: University of Missouri Press, 1985, pp. 63 – 66; *The Christian Science Monitor*, Feb. 13, 1962, quoted from Stephen Weissman, *American Foreign Policy in Congo* (*1960 – 1964*), p. 139.

② Editorial Note; Memorandum of Conversation, January 26, 1961, *FRUS*, 1961 – 1963, Vol. XX, pp. 24 – 26, 28.

③ Quoted by Secretary of State Dean Rusk at his News Conference of February 6, 1961, p. 2. *Department of State Press Release*, Public Files.

④ New Delhi 1611, December 5, 1961, NSF, JFKL. Memorandum for the President from Dean Rusk, February 1, 1961. 该报告由国务院的琼·西斯科（Joe Sisco）起草。参见 *The Congo Crisis*, *1960 – 1961*: *A Critical Oral History*, p. 121。

要反映了非洲局的观点，强调美国政府必须制定新的政策以阻止刚果当前的分裂趋势，避免基赞加的东方省沦为共产党的据点，最终变成共产主义向刚果其他地区和非洲蔓延的一个“致癌疮口”。该报告提出的刚果新政策主要包括三项措施：第一，增强联合国对刚果的委任统治，强调其维持法律与秩序的责任，并使刚果的军事中立化，包括控制刚果所有的军队与警察，进行再训练或者有效的部署，阻止刚果内部冲突，威慑并阻止所有的外部干预和援助；第二，建立基础广泛的刚果政府，向比利时、卡萨武布等施加影响，尽早建立以伊里奥为总理的温和派政府；第三，建立托管刚果的联合国政府，若上述第二步失败，联合国则将行使政府与管理机构的所有职能。

该报告清醒地意识到，通过圆桌会议或联合国调解委员会建立起刚果新政府，就能建立起对刚果的有效管理是不可能的，因为任何新政府都需要联合国提供大量的管理与技术上的帮助。为避免其他国家指责美国干涉刚果内政，新政策要求卡萨武布以国家首脑的名义向联合国发出请求，以增加一项联合国管理作用的条款。该报告还指出，这样的联合国托管政府会持续多年，直至刚果人具备自我管理的能力时为止。为此，报告要求鼓励非洲人和亚洲人在执行这些政策上带头；与英、法、比等盟国以及哈马舍尔德、卡萨武布密切磋商，甚至可在一些方面接触苏联人；联合国必须成功，绝不让刚果落入共产党之手，如有必要，就指望其他的方式。① 正如腊斯克向肯尼迪解释的那样，肯尼迪的刚果新政策必须是“一种防止卢蒙巴担任总理的方法”。事实上，这项刚果新政策在很大程度上糅合了非洲派与欧洲派的观点，并协调了两者之间的矛盾。该政策的主要目的在于重新确立美国政府的基本政策，使之能在整体上赢得世界舆论，特别是亚非中立国家的支持。② 其中，建立托管刚果的联合国政府建议最有争议，且肯尼迪政府始终未能制订出具体的方案。而建立广泛基础的刚果政

① Memorandum from Secretary of State Rusk to President Kennedy, February 1, 1961. Enclosure, Suggested New Unite States policy on the Congo, *FRUS*, 1961 - 1963, Vol. XX, pp. 44 - 45.

② Memorandum from Secretary of State Rusk to President Kennedy, February 1, 1961. Enclosure, Suggested New Unite States policy on the Congo, *FRUS*, 1961 - 1963, Vol. XX, p. 41.

府则被认为是最新的发明，在很大程度上反映了民族自决的观念，也反映了新任总统努力把自由主义理想运用到世界落后地区的意图。

然而，这项新的刚果政策并未获得美国各部门的广泛认同。参谋长联席会议主席利曼·列尼特泽（Lyman Lemnitzer）警告说：美国能在刚果成功地进行军事干预，而不会降格它的全面战争姿态到不可接受的程度，“我们在世界其他地区进行其他相似类型的能力将依赖于美国在刚果投入的程度”。他也认为应该加强对联合国的支持，但对这项新政策中依赖联合国行动的有效性提出了质疑。[①] 斯蒂文森认为这项新政策可能会导致刚果出现无休止的内战和外部干涉；廷伯莱克则直接地称之为“一场彻头彻尾的灾难”。杜勒斯向负责国家安全事务的总统助理麦克乔治·邦迪抱怨说，中情局并没有被要求参与该计划的制订，因而没有递交相关的“情报考虑”，可能需要“在提出的行动中建议某些改变或者补充”。[②] 大约在同时，中情局开始设计一种替代性的计划——“银弹计划”。[③] 肯尼迪虽然也把中情局视为实施自己政策的关键执行部门，但他并不像艾森豪威尔那样热衷于隐蔽行动，而是更希望以政治的方式解决问题。[④]

尽管该政策在国内遭到反对，肯尼迪仍希望从西方盟友以及亚非国家那里获取支持。在腊斯克看来，刚果新政策的成功仰赖于亚非中立国家的认可，并与苏联达成和解。2 月 1 日，刚果新政策文件在国家安全委员会第 475 次会议通过后，立即得到了肯尼迪的批准。随后，国务院将之散发给驻非洲、亚洲、欧洲、南美洲和澳大利亚等国家的 22 个大使馆，以争取东道国政府的支持。考虑到印度和尼日利亚在刚果行动中的重要作用，国务院特别希望它们能支持这项新方

---

① Memorandum to the Secretary of Defense, January 30, 1961.

② John B. Martin, *Adlai Stevenson and the World*, p. 602; Interview: Clare H. Timberlake, Fort Sumer, MD, 4/10/78. Quoted from Richard Doyle Mahoney, *The Kennedy Policy in the Congo*, 1961 - 1963, p. 71; Editorial note reproduced portions of Dulles Memorandum to Bundy, February 5, 1961, *FRUS*, 1961 - 1963, Vol. XX, p. 46.

③ 目前，相关资料中并没有关于该计划的详细情况，但是许多研究都认为它确实存在。

④ Lise A. Namikas, *Battleground Africa: The Cold War and the Congo Crisis, 1960 - 1965*, p. 263.

案，并在推动过程中起带头作用。[①] 为此，国务院分别指示驻新德里和拉各斯大使在“口头上而不是在任何书面的备忘录中”告诉印度和尼日利亚的总理，“由于卢蒙巴过去作为总理不负责任的历史，我们严重关切他重回那个职位。即便在一种更低级的职位上，我们认为他仍有一种非常高的潜在能力开展分裂的、无建设性的行动。”关于释放卢蒙巴问题，肯尼迪在给恩克鲁玛的信中强调，刚果武装部队必须被中立，必须在政治犯获释之前建立一个基础广泛的政府。尼赫鲁对刚果新政策总体上表示同意，但提出利奥波德维尔政权释放包括卢蒙巴在内的政治犯，以及结束比利时对刚果的军事援助是必要的前提。[②] 此外，老挝政府也基本上同意该计划。

然而，西方盟国强烈地反对这项新政策，一致认为它削弱了总统卡萨武布的政治地位，妨碍了蒙博托对基赞加政权开展必要的军事行动。2 月 3 日，英国外交大臣休姆表示，刚果人不可能接受国民军中立化，必须由联合国部队强制执行。他认为，该计划第三部分实际上是把刚果变成一种“典型的保护国”，是对卡萨武布釜底抽薪，为卢蒙巴重掌政权打开了通道。比利时政府首先对美国事先没有与之磋商表示遗憾，继而批评其决策者没有在不同的刚果政权之间作出正确的区分。戴高乐政府则抱怨美国政府把它的新计划向许多国家，包括亚非国家出示得速度太快，并指出刚果问题对法属非洲地区的影响至关重要。[③]

该政策还遭到了刚果国内各派政治力量，尤其是卡萨武布与蒙博托的坚决反对。他们认为这是一种“新的和出人意料的、美国团结

---

① Telegram from the Department of State to the Embassy in India, February 2, 1961, *FRUS*, 1961 - 1963, Vol. XX, p. 47.

② Deptel 2069 to New Delhi, February 2, 1961; Kennedy to Nkrumah, Deptel 802 to Accra, February 2, 1961, quoted from Richard Doyle Mahoney, *The Kennedy Policy in the Congo, 1961 - 1963*, p. 62; Secretary Rusk's news conference of February 6, 1961, Department of State Press Release No. 57, p. 14; Telegram from the the Embassy in India from the Department of State, February 6, 1961, quoted from Telegram from the Department of State to the Embassy in India, February 2, 1961, *FRUS*, 1961 - 1963, Vol. XX, p. 48.

③ Memorandum of Conversation, February 4, 1961; Telegram from the Department of State to the Embassy in the Congo, February 4, 1961, *FRUS*, 1961 - 1963, Vol. XX, pp. 49, 53 - 54.

卡萨布兰卡国家”的政策，强烈反对任何扩大联合国托管职能和控制国民军的措施，认为这是对刚果主权的严重侵害。他们还警告说，任何削弱他们对刚果国民军的直接控制权都会妨碍中央政府在与东方省、基伍省的作战中获胜。随后，他们命令国民军处于警戒状态，并“好友地”建议美国驻刚果大使馆人员在天黑后不要随意外出。对此，廷伯莱克断定卡萨武布与蒙博托在反对扩大联合国托管问题上不可动摇，继而强调在实施该计划之前，应首先赢得他们的信任。①

哈马舍尔德自然关注联合国在刚果的地位，担心越来越多的部队撤离将导致刚果行动的失败，为此请求印度政府派一个师替换6000名即将从刚果撤离的部队，而尼赫鲁明确表示，印度与第三世界国家不会支持外来颠覆，西方国家若不作出大的让步（指释放卢蒙巴），自己将不会给予任何帮助。② 在这种形势下，哈马舍尔德不得不呼吁卡萨武布以人道主义态度对待卢蒙巴及其同事，要求冲伯把他们从伊丽莎白维尔送回来。在1月21日与斯蒂文森的会谈中，秘书长称卢蒙巴是“有权威、泼辣、有能力的人”，批评廷伯莱克“高兴于卢蒙巴被捕”，并试图迫使联合国走卡萨武布的路线。在25日的会晤中，他预言苏联与卡萨布兰卡集团将要求召开谴责他的安理会会议。他建议美国不要参与讨论，而让小国保护他，还建议美国就刚果停战秘密地接触苏联，阻止几个敌对国家（苏、法、比与卡萨布兰卡国家）迫使联合国撤出刚果，且不要过于支持卡萨武布—蒙博托，以免他们不愿妥协。③

2月1日，安理会召开了重点讨论刚果问题的会议。斯蒂文森积极地发动了外交攻势，以获得更多国家对肯尼迪新政策的支持。在当

① *Supplement to the Analytical Chronology*, p. 4; Richard Doyle Mahoney, *The Kennedy Policy in the Congo*, 1961 - 1963, pp. 72 - 73; Telegram from the Embassy in the Congo to the Department of State, February 6, 1961, *FRUS*, 1961 - 1963, Vol. XX, pp. 55 - 57.

② Nehru to Hammarskjöld, January 25 and 26, 1961, reported in USUN tel 2010, January, 1961, with a cover memorandum from Brigadier General Aandrew J. Goodpaster to Walter J. Stoessel, Jr., January 27, 1961. NSF, JFKL.

③ AESP, handwritten notes, Box 830. Quoted from Richard Doyle Mahoney, *The Kennedy Policy in the Congo*, 1961 - 1963, p. 59; John B. Martin, *Adlai Stevenson and the World*, p. 600; *Supplement to the Analytical Chronology*, p. 2, NSF, JFKL; Brian Urquhart, *Hammarskjöld*, New York, 1972, p. 503.

天上午与佐林会晤期间，他宣称，美国将支持刚果尽早建立立宪制政府，禁止联合国之外的任何单边援助以及全面支持秘书长。佐林答复说，苏联希望刚果回归合法的，尤其是在卢蒙巴治下的政府，并强调唯一的外来干涉来自比利时。在给政府的汇报中，斯蒂文森认为苏联愿意与美国建立更友好的关系，然而当前对刚果问题的立场并没有松动。3日，他开始游说19国（主要是欧洲和亚非重要的国家）的代表团。4天后，尼日利亚同意在美国刚果新政策基础上提出一项安理会决议，摩洛哥也称其“具有建设性”。哈马舍尔德告诉斯蒂文森，印度人也似乎准备接受他的建议。随后，美国政府宣布向联合国刚果行动拨款近2000万美元。①

6日，斯蒂文森与哈马舍尔德详细地讨论了这项新政策。后者赞同英、法的看法，即该政策会削弱卡萨武布的声望，并将干扰蒙博托对基赞加政权的军事行动。他还表示，卡萨武布在很大程度上受到邦博科、蒙博托等人的挟持，需要把他分离出来，并劝其继续组建伊里奥合法政府。关于安理会的策略，秘书长表示，美国应该允许激进的非洲人首先表达自己的看法，然后鼓励负责任的非洲人（包括尼日利亚、突尼斯、喀麦隆、利比里亚和塞内加尔）为“我们支持的解决方法说话”。14日，他向斯蒂文森明确表示，联合国不需要美国所谓的新托管，而需要亚非人最大程度的支持。② 至此，这项刚果新政策不得不被肯尼迪政府暂时搁置起来，而其中最重要的一条，即“建立基础广泛的政府”被保留了下来，并成为后来美国解决刚果问题的主要行动方针。

三　安理会第161号决议：授权使用武力制止刚果内战

基赞加政权虽然能暂时与其他两个政权三权鼎立，然而其状况并不乐观，甚至说比较糟糕。波兰驻斯坦利维尔记者报告说，该政府的货物和食物储备都已经耗尽，经济即将崩溃。捷克记者也报告说，基

---

① John B. Martin, *Adlai Stevenson and the World*, pp. 601, 603 - 604; *New York Times*, February 9, 1961.

② Telegram from the Mission at the United Nations to the Department of State, February 6, 1961; Telegram from the Mission at the United Nations to the Department of State, February 14, 1961, *FRUS*, 1961 - 1963, Vol. XX, pp. 57 - 59, 64.

赞加的部队虽有8000—9000人，装备着“相对现代化的”比利时武器，但是每位士兵仅有10发子弹，且因缺乏燃油而机动性不足。基赞加还被迫像蒙博托那样根据级别支付2000—6000刚果法郎不等的军饷，否则他们拒绝作战。① 为摆脱这种困境，基赞加和缪勒尔不断致电莫斯科，几乎是绝望地请求苏联提供军事援助和其他援助，还请求苏联派使团到斯坦利维尔帮助抵抗帝国主义侵略。2月14日，苏联政府发表声明，承诺将给“刚果人民及其合法政府一切可能的帮助和支持”。然而，大多数资深观察家认为赫鲁晓夫并非真想支持基赞加政权，况且一定规模的干涉“在后勤上是不可能的”。事实上，苏联政府尽管仍尖锐地谴责西方，但是赫鲁晓夫已经试图从危机中脱身，以减少在非洲冷战对抗的危险了。② 廷伯莱克也证实，此时共产主义国家运抵斯坦利维尔的援助物质不过是“一股细流”。③

卢蒙巴遇害引发的冲击波很快在联合国达到了高潮。2月14日，苏联政府发表声明，指责联合国没能保护卢蒙巴的人身安全，哈马舍尔德是谋杀的“组织者”，要求联合国在一个月内结束刚果行动，解除哈马舍尔德的职务；所有比利时部队与官员立即从刚果撤离，并宣称将全力支持以基赞加为首的刚果“合法政府”。④ 亚非中立国家也纷纷谴责美国应为卢蒙巴之死负责。15日，苏联在联合国内发起了一场针对秘书长和刚果行动的外交攻势。赫鲁晓夫在给尼赫鲁、纳塞尔、恩克鲁玛、苏加诺等人的信中，提出建立一个独立于联合国之外的非洲国家委员会，恢复刚果的和平并终止外国的干涉，并呼吁他们支持“三驾马车”计划。在当日的安理会会议上，苏联代表佐林首先就上述建议提交了一份决议草案。

美国代表斯蒂文森强烈地谴责苏联的提案，宣称这是“向联合

① Sergei Mazov, “Soviet Aid to the Gizenga Government in the Former Belgian Congo (1960 - 61) as Reflected in Russian Archives”, *Cold War History*, Vol. 7, No. 3, August 2007, pp. 425 - 437.

② Richard Doyle Mahoney, *The Kennedy Policy in the Congo, 1961 - 1963*, p. 80.

③ U. S. Senate Report of the Proceedings, “Hearing held before the Committee on Foreign Relations”, *Briefing on the Congo*, February 6, 1961, pp. 20 - 21.

④ *American Foreign Policy*: *Current Documents*, 1961, pp. 765 - 766; Hoskyns, *The Congo Since Independence*, p. 323.

国和国际和平行动原则真正的宣战”。他断言，联合国若停止在刚果的行动，刚果将立即陷入混乱与内战之中。他强烈反对任何外部力量向刚果单独提供援助，主张重组刚果国民军（而不是解除武装），并支持重新召开刚果议会。他还警告说，如果其他国家被怀疑且故意“恶化当前的形势”，那么美国不会“坐视不管”。斯蒂文森的主张体现了肯尼迪刚果新政策的核心内容，获得哈马舍尔德的赞许。15 日晚，肯尼迪在记者招待会上重申美国支持联合国部队留驻刚果，并支持卡萨武布政府。他称自己非常担心外部力量在刚果进行单边干涉，并谴责蓄意承认刚果派系为所谓的政府的国家或地区，最后还郑重地警告说，“如果任何政府真的打算采取危险的与不负责任的举动，那就不应误解美国的立场”。[①] 此外，大多数亚非国家也不支持佐林的提议，而是建议首先把刚果的比利时部队驱逐出去，然后再寻找政治解决问题的方案。

腊斯克担心苏联直接干涉或通过埃及或其他国家向斯坦利维尔空运各种军事物质，紧急指示斯蒂文森争取苏丹在他国飞机越境运输上采取坚定的立场。为此，威廉姆斯还亲往喀土穆，承诺向苏丹提供援助以确保它能继续禁止苏联集团飞机越境向斯坦利维尔运送物质[②]；同时还通告纳赛尔美国将严正地看待埃及支持基赞加政权的行为。五角大楼甚至为此紧急制订了有限战争的计划，打算通过空中或海路向刚果地区运送 8000 人部队，随后又调派了 5 艘军舰前往靠近刚果的几内亚湾海域。[③] 同时，国务院强调有些事必须由刚果人自己处理，建议卡萨武布与伊里奥立即采取下列措施：第一，在某种程度上承认卢蒙巴不是被谋杀的，至少可以避免让自己陷于被指责或请求宽恕的窘境；第二，改善与联合国部队之间的关系；第三，建立基础广泛的政府。此外，国务院还鼓励刚果领导人勇敢地面对当前的现实，把个

---

① *New York Times*, February 16, 1961; February 17, 1961.

② Telegram from the Department of State to the Embassy in the United Kingdom, February 15, 1961, *FRUS*, 1961 - 1963, Vol. XX, p. 65; Benoit Verhaegen, Congo 1961, quoted in Weissman, *American Foreign Policy in Congo (1960 - 1964)*, pp. 141 - 142.

③ *New York Times*, February 17, 20, 1961; February 20, 1961.

人、部落和地区忠诚搁置到一边。[1]

为达到联合国主导刚果事务的目标，美国与亚非国家之间还进行了一场“无声的讨价还价”。肯尼迪致信尼赫鲁，宣称“非洲独立必须是真正的独立，而不是由外部长期控制的某种形式的独立……内战是把自由的非洲拖入冷战的最直接的途径”，进而劝说他支持美国对决议草案的三条修正案：一是应该在决议文本中提到秘书长，以阻止苏联抨击他；二是应该声明联合国托管将在与刚果国家首脑磋商后实施；三是应该禁止具有军事目的的物质援助与人员进入刚果。同样的电报还发给了尼日利亚总理塔法瓦·巴勒瓦（Tafawa Balewa）和利比里亚总统威廉·杜伯曼（William Tubman）。尼赫鲁拒绝了前两条，理由是秘书长的作用在决议中是暗含的，而且刚果事实上没有中央政府。不过，他承诺全力支持第三项修正案，并宣布印度将派军队到刚果，但需要肯尼迪政府改变艾森豪威尔时期的刚果政策。[2] 此外，尼日利亚与利比里亚也明确保证支持美国关于禁止外来物质进入刚果的修正案。

两天后，斯里兰卡、利比里亚与埃及联合提交了一份议案，敦促联合国立即采取所有适当的措施防止刚果发生内战，调查卢蒙巴及其同事死亡的真相，还建议联合国刚果行动立即采取措施疏散非联合国人员（尤其是比利时人），重组刚果国民军以及重新召开刚果议会。[3] 该议案最重要的一点在于，由于担心刚果出现全国报复性行动的扩散，建议特别授予联合国部队动用武力的权力，作为阻止刚果发生内战的“最后一招”。当然，该议案在某些方面也是含混不清的，尤其是它虽然主张重新召开刚果议会，但是并没有规定由联合国刚果行动强制执行。在随后提交三项修正案无效后，斯蒂文森请求肯尼迪接受上述未经修正的决议。[4]

---

① Telegram from the Department of State to the Embassy in Belgium, February 15, 1961, *FRUS*, 1961 - 1963, Vol. XX, p. 66.

② Kennedy to Nehru, Deptel 2238 to New Delhi, Feb. 18, 1961; Nehru to Kennedy, New Delhi tel 1775, February 20, 1961; *New York Times*, February 16, 1961, p. 1.

③ 参见《人民日报》1961 年 2 月 24 日第 6 版。

④ Catherine Hoskyns, *The Congo since Independence* (*January 1960-December 1961*), pp. 328 - 329, 332 - 333.

由于卢蒙巴遇害导致的麻烦，肯尼迪自然不想让此事进一步扩大，决定支持该议案。2 月 20 日，斯蒂文森宣布支持该决议。纳米卡斯认为，肯尼迪之所以同意该议案，主要有两方面的原因：一是苏丹代表宣布不允许其他国家通过其领土或领空向基赞加运送物质与人员，封锁了苏联对斯坦利维尔政权的援助；二是美国政府得知以瓦舒库（尼日利亚人）为主席的调解委员会打算支持卡萨武布任命伊里奥为总理，建立温和的刚果政府的可能性大为增加。① 笔者赞同上述两点原因的分析。不过，上述解释侧重于从外部因素进行分析，而未能讨论议案文本，故在此补充两点：一是肯尼迪政府对该提案内容比较满意，因为其中包含着美国所要求的三点，即联合国秘书长执行该决议的责任、承认联合国在刚果的目的是维护其主权与独立，并禁止外来物资、人员的单边援助；二是该提案保证联合国在处理刚果问题上占据主动地位，并在一定程度上获得亚非国家对美国刚果新政策的支持。

苏联代表虽然对该议案略有不满，但意识到此时若行使否决权将使自己孤立于亚非国家之外，还将迫使秘书长把相关的讨论转交联合国大会。而在那里，哈马舍尔德无疑将获得较高的支持率，因而苏联最终选择了弃权。2 月 21 日，安理会以 9 票赞成、0 票反对、2 票弃权（法国和苏联）的结果通过了该议案，即关于使用武力阻止刚果内战的安理会第 161 号决议（1961）。这是联合国安理会历史上第一次授权使用武力制止一国内战的决议，也是“联合国部队中 80% 以上是非洲人或亚洲人影响大量增长的结果”。显然，该决议为哈马舍尔德找到一种以武力为后盾解决刚果问题的方式，从而在结束加丹加分裂上迈出了一大步。②

肯尼迪事后对这项决议表示满意，认为推进了自己的刚果新政策。不过，美国官员非常清楚，解决刚果问题仍然存在许多困难，其中最大的障碍来自加丹加和比利时。斯蒂文森不无担忧地指出：“我担心刚

---

① Lise A. Namikas, *Battleground Africa: The Cold War and the Congo Crisis, 1960 - 1965*, pp. 272, 275 - 276.

② Richard Doyle Mahoney, *The Kennedy Policy in the Congo, 1961 - 1963*, p. 84; Lise A. Namikas, *Battleground Africa: The Cold War and the Congo Crisis, 1960 - 1965*, p. 283.

果成功结果的最大威胁来自我们的朋友（暗指比利时）。”他认为，卡萨武布作为国家首脑是刚果重建所必需的，但是由于他的无能严重地削弱了自己稳定的、合法的地位，美国必须采取措施阻止其政治地位持续弱化。斯蒂文森还警告说：“冲伯是当前形势下最严重的问题”，由于美国不能直接或通过比利时人对其进行控制，必须准备坚定地反对他，且同样坚定地支持秘书长；若不能使比利时政府确信它必须根据联合国新的决议采取行动，“我们就会马上面临另一次危机，并在秘书长对刚果行动可能产生的致命后果中进一步失去信任”。①

国务院总体上同意斯蒂文森的上述看法，也清楚反对冲伯会导致美国与北约盟国（尤其是比利时）的关系陷入困境，因此在向盟国施加压力的同时，也要求秘书长作出一定的让步。在2月23日给驻布鲁塞尔大使馆的电报中，国务院警告说，如果美国容忍当前比利时在加丹加（和其他地区）的军事活动，那么美国谴责苏联集团向刚果提供单边援助将被大多数亚非国家当作耳旁风。为把共产主义势力排除于刚果之外，美国必须采取措施把自己“置于亚非人攻不破的地位”。然而，围绕着应该采取哪些措施的问题，华盛顿产生了尖锐的分歧。廷伯莱克与欧洲局仍继续支持卡萨武布、蒙博托和比利时人。中情局反对在政策上或在实践上采取任何形式的中立。而非洲局则认为美国首先必须解决它政策中的“矛盾”，即美国要求联合国孤立基赞加，却允许冲伯接受比利时和其他国家的援助，否则将把美国与非洲国家的关系拖入最严重的困难之中。非洲局在一份备忘录中强调，美国必须敦促比利时立即撤出其军事和政治顾问，如果冲伯政权崩溃了，形势会好很多。②

国务院当然清楚，迫使比利时人从刚果撤离将对两国关系及北约造成严重的影响，特别是新任比利时政府可能会发起大规模的反美运动。国务院认为最好的解决办法是：一方面在承认比利时人对刚果贡献的基础上，督促其从刚果撤出军事的、半军事的人员与政治人员；

---

① Telegram from the Mission at the United Nations to the Department of State, February 22, 1961, *FRUS*, 1961 - 1963, Vol. XX, pp. 76 - 77.

② Martin F. Herz, *Some Conclusions*, p. 37; Memorandum to Mr. Penfield from John B. Martin F. Herz, March 9, 1961.

另一方面敦促哈马舍尔德撤换达亚尔，与比利时人、刚果人进一步讨论撤出所有比利时人顾问，以联合国人员取而代之。[①] 在美国的建议与压力下，比利时外长于2月28日宣布召回刚果部队中的“自愿者”。当斯蒂文森再次要求撤换达亚尔时，哈马舍尔德却含糊地表示在当前的危机好转后再作决定，并强调加丹加才是刚果问题的关键所在，首先必须清除冲伯的宪兵队，才能迫使他与中央政府达成和解。为此，他建议利用安理会新决议授予的权力，在加丹加开展军事行动。在3月3日白宫会议讨论刚果问题时，肯尼迪强调，必须首先“清扫房屋”（即调离达亚尔），刚果问题才能取得进展。这次会议还允许中情局在刚果加速实施它的“银弹”计划。[②] 迄今，虽然尚未发现关于该计划的详细资料，但可以肯定它主要包括增强卡萨武布政府或增强蒙博托部队的行动能力。

第二节　阿杜拉政府的建立

肯尼迪上任伊始就试图在一定程度上克服艾森豪威尔时期刚果决策的应急性与随意性，尽量兼顾新兴亚非国家的立场以及非洲本地人追求民族独立的诉求，制定出解决刚果问题的新政策。当然，他的新政策在本质上与其前任并无不同，解决问题的主要手段也几乎一致，即主要通过联合国解决问题。所不同的是，肯尼迪更偏重于通过合法的途径，即主张刚果建立基础广泛的政府，通过民主方式解决问题。尽管该政策遭到国内反对派以及西方盟国的反对，但是安理会第161号决议对之表示支持，从而消除了苏联对其新政策实施所造成的障碍。随后，美国政府与联合国必须努力把刚果各种敌对派系整合进新的议会，尽快地建立一个合法的联合政府，然后结束加丹加的分裂与外部干涉。然而，刚果激进派可能通过议会民主方式掌权的前景依然是肯尼迪新政策必须面对的挑战。

---

① Telegram from the Department of State to the Embassy in the Belgium, February 22, 1961; Telegram from the Mission at the United Nations to the Department of State, February 24, 1961, *FRUS*, 1961 - 1963, Vol. XX, pp. 79 - 80, 82.

② Telegram from the Mission at the United Nations to the Department of State, February 24, 1961; Editorial Note, March 3, 1961, *FRUS*, 1961 - 1963, Vol. XX, pp. 84 - 85, 89.

第四章　刚果合法政府的重建

一　马塔迪事件与达亚尔辞职

安理会第 161 号决议立即在刚果国内引起了强烈的反应。总统卡萨武布认为它侵犯了刚果的主权，要求联合国开展任何民事或军事行动之前必须与刚果政府协商，并警告说联合国未经同意，无权组织召集刚果议会与重组国民军。他还通过广播演说宣称，联合国已经背叛了刚果，要求“每位战士必须维护刚果的荣誉，维护军队和他的武器的荣誉”。同时，他还呼吁冲伯以国家的团结为重，共同面对刚果的危险形势。冲伯也把安理会第 161 号新决议视为“对加丹加和刚果宣战”。① 刚果政府与加丹加政权的强硬态度给联合国刚果行动执行该决议造成了极大的困难，甚至刚果国民军与联合国部队的紧张对峙迅速达到了“一颗火星就能在任何时间将之引爆”的程度。②

随后，刚果国民军袭击了驻守马塔迪港口的一支苏丹部队，造成 2 人死亡。苏丹政府宣布从联合国刚果行动撤出本国 400 人的部队。摩洛哥和印度尼西亚也相继从刚果撤出了部队。马塔迪事件无疑对联合国刚果行动是一记重创，尤其是蒙博托的部队控制了马塔迪港口城市，使其失去了通过海上补给的唯一港口，也使联合国在刚果人心目中的威望大打折扣。蒙博托还威胁对斯坦利维尔发动军事进攻，并将对利奥波德维尔的卢蒙巴主义者采取了“一波新的恐怖浪潮”。这些人被迫涌入联合国军司令部避难，哈马舍尔德不得不命令达亚尔为他们建立一处保护营地。此外，刚果政府的敌视态度还引发了外界对联合国能否继续留在刚果，以及请求 2.5 万人部队和 1.35 亿美元资助的质疑。③

自危机爆发以来，刚果的形势时刻都在发生着剧烈的变化，华盛顿对具体的情况了解较少，甚至由于不了解给了驻刚果官员较大的自由行动权力。大使廷伯莱克认为，刚果国民军与联合国部队之间的冲

---

① Leotel 1805, Elisabethville 549, quoted in *Supplement to the Analytical Chronology*, p. 9.

② Telegram from the Embassy in the Congo to the Department of State, March 2, 1961, *FRUS*, 1961 –1963, Vol. XX, p. 87.

③ Memorandum for Ralph A. Dungan, March 11, 1961, Supplement to the Analytical Chronology, pp. 5 –6; Dayal, *Mission for Hammarskjöld: The Congo Crisis*, p. 199; *New York Times*, March 2, 1961.

突表明，联合国已经屈从于苏联，任由这种趋势发展，“我们必定受到当前这一代所有国家的责备”。他担心马塔迪事件会导致美国不愿看到的后果，即要么卡萨武布政权的倒台，要么联合国部队被迫撤离。于是，他在呼吁美国防止苏联大规模正面进攻的同时，努力把刚果的局势掌控在自己手中。为此，他需要重演“1958 年黎巴嫩那样的海军登陆”[①]，而正从罗安达（Luanda，今安哥拉首都）开往开普敦的一支美国特混舰队[②]显然具备这种能力。在他看来，只需 6 架直升机、少量坦克和登陆艇就能让舰上部队登陆刚果，控制马塔迪的形势。3 月 5 日，他擅自通过无线电话与该舰队取得联系，要求其掉转船头向北部缓进。该舰队舰长在征得大西洋舰队总司令（CINCLANT）同意后，掉转了船头。[③]

廷伯莱克的上述举动违犯了舰队命令发布的正常程序，表明“美国驻刚果使团没有奉行华盛顿的政策决定，并经常完全由自己操作事情”。[④] 肯尼迪在次日的《纽约时报》上看到特混舰队改变既定航线的消息后大为震怒。在当天给腊斯克与麦克纳马拉的备忘录中，他质问道：“大使廷伯莱克在要求舰队司令改变其舰队方向之前通报过国务院吗？舰队司令在他同意这个要求前通报过海军部吗？如果在采取行动前没有被告知，那么这是由于通信错误，还是有其他什么原因？”国务院与国防部紧急讨论此事，建议特混舰队按原路返回，此事才算平息。应该说，廷伯莱克擅作主张是他自己对刚果政治动荡及支持卡萨武布政府的本能反应[⑤]，而肯尼迪的震怒则表明了华盛顿上层决策者的谨慎，也反映出政府内部对刚果局势的态度存在严重的分

---

① Brian Urquhart, *Hammarskjöld*, p. 446.

② 这支舰队包括 5 艘船、500 名船员。1960 年 11 月，该舰队抵达非洲海岸，对多个港口进行友好访问。

③ Madeleine G. Kalb, *The Congo Cables: The Cold War in Africa——From Eisenhower to Kennedy*, pp. 240 – 241.

④ Richard Doyle Mahoney, *The Kennedy Policy in the Congo, 1961 – 1963*, p. 106.

⑤ Acting Assistant Secretary of State for African Affairs Penfield to Secretary Rusk, March 7, 1961, February 24, 1961; Telegram from the Embassy in Congo to the Department of State, March 4, 1961, *FRUS*, 1961 – 1963, Vol. XX, pp. 89 – 92.

歧。这次事件后，肯尼迪对大使廷伯莱克更加失望了。[①]

面对卡萨武布和蒙博托的强硬态度，哈马舍尔德不得不寻求美国政府的支持。他认为刚果当局可能误解了安理会第161号决议，解释说联合国不会在刚果建立某种类型的托管政府，只想把国民军变为维护法律和秩序的工具，为刚果人解决自己的问题提供一个和平框架。他强调说，联合国刚果行动急需部队与金钱资助，也需要美国支持，以使相关各方接受安理会的托管条款，否则"我们在刚果行动中现在面临着一种关键性的，实际上在某些方面更危险的阶段"。[②] 在3月16日给驻刚果大使馆的电报中，国务院强调美国将遵守安理会第161号决议，寻求卡萨武布的合作，并阻止蒙博托采取对联合国部队的敌对行动。而冲伯威胁说，美国飞机若把印度部队运送到刚果，加丹加将建议驻伊丽莎白维尔的美国领事撤离。[③] 对此，国务院重申美国政府将继续"通过所有的外交方式"增援联合国刚果行动。

对于秘书长代表达亚尔，西方外交家尤其是廷伯莱克、英国大使伊恩·斯科特（Ian Scott）以及多位比利时顾问指责他傲慢且惯用高压手段，应该为联合国与刚果当局关系的崩溃负责。参议员詹姆斯·W. 富布赖特（James W. Fulbright）认为达亚尔是在"玩共产党游戏"，腊斯克则确信调离他"不会造成重大问题"。对哈马舍尔德而言，西方国家要求解除达亚尔职务对他的领导权构成了挑战，若上述意见得以采纳，联合国部队将变成西方尤其是美国的一个工具。因而，他把西方对达亚尔的私下攻击与苏联的公开攻击等同视之，批评西方外交家点燃了"误解、猜疑和恐惧之火"。[④] 3月底，达亚尔应美国参议员戈尔的邀请访问华盛顿，与腊斯克、鲍尔斯、哈里曼及13位参议员会谈，重点解释了他不能动用武力制服基赞加的原因。

① Madeleine G. Kalb, *The Congo Cables: The Cold War in Africa——From Eisenhower to Kennedy*, pp. 240 – 242.

② Hammarskjöld to Stevenson, E 2447 from New York, March 13, 1961, NSF, JFKL.

③ Telegram from the Department of State to the Embassy in Belgium, March 16, *FRUS*, 1961 – 1963, Vol. XX, p. 107.

④ Richard Doyle Mahoney, *The Kennedy Policy in the Congo, 1961 – 1963*, p. 110; Conor Cruise O'Brien quoting Dayal in *To Katanga and Back*, p. 63; Richard Doyle Mahoney, *The Kennedy Policy in the Congo, 1961 – 1963*, pp. 112 – 113.

美国多数政要也认为达亚尔只是毫不动摇地执行了秘书长的指示与联合国的决议，例如哈里曼认为，达亚尔事实上已成为美国在刚果遭受挫折的替罪羔羊。①

然而，由于刚果政府重新召开议会在即，达亚尔似乎仍是上述计划的主要障碍。国务院的一份政策文件宣称，如果美国在刚果政府改组的道路上前进，“必须通过向尼赫鲁陈述，强化我们阻止达亚尔重来的努力”。《纽约时报》的社论也宣称，刚果的“中心问题”不再是比利时人，而是达亚尔和即将抵达的印度部队。3月底，腊斯克前往新德里，当面要求尼赫鲁召回达亚尔。尼赫鲁对西方国家攻击达亚尔的行为表示愤怒，“以强硬的术语”反对“非法的”卡萨武布政权，宣称印度若拒绝向刚果派遣4700人的部队，联合国将无法履行其托管或制止内战的职责。4月3日，尼赫鲁重申自己“完全反对”调离达亚尔。② 同日，印度调派的3000名廓尔喀人部队抵达伊丽莎白维尔，更增强了他的底气。

此时，刚果的形势似乎越来越明朗：如果达亚尔被解除职务，那么印度可能不得不重新考虑是否在那里部署部队。哈马舍尔德不得不一再提请卡萨武布重新考虑对达亚尔的立场。然而，后者继续以暴力相威胁，称自己不能对达亚尔的人身安全负责，如果此人重新任联合国刚果行动代表，那么他的政府将撕毁与联合国的停战协定。面对着这种无法挽回的形势，哈马舍尔德被迫接受达亚尔的辞职，要求尼赫鲁召回他，条件是美、英必须召回各自驻刚果大使。肯尼迪正急于找借口把廷伯莱克调离刚果，很快同意了这个交换条件，但将之绝对保密。麦克米伦政府起初反对这样做，后来也作出妥协。随后，哈马舍尔德致信尼赫鲁，表达自己作出该决定的无奈。在取得尼赫鲁的理解后，秘书长宣布应达亚尔本人的请求，辞去联合国刚果行动代表的职务。③

---

① Brian Urquhart, *Hammarskjöld*, p. 517; Interview: W. Averell Harriman. Quoted from Richard Doyle Mahoney, *The Kennedy Policy in the Congo*, 1961 – 1963, p. 115.

② “Tumult in the Congo”, *New York Times*, April 5, 1961, p. 34; Memorandum of Conversation with Prime Minister Nehru, Dean Rusk, Subject: Congo, New Delhi, March 30, 1961, NSF, JFKL; *New York Times*, April 4, 1961, p. 9.

③ Brian Urquhart, *Hammarskjöld*, pp. 517 – 518.

与此同时，根据安理会第161号决议授权，哈马舍尔德决定在刚果采取积极的行动。为阻止刚果内战爆发，西恩·麦克欧文（Sean McKeown）于1960年12月接替冯·霍恩任联合国刚果行动总司令后，立即着手与蒙博托商讨建立中立区，避免联合国部队与基赞加部队发生冲突。此时，中情局也逐渐停止支持蒙博托进攻斯坦利维尔。然而，基赞加不愿与联合国合作，仍企图以武力统一刚果，为此兵分三路进攻利奥波德维尔政权：一路进攻路路博格；一路直捣科基拉特维尔；第三路则向弗朗基港进发。[①] 结果，由于他的军事力量不足以及联合国部队的阻拦而失败。随后，他几乎绝望地向苏联政府请求更大规模的军事援助，包括空运装备、长期贷款以及一个代表团到斯坦利维尔。3月7日，缪勒尔为此秘密地访问莫斯科，抱怨苏联的援助不够，宣称基赞加的部队正遭受车辆、燃料和武器短缺的困扰，严重影响了士气。他请求苏联政府提供紧急军事援助，并建议开辟一条由苏联民航飞机（带有刚果标记）通航的刚果航线，还提出购买苏联2—3架IL-18飞机。[②]

然而，苏联政府已经决定遵守安理会第161号决议，不再向斯坦利维尔政权提供任何实质性的援助。对外事务部非洲司司长弗拉基米尔（Vladimir Brykhin）向缪勒尔表示，使用苏联飞机特别是IL-18非常复杂，且联合国不会给予苏联飞机飞往刚果的权利。国防部长Р. Я. 马利诺夫斯基更直率地表示，“联合国的立场于我们而言是非常清楚的，它将击落这些飞机”，涂有刚果标记的苏联飞机不经许可越境将引发国际冲突甚至世界战争。目前，苏联只能给基赞加政权所有可能的物质和外交支持，主要事务应该由非洲国家首脑达成意向协定。[③] 在对苏联失望之余，基赞加很快把4名亲苏的共产党记者驱逐出斯坦利维尔。尽管如此，苏联仍把卢蒙巴遇害作为一个重要的话柄。在3月10日与美国驻苏联大使的会谈中，赫鲁晓夫对美国支持联合国和秘书长的立场并不理会，宣称卡萨武布、冲伯、哈马舍尔德

---

① *New York Times*, February 26, 27, 1961.

② *The Congo Crisis, 1960 - 1961: A Critical Oral History*, p. 156. 还讨论了两种可能的路线，即开罗—斯坦利维尔和（只有远程飞机能飞的）阿克拉—刚果河口。

③ Ibid., p. 157.

都犯了罪，应当受到审判。他还强烈谴责联合国的刚果政策是一种新殖民主义的政策，苏联将以所有自己的方式与这种政策斗争。此外，他还对“三驾马车”计划念念不忘。[①]

二　从塔那那利佛到科基拉特维尔

在此期间，刚果各派政治力量开始出现了重新分化与组合的趋向。在意识到美国的决心后，卡萨武布决定主动出击。然而，他自身力量太弱，不足以同时对付加丹加和斯坦利维尔两个政权，必须与其中一个结盟。考虑到西方国家的立场，与冲伯联盟显然更为有利。3月1日，卡萨武布宣布自己将在塔那那利佛（Tananarive，今马达加斯加首都）会晤冲伯，后者欣然接受。8日，双方在反对共产党专制和联合国监护的基础上开始会谈。冲伯凭着自己的能力主导了此次会晤，最终的协议同意刚果成立以卡萨武布为总统、由大约10个部落主权邦组成松散的邦联制国家，而冲伯并没有承诺向中央政府缴纳加丹加的矿业收入。此外，他们还同意停止与联合国合作，直至后者尊重刚果的主权独立。事实上，该协议确认了加丹加在一个高度分散国家中的主权地位，被认为是刚果中央政府的一次投降和冲伯的一次胜利。历史学家基伯认为，正是法国与比利时对联合国的敌视导致了《塔那那利佛协定》的签订，因为会议地点正是在刚从法国统治下独立的马达加斯加，而这一东道国“非常支持加丹加的分裂”。[②]

塔那那利佛会议后，刚果的局势再次出现混乱的局面。蒙博托坚决拒绝该协定，警告哈马舍尔德不要与卡萨武布进行任何单边的交易，否则他将不允许联合国部队重返马塔迪或者其他战略地区。就连长期支持卡萨武布的下刚果地区也对这次会议的结果怨声载道，其中

---

① 美国申明的立场是：所有给予刚果的军事和半军事援助都应通过联合国提供；联合国对刚果问题提供了可以接受解决的最好希望，若不成功，美国将不得不审查自己的立场；卡萨武布解除卢蒙巴的总理职务是合法的，但是继任者政府需要议会表决通过，因而议会应在较早日期召开；哈马舍尔德获得美国所有的信任与支持；应释放所有政治犯，联合国保证他们的安全。参见 Telegram from the Embassy in the Soviet Union to the Department of State, March 10, *FRUS*, 1961 – 1963, Vol. XX, pp. 99 – 100。

② Catherine Hoskyns, *The Congo since Independence (January 1960-December 1961)*, pp. 334 – 337, 343 – 346; David N. Gibbs, *The Political Economy of Third World Intervention: Mines, Money and US Policy in the Congo Crisis*, p. 127.

两个较大部落的领导人直接宣布自己将独立于利奥波德维尔政权之外。面对上述压力，卡萨武布不得不改变立场，宣称除非经过刚果议会的批准，否则这次会议的所有决议均无效。事实上，卡萨武布与冲伯都没有执行过该决议。会议后不久，冲伯就与刚果（布）缔结了一份经济协定，直接违背了《塔那那利佛协定》中关于中央政府拥有对外事务权力的条款。[①] 而卡萨武布则重新与蒙博托修好，继续向联合国施加压力，不仅以武力抵制其部队在基托纳的增援行动，也试图以武力接管恩得吉里和卡米纳两处重镇。

哈马舍尔德与肯尼迪也一致表示绝不接受《塔那那利佛协定》。为了应对新的危机形势，秘书长于 3 月 22 日召集美、英、法代表召开关于刚果的紧急会议。他警告说，马塔迪港口若在约一周内不重新开放，联合国刚果部队将耗尽给养，他只能把所有问题再次提交安理会，而那将意味着苏联能够再次插手刚果事务。就美国而言，斯蒂文森紧急要求西方国家一致对卡萨武布施加影响，使之改变当前的不合作政策，确保联合国行动能够持续下去。他还建议美国努力促使刚果政府与联合国部队合作，恢复双方共同控制马塔迪港口的状态。国务院同意他的看法，认为联合国急于把部队开进马塔迪是“极不明智的”，应该建议秘书长通过与刚果政府谈判，而不是采取军事行动解决该问题。英、法代表对上述主张表示支持，要求秘书长恢复联合国部队控制马塔迪，但不要采取激烈的军事行动。[②]

正当刚果国民军与联合国部队紧张对峙时，刚果的政治局势出现了转机，主要原因是基赞加政权的经济危机更加恶化，已经无法支付工作人员及军队的薪饷。他不得不改变了对联合国与西方国家的强硬立场。3 月 10 日，他专门邀请美国驻刚果大使馆官员弗兰克·卡卢斯（Frank Carlucci）访问斯坦利维尔（此人经常往来该地，三周前

---

① Catherine Hoskyns, *The Congo since Independence* (*January 1960-December 1961*), 1965, pp. 355 – 356.

② Telegram from the Mission at the United Nations to the Department of State, March 22, 1961; Telegram from the Department of State to the Mission at the United Nations, March 24, 1961; Telegram from the Mission at the United Nations to the Department of State, No. 2625, March 22, 1961; Telegram from the Department of State to the Mission at the United Nations, March 24, 1961, *FRUS*, 1961 – 1963, Vol. XX, pp. 109 – 112.

还被说成是间谍)，甚至“出人意料”为他安排了“红地毯待遇”。他与卢布马、伦杜拉等八位政要及两位省政府官员相继会见卢卡斯，反复强调自己不是共产主义者，而是努力恢复社会秩序的中立者，并将接受任何人的援助。廷伯莱克认为，这反映了斯坦利维尔政权此时“对俄罗斯曾经提供物质承诺的幻想已经破灭了”。

基赞加集团态度的转变很快得到了美国政府的积极回应。腊斯克同意向斯坦利维尔运送食物、药品等非战略物资，希望以此鼓励基赞加对美国采取“更友好的态度”。[①] 威廉姆斯呼吁刚果建立由独立国家组成的联邦制国家，各邦自愿让渡大量的金融、国防和外交政策给中央政府，而美国将支持刚果在《基本法》框架内重新召开议会，并让基赞加在新的联邦政府中享有代表资格。此后，国务院要求廷伯莱克让卡萨武布确信，基赞加参加科基拉特维尔会议有利于建立统一的政府，能够恢复他的声望。[②] 美国的上述态度意味着它对刚果的考量出现了根本性的转变：一是开始接受并积极地支持包容卢蒙巴派系的联合政府；二是彻底拒绝了塔那那利佛会议上决定的加丹加保持独立。

在3月21日至4月18日的联合国大会上，苏联外长葛罗米柯再次抨击哈马舍尔德，重申1960年9月赫鲁晓夫提出的“三驾马车”方案，呼吁在一个月内结束联合国在刚果的行动。斯蒂文森坚决反对这项提案，要求继续执行安理会第161号决议。在4月15日联合国大会对四项决议草案的表决中，苏联的提案遭到否决，而亚非国家的三项提案获得通过。这些提案要求比利时人和其他所有不受联合国控制的外国军事与半军事人员、政治顾问以及雇佣军从刚果全境撤离或疏散，呼吁刚果当局通过和平谈判的方式解决问题，并建立一个委员会调查卢蒙巴及其同事遇害真相。联合国大会委员会还重点讨论了资助刚果行动的问题。4月17日，美国政府正式保证为联合国1—10

---

① *The Congo Crisis, 1960 - 1961: A Critical Oral History*, p. 158; Telegram from the Department of State to the Embassy in Congo, March 16, 1961, *FRUS*, 1961 - 1963, Vol. XX, pp. 106 - 107.

② Brian Urquhart, *Hammarskjöld*, p. 580; Telegram from the Department of State to the Embassy in Congo, March 16, 1961, *FURS*, 1961 - 1963, Vol. XX, pp. 106 - 108.

月的开销支付 4751 万美元。[①] 18 日，美国政府还授意其代表菲利普·克鲁兹尼克（Philip M. Klutznick）宣布，美国准备向联合国捐助 1500 万美元。[②] 受此鼓舞，该委员会于 21 日批准了最初由巴基斯坦和突尼斯提出，后经两次修改的决议，即第 1619（XV）号决议。该决议规定，每月向联合国拨付 100 万美元用于刚果部队 1 月 1 日至 10 月 21 日期间的行动。新决议以及资助让联合国暂时度过了最困难的时期，哈马舍尔德也对刚果形势充满了信心，认为现在处于非常有希望的新阶段。[③]

在此期间，卡萨武布也逐渐改变了对联合国的强硬立场。4 月 17 日，他与秘书长代表贾德纳（Robert Gardiner）、弗朗西斯·恩沃克迪（Francis Nwokedi）签署协议，接受安理会第 161 号决议，并同意联合国部队重新控制马塔迪港口。作为交换条件，哈马舍尔德同意撤换达亚尔。24 日，刚果国内三大政权代表在科基拉特维尔（Coquilhatville）召开会议，卡萨武布、冲伯、伊里奥、邦博科及各省领导人参加了此次会议。基赞加没有参加，但他的代表伦杜拉将军已于 4 月中旬与蒙博托缔结了一份协定，承认后者为刚果国民军总司令。[④] 在开幕式的演讲中，卡萨武布谴责了《塔那那利佛协定》，呼吁建立由强大的中央政府主导的“联邦制共和国”。从会议一开始，多数与会代表都要求不仅在细节上，而且在实质问题上修改该协定。然而，冲伯认为本次会议具有邦联首脑会议的色彩，是为了完成塔那那利弗会议尚未完成的工作而召开的，要求首先废除联合国与卡萨武布的 4 月 17 日协定。在遭到拒绝后，冲伯准备返回伊丽莎白维尔，但在机场被蒙博托的军队扣押，一直被软禁到 6 月末。[⑤] 29 日，会议通过决议，支持卡萨武布与联合国签订的 4 月 17 日协定，随后通过的两项决议要求卡萨武布根据该协定，驱逐加丹加、东方省和基伍省所有未

---

① Richard Doyle Mahoney, *The Kennedy Policy in the Congo, 1961 - 1963*, p. 141.

② *American Foreign Policy: Current Documents*, 1961, pp. 810 - 815.

③ Editorial Note; Telegram from the Mission at the United Nations to the Department of State, April 26, 1961, *FRUS*, 1961 - 1963, Vol. XX, pp. 12, 128.

④ *New York Times*, April 18, p. 1; *Congo Chronology*, p. 21.

⑤ Telegram from the Embassy in the Congo to the Department of State, April 28, 1961, *FRUS*, 1961 - 1963, Vol. XX, p. 131.

经他许可的外国人员。

该会议还在肯定中央政府权力的基础上，承认了刚果实行联邦制的必要性，并阐明了新的联邦制国家原则，即对外只有一个外交代表，统一军队与货币。根据会议的精神，卡萨武布于5月12日宣布，刚果将立即召开议会，并请求联合国确保代表的人身安全。这次会议普遍被认为是中央政府与联合国部队达成和解的标志。哈马舍尔德赞扬了这种新的相互信任与建设性合作的精神，宣称“我们正开始或多或少地从塔那那利佛走开……并把冲伯先生置于正确的位置”。随后，联合国建议刚果政府成立一个委员会处理联合国的援助，并根据新的联邦制国家的原则制定一部宪法。事实表明，联合国通过这次会议，在刚果事务中又逐渐获得了主动权，也在一定程度上表明“美国的政策正朝着‘亚非路线’（即刚果统一）前进，而偏离了‘英、法、比路线’（即加丹加秩序）”。[①]

科基拉特维尔会议后，基赞加一改先前向美国示好的态度，逮捕了政府中七位亲美的温和派领导人。5月16日，他公开谴责卡萨武布召开议会的决定是非法的，并宣布他的政府准备在联合国控制的卡米纳召开议会，只许加纳、几内亚、马里、苏丹、多哥、印度和埃及部队进入会场半径为60英里的范围内。美国政府努力劝他停止上述敌对活动，及时参加卡萨武布召集的刚果议会，而廷伯莱克认定基赞加即便同意参加议会，也不会甘心接受一个部长职位，建议对其实行一种“强硬的路线”。他还建议美国政府鼓励卡萨武布利用当前的优势迅速召开议会，建立仅由温和派组成的合法政府，这样基赞加即便反对也无济于事。中情局与五角大楼的部分官员也反对让基赞加进入中央政府，主张增强刚果中派与右派的力量。鲍尔斯、威廉姆斯等官员则希望立足于非洲现实解决非洲问题，认为制止苏联染指的最好方法是支持温和派政府，建议说服卡萨武布为基赞加安排一个不敏感的政府职位。最终，廷伯莱克与国务院的分歧以一种“非同寻常的”方式解决了。5月中旬，蒙博托威胁说，刚果国民军将攻击联合国人员，并暗杀达亚尔。后者由于担心联合国人员的生命安全等原因，主

① David N. Gibbs, *The Political Economy of Third World Intervention: Mines, Money and U. S. Policy in Congo Crisis*, p. 128; Brian Urquhart, *Hammarskjöld*, p. 577.

动向秘书长递交了辞呈。

5月25日，达亚尔的继任者、瑞士人斯图尔·林内尔（Sture C. Linner）走马上任。此人出身学者，美国官员认为他严肃且精力充沛，是1961年诺贝尔和平奖的不二人选。更重要的是，他与古德里（G. McMurtrie Godley）的关系极为密切，目标也与美国的目标近似。随后，哈马舍尔德的两个主要对手——廷伯莱克与英国大使斯考特（Scott）也被相继调离刚果。当然，这次“清扫行动是一个有技巧的挽回面子的行动，但它并没有改变整个事件的进程，等同于哈马舍尔德及其在刚果外交的失败的事实”。[①] 对肯尼迪政府而言，调离廷伯莱克清除了对刚果政府与联合国采取和解方针的严重障碍。新任驻刚果大使艾特蒙德·古里昂（Edmund A. Gullion）无疑能更好地理解华盛顿的意图，并能忠实地执行自己的任务。[②] 这样，随着达亚尔离职，美国驻刚果使团及其盟国官员在推动建立反共的联合政府方面有了更多的自由空间，而这也意味着美国对刚果的政策必将呈现出不同的变化。

三 洛瓦宁会议与阿杜拉政府的建立

自1961年4月以来，刚果内外的形势出现了多种有利于国务院非洲派的政治变动：一是比利时新政府批评了前任的刚果政策，并开始对联合国采取友好合作的立场；二是亚非新兴国家普遍要求全面实施安理会第161号决议的压力不断上升，刚为联合国提供近5000人部队的印度尤为积极；三是刚果政治的动荡加重了利奥波德维尔政权的危机。在卡萨武布看来，基赞加政权已经获得20个亚非国家与共产党国家的承认，这种僵持局面于己不利，而重新召开议会有利于把反基赞加的力量集中起来；四是国务院非洲派因两次重要的人事变动而得到增强，尤其是W. 弗里德里克斯（Wayne Fredericks）成为新任助理国务卿帮办，而顽固坚持艾森豪威尔时期政策的驻刚果大使廷

① Richard Doyle Mahoney, *The Kennedy Policy in the Congo, 1961 - 1963*, p. 118.

② 古里昂因裁军问题直到1961年8月底才上任。施莱辛格称古里昂是“在美国内战的家庭记忆中长大的肯塔基人，把刚果视为一个世纪之前的美国——在国家与分裂之间平衡”。

伯莱克被从刚果召回了。[①] 5月16日，卡萨武布正式要求联合国帮助刚果重新召开议会。6月9日，秘书长代表贾德纳前往斯坦利维尔与基赞加就此事会谈，后者同意派代表前往利奥波德维尔讨论参加会议的问题。[②]

受上述有利形势的鼓舞，美国国务院决定帮助刚果迅速召开洛瓦宁会议，尽快重建亲西方的刚果合法政府。腊斯克向肯尼迪解释说："我们认为少数基赞加主义者进入政府且不控制政治上敏感的部长职位的风险，要比让基赞加留在东方省堡垒的风险要小。在那里，他就是一份邀请共产党渗透的长期请柬；在那里，他的孤立驱使他更接近苏联集团。"[③] 不过，白宫内部关于洛瓦宁会议的意见并不统一。肯尼迪认为，短期来看，联合国行动挫败了苏联在刚果渗透与颠覆的意图，但是长期遏制的关键在于创造"反革命的替代者"，即受大众拥戴且能进行社会与经济改革的自由主义领导人和亲西方的温和派联合政府。[④] 4月中旬，美国政府专门组织了由威廉姆斯领导，包括鲍尔斯、古里昂及古德里参加的刚果问题小组。该小组也建议美国政府支持刚果重新召开议会，组建一个包括亲卢蒙巴派在内的、统一的亲美政府。[⑤] 古德里认为，阿杜拉当前是最具号召力的温和派候选人，也是美国避免基赞加当选总理的最大希望。而腊斯克对刚果议会能否产生有利的结果提出质疑，主张美国应该努力消除亲卢蒙巴民族主义者的影响，拒绝向基赞加妥协，并要求比、英、法敦促冲伯参加此次会议，以壮大反卢蒙巴主义者的阵营。

由于科基拉特维尔会议期间的惨败，冲伯断然拒绝参加洛瓦宁会议。腊斯克不得不要求卡萨武布延迟召开刚果议会，但遭到了国务院其他官员的普遍反对。6月10日，总统国家安全特别助理乔治·邦迪在给肯尼迪的备忘录中强调说，美国已经在增强刚果温和派的特别

---

① Stephen Weissman, *American Foreign Policy in Congo (1960－1964)*, pp. 145－146.

② Arthur L. Gavshon, *The Mysterious Death of Dag Hammarskjöld*, New York, 1962, p. 172.

③ Gerard-Libois, *Katanga Secession*, p. 220.

④ Schlesinger, *A Thousand Days*, pp. 705－706.

⑤ Telegram form the Department of State to the Embassy in the Congo, June 5, 1961, *FRUS*, 1961－1963, Vol. XX, p. 143.

活动上耗费了许多金钱，如果这次行动（指召开刚果议会）继续拖延，就可能导致失去温和派政府的危险。古德里也大胆地否定了腊斯克的提议，认为延迟洛瓦宁会议将使卡萨武布进一步失去冲伯的信任，并导致刚果温和派因政治混乱而受到谴责。[①] 斯巴克建议不要给冲伯下最后通牒，否则后者可能作出激烈的反应。法、英政府也都担心加丹加代表不参加会议将导致一场灾难，要求美国不要迫使卡萨武布重新召开议会，而应继续对冲伯施压，迫使其与中央政府合作。最终，腊斯克虽然认为基赞加组阁的风险不大，但还是劝说加丹加代表参加议会。[②]

另外，基赞加认为当前的形势于己方有利，决定参加洛瓦宁会议。6 月 12 日，他致电哈马舍尔德，宣称联合国若能保证他的人身安全，他愿立即接受在另一个地点召开刚果议会。秘书长立即对这份信息作出积极的反应，派贾德纳前往斯坦利维尔，劝基赞加派代表前往首都讨论人身安全问题，结果后者派出三人代表团前往利奥波德维尔。他还在纽约直接与斯坦利维尔政权代表康扎接触。联合国驻刚果当局也就此与卡萨武布磋商，后者同意与基赞加代表团会晤。由于冲伯仍被软禁在利奥波德维尔，美国官员担心加丹加保守派不参加议会投票，进而可能导致基赞加当选为总理。因而，美国与西欧盟国一致要求刚果中央政府释放冲伯。10 日，阿杜拉与邦博科在西方国家的压力下会晤了被软禁的冲伯。19 日，双方达成了合作协议，同意议会将于 26 日在洛瓦宁大学（距利奥波德维尔市 12 英里）召开。22 日，冲伯在签订一份包含 11 点条文的协定（包括他保证加丹加会参加洛瓦宁会议）后获释。然而，他回到伊丽莎白维尔后立即否定了

---

① Editorial Note; Telegram from the Department of State to the Embassy in the Congo, June 27, 1961; Telegram from the Department of State to the Embassy in the Congo, July 8, 1961, *FRUS*, 1961 – 1963, Vol. XX, pp. 144, 154, 156.

② Memorandum of Conversation, July 13, 1961; Telegram from the Department of State to the Embassy in the Belgium, July 8, 1961, Memorandum from the Assistant Secretary of State for African Affairs (Williams) to Secretary of State Rusk, July 15, 1961; Memorandum of Conversation, July 15, 1961; Telegram from the Embassy in Belgium to the Department of State, July 18, 1961; Memorandum from the Assistant Secretary of State for International Organization Affairs (Cleveland) to Secretary of State Rusk, July 15, 1961, *FRUS*, 1961 – 1963, Vol. XX, pp. 159, 155, 160, 158, 164, 162.

这份协定。

在此期间，美国政府围绕着即将召开的洛瓦宁会议，主要从两方面着手准备。

一是大力支持联合国，确保洛瓦宁会议顺利召开。国务院向哈马舍尔德保证，美国将尽最大努力确保在刚果建立起温和派政府，并为此增加额外的经济援助。美国联合国大会代表查理·约斯特（Charle Yost）专程拜会哈马舍尔德，了解到后者正以“与我们相同的方针”考虑问题，目标也是在刚果建立一个“正确的与温和的”政府。① 国务院指示驻布鲁塞尔大使努力说服比利时促成冲伯与阿杜拉的合作，并建议奥-布赖恩及英、法代表让冲伯明晓这种合作的利害关系。

二是考虑刚果新政府的人选。4 月 28 日，廷伯莱克致电国务院，称伊里奥虽“忠诚但无能”，希望阿杜拉能成为新任总理。② 他的举荐受到了政府高层高度重视。威廉姆斯承认，阿杜拉从一开始就是美国的选择。腊斯克也称阿杜拉是“温和派刚果领导人中最强大的和最具有吸引力的”。③ 为达到上述目标，德夫林“每天都与邦博科、恩达卡和蒙博托会晤。邦博科在他的汽车上安装了电台，以确保会议期间我们能够通信。我定期拜会阿杜拉，讨论保证卡萨武布任命他为总理的方式，我还会晤了尽可能多的议员”。他还通过代理人安排刚果主要报纸刊登文章，指责基赞加是刚果的灾难，伊里奥不适合总理工作，只有阿杜拉才有资格领导新任政府。④ 哈马舍尔德也赞同阿杜拉出任总理是有效的解决方法，并希望当选政府的核心成员是：总理

---

① Telegram from the Department of State to the Mission at the United Nations, June 20, 1961, *FRUS*, 1961－1963, Vol. XX, pp. 148－149; Telegram form the Department of State to the Mission at the United Nations, No. 2480, June 20, 1961; Telegram from the Mission at United Nations, No. 3392, June 22, 1961. Quoted from Madeleine G. Kalb, *The Congo Cables: The Cold War in Africa——From Eisenhower to Kennedy*, p. 268.

② Telegram from the Department of State to the Embassy in the Congo, June 22, 1961; Telegram from the Embassy in the Congo to the Department of State, November 1, 1960; Telegram from the Embassy in the Congo to the Department of State, April 28, 1961, *FRUS*, 1961－1963, Vol. XX, pp. 153－154, 561, 130.

③ Memorandum for the President, From: Dean Rusk, Subject: Next Steps in the Congo, November 11, 1961; *New York Times*, September 16, 1961; *New York Post*, October 19, 1961; *New York Herald Tribune*, October 9, 1961.

④ Larry Devlin, *Chief of Station, Congo: Fighting the Cold War in a Hot Zone*, p. 157.

阿杜拉，副总理基赞加、桑德韦、巴利康戈。

在美国与联合国的支持下，洛瓦宁会议的日程顺利地确定下来。7月13日，刚果议会在洛瓦宁大学正常召开，来自刚果参议院和众议院的188名议员（共221名）参加了会议。根据规定，联合国刚果行动指挥部专门在洛瓦宁大学周围部署了一个营的兵力，防止外界干涉会议的进程。冲伯认为这次会议于己不利，最终没有参加。会议期间，各地议员主要分成两大集团：卢蒙巴主义者的“民族主义集团”和利奥波德维尔—开赛联盟的“国民民主集团”。国务院要求有关部门“不惜代价阻止基赞加获胜”。[①] 中情局为此开展了秘密行动，在“中立的”大学校园内外挖掘隧道，并通过这里用大笔金钱贿赂一些议员支持阿杜拉。蒙博托的国民军拒绝在中立区放下武器，甚至在会议期间“厚着脸皮在校园周围游荡”。基赞加抗议中情局和蒙博托违反了约定，但未取得任何结果。《纽约时报》评论说：“金钱和亮光闪闪的美国汽车，通过（中情局总部）后勤部门提供的物质，被说成是使阿杜拉先生上台的决定性因素。”此外，美国官员还不断地通过各种外交手段迫使刚果议会产生令他们满意的结果。7月22日，国务院向卡萨武布强调其立场在新政府组成上是关键性的，还特别要求大使馆密切关注洛瓦宁会议每天的进展，与林内尔、卡萨武布密切接触，并要求蒙博托保持镇静。[②]

尽管美国做了上述多方面准备，刚果议会还是从一开始就出现了不利的态势。在7月24日议会的首轮投票中，卢蒙巴主义者获得立法办事处14个席位中的13个。温和派虽然获得参议院主席职位，但基赞加政权主要领导人之一亨利·卡松戈（Henry Kasongo）当选为更重要的众议院主席[③]，这意味着基赞加更有可能当选为新任总理。

---

① Lise A. Namikas, *Battleground Africa: The Cold War and the Congo Crisis, 1960 - 1965*, p. 307; Richard D. Mahoney, *The Kennedy Policy in the Congo, 1961 - 1963*, pp. 86 - 87; David N. Gibbs, *The Political Economy of Third World Intervention: Mines, Money and U. S. Policy in Congo Crisis*, p. 130.

② Madeleine G. Kalb, *The Congo Cables: The Cold War in Africa——From Eisenhower to Kennedy*, p. 273; *New York Times*, April 26, 1966; Telegram from the Department of State to the Embassy in the Congo, July 22, 1961, *FRUS*, 1961 - 1963, Vol. XX, pp. 169 - 170.

③ Gerard-Libois, *Katanga Secession*, pp. 218 - 221; Ernest W. Lefever, *Uncertain Mandate: Politics of the U. N. Operation*, pp. 53 - 57.

利奥波德维尔政府（尤其是军方）对这一结果反应激烈，蒙博托甚至要求从联合国部队手中接管机场，后因遭到包括美国在内的各方反对才作罢。次日，卡松戈被正式任命为众议院主席，基赞加可能当选为总理的传言随之散播开来。① 国务院在紧急评估刚果的形势后，认为温和派的权威依然虚弱，当前状况似乎有利于基赞加。26 日，国务院惊呼：这是对西方路线的严重逆转，是共产党取得的进展。由于缺少冲伯的科纳卡特议员代表，基赞加成为总理的可能性越来越大，而解决的办法是卡萨武布在次日或第三天任命像阿杜拉那样强硬的温和派总理，并希望根据前述方针尽早地使用拖延策略。②

与此同时，美国政府积极地敦促冲伯参加洛瓦宁会议。7 月 28 日，国务院官员特地召见加丹加著名活动家米歇尔·斯图伦斯及 3 位来访的加丹加立法者，建议他们劝说冲伯立即派代表参加会议，以辅助温和派建立新政府。次日，冲伯在复电中要求首先安排首脑会议，然后他才会派出加丹加议员。③ 由于不愿到利奥波德维尔会谈，他于 30 日飞到刚果（布）首都布拉柴维尔，蒙博托则于次日派议员专程到此地与其会面。结果，冲伯以自己的要求没有得到满足而拒绝参会，并于 8 月 1 日返回伊丽莎白维尔。卡萨武布为避免冲伯的举动可能造成的不利影响，紧急劝说伊里奥辞职并任命阿杜拉为总理。此时，基赞加也清楚，美国不会接受以他为核心的中央政府，表示接受阿杜拉为总理。

8 月 2 日，刚果上、下议院一致同意由阿杜拉组建新政府，三位副总理分别为基赞加、桑德韦和巴利康戈，邦博科继续担任外长，伊里奥为情报与文化部部长，戈本耶为内务部部长。当选后，阿杜拉宣

---

① Telegram from the Mission at United Nations to the Department of State, April 22, July 22, 1961; Telegram from the Department of State to the Embassy in the Congo, June 5, July 22, 1961, *FRUS*, 1961 - 1963, Vol. XX, pp. 126 - 127, 143.

② Telegram from the Department of State to the Embassy in the Congo, July 26, 1961, *FRUS*, 1961 - 1963, Vol. XX, p. 172; Roger Hilsman, *To Move a Nation: The Politics of Foreign Policy in the Administration of John F. Kennedy*, p. 251.

③ Telegram from the Consulate at Elisabethville to the Department of State, July 29, 1961, *FRUS*, 1961 - 1963, Vol. XX, p. 180.

布新政府将奉行“不结盟”政策，但继续维持与美国的密切关系。[①] 总统特别助理沃尔特·罗斯托（Walt Rostow）致信肯尼迪，自信地宣称“所有城市（尤其是华盛顿）出现了一种乐观主义，刚果的形势正在得以解决”。[②] 腊斯克干脆将之称为“苏联在刚果的第二次失败”，并向阿杜拉保证美国将支持他抵制左派的压力。13日，哈马舍尔德代表联合国正式承认刚果新政府。苏联政府也审时度势，彻底放弃了对基赞加政权的微弱支持，承认了阿杜拉政府。31日，赫鲁晓夫特地向阿杜拉发去一封正式的贺信，宣布苏联政府将继续保持与刚果新政府的关系。

洛瓦宁会议的召开以及阿杜拉政府的建立结束了由于卢蒙巴遭到卡萨武布解职而引发的宪法危机，成为刚果走向统一的里程碑。阿杜拉上任初期，刚果的政治局势似乎出现了黎明的曙光：以前的对手现在热烈地拥抱在一起，彼此以兄弟相称，并声明愿在重建国家中密切合作；阿杜拉、邦博科、桑德韦、伊里奥、伦图拉、基维瓦、贾鲁拉、戈本耶等人都宣称过去的恩怨一笔勾销，解决国家当前的问题才是重要的。[③] 联合国驻刚果代表也相信刚果行动的关键时期已经结束，建议今后的主要任务应该从经济与政治援助转向经济、社会及行政方面的援助。随后，联合国开始考虑逐步减少驻刚果部队的数量，并将其在刚果的相应机构从军事编制分散到本地的相关部门。

然而，国务院部分官员清醒地意识到，刚果问题并未真正解决，前述相对美好的前景可能会在一夜间发生改变。腊斯克认为基赞加不会对无关紧要的副总理职位感到满意，甚至不会到首都上任，同时也对其副官戈本耶控制刚果内务部深感忧虑。[④] 古里昂也指出，阿杜拉

---

① 德夫林证实，阿杜拉及其妻子经常到他家饮酒或共进晚餐。参见 Larry Devlin, *Chief of Station, Congo: Fighting the Cold War in a Hot Zone*, p. 160。

② Telegram from the Department of State to the President Kennedy, August 3, 1961, and footnote quoting Rostow to Kennedy, August 4, 1961, *FRUS*, 1961 - 1963, Vol. XX, pp. 184 - 185.

③ 关于阿杜拉新政府成员的名单，参见 *American Foreign Policy: Current Documents*, 1961, pp. 827 - 828，巴利康戈被任命为副总理，但他很快辞职了。

④ Memorandum from Secretary of State Rusk to President Kennedy, August 3, 1961, *FRUS*, 1961 - 1963, Vol. XX, p. 184.

政权的前10天短暂“蜜月期”是相对乐观的，这样可以有数周的暂缓时间，而美国及其刚果朋友必须“建设性地利用这种平静”，避免做出一些可能被认为干涉刚果国内事务的行动，比如急于公开地颂扬阿杜拉的政策等。果然不出腊斯克所料，基赞加在新政府成立后并没有到利奥波德维尔履职。阿杜拉曾专程前往斯坦利维尔劝他前往首都任职，但是后者却选择继续拖延。从斯坦利维尔返回后，阿杜拉开始对冲伯发表越来越不友好的声明，要求加丹加尽快结束分裂。①

为表明解决刚果分裂的决心，国务院指示卡纳普与冲伯会谈，重申美国支持刚果团结与统一的决心不变，强调通过和谈而不是流血或军事行动的方式解决分裂，还要求卡纳普针对冲伯制定一项新方针，敦促后者采取把加丹加并入刚果的措施。比利时政府公开支持上述立场，同时强调联合国与阿杜拉政府不应对冲伯采取突然行动。联合国驻伊丽莎白维尔代表奥-布赖恩也要求阿杜拉邀请冲伯商谈刚果的统一问题，警告加丹加不要在军事问题上指望联合国保持中立，并承诺冲伯在利奥波德维尔期间的人身安全由联合国部队负责。② 这样，美国政府认为刚果的形势仍在自己设定的政策框架内有序地进行着，通过政治途径解决加丹加分裂的前提条件似乎已经具备了。

第三节 安理会第169号决议

阿杜拉政府的建立实现了中央政府与基赞加政权之间表面上的合作，也使结束加丹加分裂成为最为迫切的问题。哈马舍尔德与肯尼迪也都清楚，若在该问题上不大力地支持阿杜拉，他的新政府不可能持久，前述努力也将毁于一旦。就当时的形势而言，结束加丹加分裂的

---

① Catherine Hoskyns, *The Congo since Independence* (*January 1960-December 1961*), pp. 399－400; Telegram from the Consulate in Elizabethville to the Department of State, August 20, 1961, *FRUS*, 1961－1963, Vol. XX, p. 195.

② Telegram from the Consulate at Elisabethville to the Department of State, August 3, 1961; Telegram from the Consulate at Elisabethvill to the Department of State, August 20, 1961; Telegram from Secretary of State Rusk to the Department of State, August 8, 1961; Telegram from the Consulate at Elisabethville to the Department of State, August 26, 1961, *FRUS*, 1961－1963, Vol. XX, pp. 183, 195, 188, 197.

方式无外乎有两种：政治谈判和动用武力。由于洛瓦宁会议的“成功”，美国及其欧洲盟国自然支持第一种方式，尽量维护冲伯的加丹加省主席地位以及比利时等西方国家在刚果的经济利益。苏联集团与多数亚非新兴国家则支持第二种方式，试图通过武力消灭冲伯政权，并限制比利时或者将其排除在外。同时，联合国指挥层内部也在该问题上出现了分歧。秘书长哈马舍尔德认为安理会决议并没有明确地授权联合国以武力方式结束加丹加的分裂，而联合国驻加丹加代表奥-布赖恩则试图采取武力方式统一刚果。上述相关主导力量之间的多种分歧注定了关于刚果问题的讨论与争执仍将继续下去。

一　联合国的加丹加行动与哈马舍尔德之死

在阿杜拉政府建立后，冲伯依然继续坚持加丹加独立国家的地位：发行独立的货币，禁止悬挂刚果的旗帜，召集各驻伊丽莎白维尔领事团讨论“国际事务”等。同时，以比利时为主的外部势力仍在继续支持加丹加，例如其宪兵队 604 名军官中的外国人多达 460 人，比利时军官多达 201 名，这些人“从比利时对外事务部接受命令，并由该部任命到加丹加”。[①] 这种形势让阿杜拉政府与联合国越发感到最后解决分裂问题已经迫在眉睫。1961 年 8 月 24 日，卡萨武布颁布命令，重申安理会第 161 号决议，要求所有未与中央政府签约的非刚果军官、雇佣兵立即撤离刚果。[②] 同日，阿杜拉致函林内尔，请求联合国部队帮助执行该决议。奥-布赖恩在劝说冲伯前往利奥波德维尔与阿杜拉会谈失败后，则与联合国刚果平民行动负责人穆罕默德·克希阿里（Mahmoud Khiari）共同制订了代号为“朗庞奇”（Rumpunch）的军事行动计划，要求以武力驱逐仍在加丹加任职的白人军官、雇佣兵及未经授权的人员。

该计划于 8 月 28 日凌晨正式实施后，联合国刚果部队迅速接管了伊丽莎白维尔市的国家电台与邮局，逮捕了已知的 506 名雇佣兵中

---

① Conor Cruise O'Brien, *To Katanga and Back*, p. 207; Catherine Hoskyns, *The Congo since Independence (January 1960-December 1961)*, pp. 394, 388-389.

② 这些雇佣兵主要来自南非、比利时、罗得西亚，还有少部分来自爱尔兰、英格兰、法国、西班牙、德国等，多数有犯罪前科。

的 300 人，并遣返了其中的 185 人。[①] 该计划被认为是先于刚果国民军对加丹加的一次重大进攻。[②] 美国政府得知这次军事行动后非常震惊，指示古德里向林内尔抱怨事前没有通告美国，批评他拿欧洲人的生命冒险。林内尔却不以为然，宣称联合国的军事行动没必要预先通报其他国家，甚至也没有告诉秘书长行动的规模，因为那样只会“把他的双手缚得太紧”。古德里担心这场军事行动失去控制，扩大到公众事务、通信、交通等领域，建议林内尔避免在伊丽莎白维尔市进一步采取激烈的行动。[③] 9 月 1 日，腊斯克因无法接受林内尔驱逐加丹加行政机构中的比利时人，提请政府与他举行一场严肃的会谈，并要求联合国的加丹加行动计划预先通知美国与秘书长。[④]

国务院意识到“朗庞奇”军事行动对比利时的影响很大，决定主动向其表明自己与之无关且重申先前的立场。在致驻布鲁塞尔大使馆的电报中，国务院对联合国的军事行动提出了质疑，担心它会造成无法控制的连锁反应，并希望比利时在加丹加的军事人员尽快撤离以削弱冲伯维持分裂的能力。国务院相信冲伯能提供阿杜拉政府中所需的平衡力量，希望联合国促使冲伯与中央政府合作，以避免加丹加因之发生重大的政变或内战。该电报还宣称，目前并非所有的和平方式都已用尽，要求联合国考虑避免进一步采取摧毁加丹加的军事行动。最后，该电报还要求给冲伯挽回面子的每一次机会，以便他主动寻求政治和解。[⑤]

面对美国等国对“朗庞奇”行动的质疑，哈马舍尔德在 9 月 6 日会见约斯特时解释说，这次军事行动目的是增强阿杜拉对付基赞加政权的能力，驱逐加丹加的比利时人是全面合并东方省的必要条件。

---

① Telegram from the Mission at the United Nations to the Department of State, September 6, 1961, *FRUS*, 1961 – 1963, Vol. XX, pp. 202 – 203; Conor Cruise O'Brien, *To Katanga and Back*, pp. 129 – 133.

② Telegram from the Mission at the United Nations to the Department of State, September 6, 1961, *FRUS*, 1961 – 1963, Vol. XX, p. 203.

③ Telegram from the Embassy in the Congo to the Department of State, August 31, 1961, *FRUS*, 1961 – 1963, Vol. XX, p. 199.

④ Ibid., p. 200.

⑤ Telegram from the Department of State to the Embassy in Belgium, September 1, 1961, *FRUS*, 1961 – 1963, Vol. XX, pp. 201 – 202.

他警告说，若任由当前形势继续下去，蒙博托将进攻加丹加，大规模内战不可避免。他也认为，军事行动并非最好的选择，合理的解决方式是敦促阿杜拉与冲伯进行政治谈判，然而冲伯受到穆农戈的操纵，必须立即把他赶走。约斯特则强调了加丹加的政治平衡作用，宣称刚果权力斗争的中心已转移到了利奥波德维尔，激进派将取得支配地位，解决之道在于鼓励加丹加发挥重要的作用。① 两天后，哈马舍尔德在与约斯特及英国、突尼斯等国代表的会谈中，进一步阐释了联合国在加丹加问题上的四种选择：第一，冲伯主动采取和解态度，与阿杜拉就加丹加结束分裂进行谈判；第二，联合国继续采取激烈措施向冲伯施加压力，包括逮捕穆农戈及其他极端主义者；第三，阿杜拉政府对加丹加采取军事行动；第四，加丹加维持分裂且势力不断增强。他认为第一种选择最理想，但当前并不现实，后两种选择则是联合国要极力避免的。因而，第二种选择就成为联合国最现实可行的方案。

到9月9日为止，联合国共遣返了273名外国军官和雇佣军，还有65名尚待遣返。② 然而，由于联合国没有对作为冲伯政权经济支柱的矿业联盟采取军事行动，"朗庞奇"计划并未真正实现其目标。由于遣返措施并不严密，许多外籍军官又重新加入了加丹加的宪兵队。此外，冲伯还从北罗得西亚地区招募了不少有着犯罪前科的雇佣兵。③ 刚果政府与议会自然对此不满意，于9日通过一项决议，要求卡萨武布采取下列行动：宣布加丹加是一种"例外状态"，逮捕冲伯、穆农戈和其他加丹加领导人；要求联合国部队解除加丹加警察、宪兵的武装等。冲伯则掀起了反对联合国部队的"仇恨行动"，局势的迅速恶化致使新的部族冲突和内战一触即发。

9月13日凌晨，联合国驻加丹加部队又实施了旨在阻止暴乱与驱逐加丹加外国军官、雇佣兵的"毛瑟计划"（Morthor，印度语意为

---

① Telegram from the Mission at the United Nations to the Department of State, September 6, 1961, *FRUS*, 1961－1963, Vol. XX, pp. 203－204.

② Office of Public Information, UN, *Yearbook of the UN* (1961), New York: UN Publications, 1963, p. 62.

③ Telegram from the Department of State to the Secretary of State Rusk at Paris, December 12, 1961, *FRUS*, 1961－1963, Vol. XX, p. 306; Conor Cruise O'Brien, *To Katanga and Back*, pp. 197－198.

“粉碎”），迅速控制了伊丽莎白维尔市。刚果再度紧张的局势立即引起英、发、美等西方国家的高度关注。戴高乐公开指责哈马舍尔德的军事行动是越权行为，麦克米伦则要求立即停火并以中止对联合国的支持相威胁。14 日，国务院就此事发表声明，宣称美国支持刚果的统一与稳定，希望尽快恢复秩序。然而，比利时认定这次军事行动就是美国的行动，其声明只是欲盖弥彰。对此，美国被迫要求联合国制订冲伯与阿杜拉之间的解决方案，并要求秘书长在联合国开展军事行动前与其磋商。不过，腊斯克也不得不承认，尽管美国支付了联合国刚果行动的大部分费用，但它并不总是根据美国的意见行事。①

在联合国官员看来，如果这次行动能够统一加丹加，阿杜拉就能控制当前的形势。联合国军事行动开始后，冲伯逃往北罗得西亚地区，并在当地白人帮助下开始反攻。② 随后几天，双方的战斗扩大到雅多维尔（Jadotville）、卡米纳等地区。那些在“朗庞奇计划”期间隐藏的外籍军官也重新出现，联合国的军事行动严重受挫。“毛瑟计划”的失败立即让联合国的军事行动陷入困境，并引起国际社会对其行动能力的质疑。为扭转这种不利局面，本奇代表秘书长紧急请求美国援助 3—4 架“空中霸王”运输机，以便把埃塞俄比亚一个营的增援部队运至伊丽莎白维尔。该请求当即遭到美国政府的拒绝。肯尼迪重申美国不能被联合国牵着鼻子走，国务卿则怀疑这种增援行动的安全性。随后，国务院向秘书长紧急声明：美国不同意联合国的加丹加军事行动，要求立即停火，并推动冲伯与阿杜拉之间的会谈。③

由于没有美国运输机的支援，联合国部队无法取得对加丹加宪兵队的优势。哈马舍尔德被迫于 9 月 16 日致电冲伯，提出停火并与其会谈的倡议。冲伯表示同意，并约定在北罗得西亚恩多拉市（Ndola，今赞比亚境内）与他举行私人会晤。次日，正在利奥波德维尔的哈

---

① Telegram from the Department of State to the Embassy in the Congo, September 15, 1961, *FRUS*, 1961 - 1963, Vol. XX, pp. 218, 219 - 220.

② Telegram from the Embassy in the Congo to the Department of State, September 15; Telegram from the Consulate at Elisabethville to the Department of State, September 14, 1961, *FRUS*, 1961 - 1963, Vol. XX, pp. 215, 212.

③ Telegram from the Department of State to the Embassy in the Belgium, September 16, 1961, *FRUS*, 1961 - 1963, Vol. XX, pp. 221, 223.

马舍尔德前往该地，当晚飞机在接近目的地时坠毁，全体乘客遇难。消息传开，世界各大报社纷纷对哈马舍尔德坠机冠之大字标题报道，例如“联合国秘书长座机在非洲失事！”“世界公仆罹难”“空中强盗破坏联合国”“秘书长自杀?!”等。继而，关于这场空难的各种说法在国际社会广泛流传开来。[①] 伦敦英联邦研究学院高级研究员苏珊·威廉姆斯（Susan Williams）在近来的新作《谁杀害了哈马舍尔德?》中认为，哈马舍尔德极有可能是被人谋杀的。哈马舍尔德之死在国际社会引发了巨大的震动，也引发了关于刚果问题的大讨论。

二　安理会第169号决议

显而易见，哈马舍尔德在刚果问题的关键时刻遇难对联合国行动是一记重创，也迫使美国不得不从幕后走向前台，其刚果政策的重心也随之转变。当前，美国的首要任务就是对加丹加采取强硬的立场，确保自己与亚非新兴中立国家的立场一致。[②] 肯尼迪政府意识到，要达到上述目标必须迫使比利时放弃对加丹加分裂行动的一切支持，否则联合国行动将无法取得实质性的进展。为稳定哈马舍尔德遇难后的乱局，肯尼迪政府当即就下列三个方面作出了积极的表态。

第一，维持联合国在刚果的存在。9月18日，腊斯克向戈迪亚、本奇承诺，“美国不会袖手旁观，无所事事，让联合国飞机在执行任

---

① 哈马舍尔德遇难引发了多种猜测，迄今主要有三种说法。第一种认为该事故是机械故障或飞行员疲劳驾驶失误所致。联合国和美国许多官员接受这种看法。正如列西奥夫斯基所言，人们之所以接受这种说法，“倒不是因为找到了令人信服的证据，而是因为若想掩盖事情的真相，这种说法最容易接受。”第二种认为事故因遭袭击而发生。起初，许多人怀疑这次空难是加丹加宪兵队所为，因为那段时期加丹加省民族独立军的战机一直在轰炸联合国部队及其空军基地。也有人认为由于飞机坠毁发生在英国殖民地区域内，英国人难逃干系。不过，有人辩驳说自从哈马舍尔德打算停火谈判以来，英国没有参与谋杀他的理由。苏联人阿卡迪·契夫钦柯则提出苏联串谋的可能性。他在《同莫斯科决裂》中写道：“从事非洲事务工作的朋友一度告诉我，他们曾经看到过一份绝密的克格勃报告，表明载着哈马舍尔德飞机被亲苏联的刚果军队击落，这些刚果军队的侦查人员得到了苏联人的指导。”第三种较为荒诞不经，认为是秘书长自杀。此外，还有其他一些说法，如德夫林认为飞机上被安置了一颗炸弹；有人说是机场人员在最后一刻关掉了机场指示灯，以误导飞机或让飞行员盲目，这是一名罗得西亚白人为了一包钻石这样做的。1962年3月8日，负责调查此事的联合国调查团在报告中称没有证据能证明以上说法，但也不能排除这些说法中的可能性。

② Larry Devlin, *Chief of Station, Congo: Fighting the Cold War in a Hot Zone*, p. 169.

务中受到攻击”。[1] 国务院还建议联合国发表声明，重申在加丹加实现停火是继续以和平方式执行安理会与联合国大会决议的必要措施，并强调联合国应在增强自身军事力量的基础上通过和平方式达到其在刚果的目标。[2] 为此，肯尼迪于 19 日授权向联合国部队增援战斗机和后勤支持。随后，参谋长联席会议调派了 3 架 C－130 和 1 架 C－124 运输机开赴刚果，前提是美国保留这些飞机的指挥权，任务是自卫而非进攻加丹加部队。[3]

第二，竭力主张阿杜拉政府避免内战。9 月 18 日，古里昂在与阿杜拉的会谈中，一方面强调刚果内战没有必要，后勤上不可行且可能不是决定性的，另一方面则向他保证，美国的目的“当然必须是增强阿杜拉反对基赞加集团”，而加强联合国在刚果的存在是最好的方式。阿杜拉赞赏美国政府的姿态，并表示愿意与其合作。古里昂对阿杜拉的积极回应相当满意，同时提醒美国对他的鼓励不要激起他“过分的期望”。[4]

第三，迫使冲伯谈判。冲伯通过美国驻索尔兹伯里领事馆致电肯尼迪，请求美国停止支持联合国部队，宣称加丹加可以在自治的基础上与中央政府谈判。肯尼迪则以激烈的措辞回复说，美国政府欢迎以和平方式结束加丹加分裂，冲伯应该首先毫不延迟地与利奥波德维尔讨论该问题。他还要求领馆人员在口头上提醒冲伯注意美国的立场，即分裂不利于加丹加人民，也不会有任何成功的希望。此外，美国还拒绝了加丹加部长基姆巴参加联合国大会的签证，认为此人出现在纽约只会恶化加丹加与阿杜拉政府及其他非洲国家的关系。冲伯对美国的立场表示愤怒，强烈谴责它与联合国串谋，并拒绝与卡纳普进一步

---

① Editorial Note, *FRUS*, 1961－1963, Vol. XX, p. 227.

② Telegram from the Department of State to the Embassy in the Congo, September 20, 1961, *FRUS*, 1961－1963, Vol. XX, pp. 232－233.

③ National Security Action Memorandum, No. 97, September 19, 1961, *FRUS*, 1961－1963, Vol. XX, p. 232.

④ Telegram from the Department of State to the Embassy in the Congo, September 20, 1961, *FRUS*, 1961－1963, Vol. XX, p. 233; Telegram from the Embassy in the Congo to the Department of State, September 22, 1961.

讨论问题。[①]

冲伯的强硬姿态意味着刚果的分裂与混乱仍将持续下去，肯尼迪政府被迫重新考虑对刚果的政策。9 月 23 日，副国务卿乔治・鲍尔向总统提交了主要由前刚果办公室官员斯坦利・克里夫兰（Stanley Cleveland）起草的政策备忘录，结论是联合国投降、加丹加独立或自治都将使美国的政策严重受挫。就其具体内容而言，它主要有两点。

一是关于联合国投降或承认加丹加独立的后果。备忘录认为统一加丹加是阿杜拉政府存在的必要前提，失去加丹加的刚果将注定“永久贫困”，无法抵抗共产主义的渗透；长期来看，加丹加政权也无法存活，只能是白人利益集团控制的殖民飞地。基赞加若发动内战，阿杜拉政权必将遭到排挤，从而为苏联集团支持基赞加接管加丹加提供大好的机会，也会损害亚非国家对联合国的信任。[②] 所有这些都意味着阿杜拉的失败以及美国的刚果政策严重受挫。

二是敦促阿杜拉与冲伯通过和谈解决加丹加的分裂。备忘录认为，在联合国9 月 13 日实施“毛瑟计划”前，刚果的形势正朝着有利的方向发展，例如冲伯已经开始解散外国的军事官员、政治顾问，并表示参加制宪会议，然而联合国的军事行动逆转了这种趋势。美国必须立即采取措施使政治和谈能继续下去。当然，备忘录也意识到冲伯因取得了对联合国部队的胜利而不愿与阿杜拉继续谈判，因而建议：首先，确立联合国在军事上的绝对优势，为此必须增强其战斗力量（尤其是空中打击能力和运输能力），使冲伯意识到加丹加无法取胜。这样，联合国只需展示武力，便可不战而屈人之兵；其次，美国应该通过外交活动，消除或至少严重地削弱外部对加丹加的支持。[③]

然而，肯尼迪对于增强联合国军事力量的建议犹豫不定，并逐渐转回到与冲伯进行一般性谈判的传统思路上去。国务院官员继续劝说比利时同意刚果统一是最终解决危机的唯一途径。斯巴克也确信比利

---

① Telegram from the Department of State to the Consulate at Elisabethville to, September 23, 1961; Telegram from the Consulate at Elisabethville to the Department of State, September 28, 1961, *FRUS*, 1961 – 1963, Vol. XX, pp. 239, 243.

② Memorandum from the Under Secretary of State for Economic Affairs (Ball) to President Kennedy, September 23, 1961, *FRUS*, 1961 – 1963, Vol. XX, p. 234.

③ Ibid., pp. 235 – 236.

时的最大利益只能在刚果统一以及联合国长期存在的基础上实现，并同意采取适当的措施增强阿杜拉政府，阻止基赞加主义者接管刚果政权。[①] 与此同时，阿杜拉愈益陷入国内支持不断减弱的窘境。他出身于城市，并没有任何地区或部落支持的基础，在议会中最多只能获得民族主义者的有限支持，而激进的反对派在下院占据多数，使其处于非常不利的地位。与此同时，基赞加的支持者试图在斯坦利维尔重建分裂政权，并派兵侵入北部加丹加。更糟的是，基伍和开赛部分地区的当权派也已经开始看好基赞加。

在内外交困的形势下，阿杜拉不得不请求联合国对加丹加采取决定性的军事行动。9 月 22 日，他致信林内尔，宣称刚果政府将以自己的方式结束分裂。外长邦博科也声明，刚果政府可能会“重新”考虑它与联合国的关系。继而，阿杜拉宣布对加丹加采取“警察行动”。三天后，刚果国民军两个营进驻路路博格，并准备挺进加丹加，但遭到对方的空袭。肯尼迪担心刚果爆发内战会导致苏联的干预，要求联合国阻止基赞加对加丹加采取军事行动，同时指示正在日内瓦参加老挝问题谈判的大使哈里曼会晤冲伯，要求后者与阿杜拉谈判。联合国则要求美国政府发表支持对加丹加空中打击的声明。肯尼迪认为这种声明很可能造成美国授权联合国行动的印象而予以拒绝，但表示如果确有必要，联合国空军可以攻击加丹加的飞机。随后，联合国对加丹加轰炸开赛提出警告，其战机也开始在加丹加—开赛边界地区巡航。

10 月 13 日，古里昂评估后认为，当前刚果政府在和谈方面存在两大困难：一是阿杜拉确信冲伯不想重新加入联邦；二是阿杜拉非常固执，可能会放弃和谈。他提醒说，美国支持阿杜拉并帮其创建政府是长期计划，而当前的目标是维持其政权，否则后果将非常严重。肯尼迪政府自然无法漠视这份重要的评估。21 日，国务院致电驻比利时大使馆，要求比利时必须向冲伯施加最大限度的压力。[②] 两天后，

---

① Telegram from the Embassy in Belgium to the Department of State, September 30, 1961, *FRUS*, 1961 - 1963, Vol. XX, p. 246.

② Telegram from the Embassy in the Congo to the Department of State, October 13, 1961; Telegram from the Department of State to the Embassy in the Belgium, October 21, 1961, *FRUS*, 1961 - 1963, Vol. XX, pp. 253, 255 - 256.

联合国秘书处配合美国的政治和谈计划，批准了停火协定，同时强调该协定“具有严格的军事意义，只适用于在加丹加的联合国维和部队及冲伯的武装力量，并不具有任何政治上的目的”，且“不会以任何方式影响安理会与联合国大会决议”，“决不意味着损害刚果的统一、领土完整和政治独立以及刚果共和国的主权或中央政府的权威”。①

然而，冲伯仍坚持加丹加的独立地位，并在外国雇佣军的策划下采取了一系列违反停火协定的行动，甚至在开赛—加丹加边界地区向国民军发动空袭。至此，阿杜拉政府对联合国彻底失去了耐心，决定单独对加丹加采用武力。为此，他请求联合国帮助运送部队，而后者以不介入国内冲突为由予以拒绝。随着国民军在加丹加北部地区推进，加丹加的武装力量开始退却。然而，国务院对阿杜拉的这次军事行动并不乐观，一方面，警告说如果他的军事进攻失败，其政府很可能会被更激进的政权取代。另一方面，则要求美国继续迫使冲伯与阿杜拉政府重新谈判，并请求英国采取适当的措施对冲伯施加压力。两天后，腊斯克再次敦促斯巴克对冲伯施加政治与经济压力。此外，美国官员还就此事与法国进行了磋商。②

11 月 4—5 日，驻日内瓦总领事洛维尔与正在该地访问的冲伯进行会谈，重申了美国支持联合国帮助刚果重新统一加丹加的立场，建议他向阿杜拉提出自己立即到利奥波德维尔与之磋商。然而，冲伯宣称刚果应建立在《塔那那利佛协定》提出的邦联制基础之上，并强调加丹加才是反共产主义的壁垒。为了不过分刺激美国，他保证加丹加部队不再采取空袭或其他违反停火协定的行动，并同意在境外任何地方（建议在纽约）会晤阿杜拉。③ 然而，斯蒂文森和鲍尔斯对新的

① Office of Public Information, UN, *Yearbook of the UN* (1961), New York: UN Publications, 1963, p. 63.

② Telegram from the Department of State to the Embassy in the United Kingdom, October 27, 1961; Telegram from the Embassy in Belgium to the Department of State, October 31, 1961; Telegram from the Department of State to the Embassy in the France, November 3, 1961, *FRUS*, 1961 - 1963, Vol. XX, pp. 257, 259 - 260.

③ Telegram from the Consulate at Geneva to the Department of State, November 5, 1961, *FRUS*, 1961 - 1963, Vol. XX, pp. 263 - 265.

政治和谈前景并不看好，阿杜拉也怀疑冲伯的和谈诚意。7 日，邦博科向美国紧急求购两架喷气战机，称若有这样的空中力量，加丹加与斯坦利维尔的分裂势力将很快崩溃，否则阿杜拉政府将在 3 周内垮台并被共产党支持的基赞加政权接替。国务院对该请求表示理解，但强调单方面出售战斗机将产生不利的影响，且违反联合国 2 月 21 日决议。不过，国务院还是表示美国准备向联合国部队提供训练，以及加强刚果国民军的能力，包括空军训练计划，也会考虑给刚果一些飞机等。①

在随后双方谈判期间，冲伯寻求友善的谅解，而阿杜拉强烈要求统一，因此谈判很快陷入僵持状态。腊斯克告诉肯尼迪，如果这种僵局不立即打破，阿杜拉将被迫发动另一场军事攻势。当前，美国必须实施让冲伯意识到分裂没有任何未来的计划，以推进谈判并预先阻止阿杜拉地位恶化。他的行动计划主要包括四个目标：第一，增强联合国的托管，中立所有非法进入刚果的军事装备，并逮捕和驱逐外国雇佣军；第二，如果冲伯依然顽固，美国将与欧洲国家、罗得西亚一起对加丹加实施经济制裁，例如阻止其资产、货物出口等；第三，加速重新训练与武装刚果国民军，确保阿杜拉政府拥有足够的力量摧毁冲伯的军队；第四，实施一项大规模的援助计划增强阿杜拉的力量，并改善他的国际形象。

哈马舍尔德逝世后，秘书长之职一直无人接替，处理刚果问题的权力主要集中在“刚果俱乐部”手中。经过 6 周多的激烈讨论，缅甸人吴丹（U Thant）于 11 月 3 日被任命为联合国代理秘书长。由于刚果的形势仍在不断恶化之中，就连亲美的苏丹、尼日利亚和埃塞俄比亚也要求安理会讨论刚果问题。腊斯克认为，安理会可能会通过以武力解决加丹加分裂的决议，阿杜拉政府、苏联和激进的亚非国家必将要求联合国托管，并对加丹加开展军事行动。在 11 月 11 日给总统的备忘录中，他预言联合国与阿杜拉政府若放弃政治和解，至多只能

---

① Telegram from the Department of State to the Embassy in the Congo, November 7, 1961; Telegram from the Mission at the United Nations to the Department of State, November 7, 1961; Telegram from the Department of State to the Mission at the United Nations, November 9, 1961, *FRUS*, 1961 - 1963, Vol. XX, pp. 266 - 267.

赢得“一种战舞式的胜利”。若安理会召开会议，他建议事先必须与友好的代表团（包括刚果人）进行广泛的磋商，以便制订出能被普遍接受的方案。他重申美国将努力确保刚果的亲西方倾向，阿杜拉则是实现这一目标的最佳人选，当前必须迅速打破谈判的僵持状态。①

由于佐林当时任安理会委员会主席，美国政府认为苏联与亚非激进国家将“竭力聚焦于加丹加”，以通过武力结束加丹加分裂的决议。在腊斯克看来，这样的决议对刚果与联合国将是“一场皮洛士式的胜利”（即代价高昂的、得不偿失），只会给加丹加造成经济破坏；而加丹加独立则是对联合国集体愿望的严重破坏，极端主义者将取而代之，内战将接踵而至，进而导致共产党渗透。腊斯克的预感无疑是正确的。安理会会议于 11 月 13 日召开后，埃塞俄比亚代表首先提议扩大联合国在刚果的托管，包括使用武力驱逐雇佣兵和结束加丹加分裂。次日，斯里兰卡、利比亚和埃及联合向安理会提出议案，吁请联合国对加丹加动用武力，若有必要就逮捕和驱逐那里的雇佣军。② 佐林对该提案表示支持，宣称加丹加分裂是外部势力干涉刚果事务的中心问题。斯蒂文森虽然也认为该提案具有一定的建设性，但强调安理会也应对基赞加政权采取必要的措施。为此，他提出三项重要的修正：要求扩大决议的运用范围，允许联合国在东方省和加丹加扩大秘书长的权威；允许联合国使用飞机或其他武器进行自卫或保护刚果国民军；授权联合国鼓励政治谈判与调解。24 日，安理会以 9 票赞成，0 票反对，英、法弃权的结果通过了美国修正的三国提案，亦即第 169 号决议。这份决议的重要意义在于，安理会自刚果危机爆发以来，第一次明确地要求结束加丹加的分裂。

三　“第二轮”与《基托纳协定》

安理会第 169 号决议意味着美国对亚非国家作出了重大让步，引起了英、法、比等盟国的不满。11 月 30 日，英国外交大臣与比利时

---

① Memorandum from Secretary of State Rusk to President Kennedy, November 11, 1961, *FRUS*, 1961 - 1963, Vol. XX, pp. 269 - 273.

② Memorandum for the President, Subject: Congo Policy, November 11, 1961; Office of Public Information, UN, *Yearbook of the UN* (1961), New York: UN Publications, 1963, p. 67.

外长试图取消对加丹加使用武力的条款，提出委任一位非洲调解人（例如塞内加尔总统桑戈尔），把冲伯与卢蒙巴主义者召集到一起谈判。[①] 然而，美国对此只是作了“礼节性的”回应。参议员托马斯·杜德（Thomas Dodd）从伊丽莎白维尔致电肯尼迪，警告说那里的形势异常紧张，任何小事都可能导致大规模的流血事件。他请求总统在联合国与刚果当局之间进行个人干涉，而肯尼迪认为冲伯曾有过好机会，但他没有把握住，现在已经太晚了。[②] 此时，联合国部队已经开始策划新的军事行动了。印度将军拉贾（K. A. S. Raja）甚至提出了肃清加丹加雇佣兵的具体计划，即把伊丽莎白维尔分成若干区进行彻底搜查（甚至不惜街垒战），还准备把清理线延伸到罗得西亚的边界。美国驻伊丽莎白维尔领事路易斯·荷菲克（Lewis Hoffacker）对该计划表示震惊，认为这可能导致大量的平民伤亡。联合国平民计划负责人布瑞恩·厄克特（Brian Urquhart）和乔治·史密斯（George Ivan Smith）也不同意该计划。

与此同时，冲伯在加丹加发起了声势浩大的反对联合国刚果行动宣传运动。宪兵队还与刚果国民军在靠近基伍市边界的小城康果洛发生了交火。11 月 28 日，宪兵队在伊丽莎白维尔逮捕并殴打了布瑞恩·厄克特和乔治·史密斯（后者被荷菲克救出），当晚还发生了印度士兵被杀和军官被绑架的事件。联合国部队宣布伊丽莎白维尔处于高度戒备状态，要求加丹加当局在 45 小时内释放联合国官员，否则将对其总统府发动军事攻势。在荷菲克的极力主张下，拉贾将军才撤销了这份最后通牒。次日晨，厄克特在遭到毒打后获释。12 月 3 日，又有 11 位联合国人员在伊丽莎白维尔遭到绑架。此外，加丹加宪兵队还封锁了联合国驻伊丽莎白维尔指挥部与机场之间的道路，并利用平民住宅、工厂设施、教堂塔楼和医院（甚至伪造的红十字车辆）向联合国部队开火。

加丹加的挑衅行为促使联合国指挥部决定采取新的军事行动。秘书长吴丹命令联合国部队采取一切必要的措施予以自卫，即“第二

---

① Weissman, *American Foreign Policy in Congo (1960 – 1964)*, p. 164.

② Dodd to Kennedy, Contel 674 from Eviller, November 30; Kennedy to Dodd, Unnumbered Deptel to Luanda, December 1, 1961.

轮”（Round Two）行动。12月初，古里昂紧急与政府官员磋商，认为联合国此时若不展示武力，冲伯将继续挑衅并拒绝所有的和解。而哈里曼等官员担心使用武力将激怒欧洲盟国，并让苏联有机可乘。肯尼迪最后决定，加丹加若发生另一轮战斗，美国将支持联合国。5日，林内尔制订出增援计划，肯尼迪同意向联合国部队提供军事援助，包括使用C－130和1架C－124运输机调派增援部队。① 斯蒂文森还于6日与吴丹交换意见，重申了美国支持联合国在刚果的目标及行动。在8日的记者招待会上，腊斯克发表了支持联合国目标的宣言，并于次日给肯尼迪的信中强调说，美国必须支持联合国在加丹加的军事行动，否则阿杜拉政府将处于失控状态，为“中部非洲的共产主义打开大门”。② 鲍尔也公开宣布，联合国在加丹加获得它的“最小目标”前，美国不会支持停火。五角大楼确信美国若继续为联合国部队提供后勤支持，那么后者在军事上就能获胜。③ 吴丹对美国空前的高调支持表示感激，并保证联合国的军事行动只是迫使冲伯同意和谈。随着联合国的增援部队陆续抵达加丹加，一场战争如箭在弦。

在此期间，相关各方促进刚果政治和谈的努力并未停止。副国务卿鲍尔在洛杉矶的演讲中深入地剖析了加丹加问题及其解决方案，宣称“解决目前加丹加形势的唯一出路在于通过总理阿杜拉与冲伯的谈判结束分裂，在现有宪法做出必要改变的基础上达成协定”。④ 12月5日，冲伯宣称自己“宁愿跳出窗外，也不到利奥波德维尔去”。⑤

---

① Telegram from the Embassy in the Congo to the Department of State, December 5, 1961; Memorandum of Telephone Conversation, December 13 1961, *FRUS*, 1961－1963, Vol. XX, p. 311. 美国空军C－124在“第二轮”行动期间飞行超过100次，把利奥波德维尔的900名联合国官兵和6挺防空枪、5辆瑞典装甲车和其他装备空运到伊丽莎白维尔。参见 *Congo Chronology*, p. 32。

② Memorandum for the President, Subject: Courses for the United States in View of the Fighting in Katanga, December 9, 1961.

③ Deptel 1032 to Leopoldville. Ball Statement to the Press, *U. S. Mission to the UN Press Release*, December 13, 1961, Stevenson Papers; UN Military Situation in Katanga and Department of Defense Views attached to Rusk Memorandum to the President, December 9, 1961.

④ “American Policy in the Congo”, *Africa Report*, 7: 1, January 1962, p. 17.

⑤ Telegram from the Embassy in the France to the Department of State, December 5, 1961, *FRUS*, 1961－1963, Vol. XX, p. 287.

对此，赫脱提出应迫使阿杜拉与冲伯会晤，并表示可以为他们安排会晤事宜，例如在卡米纳的一架飞机上。然而，部分官员对阿杜拉与冲伯的和谈并不乐观。12 月 7 日的一份特别国家情报评估认为，加丹加分裂已经严重地威胁到了阿杜拉的政治地位，然而当前双方进行严肃的谈判是不可能的，除非对他们施加更多的压力。如果冲伯及其副官被“更强有力的和直接的方式”，如暗杀、意外事故或联合国干涉所除掉，那么加丹加会出现政治真空、大规模部落战争的危险。该评估结论认为，阿杜拉若不能尽快统一加丹加，其政权可能会迅速垮台；联合国若不能解决加丹加分裂问题，将被迫对加丹加开战并可能会接受苏联集团的援助。①

随着联合国部队在加丹加顺利进军，美国部分官员中的悲观情绪很快一扫而光。12 月 5 日，“第二轮”军事行动正式开始。联合国部队首先清除了加丹加宪兵设置的路障，攻占了雅多维尔与科卢韦齐（Kolwezi）的机场等要地。9 日，腊斯克在备忘录中向肯尼迪不无满意地表示，这场军事行动有助于冲伯与阿杜拉之间的和解，也使美国有了更大的自由空间。当然，美国现在不能主张联合国停止加丹加的军事行动，也不能主张联合国运用一切军事手段占领加丹加并摧毁冲伯政权，否则就会对该地区的工业设施造成严重的破坏，并严重威胁到当地欧洲人与非洲人的生命安全。他建议美国继续支持联合国，但要把军事行动控制在能迫使冲伯同意和谈的有限程度上，同时应该继续就刚果问题与西方盟国密切磋商，以获得它们对联合国军事行动最大程度的合作。②

然而，比利时各界对联合国部队再次进攻加丹加反应十分强烈，政府更是指责这次行动使加丹加人民的生命和财产遭受了损失。12 月 10 日，布鲁塞尔的示威民众还用石块等袭击了美国大使馆。英国政府则指责联合国的军事行动正在把自己推向“看不到尽头的战争与混乱之中”。③ 13—15 日，在巴黎北约外长会议召开期间，美国受

---

① The Special Intelligence Estimate, SNIE65 - 61, December 7, 1961, *FRUS*, 1961 - 1963, Vol. XX, pp. 294 - 298.

② Memorandum from Secretary of State Rusk to President Kennedy, December 9, 1961, *FRUS*, 1961 - 1963, Vol. XX, pp. 299 - 301.

③ Howard M. Epstein, *Revolt in the Congo, 1960 - 1964*, New York, 1965, p. 119.

到其他成员国的强大压力。英国代表休姆抱怨印度人只对军事报复感兴趣，联合国“正在撒播它自己破坏的种子”，并警告说联合国部队若继续进攻加丹加，英国将不再支持联合国。法国代表也宣称，联合国若在军事上失利，与冲伯达成妥协将更加困难；冲伯若被打败，只会引起更大的混乱。[①] 法国政府还宣布此后它将禁止向联合国运送部队或给养的飞机开放领空。

至 16 日，联合国部队包围了伊丽莎白维尔，继而占领了该市几乎所有的军事目标。其间，联合国空军还轰炸了矿业联盟的设施，少量炸弹不小心投到伊丽莎白维尔与什科洛维的医院。在 8 天的军事行动期间，共有 700 余人伤亡（多数为平民），引起世界舆论一片哗然。加丹加趁机开展媒体战，大打反共产主义牌。冲伯根据比利时顾问的建议致电腊斯克，警告说阿杜拉自称是“中立主义者”，卡斯特罗也是这样的人。12 月 14 日的《纽约时报》则称“加丹加是 1961 年的匈牙利”，是混乱海洋环绕的政治稳定、经济健康和公众政府的孤岛，而冲伯是刚果反共产主义斗士。《时代》杂志则准备把冲伯作为最新一期的杂志封面人物。鲍尔斯和邦迪试图阻止该杂志的做法却未能成功，随后要求他在阿杜拉访美期间发表一篇关于他的文章也遭到断然拒绝。肯尼迪政府似乎不善于应对国内媒体，以至有学者宣称，这场行动的结果是由西方主要报纸的头版以及在伊丽莎白维尔街道上传阅的报纸所决定的。[②] 肯尼迪被迫寻求其他人的支持，例如派中情局局长约翰·麦科恩（John Alexander McCone，1961 年至 1965 年 4 月任中情局局长）专程拜会艾森豪威尔并获得支持；派乔治·麦吉劝说罗素不要支持参议员杜德；赫脱和洛奇也相继发表了支持政府在刚果总目标的声明。

在联合国，比利时与英国提出了一项决议草案，要求联合国部队立即停火。在北约理事会召开会议前，《巴尔的摩太阳报》宣称，美国“今晚在支持联合国在刚果的军事行动上不会得到所有 14 个北约

① Telegram from Secretary of State Rusk to the Department of State (Paris), December 11, 1961, *FRUS*, 1961 - 1963, Vol. XX, pp. 302 - 303.

② Richard Doyle Mahoney, *The Kennedy Policy in the Congo, 1961 - 1963*, p. 215.

盟国的支持”，而这在北约理事会历史上还是第一次。[①] 不仅如此，欧洲的新闻界似乎也对美国充满了愤怒与敌意。12 月 15 日，比利时外长斯巴克两次向吴丹抗议联合国军的暴行。尽管上述反对声音接连不断，肯尼迪政府仍坚持联合国行动自由的有限目标尚未达到而反对停火。阿杜拉也警告说，联合国在加丹加停火将使刚果陷入全面的危机，并导致他的政府垮台。[②] 随后，英、比草拟了一份关于政治谈判的基础文件，支持刚果成立较为松散的联邦或邦联。肯尼迪对此表示赞同，授意古里昂建议本奇劝说阿杜拉与冲伯接受该文件，并准备为两人谈判安排场所。肯尼迪还就此与麦克米伦通电话，通报了美国的上述态度，要求英国利用对冲伯的影响推动政治和谈。[③] 吴丹坚持把美国的提案提交刚果咨询委员会，而鲍尔斯宣称“那群野人”不会接受该建议，一旦新方案公之于众将立即崩解。他强调唯一的解决方式是支持美国对调解负责并快速行动，具体做法是以古里昂取代本奇作为调解者，联合国宣布一次 48 小时的休战。斯蒂文森反对该建议，认为联合国 48 小时休战的想法有勇无谋，华盛顿正在犯“一种严重至极的错误”。

恰在此时，肯尼迪收到了冲伯电报，请求他任命一位有能力的谈判者与之磋商会谈事宜。肯尼迪立即给予了积极的回应，称自己正在紧急研究这种做法的可能性，随后命令南非水域的一支舰队驶向刚果可能的谈判地点。12 月 16 日，肯尼迪再次致电冲伯，建议他在几个小时内赶赴基托纳，并许诺联合国在他动身后立即停止所有的军事行动。由于当时联合国战机正在轰炸自己的住所，冲伯立即答应飞往基托纳并在恩多拉会晤古里昂。听闻此讯后，卡萨武布与邦博科认为自

① Roger Hilsman, *To Move a Nation: The Politics of Foreign Policy in the Administration of John F. Kennedy*, p. 255. Telcon: Ambassador Scheyven/Hartman, 12/13/61. 腊斯克告诉对外关系委员会，14:1 投票反对美国的说法“完全是错误的”。他怀疑英国代表团的这种说法是“为了拯救麦克米伦”。

② Telegram from the Embassy in the Congo to the Department of State, Decmber 13, 1961, *FRUS*, 1961 - 1963, Vol. XX, p. 307.

③ Telegram from the Department of State to Secretary of State Rusk (Paris), December 12, 1961; Telegram from the Department of State to the Embassy in the Congo, December 13, 1961; Memorandum of the Telephone Conversation, December 13, 1961, *FRUS*, 1961 - 1963, Vol. XX, pp. 306, 311 - 312.

己被美国出卖了。肯尼迪指示古里昂安抚卡萨武布说，联合国的加丹加军事行动仍在继续且美国的政策不会改变。然而，后者仍拒绝参加会谈。古里昂不得不警告他说，美国决心支持刚果，但他不能过于指望美国，而应该像林肯那样宽宏大量，同时建议国务院把这次会谈的消息保密。阿杜拉于 17 日得知该消息后，也谴责美国试图迫使他在平等的基础上对待一个“叛徒”。古里昂不得不解释说，美国与联合国支持他的政府，如果他不参加会谈，可能会失去美国的支持。[①]

在这种形势下，阿杜拉被迫同意与冲伯会晤。对此，肯尼迪政府十分满意，准备派古里昂乘机到伊丽莎白维尔陪同冲伯前往基托纳。吴丹也向冲伯承诺，在他动身后，联合国部队将立即停火。然而，正如古里昂所预期的那样，冲伯还在进行“一些最后的勒索”，试图把停火转变成一场普遍的停战。为避免这种情况出现，古里昂警告冲伯说，如果他不能顺利登机，那么加丹加将面对联合国全面的军事接管。最终，冲伯同意与阿杜拉进行会谈。肯尼迪特意派总统专机“哥伦比亚号”为他们的谈判提供方便。随后，冲伯在古里昂的陪同下离开伊丽莎白维尔，前往基托纳与阿杜拉会谈。19 日，吴丹宣布联合国部队临时停火。

同日，鲍尔在洛杉矶的讲话中详细地阐明了美国的政策。他说，美国对刚果的期望是“一个在稳定的和进步政府治理下的稳定的社会。那个政府可能在它的国际政策上奉行‘非结盟’。那是它自己所决定的。然而，它必须决心足够强大，以维护其真正的独立。重要的是，它与对其发展做出贡献的我们以及与欧洲国家站在一起，某种友好的和建设性的关系将有利于我们的共同目的。同样重要的是，我们希望避免在非洲出现一个新的朝鲜或新的老挝。我们希望使非洲大陆避免欧中苏联集团国家在世界其他地区制造的军事干涉”。他还警告说，如果刚果被分成人口和加丹加省相同的独立国家，那么就会出现 20 多个政府，而且加丹加也会被一分为二，最终这里会“巴尔干化”，“内战每天都非常可能爆发”。美国的政策就是帮助阿杜拉政府建立统一和稳定的刚果，从而减少内战与大国干预的危险。最后，他

---

① Telegram from the Embassy in the Congo to the Department of State, December 18, 1961, *FRUS*, 1961 - 1963, Vol. XX, p. 326.

强调加丹加唯一的出路是通过阿杜拉与冲伯的谈判结束分裂，在现有宪法的基础上达成协定。[①] 总之，国务院期待阿杜拉能抓住这次机会展示其政治家的风范与领导权，并警告冲伯这是加丹加和平未来的最后一次机会，其他选择必定是内战与混乱。[②]

美国政府在官方的解密档案记载了阿杜拉与冲伯刚见面时的情形：气氛紧张了20分钟，但阿杜拉还是出来了，并与之双臂相拥，热情地问候了他。紧张气氛被打破了，联合国的摄影师忙碌了起来。[③] 然而，双方的谈判并不十分顺利。冲伯试图故伎重演，在会谈结束前几个小时宣称自己没有谈判的权力，几乎导致会谈破裂。在各方的压力下，阿杜拉允许冲伯签署一份关于需要与加丹加议会磋商的声明。至21日凌晨2:30，双方最终达成了《基托纳协定》。据此，冲伯宣布接受国家的宪法——《基本法》，承认刚果共和国是不可分割的有机整体，承认卡萨武布为国家元首，向议会派遣加丹加代表，并把宪兵队置于总统的统辖之下，尊重联合国大会与安理会的决议等。

显而易见，《基托纳协定》似乎为国际社会提供了解决刚果危机的另一种途径，即刚果“未来的发展似乎更多地依靠该地区内的政治发展，而不是外部力量的行动”。[④] 对于该协定，本奇给予了高度评价，称它是联合国、美国、刚果和加丹加的一次胜利，是阿杜拉政府建立以来最鼓舞人心的事件。总体上，肯尼迪政府也认定这份协定是一个意外的惊喜，“对冲伯而言，这种完全的投降远超出了我们的预期”。古里昂更是视之为美国刚果政策的里程碑。22日，肯尼迪与麦克米伦发布联合公报，对阿杜拉与冲伯在基托纳“富有成效的会

---

① 美国对刚果的政策1961年讲话，助理国务卿在洛杉矶讲话节选1961年12月19日，参见 American Policy in the Congo, *Africa Report*, 7: 1, January 1962。

② Telegram from the Department of State to the Embassy in the Congo, December 19, 1961, *FRUS*, 1961 - 1963, Vol. XX, pp. 327 - 328.

③ Telegram from the Embassy in the Congo to the Department of State, December 19, 1961, *FRUS*, 1961 - 1963, Vol. XX, p. 330.

④ Catherine Hoskyns, *The Congo since Independence* (*January 1960-December 1961*), p. 467.

晤”表示满意，并希望能取得新的进展。[①] 国务院虽然意识到冲伯强调必须将之提交加丹加内阁与省议会批准为自己留下了退路，但还是对其抱有一定的信心。此时，联合国部队已经在伊丽莎白维尔占据了优势，如有必要则可以强迫加丹加把税收上缴中央政府，从而直接剥夺冲伯政权赖以生存的经济基础。

① Telegram from the Embassy in the Congo to the Department of State, December 21, 1961; Telegram from the Department of State to Secretary of State Rusk (at Bermuda), December 21, 1961, *FRUS*, 1961 – 1963, Vol. XX, pp. 335, 337 – 338.

第五章

吴丹计划与危机结束

> 刚果问题的关键是保持亲西方的政权在台上。只要加丹加问题依然没有解决，任何这样的政权都将处于危险之中。问题的长期存在源自刚果政府或联合国没有能力对冲伯政权及其支持者施加足够的压力。
>
> ——参谋长联席会议备忘录（1962 年 12 月 11 日）

入主白宫以来，肯尼迪努力克服前任政府应对刚果危机中的应急性与随意性，既遏制住了苏联集团向刚果地区的渗透，又在重树美国在亚非新兴国家的形象上取得了不小的进展。肯尼迪政府通过帮助阿杜拉组建刚果合法政府完成了其政策的首要目标，同时加大了对联合国刚果行动的支持力度，迫使冲伯分裂政权至少在形式上承认了这个新政府。在新的一年，美国政府在推动刚果完成统一的目标上应该说机遇与挑战并存：苏联在 1962 年的进攻目标主要集中在柏林问题、核试验、全面裁军以及在古巴部署导弹等方面，对非洲的外交攻势暂时处于相对的低潮状态。这种形势无疑让美国政府有了更大的自由行动空间与周旋余地。而挑战则主要来自两个方面：一是如何与欧洲盟国达成共识，一致向冲伯政权施加足够的压力，迫使其尽快履行《基托纳协定》；二是如何帮助联合国刚果行动度过当前的财政危机，并让亚非中立国家在刚果统一过程中继续发挥重要作用。就当时的形势而言，肯尼迪政府必须首先迫使冲伯兑现《基托纳协定》中的承诺，尽快结束加丹加的分裂状态，以把刚果问题从世界危机的日程表上去掉。

第一节　《基托纳协定》的破产

《基托纳协定》的签订一度让美国政府官员看到了通过刚果内部政治和谈解决加丹加分裂问题的前景和希望。然而，这依然是冲伯的缓兵之计。该协定签字墨迹未干，他就开始对肯尼迪政府支持联合国部队采取更多的军事措施表示愤怒。几周后，他又公开宣称，加丹加的最坏敌人不是联合国而是华盛顿，《基托纳协定》在美国决策者中并没有价值。冲伯的出尔反尔立即让肯尼迪政府陷入了困境之中：一方面，苏联与亚非中立国家准备要求安理会加紧对加丹加开展新的军事行动；另一方面，英、法盟国表明它们会否决任何这样的决议案。在这种尴尬的形势下，美国政府要么被迫与其盟国决裂，并与苏联一起支持大多数非洲国家的要求，要么放弃支持联合国结束分裂的政策而任由自己在非洲名誉扫地。

一　基赞加政权的覆灭

在肯尼迪看来，当前避免出现上述窘境的唯一方法就是确保《基托纳协定》顺利地实施。就当时的形势而言，这需要两个前提条件：一是削弱加丹加分裂政权的力量，尤其要削弱其赖以生存的经济基础；二是建立起强大的阿杜拉中央政府。就前者而言，乔治·鲍尔确信，只有完全切断冲伯与外部世界的经济联系，加丹加分裂才会自行终结，而这需要英、比盟国的密切配合。为此，刚果专家小组在经济学家罗伯特·韦斯特（Robert L. West）领导下，起草了一系列英、比政府采取何种措施减少加丹加税收来源的计划。[①] 国务院在他们报告的基础上制订了减少加丹加税收、改善阿杜拉政府征收外汇能力的计划，主要措施包括七项：（1）重启比利时的刚果公司税收评估办事处及其在安特卫普的海关办事处；（2）通过国会立法正式关闭在加丹加的所有海关、税收和财政办事处；（3）所有的直接税收（包括收入税与红利税）只向中央政府财政办事处缴纳；（4）对所有中

① Deptel to West Palm Beach (for the President), December 23, 1961. Quoted from Richard Doyle Mahoney, *The Kennedy Policy in the Congo, 1961 – 1963*, p. 243.

央银行发布公告，解释现有的规定，即刚果居民或公司在刚果的所有外汇收入必须向刚果货币委员会（相当于联邦储备委员会）出售；（5）建立一套全面的海关与外汇收入体制；（6）通过行政措施恢复刚果独立前在比利时机构的权威，阻止比利时的刚果公司把外汇收入汇回国内；（7）向加丹加的所有公司发布正式通告，要求它们向中央政府缴纳所有的税收与关税。

就后者而言，美国认为应该增强阿杜拉的个人威望与地位，以获得国内外的有力支持，为此必须首先除掉基赞加政权。随后，腊斯克与威廉姆斯不失时机地赞扬阿杜拉是“温和的和聪明的”，乔治·鲍尔更是公开宣称他是“新非洲出现的杰出领导人”。1962 年 1 月 6 日，腊斯克指示古里昂邀请阿杜拉尽快访美，并要求他在动身前通过议会对基赞加的不信任动议，称这样做才能提高他在美国的地位，更容易应对美国国会和媒体的质疑与批评。[①] 阿杜拉正急于提高自己在国内外的地位，美国的邀请与建议正中其下怀。1 月 8 日，他召集刚果议会通过一项决议，要求基赞加在 48 小时内到首都履职并解散他的部队。在给阿杜拉的两封信中，基赞加宣称自己无意制造国家分裂，只是为了阻止基伍省建立独立政权，并提出中央政府必须首先结束加丹加分裂。此外，他还试图逮捕背叛自己的伦杜拉将军，失败后才被迫同意到首都任职。[②]

然而，肯尼迪政府担心基赞加任职后，可能会推动刚果议会通过武力统一加丹加的决议，因而建议阿杜拉不应让他重任副总理之职。阿杜拉接受该建议，于 1 月 15 日再次召集议会通过决议，剥夺了基赞加的议会豁免权。后者试图以武力表达自己的不满，其部队与忠于伦杜拉、中央政府的国民军发生了交火，结果溃不成军，绝大多数士兵缴械投降。走投无路的基赞加被迫宣布自己将于 20 日到利奥波德维尔任职。然而，阿杜拉决定不再给他机会，谴责他犯了威胁国家安

① Telegram from the Department of State to the Embassy in Congo, January 6, 1962, *FRUS*, 1961 - 1963, Vol. XX, p. 358.

② *New York Times*, January 9, 1962; January 12, 1962.

全的罪行，必须予以逮捕。[1] 随后，刚果议会以67:1通过了谴责基赞加的决议，就连他的密友卡萨穆拉也批评他不再是一位民族主义者。[2] 接着，众叛亲离的基赞加被捕，并被解除了副总理职务（1964年7月才获释）。在1月20日被押解回利奥波德维尔时，他在机场受到不少支持者的欢迎，随后被押送到联合国行动司令部。次日，他要求搬到自己任卢蒙巴政府副总理时的住所，遭到联合国的拒绝。基赞加的溃败对阿杜拉代表的温和派产生了多重的影响：最终清除了斯坦利维尔政权对中央政府的威胁；基赞加被捕削弱了联合政府的基础，也削弱了温和派在议会的地位。《纽约时报》评论说，阿杜拉致力于组建相对保守的政府，“尽管这让美国高兴，但会失去与刚果民族主义者情感上的联系”。

起初，阿杜拉以保护为由把基赞加关押在蒙博托的军营中。1月30日，又把他转移到位于刚果河口布拉—本巴岛的监狱，并警告议会不要给予基赞加豁免权，否则将打开一个潘多拉盒子。不久，刚果议会下院要求对立即释放基赞加等犯人的提案进行表决，结果是37:37持平。[3] 这种结果表明，阿杜拉与议会的关系出现了恶化趋势。中情局不得不在阿杜拉信任票上以大笔金钱“租用”议会，为其赢得时间。根据刚果的法律，基赞加若以叛乱罪判罚，应判20年监禁或死刑。阿杜拉担心长期囚禁基赞加会使之成为一名“烈士”，而处以死刑则会让他成为“另一位卢蒙巴”，于己及美国非常不利。在与阿杜拉磋商后，古里昂清楚地意识到，基赞加对阿杜拉而言是一个烫手山芋，认为在处置基赞加的问题上行动仓促将造成刚果局势再次混乱，故而建议阿杜拉相机行事而不能急于求成。[4]

然而，基赞加的问题使刚果很快出现了“卢蒙巴式长期囚禁”

---

① Telegram from the Department of State to the Embassy in Congo, No. 1252, January 12, 1962; Telegram from the Embassy in Congo to the Department of State, No. 1817, January 15, 1962. Quoted in Telegram from the Department of State to the Embassy in Congo, January 12, 1962, *FRUS*, 1961－1963, Vol. XX, p. 360.

② *New York Times*, January 16, 1962.

③ *New York Times*, January 21, 1962, Sec. 4, p. 3.

④ Telegram from the Embassy in Congo to the Department of State, January 25, 1962, *FRUS*, 1961－1963, Vol. XX, pp. 368－369; Telegram from the Embassy in the Congo to the Department of State, No. 1909, January 25, 1962.

的危险形势。鉴于在卢蒙巴遇害问题上的教训，国务院官员力求美国不会因之受到牵连，为此严肃地警告阿杜拉说，“基赞加因暴力致死将产生最不幸的影响”，还会使过去的努力荡然无存。为避免这种结果，国务院进一步提出，如果让基赞加逃亡到开罗的办法不奏效，可以他“再三宣称的不健康”为由，送他到境外疗养，例如让他出现在埃及的开罗。此外，国务院还提出流放基赞加的具体处理方法，即尽量不要经过公开审判，否则可能会导致苏联集团插手。最后，还特别强调说，无论阿杜拉采取什么决定，都必须注意这些都是出于他自己的决定，应该非常谨慎地避免美国参与此事的任何迹象。阿杜拉欣然接受了该建议，声称这将解决一个“非常大的问题”。①

苏联政府此时虽然已经放弃了对基赞加的支持，但仍不失时机地利用他向阿杜拉政府施加压力。佐林以基赞加已经遇害为由，强烈要求安理会召开会议，讨论安理会第 169 号决议的执行问题。美国政府认为此时召开安理会会议于己不利，只会给苏联渔利的机会，而反对召开安理会会议又会授人以柄，因而只能强调刚果人的态度是决定形势的关键。为此，他们敦促阿杜拉发表公开声明，宣称刚果目前正向着稳定的形势发展，安理会没有必要考虑刚果问题。国务院还指示斯蒂文森，美国的目标是阻止安理会讨论刚果问题，如果无法阻止就呼吁立即休会。在 1 月 30 日安理会委员会的会议上，斯蒂文森则根据指示提议休会，理由是安理会在是否讨论刚果问题上应该尊重阿杜拉政府的看法。该休会提议以 7∶2（罗马尼亚和苏联）、2 票弃权（加纳和埃及）获得通过。② 同时，阿杜拉在拉各斯召开的非洲首脑会议上也得到多数与会国的承认与支持，20 位非洲国家首脑接受了他关于保护基赞加行动的解释。③ 接下来，阿杜拉就可以全身心地解决加丹加分裂问题了。

---

① Telegram from the Embassy in Congo to the Department of State, No. 1867, January 19, 1962. Quoted in Telegram from the Department of State to the Embassy in Congo, January 21, 1962, *FRUS*, 1961 - 1963, Vol. XX, pp. 366 - 367.

② Telegram from the Department of State to the Mission at the United Nations, January 26, 1962; Editorial Note, *FRUS*, 1961 - 1963, Vol. XX, pp. 370 - 372.

③ Madeleine G. Kalb, *The Congo Cables: The Cold War in Africa——From Eisenhower to Kennedy*, p. 332.

《基托纳协定》签订后，冲伯派出14名议员参加了12月27日召开的国民议会，并派3名官员参加了1962年1月3日召开的刚果修宪会议。对于该协定中规定的其他条款，他宣称自己无权决定，应由加丹加省议会讨论后决定。为此，加丹加议会成立了一个委员会研究《基托纳协定》的执行情况。与此同时，宪兵队与联合国部队的冲突渐次平息，伊丽莎白维尔一度紧张的局势得到缓解，加丹加其他地区的社会秩序也趋于正常化。美国国务院与国防部均对此感到满意，认为自去年12月初以来出现的紧急状况已经结束，同意采取措施限制美国空军在刚果的空运行动。①

然而，作为冲伯政权主要支柱之一的外国雇佣军问题仍然存在。美国与联合国尽管不断地催促加丹加当局立即驱逐所有的外国雇佣军，但是收效甚微，于是决定对加丹加进一步施加经济压力。早在1961年12月28日古里昂与矿业联盟代表会晤时，后者就表示同意遵守《基托纳协定》，即通过马塔迪港出口部分铜产品，并主动向中央政府缴纳出口税。然而，某些矿业联盟领导人不愿承认阿杜拉政府。国务院希望他们向阿杜拉政府发表执行《基托纳协定》的声明，这样冲伯将不得不遵守该协定。麦吉还建议矿业联盟首先向阿杜拉政府发表支持该协定的声明，并派代表与其讨论矿业联盟与刚果政府之间的问题。②

与此同时，肯尼迪政府最苦恼的依然是北约盟国对《基托纳协定》的消极态度。比利时外交大臣斯巴克虽然认同美国的刚果目标，但认为对冲伯施加压力只会引起他对《基托纳协定》的反感，建议在刚果问题上表现出足够的耐心。当然，比利时在公开场合还是表现出了积极的姿态，例如其外交部主张几家瑞士银行关闭加丹加的账户，用没收通行证威胁斯图伦斯，并要求比利时驻加丹加公司不再向冲伯政权投资等。英国代表则对冲伯实施《基托纳协定》比较乐观，只同意对他施加最合适的而不是最大的压力。在这种形势下，国务院

---

① Telegram from the Embassy in the Congo to the Department of State, January 16, 1962, *FRUS*, 1961 - 1963, Vol. XX, p. 361.

② Telegram from the Department of State to the Embassy in the Belgium, January 2, 1962, *FRUS*, 1961 - 1963, Vol. XX, pp. 352 - 354.

意识到，如果美、比或英在实施《基托纳协定》上意见不统一，只会让冲伯认为这是在鼓励他延迟执行该协定，美国政府必须让冲伯清楚西方国家反对加丹加分裂的决心。[1]

二 阿杜拉访美与《基托纳协定》的破产

阿杜拉逮捕基赞加消除了来自斯坦利维尔激进派继续分裂的威胁，同时也把苏联彻底排除于刚果事务之外。肯尼迪政府对此相当满意，决定邀请阿杜拉尽早访问美国，以增强其政治地位。此时，阿杜拉在国内外赢得了越来越多的信任与支持，当前主要障碍就是加丹加，也希望借此一行，直接向联合国、美国寻求支持《基托纳协定》，尽快结束加丹加的分裂。然而，刚果政府内一些官员担心在阿杜拉缺席期间卢蒙巴的支持者会发动政变。吴丹等联合国主要官员也认为阿杜拉此时访美并不妥当。一方面，他在国内压力下将被迫提出国民军—联合国部队在加丹加的联合行动问题；另一方面，他与基赞加之间的斗争正处于关键时刻，此时不应离开刚果。刚果的中立主义者也认为阿杜拉访美将是一个“致命性的”错误。威廉姆斯不得不向腊斯克保证蒙博托能阻止任何基赞加支持者的政变。

尽管有上述分歧，阿杜拉还是于 1962 年 2 月 2 日顺利乘机前往纽约，开始了他的访美之旅。同日，他在联合国大会发表演讲，重申刚果继续奉行不结盟政策，并呼吁联合国向刚果增加军事援助，以尽快把加丹加的雇佣兵驱逐出境。接着，他强调了刚果政府结束加丹加分裂的决心，并希望通过政治谈判方式解决该问题。他还警告说，如果与冲伯的谈判失败，自己将被迫使用武力统一加丹加。[2] 阿杜拉的演说受到联合国大多数代表的热烈欢迎，尤其当他把卢蒙巴誉为“国家的英雄”时，全场立即报以长时间的热烈掌声。然而，美国政府对阿杜拉的上述强硬态度非常敏感。专程为阿杜拉访美回国的古利昂不得不解释说，阿杜拉的演讲“只是对非洲领导人的一种礼仪上的敬重”，是在非洲人主导的会议上演说的较好方式。他还特别提醒

---

① Telegram from the Department of State to the Embassy in the Belgium, January 17, 1962, *FRUS*, 1961 - 1963, Vol. XX, pp. 363, 365 - 366.

② *American Foreign Policy: Current Documents*, 1962, pp. 830 - 834.

说，阿杜拉努力把自己说成是非洲民族主义者，并不意味着他放弃了不结盟政策，而且他已经以实际行动表明了亲西方的立场，如逮捕基赞加、批评苏联、访问华盛顿等。

3日，阿杜拉抵达华盛顿，先后与肯尼迪、鲍尔及威廉姆斯等人会晤。在与肯尼迪的会谈中，他宣称自己正在准备一场解放加丹加的“警察行动”，希望美国为尽快结束加丹加分裂提供有力的支持。肯尼迪则建议他与冲伯妥协，支持联合国重新训练刚果部队，并重申实施《基托纳协定》以及和平统一加丹加的重要性。阿杜拉怀疑冲伯并无诚意执行该协定，只是在一味地拖延时间。他警告说，加丹加的长期分裂有可能“再次导致动用武力”。在离开美国前，阿杜拉还特意会晤了苏联驻联合国大使佐林，并在回国后宣称自己接受了访苏的邀请。[①] 显而易见，阿杜拉的这一举动意在表明自己对美国在加丹加问题上坚持无休止谈判的不满，也向美国暗示自己并非没有其他的选择。在此期间，冲伯也试图访美，但遭到美国政府的断然拒绝。肯尼迪表示，除非冲伯能得到阿杜拉政府颁发的护照，否则邀请他访美只会激怒刚果政府。[②] 他还要求驻伊丽莎白维尔领馆官员劝说冲伯把访美时间推迟到加丹加实施《基托纳协定》之后。

1962年2月5日，肯尼迪与阿杜拉在白宫

毋庸置疑，阿杜拉访美使国务院意识到必须立即采取措施，以增

① Memorandum of Conversation between Kennedy, Adoula, et al. Subject: Katanga, The White House, February 15, 1962; Memorandum of Conversation, February 5, 1962, *FRUS*, 1961 – 1963, Vol. XX, pp. 375 – 376; *New York Times*, February 13, 1962.

② Memorandum from the Assistant Secretary of State for African Affairs (Williams) to the Under Secretary of State for Economic Affairs (Ball), February 7, 1962, *FRUS*, 1961 – 1963, Vol. XX, p. 381.

强他在国内的政治地位与军事力量，否则他可能会变成“另一位卢蒙巴”。就在他离开美国当天（即2月8日），国务院在主题为“推迟刚果行动的计划”备忘录中系统地提出了四项增强刚果政府的措施。第一，重新合并加丹加及其他有分裂企图的省份，并通过政治谈判解决刚果的基本经济问题，确保冲伯执行《基托纳协定》。为此，该文件要求美国政府对矿业联盟、比利时和冲伯施加足够的压力。第二，军事重组。美国政府派特别代表出使刚果，研究国民军的重组问题或适当的军事、社会与经济方面的计划，并向阿杜拉政府提出可行的建议。第三，外国援助。美国给刚果的援助将在当前财政年以及在当前制定的规模（每年5500万美元）上继续下去，并为刚果青年教育培训提供资助。第四，确定美国与刚果的外交关系，要求刚果尽快在华盛顿开设大使馆并任命大使。① 该计划在国务院获得一致通过，于次日提交国家安全委员会执行问题常设小组，并得到批准。

在联合国与美国持续的压力下，冲伯被迫表示愿意接受由民事和军事代表组成联合委员会执行驱逐外国雇佣兵的决议。2月8日，两个委员会正式成立，并于次日分别被派往雅多维尔和基普希执行任务。15日，加丹加议会通过一项决议，接受《基托纳协定》作为“有效的讨论基础”，授权省政府与中央政府建立联系，并根据协定的精神解决实际的问题。该决议还强调，阿杜拉政府必须切实地考虑加丹加的特殊性，不能反对伊丽莎白维尔恢复对全省的统治权，不得向加丹加派遣任何可能会敌对其政权的民事或军事机构；不能采取任何可能损害加丹加财政经济的措施等。② 尽管阿杜拉对加丹加议会的决议表示失望，但还是决定邀请冲伯到利奥波德维尔讨论《基托纳协定》的执行问题。

阿杜拉的邀请得到了冲伯的积极回应。后者认为，接受与阿杜拉会谈将为加丹加减轻来自美国、联合国要求强制实施安理会决议以及清理加丹加雇佣兵行动的压力。他宣称自己要在几周后才能前往利奥

---

① Memorandum Prepared by the Department of State, February 8, 1962, *FRUS*, 1961 - 1963, Vol. XX, p. 382.

② "Office of Public Information", *UN*, *Yearbook of the UN* 1963, New York: UN Publications, 1963, p. 79.

1962 年 2 月 10 日，斯图尔·林内尔与罗伯特·加德纳（左）在机场

波德维尔，并请求联合国部队务必保证自己的人身安全和随时离开的自由。美国官员虽然不愿给冲伯这种正式的承诺，但仍在口头上答应了这些条件。吴丹及其多数顾问则急于让联合国部队进军科卢维齐、雅多维尔和基普希三个重镇。美国代表认为，如果联合国部队没有得到冲伯同意而强制进军，可能会导致双方的新一轮交战，对联合国和美国都会产生极为不利的影响。① 刚接替林内尔之职的罗伯特·加德纳（Robert A. Gardiner）保证，联合国部队对发起新一轮军事进攻不感兴趣，并向古里昂保证他不会采取在 48 小时内无法取得完全胜利的军事行动。他也认为解决刚果问题的最大希望在于阿杜拉与冲伯不受任何外来干涉的直接谈判，并要求双方必须在 6 月达成协定，否则将考虑更积极的措施。然而，古里昂对这样的会谈持悲观态度，认为其进程是“无休止的、迷宫似的”，而且怀疑阿杜拉是否有耐心等到 6 月。②

---

① Telegram from the Mission at the United Nations to the Department of State, February 16, 1961, *FRUS*, 1961 – 1963, Vol. XX, pp. 388 – 389.

② Telegram from the Embassy in the Congo to the Department of State, February 22, 1961, *FRUS*, 1961 – 1963, Vol. XX, pp. 394 – 396.

在上述各方的压力下，阿杜拉与冲伯于3月18日在利奥波德维尔正式举行会谈。阿杜拉坚持中央政府保留刚果的一切重要权力，而冲伯要求各省享有广泛的高度自治权。因而，两人的谈判几乎从一开始就陷入了僵局，《基托纳协定》形同一纸空文。阿杜拉对这种状况极其不满，谴责美国与联合国阻止国民军获取空中力量，而冲伯却在会谈期间不断地得到增援，还威胁说他必须有所作为，即便“不得不转向撒旦”。[①] 肯尼迪政府立即否认了阿杜拉的指责，警告说刚果政府与联合国的分歧或联合国撤出对双方的影响是致命的，当前关键是确保双方的会谈继续进行，否则美国将被迫面对苏联和亚非激进国家要求联合国动用武力统一加丹加的压力，这将对刚果、美国和联合国产生极其不利的影响。

与此同时，肯尼迪要求联合国部队在紧急状态下封锁加丹加的货物出口。3月24日，副国务卿乔治·鲍尔（George W. Ball）据此提出一项破坏加丹加经济基础，以迫使冲伯就范的新计划：中央政府官员在联合国部队保护的保护下，前往伊丽莎白维尔铁路的关键地点征收其出口商品的销售税与关税。当然，他清楚这会引起加丹加政权的武力反抗，但为了阻止阿杜拉左倾，美国值得冒这种风险。他还建议美国政府全力支持联合国以武力迫使冲伯接受该计划。随后，斯蒂文森向吴丹和本奇简要地通告了这项计划，并强调联合国可以指望美国的全面支持（包括空运）。此外，麦克阿瑟还非常秘密地向斯巴克通报了该计划，英国大使被召到国务院听取关于该计划的全面简报，古里昂也向加德纳简要地通报了该计划。国务院还强调指出，美国政府争取矿业联盟的努力已经彻底失败，希望英、比能再次向冲伯施加压力，以避免联合国采取军事行动。[②] 比、英极力反对鲍尔的这项计划，认为所谓共产主义者接管刚果的威胁被夸大了。事实上，腊斯克也反对这项计划，担心这种做法将导致刚果发生武力冲突。加德纳则建议再给阿杜拉与冲伯一次和谈的机会，如果和谈再失败，就采取更

---

① Telegram from the Embassy in the Congo to the Department of State, March 24, 1962, *FRUS*, 1961 - 1963, Vol. XX, p. 411.

② Telegram from the Department of State to the Mission at the United Nations, March 24, 1962, *FRUS*, 1961 - 1963, Vol. XX, pp. 413 - 416.

严厉的行动，例如拘捕冲伯及其部长、切断加丹加的通信，并把刚果国民军运送到雅多维尔—基普希—科卢维齐地区，与南部加丹加的联合国 6000 人的部队会合。①

上述反对意见表明，相关各方仍不准备对加丹加采取强硬的立场，这也让冲伯决定留在利奥波德维尔，继续所谓的谈判。古里昂很快意识到了他的拖延战略。在 4 月 8 日给国务院的报告中，他指出阿杜拉不相信后者会进行真诚的谈判，也对美国或联合国支持刚果统一缺乏信心。事实很快证实了他的看法。18 日，冲伯准备返回伊丽莎白维尔，阿杜拉的部队阻止他离开，双方在机场僵持不下。古里昂不得不进行调解，劝阿杜拉遵守对联合国的保证，履行对冲伯行动自由的承诺。当晚，阿杜拉被迫撤出机场的部队，冲伯则乘机离开利奥波德维尔。国务院由于这一事件而对阿杜拉大失所望，也意识到刚果政府不再相信美国和联合国能帮其完成统一，且刚果领导人当前的情绪很不稳定，可能会采取草率的行动。②

由于阿杜拉与冲伯会谈又一次无果而终，联合国被迫与美国政府重新讨论对策。4 月 23—24 日，克里夫兰与负责非洲事务的助理国务卿帮办维尼·弗雷德里克（J. Wayne Fredericks）、本奇、加德纳讨论了当前的行动方针，特别提到了鲍尔的征税计划。加德纳与本奇都认为这项征税计划是玩火行为。本奇则提醒说，加丹加的力量当前更为强大。而加德纳警告说，阿杜拉若知道是美国政府制订了这项征税计划，可能会让他在谈判中的立场更为强硬。4 月 28 日，麦吉对两人会谈再度失败表示失望，认为除非到 6 月中旬取得进展，否则阿杜拉必将采取一些危险的措施，并强调自己不希望采纳新的税收计划，除非作为最后一招。③ 至此，鲍尔的加丹加税收新计划基本搁浅。

---

① See Telegram from the Embassy in the Congo to the Department of State, March 28, 1962; Telegram from the Mission at the United Nations to the Department of State, March 30, 1962.

② Telegram from the Embassy in the Congo to the Department of State, April 18, 1962; Telegram from the Department of State to the Embassy in the Congo, April 20, 1962, *FRUS*, 1961 - 1963, Vol. XX, pp. 419, 422.

③ Telegram from the Mission at the United Nations to the Department of State, April 24, 1962; Telegram from the Department of State to the Embassy in the Belgium, April 8, 1962, *FRUS*, 1961 - 1963, Vol. XX, pp. 425, 428 - 429.

尽管肯尼迪劝阿杜拉在以和平方式统一刚果的过程中不要泄气，但与冲伯谈判的再度破裂使阿杜拉彻底失去了耐心。[①] 他公开宣称，刚果政府已经通知亚非国家及其他友好国家，可能被迫要求增援，以武力结束加丹加分裂。阿杜拉的强硬立场立即使肯尼迪政府陷入困境：一方面，西方国家的单边干涉无疑是灾难性的；另一方面，苏联将把讨论刚果问题的安理会变成挑拨西方与阿杜拉政府关系的工具，并要求联合国动用武力结束分裂。若当前形势继续下去，阿杜拉将被迫请求亚非国家的帮助，否则他的政府可能会倒台，共产党国家必将乘机而入。刚果的左派若在利奥波德维尔掌权，就会像卢蒙巴那样反对联合国，接受来自亚非国家激进派乃至苏联集团国家的援助。果真如此，刚果内战将无法避免，西方国家在刚果地区的经济利益必定受到严重的威胁。[②]

第二节 “吴丹计划”

肯尼迪就任总统一年多以来，美国政府围绕着重建刚果温和派政府作出了新的尝试并为此付出了极大的努力，然而由于冲伯政权不予配合，加丹加分裂问题始终未能得到有效的解决，特别是《基托纳协定》无果而终多少还是出乎了美国官员的意料。阿杜拉虽然在访美中的表现在一定程度上令美国决策者感到满意，但是他们也意识到刚果问题的复杂性：加丹加分裂问题若不迅速解决，刚果爆发一场全面内战以及苏联再度渗透的可能性依然很大。此前围绕着政治和谈出现的波折表明，刚果国内各派无法通过政治谈判的方式解决该问题。另外，联合国刚果行动的财政资源几乎消耗殆尽。在这种形势下，美国政府必须通过外部的强制性手段为之开辟道路，其政策也必然因之发生重要的转变。

---

① John F. Kennedy to Cyrille Adoula, April 26, 1962. Quoted from Richard Doyle Mahoney, *The Kennedy Policy in the Congo, 1961 - 1963*, p. 379.

② Telegram from theDepartment of State to the Secretary of State (Athen), May 2, 1962, *FRUS*, 1961 - 1963, Vol. XX, p. 437.

第五章　吴丹计划与危机结束

一　美英比政策协调失败与联合国财政危机

由于《基托纳协定》失败，阿杜拉在加丹加分裂问题上承受的国内政治压力急剧增大，对联合国与美国的失望与愤怒也越来越表面化。美国决策者担心他的亲西方立场会在顷刻之间发生改变，同时秘书长对刚果问题的悲观态度也加重了这种紧迫感。吴丹宣称，刚果的形势几乎不可能在短期内取得进展，打算再次将刚果的形势提交本月末召开的安理会会议。美国的一份特别国家情报评估也证实了他的判断，认为除非阿杜拉与冲伯屈从于比、英及其利益集团、联合国和美国的强大压力与诱惑，否则双方的谈判不可能取得实质性的进展。该评估还提醒说，任何军事征服加丹加的企图都不可能成功，只会导致刚果的形势更加混乱。①

失望之余，美国政府接受了上述建议，开始寄希望于北约盟国的支持。由于法、苏拒绝向联合国行动提供资金，英国此时的资助尤为重要。4 月底，斯蒂文森与麦克米伦进行了两次长时间会谈。后者答应继续为联合国刚果行动每月支付 500 万美元经费，却不同意美国关于刚果问题对英国的重要性仅次于欧共体的观点。他还认为，如果阿杜拉获得对冲伯的优势，那么他将迅速转向苏联集团，因而必须维护冲伯政权的存在。肯尼迪不得不提请他注意，两国与比利时磋商具体的行动方针是必需的。5 月 15—16 日，美、英、比代表在伦敦举行会谈。美国决定由大使布鲁斯率非洲事务助理国务卿帮办 J. W. 弗里德里克（J. Wayne Fredericks）和来自非洲局的一个小组参加伦敦会谈。肯尼迪还专门写信给布鲁斯，强调其任务是向英、比政府明示美国帮助刚果完成统一的决心，并警告欧洲人“达不成一项可行的解决方案必定导致刚果商业集团的灾难”。

具体而言，美国政府试图在下列四个方面寻求与英、比达成协定：第一，支持刚果联邦体制，迫使冲伯承认中央政府；第二，在统一前，中央政府至少应获得加丹加 50% 的税收，且至少对其宪兵队

① Telegram from the Mission at the United Nations to the Department of State, May 11, 1962; The Special Intelligence Estimate, SNIE 65 - 62, May 16, 1962, *FRUS*, 1961 - 1963, Vol. XX, pp. 448, 451.

拥有名义上的控制权；第三，英、比应警告坦噶尼喀特许公司和矿业联盟等公司，若不采取合作态度，其地位将受到严重的威胁；第四，英、比应该支持联合国，否则美国将不惜冒与它们敌对的风险。其中，第三和第四条是最关键的，也是这次会谈最具有争议性的内容。事实上，美国政府提出的这两条均是对以前安理会决议的重申，只是把使用武力的授权条款重新提出来而已。尽管第三条和第四条并无不当之处，但仍遭到比利时代表巴伦·罗斯柴尔德（Baron R. Rothschild）与英国代表邓迪勋爵（Lord Dundee）的坚决反对。前者重申在一项政治协定签订前，加丹加仍是行使全面主权的国家，如果矿业联盟反对冲伯，后者可以停止它所有的生产与出口。关于第四条，罗斯柴尔德虽然完全同意美国对刚果形势的判断，但认为如果联合国在伊丽莎白维尔征税问题上支持刚果政府，将被迫面临很大的风险，甚至可能会导致战争。

英国则几乎在每个问题上都与美国持对立态度，以至罗斯柴尔德不得不充当两国的调解人。在邓迪看来，保护西方在中部非洲利益的最好途径是维持现状，支持或至少容忍反共产主义的领导人（无论他们多么不合法或遭到非议）是遏制共产主义的最好方式。由于罗得西亚联邦的未来存在变数，英国需要规避刚果问题带来的风险。他警告说，联合国不适合打一场“殖民战争”，若安理会提出托管军事行动的决议，英国将投否决票，甚至中止对联合国的经济捐助。[①] 对此，布鲁斯不得不承认，美国在这一轮较量中“几乎完败”。他抱怨英国是一条“睡狗”，宁愿无限期地拖延也不愿面对刚果的真正危险。事实上，英美只是在解决刚果问题的方法上存有分歧，主要体现在加丹加应该拥有多少自主权以及联合国作用方面。

最终，三方达成了《关于刚果重新和解的备忘录》，同意一项临时的解决方案，要求在加丹加与中央政府之间分割加丹加的税收，三方委员会共同控制宪兵队，并在中央政府中给加丹加一些部长职位

---

① Telegram from the Embassy to the Department of State in the United Kingdom, May 16, 1962, *FRUS*, 1961 - 1963, Vol. XX, pp. 453 - 455.

等。[1] 然而，这种临时解决方案并不包括美方提出的第三、第四条，让肯尼迪十分不满，也迫使他在盟国与联合国之间进行再次选择。5月19日，国务院以临时解决方案的措施不力为由予以拒绝，宣称由于英国坚决反对解决加丹加分裂的积极措施，此时应该全面支持联合国委员会的调解。[2]

然而，联合国在加丹加问题上也面临尴尬的困境：如果对加丹加采取军事行动，为刚果行动提供经费的西方国家就会以撤出资助相威胁；如果不尽快采取行动，为联合国提供部队的亚非国家便会威胁撤出部队。在这种形势下，吴丹被迫宣布，如果加德纳调解不成功，安理会将召开会议，重点讨论把联合国部队开进科卢维齐、雅多维尔和基普希的提案。[3] 鉴于联合国面临的上述困境，美国国务卿特别助理和执行秘书 威廉姆·H. 布鲁贝克（William H. Brubeck）在致邦迪的备忘录中提出了“伦敦会谈后我们的刚果政策”，建议美国政府积极地迫使加丹加放弃分裂，尽量不使用武力，但要承认武力是必需的。该备忘录建议政府对冲伯、阿杜拉发出警告，若不能迅速达成切实可行的协定，美国可能采取征税等强制性的措施。它还提出，美国应该尽可能地争取比利时，而放弃对英国的努力；应向阿杜拉强调联合国能在结束加丹加分裂中发挥积极作用；美国应该进一步研究劝说冲伯的方式，并劝说阿杜拉向他作出适当的让步。[4]

美国冷落英国的做法很快引起了麦克米伦的不满。5月25日，后者在给肯尼迪的信中重申了和平解决加丹加分裂的重要性，强调对其采取军事行动即便能成功，代价也会很大，还会破坏两国之间的关系。他表示，英国将支持加德纳要求阿杜拉修订《基本法》，迫使冲

---

① Telegram from the Embassy to the Department of State in the United Kingdom, May 18, 1962, *FRUS*, 1961 - 1963, Vol. XX, p. 457.

② Telegram from the Department of State to the Embassy in the Congo, May 19, 1962, *FRUS*, 1961 - 1963, Vol. XX, pp. 459 - 461.

③ Telegram from the Mission at the United Nations to the Department of State, May 18, 1962, *FRUS*, 1961 - 1963, Vol. XX, pp. 458 - 459.

④ Memorandum from the Department of State Executive Secretary (Brubeck) to the President's Special Assistant for the National Security Affairs (Bundy), May 21, 1962, *FRUS*, 1961 - 1963, Vol. XX, pp. 463 - 464.

伯在税收和宪兵队问题上向中央政府作出更多的让步。[1] 而邦迪在5月26日给总统的电报中作出了相反的预测：除非受到武力的威胁，冲伯永远不会谈判，美国无法接受英国反对使用武力的观点；唯一的出路在于用武力威胁冲伯，或在阿杜拉缺乏支持的情况下迫使双方达成协定。[2] 肯尼迪深以为然，在给麦克米伦的回信中宣称，美国对刚果颁行联邦宪法或各省行使“很大程度的自治”并无异议，而反对各省的自治会导致“分裂再起和大国支持的几个派系爆发内战”。他希望英、比能够利用对矿业联盟及其附属机构的影响对冲伯施加足够的压力。[3] 那么，该如何结束加丹加的分裂呢？他认为，加丹加宪兵队必须被中央政府军队收编，必须执行针对加丹加的税收计划，并让冲伯确信任何形式的分裂不再可能。他告诉麦克米伦，美国已经向阿杜拉和加德纳承诺“全力支持联合国的调解，甚至不惜冒敌对的风险”。

此时，阿杜拉政府的经济状况出现了严重恶化的趋势。国际货币基金组织代表团的调查报告表明，刚果的金融危机远比之前报道的更为严重，当前可用外汇储备已降至250万美元，外汇赤字大约每月为1500万美元。该组织执行主任姆拉德克（J. V. Mladek）要求美国政府在接下来4个月期间为刚果提供5500万美元贷款。为解决这一紧迫的问题，美国政府要求与比利时一起向刚果提供贷款，或同意相当于1000万美元必需品的进口。[4] 比利时政府立即对该要求作出了积极的响应，答应进口刚果价值1000万美元的商品。然而，通过外部经济扶植阿杜拉的做法只是一种治标的权宜之计。肯尼迪不无忧虑地指出，冲伯在加丹加的经济地位依然牢固，而阿杜拉政府可能会随时

---

① The Message from the Prime Minister McMillam to the President Kennedy, May 25, 1962; Memorandum of Conversation, April 28, 1962, *FRUS*, 1961 - 1963, Vol. XX, pp. 467 - 468, 431.

② McGeorge Bundy to the President, 5/26/62, Weekend Reading, Hyannis Port, with Macmillan's letter enclosed dated May 25, 1962. Quoted from Richard Doyle Mahoney, *The Kennedy Policy in the Congo, 1961 - 1963*, p. 357.

③ Telegram from the Department of State to the Embassy in the United Kingdom, June 2, 1962, *FRUS*, 1961 - 1963, Vol. XX, pp. 472 - 473.

④ Telegram from the Department of State to the Embassy in the Belgium, June 1, 1962, *FRUS*, 1961 - 1963, Vol. XX, p. 471.

垮台，美国应迅速行动。[①]

6月10日，国务院提出了一揽子计划，强调刚果的经济稳定离不开政治上的进展，要求巩固阿杜拉政府的地位，为此需要设立一项额外的基金支持其政府，并确保加丹加享有一定的政治、经济自主权。该计划立即得到比利时的赞同。随后，国务院要求斯蒂文森就该计划与吴丹磋商，建议加德纳以此推动刚果的调解工作。然而，吴丹对之并不抱太大的希望，称调解若无果而终，自己将命令联合国部队进驻科卢维齐、雅多维尔和基普希；若到7月20日仍无进展，他将召开安理会会议，讨论对加丹加实施经济制裁（除非通过马塔迪港）。

6月25日，阿杜拉与冲伯在加德纳的督促下达成了口头和解，最后却在联合公报的文本上陷入僵持。次日，冲伯在返回伊丽莎白维尔后自豪地宣称："我没有签署任何东西。"[②] 这意味着持续了近半年的谈判以失败告终，对肯尼迪的新计划是一次沉重打击，也是联合国的一次彻底失败。[③] 冲伯的背信弃义立即给阿杜拉造成了巨大的政治压力。为维护温和派的地位，他被迫把内阁成员减半，并撤换了伊里奥、戈本耶和巴利康戈等保守派部长的职务。这样，他的政府尽管没能在议会中赢得绝对多数，但总算躲过了不信任投票。反对派代表纷纷谴责阿杜拉是美国的傀儡，要求卡萨武布解散其政府。国务院意识到，加丹加问题若不能迅速地解决，阿杜拉可能会被亲苏的激进分子取代。果真如此，美国的声望将严重受挫，而苏联则会趁机插足刚果事务。于美国而言，解决分裂问题所剩时间显然不多了，其秘密文件显示的截止日期就在7月底。[④]

国务院强硬派确信"唯一的现实选择"就是以武力威胁冲伯，同时对加丹加施加强大的经济压力。7月10日，国务院指示古里昂劝说阿杜拉在2—3周内向冲伯提出可接受的"一揽子计划"，包括

---

① Memorandum of Conversation, June 9, 1962, *FRUS*, 1961 - 1963, Vol. XX, pp. 476 - 477.

② Telegram from the Embassy in the Congo to the Department of State, June 26, 1962.

③ Richard Doyle Mahoney, *The Kennedy Policy in the Congo*, *1961 - 1963*, p. 380.

④ *New York Times*, July 17, p. 4; July 18, 1962, p. 3; Telegram from the Department of State to the Embassy in the Belgium, July 2, 1962, *FRUS*, 1961 - 1963, Vol. XX, p. 499.

组建联邦制政府必需的宪法权力分配，中央政府与加丹加应该采取的可行措施等。国务院强调，如果阿杜拉愿意根据前述方针向冲伯提出计划，将对美国政府及其他支持他的政府极为有利；若冲伯拒绝接受，美国将支持联合国采取行动，甚至不惜冒发生冲突的危险。[①] 此时，加丹加已经重新武装了宪兵队，主要包括空军补充了9架战斗机（包括两三架喷气战机），雇佣兵也增加到约400人，因而冲伯并不准备接受阿杜拉的“一揽子计划”。7月11日，他命令2000名士兵到伊丽莎白维尔市区举行了独立两周年庆典的游行，并于次日破坏了联合国部队在该市唯一入口处的检查站；几天后，加丹加当局又动员了近3000名（一说10000名）妇女和青年在检查站附近游行，还用石块、棍棒等攻击驻守在那里的印度部队。后者被迫使用催泪弹回击，并向空中鸣枪。冲伯政府立即指责联合国部队射杀了2名妇女，伤了十多人。美国政府发表声明，谴责冲伯故意肇事，警告他若继续我行我素，联合国将对加丹加采取军事行动之外的“所有可能的措施”。[②]

上述紧张的形势让国务院确信冲伯不会妥协。英、比、法虽然普遍认可这种看法，但依然反对向他施加更大的经济压力，矿业联盟也不准备停止向加丹加政权纳税。对于联合国向加丹加铜出口的征税计划，吴丹坚持认为联合国无权干涉任何国家的内部事务，不想创设一个“糟糕的或相当重要的先例”。[③] 与此同时，联合国刚果行动的资金状况已处于极度紧张的状态。肯尼迪曾于1962年1月间保证，美国将购买联合国债券1亿美元，然而该提案在国会遭到了否决。到6月30日为止，联合国大会授权秘书长发行2亿美元公债，实际销售的票面额仅为2600万美元左右。[④] 考虑到联合国的资金状况，吴丹

---

① Telegram from the Department of State to the Embassy in the Congo, July 10, 1962, *FRUS*, 1961 - 1963, Vol. XX, p. 540.

② *New York Times*, July 19, 1962.

③ Telegram from the Department of State to the Mission at the United Nations, July 21, 1962; Telegram from the Mission at the United Nations to the Department of State, July 23, 1962, *FRUS*, 1961 - 1963, Vol. XX, pp. 512 - 513, 515.

④ 参见［英］D. C. 瓦特《国际事务概览（1963年）》，上海市政协编译工作委员会译，上海译文出版社1985年版，第322页。

为刚果行动设定的最后期限为1963年3月，要求在1962年底前必须解决刚果分裂的问题。[①] 他警告说，联合国刚果行动已经到了一个关键性的阶段，不能不为任何紧急状况做好准备，即便美国国会批准了联合国1亿美元的债券，到1962年底也要撤离大多数刚果部队。[②] 这意味着，美国如果要解决刚果危机，必须毫不延迟地采取真正有效的措施。

二　“国家和解计划”与“行动路线”

在政府内激进派与加丹加议员的共同压力下，阿杜拉此时可谓是岌岌可危。在给肯尼迪的信中，他表示自己仍相信刚果的美好未来，但又不失严肃地警告说，未来几周内若不能在加丹加问题上取得明显进展，自己将被迫向国家元首递交辞呈。[③] 肯尼迪不得不立即要求国务院制订一系列措施，以重振其政府的政治地位与士气，并向矿业联盟、冲伯指出“等待的与模棱两可的游戏结束了”。[④] 7月25日晚，古里昂与威廉姆斯根据上述要求，与盟国、联合国官员进行了深入的磋商。两人在给肯尼迪的汇报中认定，除非美国政府采取强硬的行动，否则阿杜拉政府可能会在短期内垮台，而迫使冲伯谈判以及在安理会避免摊牌的唯一方式是加大对加丹加的经济制裁力度。随后，他们向肯尼迪递交了两份针对刚果问题的解决方案，即“国家和解计划”和“行动路线”。

概而言之，上述新措施要求刚果中央政府与各省之间直接分割税收与外汇收入；快速统一货币；合并武装力量；关闭省级“外事处”并撤销其海外代表；全国施行政治特赦；联合国人员（包括部队）在全境的行动自由。为达到这些目标，新措施要求：美国增强阿杜拉的地位；要求在安特卫普征收比利时向刚果出口的货物税；向国民军

① Telegram from the Mission at the United Nations to the Department of State, June 25, 1962, *FRUS*, 1961－1963, Vol. XX, p. 484.

② USUN 4157, June 30, 1962, Report on the UN: 1962, pp. 74－75.

③ Telegram from the Department of State to the Embassy in the Congo, No. 189, July 21, 1962.

④ Letter from the Prime Minster Adoula to the President Kennedy, no date, *FRUS*, 1961－1963, Vol. XX, p. 518.

提供部分美国军事装备；由美国及其他国家对刚果政府提供额外的经济援助；呼吁刚果邻国及所有联合国成员国协助阻止雇佣军、武器和军事装备进入加丹加；拒绝向加丹加人颁发通行证，等等。为保证新措施顺利实施，文件还规定了依次递进的四个阶段：第一，向秘书长出示该计划，并在征得同意后向阿杜拉说明；第二，阿杜拉接受该计划后将递交冲伯，要求他在10日内予以明确答复；第三，若加丹加不在限定的时间内接受该计划，将敦促阿杜拉政府请求所有国家联合抵制加丹加的铜；第四，若前述措施未能结束加丹加分裂，美国将与比利时等相关政府就采取更严厉措施的问题进行磋商。

这项新措施还规定了各阶段之间的关系：第四阶段的最后决定只能在与盟国磋商，并由总统决定后才能继续，当前只采取第一至第三阶段的措施。[①] 同时，“行动路线”还规定，若阿杜拉接受该计划而冲伯在10日内不接受，那么第一步制裁将自动生效；刚果政府请求所有国家联合抵制加丹加的铜；如果自愿抵制失败，则采取更严厉的措施，例如撤离比利时人、停止加丹加的石油进口，并阻止其出口贸易、切断其外出的铁路线等。这项新举措的目的显然是避免阿杜拉垮台而导致卢蒙巴主义者卷土重来，或者蒙博托发动军事政变。肯尼迪同意上述方案（8月7日正式批准），并于7月30日复信阿杜拉，称美国正在紧急考虑进一步援助其政府的措施。在信末尾处，他特地向阿杜拉承诺：“你可以指望我的支持。”[②] 斯蒂文森告诉吴丹和本奇，美国政府正在为刚果和解起草一份新计划，将给予冲伯10天时间接受，若他拖延或拒绝该计划，加丹加将面对一场国际联合制裁。结果，联合国秘书处全盘接受了这项新计划。吴丹甚至乐观地宣称，该计划是联合国对加丹加分裂的最终解决方案，并于次日宣布预定的安理会会议延期，以待某些国家努力制定出一套积极的框架。

在此期间，美、比、英、法代表在华盛顿举行了一系列会议，就这份“国家和解计划”进行了反复的磋商。在美国作出重大让步后，

---

① Memorandum from the Under Secretary of State (Ball) to the President Kennedy, August 3, 1962, *FRUS*, 1961 - 1963, Vol. XX, pp. 529 - 530.

② Letter from the Prime Minster Adoula to the President Kennedy, no date, *FRUS*, 1961 - 1963, Vol. XX, p. 518.

四国于8月8日达成协定。最后的文本出现了三处重大修改：第一，在比利时要求下，联合制裁加丹加出口的货物中增加了钴[①]；第二，美国参加对加丹加的制裁不能在冲伯拒绝接受该计划案后自动生效，需要肯尼迪进一步考虑；第三，取消最初文件中更严厉的措施。尽管对该计划作出了上述重大修改，英、比仍只能提供有限的支持。英国对要求冲伯同意具体的税收分配（50/50）和外汇方面有所保留，同意并支持"行动路线"实施到第二阶段，但不会参加第三阶段的行动，也不会采取任何行动反对其他政府参加这样的联合制裁。比利时只同意该"行动路线"实施到第三阶段，而法国直接拒绝该计划。[②]由上可以看出，美国及其盟国在加丹加问题上的分歧依然难以弥合。比利时把钴列入禁运货物，试图以此束缚美国的手脚，使之无法采取对加丹加不利的措施，而英、比坚持联合制裁并非自动生效，这就使该计划从一开始就大打折扣了。

在和平解决加丹加分裂问题上，吴丹主要提出了两点措施。第一，断绝冲伯政权的经济来源。他认为加丹加分裂主要是一个财政问题，归根结底只是几家大矿业公司在作梗，因此若以经济手段对加丹加施加压力，就必须首先剥夺冲伯对各大欧洲矿业公司的征税权。第二，在国际上孤立加丹加。7月29日，他呼吁所有联合国成员国利用各自的影响，"说服刚果主要党派相信，和平解决问题符合他们的长远利益"。他郑重地警告说，如果上述倡议没有结果，联合国将考虑采取某种经济手段迫使加丹加认识到自己并非主权国家，必要时断绝它与外部世界的经济联系。8月5日，联合国刚果行动应阿杜拉政府的请求，宣布禁止一切飞机出入加丹加。次日，刚果政府切断了与加丹加之间的电信往来，要求所有进出加丹加的旅客必须停靠利奥波德维尔办理签证、移居核对手续等。[③]

---

① 美国进口加丹加大约75%的钴，几乎不需进口它的铜，而比利时需要进口加丹加75%的铜。

② Memorandum from the Department of State Executive Secretary (Brubeck) to the President's Special Assistant for the National Security Affairs (Bundy), August 11, 1962, *FRUS*, 1961－1963, Vol. XX, p. 540.

③ 参见［英］D. C. 瓦特编著《国际事务概览（1963年）》，上海市政协编译工作委员会译，上海译文出版社1985年版，第324、326页。

冲伯自然不想坐以待毙，希望在日内瓦“疗养”期间拜会一位美国高级官员，最好是副国务卿哈里曼。恰在此时，乔治·鲍尔正打算前往欧洲，称自己可以会晤冲伯，以使他确信美国政府决心执行“国家和解计划”。[①] 国务院内部关于美国官员是否应在日内瓦会晤冲伯引发了不小的争议。哈里曼对加丹加的态度类似于英国，强调其经济稳定对西方的重要性，并不认为其分裂必然导致苏联恢复在刚果的影响。总之，他认为削弱加丹加政权没有意义，甚至把冲伯视为刚果最有能力的亲美领导人之一。肯尼迪也认为哈里曼或鲍尔应该与冲伯会晤。然而，反对派坚持美国官员不应会晤冲伯。麦吉认为，此时与冲伯会晤将不利于“国家和解计划”和“行动路线”的实施，并将削弱阿杜拉政府与美国的地位。他确信冲伯肯定会要新花招，使美国再次陷入尴尬境地。古里昂也断言，与冲伯进行任何接触都不利于美国。[②] 腊斯克认定哈里曼或鲍尔会晤冲伯只会“制造过多的噪声”。最终，反对派占了上风，决策层决定不给自己的新政策制造障碍，并建议冲伯立即返回伊丽莎白维尔并接受“国家和解计划”，内瓦会晤事宜也就不了了之。[③]

事实上，美国的刚果新措施与吴丹提出的采用经济手段削弱加丹加的观点有着明显的一致性。8 月 14 日，本奇通过斯蒂文森向美国政府表示，秘书长同意接受美国的新计划。美国政府自然对吴丹的积极态度表示满意，但建议不要把“美国计划”公开后，再贴上联合国的标签递交给阿杜拉和冲伯，否则只会让人认为联合国是美国政策的附庸或工具。[④] 吴丹表示同意，随后把该计划命名为“吴丹计划”。19 日，加德纳正式向阿杜拉政府递交该计划，后者在两天后接受。

① Telegram from the Department of State to the Embassy in the Congo, August 10, 1962, *FRUS*, 1961 - 1963, Vol. XX, pp. 535 - 536.

② Memorandum from the Under Secretary of State for Political Affairs (McGhee) to President Kennedy, August 9, 1962; Telegram from the Embassy in the Congo to the Department of State, August 9, 1962; Telegram from the Department of State to the Embassy in the Congo, August 10, 1962, *FRUS*, 1961 - 1963, Vol. XX, p. 534.

③ Telegram from the Department of State to the Embassy in the Congo, August 10, 1962, *FRUS*, 1961 - 1963, Vol. XX, pp. 536 - 537.

④ Telegram from the Mission at the United Nations to the Department of State, August 17, 1962, *FRUS*, 1961 - 1963, Vol. XX, pp. 552 - 554.

24 日，加德纳在冲伯缺席的情况下向加丹加部长基姆巴、穆农戈、基伯韦传达了该计划。英国也作出了关键性让步，在 25 日与美国联合发表了支持“吴丹计划”的声明。休姆虽然表示英国政府仍把经济制裁看作是“深刻的错误”，但将尽力迫使冲伯接受“吴丹计划”。法国政府依然置身事外，只作出了不反对该计划的承诺。28 日，比利时政府表示同意该计划。几天后，意大利、德国也宣布支持该计划。苏联政府自然表示反对，将之称为“流氓的勾结”。①

由于多数盟国的积极表态，腊斯克对这项新计划寄予了厚望，对加丹加的态度也更为谨慎，这就不可避免地与强调不惜任何代价结束分裂的古里昂产生了较大的分歧。

两人的第一个分歧是，如果联合国与加丹加开战，美国该如何支持前者。加德纳曾为此起草过一份新的军事应急计划呈交国务院，称冲伯若拒绝该计划或加丹加“不负责任的人”公开反对，该军事计划必须立即实施。古里昂认为，保证该计划成功的关键在于美国的空运支持。腊斯克反对古里昂关于联合国与加丹加开战不可避免的观点，认为“以武力重新统一加丹加或发起一场迦太基式的战争以摧毁冲伯并非联合国的目的”。他强调说，即便当前通过“经济劝说”的方式不能结束分裂，美国也不应该匆忙实施军事解决计划，而应重新审时度势，为刚果寻找一种新的“获得和平”的方法。② 古里昂提醒腊斯克说，总统肯尼迪曾在 6 月 1 日给麦克米伦的信中支持联合国使用武力，甚至认为 1961 年 12 月美国接受冲伯的停火要求是一个错误。他认定，如果联合国这次必须使用武力，应该不是“迦太基式的”，也不应犹豫不决，而应该“摧毁冲伯的抵抗，使之不能在每一个由他签署的协定上背信弃义”。③

第二个分歧在于“行动路线”实施中对加丹加的压力问题。古

① Aide Memoire from Lord Home, Undated. Memorandum for Mr. McGeorge Bundy, Subject: Current Status of Proposed Action on the Congo, August 11, 1962. *Pravda*, September 3, 1962, quoted in Vandewalle, Mille et Cent Jours, Fasc. 10, p. 24.

② Telegram from the Department of State to the Embassy in Belgium, August 19, 1962, *FRUS*, 1961 - 1963, Vol. XX, pp. 556 - 557.

③ Telegram from the Embassy in the Congo to the Department of State, August 28, 1962, *FRUS*, 1961 - 1963, Vol. XX, p. 565.

里昂认为“吴丹计划”可以有效地阻止军事对抗，但是只要冲伯控制着加丹加宪兵队，就可以随意地推翻任何协定，而不会接受新计划中的具体措施（例如把宪兵队交给中央政府控制）。他还对阿杜拉能否在此基础上继续与冲伯谈判表示怀疑，认为前者可能会积极地准备一场内战。[①] 8 月 27 日，古里昂请求国务院确认“行动路线”文件中的条款，即加丹加若拒绝或拖延该计划，各相关政府应予以警告；若冲伯在 10 日内没有接受该计划，各政府应根据阿杜拉的请求采取一切措施等。腊斯克则重申当前行动的主要目标是敦促冲伯同意“吴丹计划”，其他问题（如 10 日期限）都从属于这一目的。[②] 古里昂回应说，自己并未放弃和平解决加丹加分裂的努力，但若不对冲伯施加强大的压力，后者必定会无限期地拖延与阿杜拉的谈判。他还强调说，即便西方盟国放弃经济制裁，美国也有责任完成“吴丹计划”，否则将因其失败而遭到谴责，且不得不接受一次重大的外交失败。[③]

另外，美国的社会舆论也要求冲伯接受该计划，和平解决加丹加分裂的压力日益上升，甚至加丹加院外集团的代表、参议员杜德也主张冲伯接受加德纳的调解。8 月下旬，肯尼迪召见杜德，就国务院能否为参议院准备一封致冲伯的信征求他的意见。后者当即表示同意，并对古德里和荷菲克起草的信件草稿进行了修改，拒绝了参议员特别助理大卫·马丁（David Martin）提出在信中加入“含蓄地邀请”冲伯访美的建议。杜德在信中劝诫冲伯说：“美国民众大多数人同意政府的观点，即加丹加的未来不在于独立，而在于在相互满意的联邦模式基础上的刚果统一……紧要的是，你与阿杜拉先生迅速解决你们的分歧。”[④] 在与肯尼迪会晤后，杜德还极力主张米歇尔·斯图伦斯劝

---

① Telegram from the Embassy in the Congo to the Department of State, August 28, 1962, *FRUS*, 1961 - 1963, Vol. XX, pp. 564 - 566, 568 - 569.

② Telegram from the Department of State to the Embassy in the Congo, August 27, 1962, *FRUS*, 1961 - 1963, Vol. XX, p. 561.

③ Telegram from the Department of State to the Embassy in the Congo, August 31, 1962, *FRUS*, 1961 - 1963, Vol. XX, pp. 568 - 569.

④ Letter from Dodd to Tshombe, August 24, 1962. Copy of letter in President's Office Files, Dodd folder, JFKL. Also in GMWP. Quoted from Richard Doyle Mahoney, *The Kennedy Policy in the Congo, 1961 - 1963*, p. 344.

冲伯与阿杜拉尽快地合作："如果阿杜拉政府倒台，可能会导致一个极端主义的或亲苏的政府，其行动将不可预测；这样的政府可能会邀请来自加纳和苏联集团的部队帮助镇压加丹加的分裂。"①

9月3日，即在"国家和解计划"规定的最后期限，冲伯被迫接受"吴丹计划"。受此鼓舞，古里昂认为外部压力产生了积极的作用。当然，他也注意到冲伯在许多方面仍持保留态度。阿杜拉怀疑冲伯的真正意图，但表示秘书长若认为这有积极作用，他将同意合作。10日，加德纳向阿杜拉、冲伯相继发去了同样内容的信，并附有"实施国家和解计划的计划"，主张他们立即采取必要的措施，保证该计划尽快实施。概言之，肯尼迪政府倡导的"吴丹计划"虽然本质上是努力在盟国、公众舆论及政府内部达成一致，几乎与刚果没有关系，但它无疑为深陷僵局的加丹加分裂问题增添了一个新的希望。② 此时，加丹加作为独立国家存在的时间似乎屈指可数了。然而，这种希望能否变为现实仍是一个无法预料的未知数。

三 "吴丹计划"受挫

在"吴丹计划"实施的过程中，一些美国官员对联合国的行为颇有微词。在他们看来，联合国促进刚果和解的努力甚至到了可笑的地步，例如部分联合国官员认为该问题只是一个技术过程而不是政治问题，特别是向阿杜拉和冲伯递交了一部联邦宪法。鲍尔对该宪法草案深表怀疑，宣称美国宪法仅有15条，而为一个"原始的国家"设计多达220条的宪法愚蠢至极。③ 古里昂则认定阿杜拉与冲伯之间的会谈是"无休止的、迷宫式的、拜占庭式的和班图式的"，美国将不得不承担起更大的责任。为保证"吴丹计划"的顺利实施，国务院认为有必要派官员前往刚果进行监督。杜德于9月21日致信肯尼迪，

---

① Dodd to Kennedy, August 17, 1962, POF, JFKL. Dodd, "Congo: The Untold Story", *National Review*, August 28, 1962, pp. 136 - 144.

② Stephen Weissman, *American Foreign Policy in Congo (1960 - 1964)*, p. 182; Richard Doyle Mahoney, *The Kennedy Policy in the Congo*, 1961 - 1963, p. 386.

③ Telcons: Ball/Dungan, 9/28/62, Ball/Chatesm 9/29/62.

建议派副国务卿麦吉到刚果评估形势，得到普遍支持。[①] 鲍尔向总统提出，麦吉此行表面上是调查“吴丹计划”的实施状况，实际上是向冲伯表达美国支持该计划的决心。24 日，斯巴克在与腊斯克的会谈中，也对麦吉的刚果之行表示支持。[②]

10 月 4 日晚，麦吉在离开利奥波德维尔前往加丹加前，会晤了阿杜拉与邦博科，向他们承诺如果“吴丹计划”失败，美国准备考虑更为严厉的措施。然而，阿杜拉并未对他的这种含糊的承诺作出积极的响应，而是强调若该计划失败，对加丹加的制裁将自动生效。他认定冲伯无论作出什么样的承诺，都是在为自己拖延时间，并宣称这项计划是通过谈判进行和解的最后努力。邦博科也警告说，“一个快要淹死的人（指冲伯）将抓住任何求生的机会”，如果该计划失败，中央政府将在两周内采取行动。两人还表示刚果国民军力量亟须增强，请求美国立即提供军事援助。麦吉则坚持说，在考虑任何强制措施前，阿杜拉政府必须表明为和平解决用尽了所有办法。同时，他也意识到，如果美国不能为他们提供援助且吴丹计划失败，那么在中部非洲将出现“另一个古巴”。[③]

除国内的政治压力外，阿杜拉政府的强硬态度也与苏联试图在刚果卷土重来有关。早在 8 月 9 日，塔斯社宣布苏联将任命谢尔盖·涅基钦纳（Sergei S. Nemchina）为驻刚果大使。9 月 20 日，他向卡萨武布递交国书，并于 10 月 3 日拜会古里昂。他对“吴丹计划”的可行性提出质疑，称西方国家不会对冲伯实施真正的经济制裁。在西方国家官员看来，涅基钦纳的主要任务是向阿杜拉政府提供各种援助，并与刚果左派势力合作。换言之，其目的就是促使阿杜拉左倾或将之推翻。古里昂在报告中表示，苏联使团正在建议刚果人强迫联合国部队

---

① Ambabelge tel, September 29, 1962 quoted in Vandewalle, Mille et Cent Jours, p. 104. Quoted from Richard Doyle Mahoney, *The Kennedy Policy in the Congo, 1961 – 1963*, p. 403.

② Telegram from the Department of State to the Embassy in the Congo, September 27, 1962; Telegram from Secretary of State Rusk to the Department of State, September 24, 1962, *FRUS*, 1961 – 1963, Vol. XX, pp. 578, 581.

③ Memorandum of Conversation, October 4, 1962, *FRUS*, 1961 – 1963, Vol. XX, pp. 601 – 603.

撤离，并向阿杜拉提供了大量的公路与水运技术人员。此外，涅基钦纳还承诺，若“吴丹计划”失败，苏联将为阿杜拉提供军事援助。这样，阿杜拉认为美国不再是他唯一的选择。邦博科毫不隐瞒苏联准备援助他们的信息，还宣称苏联人保证，若他们接受苏联援助，将能看到冲伯“在 15 日之内被捕”。[①] 对此，古里昂惊呼：苏联威胁是“吴丹计划”的危机、利奥波德维尔温和派政府的危机、联合国在刚果存在的危机以及美国非洲政策的危机！[②]

几天后，阿杜拉向古里昂抱怨说，冲伯正从土耳其获得战斗机，要求美国向刚果国民军提供运输卡车和飞机，还警告说上述要求若遭到拒绝，他将向别国寻求这种援助。古里昂就此事紧急致电国务院，称类似的威胁虽然并非阿杜拉第一次提出，但是这次美国应该更严肃地对待，因为苏联大使已经答应向其提供大量的运输机。如果其他方法失败了，阿杜拉可能会答应有限的苏联援助。为此，国务院紧急派麦吉前往伊丽莎白维尔，强硬地要求冲伯采取具体措施实施“吴丹计划”。在随后的 4 天行程中，麦吉与冲伯先后会谈了 5 次。在首次会晤中，他向冲伯保证自己仍是加丹加的朋友，并想帮助他“面对一个更大的舞台”。冲伯则强调“宪法问题是所有困难的基础”，威胁说联合国部队若发动军事进攻将导致灾难性的破坏，包括阿杜拉、美国在内的各方都将损失惨重。在 10 月 4 日会谈中，冲伯更是有恃无恐地抨击了古里昂和腊斯克，称前者是“种族主义者”，还指责阿杜拉邀请加纳和埃及派部队到刚果为共产党打开了大门。[③]

麦吉对冲伯及其“行家表演”印象深刻，称冲伯是人民的“英雄”，是刚果“联邦主义之父”。他的出访成果也得到大肆的宣传，以至于斯蒂文森在 10 月 14 日的会议上向肯尼迪宣称刚果的进展令人鼓舞。然而，非洲派并不乐观。威廉姆斯认为刚果问题“相对而言几乎没有进展，且没有理由乐观”，古里昂也称冲伯对付麦吉很老练，鲍尔斯则宣称“冲伯惯于同美国人和欧洲人打交道，远胜过对

① Telegram from the Embassy in the Congo to the Department of State, October 4, 1962, *FRUS*, 1961 - 1963, Vol. XX, p. 602.

② Telegram from the Embassy in the Congo to the Department of State, October 3, 1962.

③ Telegram from the Consulate at Elisabethville to the Department of State, October 4, 1962, *FRUS*, 1961 - 1963, Vol. XX, pp. 605, 608.

付他自称代表的非洲人”。[①] 果然不出非洲派所料，冲伯在和谈问题上拖延时间是为增强自己的军事力量赢得时间。据加德纳估计，到1962年10月，加丹加宪兵队的规模达到了300—500人，建立起至少20架战斗机的空军部队（其中6架可能是富加喷气式战机）。[②] 美国驻刚果大使馆、中情局和联合国刚果行动指挥部预测，加丹加宪兵队可能会对当地的联合国部队发起一场大规模的空袭。

国务院决定尽早地行动，指示卡纳普向冲伯提出八项建议：立即停火并同意加德纳倡议的三方委员会；开放卢比拉什大桥并促进双方通商；加丹加出口商品需要向中央政府缴纳50%的税收；重建与利奥波德维尔的电信联系；安排加丹加宪兵队军官向中央政府宣誓等。[③] 冲伯只是表示可以把宪法作为单独问题讨论，而不是将之作为解决其他问题的前提条件。这种态度无法让美国决策者满意。卡纳普认为冲伯只是希望给美国政府留下好的印象，将之视为“一种争取时间的必要方法”，警告说他若不愿意或不能执行“吴丹计划”，美国必须正视策略失败的现实，并继续对加丹加的重要部门实施更有力的措施。[④]

国务院内部围绕着刚果问题再次出现分歧：威廉姆斯派支持联合国；鲍尔派主张联合国从刚果撤离。肯尼迪支持从刚果事务中脱身，但就在此时他得知苏联正在古巴部署导弹的重大消息，并在随后两周不得不紧急处理古巴导弹危机。在此期间，冲伯向美、比、英驻伊丽莎白维尔领事主动宣布了自己即将采取的具体行动，并于16日与联合国达成停火协定。他的“主动”让国务院对阿杜拉行动迟缓表示担忧。古利昂提醒说，若冲伯执行停火、宣誓、开放卢比拉什大桥及开通电讯等行动，而阿杜拉反应冷淡，就必须劝说他通过双方谈判去主动地执行该计划。此时，阿杜拉仍对停火协定持怀疑态度，宣称这

---

① 《鲍尔斯回忆录》，上海《国际问题资料》编辑组译，上海人民出版社1974年版，第182页。

② *New York Times*, October 10, 1962, p. 1.

③ Telegram from the Consulate at Elisabethville to the Department of State, October 6, 1962, *FRUS*, 1961 - 1963, Vol. XX, p. 609.

④ Telegram from the Embassy in the Congo to the Department of State, October 8, 1962, *FRUS*, 1961 - 1963, Vol. XX, pp. 618 - 619.

仅限于北部加丹加地区。他也反对冲伯所要求的全国特赦，因为这必然包括基赞加、卡隆吉和戈本耶等人，可能导致他的政府顷刻间倒台。①

10月17日晚，阿杜拉在国家电台发表广播演讲，正式宣布不接受联合国与加丹加达成的停火协定，宣称刚果政府必须采取强硬的立场，只有在军事力量增强后，谈判才能成功。他希望美国向刚果国民军提供飞机等武器和军需物质。邦博科也在纽约宣布，“吴丹计划”若失败，联合国将面临“另一个朝鲜”的困境。古里昂对阿杜拉的强硬声明表示赞同，建议他要避免给外界造成他不想执行计划的错误印象。② 阿杜拉的这种态度也在一定程度上影响到国务院的其他官员。国务院指示驻比利时大使麦克阿瑟向斯巴克指出，美国将向刚果提供最大程度的经济援助，在未来6个月内为他的政府拨款和贷款5000万美元作为基金。除食品外，美国还准备向阿杜拉提供2500万美元的援助，比利时提供1500万美元的援助。此外，美国还建议他请求联合国制订一项现代化的军事训练计划，并得到本奇的批准。③

10月中下旬，突如其来的古巴导弹危机一度把美、苏两个超级大国拖到了核战争的边缘。这场危机使肯尼迪在对外事务处理方面表现得更加谨小慎微，尤其对动用武力解决加丹加分裂的方案持严重怀疑的态度。在古巴导弹危机后，肯尼迪曾语重心长地说：“我给我的继任者的第一个建议是去观察将军们，不要因为他们是军事人员就认为他们关于军事事务的看法价值连城。”④ 在10月31日的白宫会议上，肯尼迪政府内部围绕着如何更好地解决刚果问题展开了激烈的争论。以麦吉为首的欧洲派建议政府继续执行当前的政策，鼓励通过政

---

① Telegram from the Embassy in the Congo to the Department of State, October 15, 1962; Telegram from the Embassy in the Congo to the Department of State, October 16, 1962, *FRUS*, 1961－1963, Vol. XX, pp. 625－626, 629.

② Telegram from the Embassy in the Congo to the Department of State, October 18, 1962, *FRUS*, 1961－1963, Vol. XX, p. 634.

③ Telegram from the Department of State to the Embassy in the Congo, October 25, 1962, *FRUS*, 1961－1963, Vol. XX, p. 639.

④ Benjamin Bradlee, *Conversations with Kennedy*, W. W. Norton & Company, 1984, p. 112.

治谈判解决分裂问题，而不是立即对加丹加实施强制性的措施。[①] 而以古里昂、威廉姆斯、克里夫兰和鲍尔斯为代表的非洲派继续主张立即采取禁止加丹加的铜出口及其他结束分裂的措施。[②]

此时，肯尼迪考虑的重点在于如何避免与苏联发生直接对抗，还注意到联合国的印度和爱尔兰部队不愿作战，故而宣称自己当前不考虑联合国部队采取军事行动，希望阿杜拉政府承担起更多的责任。为此，他要求麦吉尽快返回刚果以督促阿杜拉政府立即采取行动，并批准了国防部与国务院制订的援助刚果计划，包括在未来 6 个月内为联合国进口计划捐助 2500 万美元，并呼吁相关各方提供这种捐助；主张国际货币基金组织统一刚果的货币；支持国民军训练计划，并尽快提供足够的军事装备；向刚果政府提供包括另一笔 270 万美元在内的援助；美国海军运送 1800 名印度尼西亚人接替即将离开的联合国部队等。[③] 邦博科虽然感激美国提供的援助，但认为只要冲伯掌握着武装力量，就不会进行严肃的谈判。他还请求美国向刚果提供 3 架战斗机，并警告说阿杜拉温和派政府若倒台，美国就不会再有第二次机会，这种情况好比一艘小船穿越暴风中的海洋，却沉没在距码头一码的地方。[④]

对于邦博科的请求，麦吉以只有联合国在刚果的行动合法为由予以拒绝。前者并不甘心，再次请求美国通过自愿行动实施该计划，否则阿杜拉政府将强行实施另一种解决方案。对此，克里夫兰指出，美国不得不支持联合国部队大规模地集结到加丹加地区。古德里支持他的看法，也认为最好的解决办法是让冲伯面临武力的威胁。肯尼迪则重申了刚果政府在执行联合国计划中“更大主动”的重要性，并指示麦吉要求冲伯立即采取有效的措施，包括发放非军事的联合国补

---

① Memorandum from the Under Secretary of State for the Political Affairs (McGhee) to the President Kennedy, October 22, 1962, *FRUS*, 1961 - 1963, Vol. XX, pp. 635 - 638.

② Chester Bowles, *Promises to Keep: My Year in Public Life (1941 - 1969)*, Harper & Row, 1971, pp. 423 - 425.

③ Memorandum of Conversation, October 31, 1962, *FRUS*, 1961 - 1963, Vol. XX, pp. 642 - 643.

④ Telegram from the Department of State to the Embassy in the Congo, October 31, 1962, *FRUS*, 1961 - 1963, Vol. XX, pp. 645 - 646.

给、制定外汇和临时缴纳税收、加丹加军事领导人宣誓、关闭加丹加对外事务部及其海外办事处等。在上述意见的基础上，威廉姆斯提出了一项“刚果应急计划”，建议美国政府通过联合国向刚果国民军提供更多的运输机，从欧洲国家获得一个中队的战机，以及由其他国籍的飞行员驾驶美国战机以增强联合国的力量。在与腊斯克、鲍尔、麦吉、威廉姆斯和克里夫兰等人讨论后，肯尼迪批准了这项计划，指示麦吉前往布鲁塞尔与比利时政府讨论经济制裁加丹加的问题，同时强调美国对阿杜拉、联合国的援助以及对冲伯施压都要以阿杜拉是否遵从美国的方针为前提。①

第三节　加丹加分裂的结束

自上任以来，肯尼迪政府对刚果危机一直采取内外双管齐下的策略。就内部策略而言，主要是向刚果领导人提供足够的时间，期待他们能够通过和平谈判的方式解决统一的问题。就外部策略而言，美国政府几经周折提出了主要由联合国负责实施的“吴丹计划”。然而，刚果的发展趋势却总是事与愿违。一方面，在刚果领导人政治谈判问题上，冲伯只是在无休止地拖延时间，而阿杜拉政权的根基越来越不稳定，政治和谈显然解决不了任何问题。另一方面，“吴丹计划”经比、英、法盟国的重大修订而变得软弱无力，冲伯也根本不予理会。加之，苏联对刚果兴趣的增加以及联合国的强硬态度越发让美国决策者意识到迅速解决加丹加分裂的必要性与迫切性。既然温和的强制措施无济于事，那么肯尼迪政府基本上已经别无选择，必须认真考虑对加丹加采取真正的强制性措施，即加大对联合国部队在加丹加采取军事行动的支持力度。

一　“吴丹计划”失败与美国强硬政策的出台

对联合国而言，刚果行动每月 1000 万美元的巨额花费决定了它

① Memorandum of Conversation, November 5, 1962; Proposed Contingency Plan for the Congo, November 6, 1962; Memorandum for the Record, November 8, 1962, *FRUS*, 1961 - 1963, Vol. XX, pp. 647 - 649, 655.

也对旷日持久的政治和谈失去了最后的耐心。本奇曾明确表示不愿让联合国卷入阿杜拉与冲伯之间和解，随后关于联合国可能动用武力的传言散播开来。[①] 国务院认为，这些谣言反映了联合国决定在年底前结束加丹加分裂问题上取得重大进展，为此可能会迫使美国和其他各方支持它实施更强大的非军事行动。[②] 果然，吴丹于 1962 年 11 月 14 日致电加德纳，命令他要求冲伯采取五方面的具体行动：立即派宪兵队军官到利奥波德维尔宣誓效忠中央政府；实施“吴丹计划”规定的税收、金融和货币条款；允许刚果海关和移民官员在伊丽莎白维尔行动自由；允许联合国人员在加丹加的一切活动自由；与联合国部队合作，遣散雇佣兵。两天后，他还通过麦吉要求美国政府提供后勤支持，包括把大量车辆运送到伊丽莎白维尔。22 日，他再次警告说，若当前的计划不成功，且联合国大会拒绝为刚果行动提供进一步支持，自己将被迫于 12 月把该问题提交安理会。[③]

国务院也承认冲伯只是原则上接受“吴丹计划”。自 9 月 10 日实施以来，该计划近 3 个月没有取得任何重要进展，这严重地动摇了阿杜拉在国内的政治地位，迫使他颁布了军事法，建立战争委员会，随后还逮捕了几位表示不满的议员。11 月 23 日，刚果议会的 42 名代表以口头表决方式通过两项反对阿杜拉政府的决议，要求实行政治大赦并立即释放基赞加等人。两天后，刚果下院正式提交了对阿杜拉的不信任议案。邦博科紧急警告美国政府，此时若不立即采取有效措施，阿杜拉政府可能会很快垮台。[④] 美国情报机构也报告说，阿杜拉在蒙博托和维克多·恩达卡（Victor Nendaka 刚果第一任国家安全局

① 关于吴丹在 11 月 6 日刚果咨询委员会上评论的新闻报道；对联合国努力获得战斗机、运输机和部队以弥补埃塞俄比亚的 F-86s 撤离和即将到来的马来亚和突尼斯部队撤离原因的猜测。参见 Memorandum from the Under Secretary of State for Political Affairs（McGhee）to the President's Deputy Special Assistant for National Security Affairs（Kaysen），November 10，1962，*FRUS*，1961-1963，Vol. XX，p. 659。

② Memorandum from the Under Secretary of State for Political Affairs（McGhee）to the President's Deputy Special Assistant for National Security Affairs（Kaysen），November 10，1962，*FRUS*，1961-1963，Vol. XX，p. 660.

③ Telegram from the Department of State to the Embassy in the Belgium，November 22，1962，*FRUS*，1961-1963，Vol. XX，p. 671

④ *New York Times*，November 24，1962；November 27，1962.

局长）支持下准备解散议会，这样做可以阻止激进派掌权与苏联的干涉，但会失去联合国和亚非国家的支持。阿杜拉又要求美国政府申明没有放弃对加丹加的经济制裁，古里昂只好保证美国将对加丹加采取“越来越严厉的强制措施”。[①] 在28日刚果议会对阿杜拉不信任议案的表决中，激进派获得微弱多数（50∶47，2票弃权），并没有获得必要的2/3，阿杜拉政府暂时得以维持下去。

与此同时，“吴丹计划”迟迟没有结果也使联合国处于极大的压力之下。11月2日，联合国部队与加丹加警察发生了冲突，导致后者有2人丧生，3人受伤。随后，宪兵队报复性地劫持了联合国价值100万美元的燃油和食物。更糟的是，尼赫鲁宣布由于中印边界战争，不得不召回所有的印度部队（约5700人，是联合国刚果行动中规模最大的、最有效的部队）。吴丹在联合国内部不断增加的压力下，决定对加丹加实施“强有力的措施”。[②] 美国政府的一份评估悲观地指出，“加丹加部队能在加丹加任何地方对中央政府部队进行成功的防御行动……联合国没有足够的支持，可能要面对一场扩大化的战争，结果要么彻底失败，要么是一场大规模的胜利”。肯尼迪也写信给腊斯克，要求他与鲍尔注意美国在刚果的立场，“如果联合国的努力崩毁，我们应设计出某些替代性方案”。[③]

11月5日，腊斯克把准备好的替代方案提交白宫。该方案完全由非洲局设计，建议向伊丽莎白维尔空运联合国部队和武器，联合国部队在加丹加全境的行动完全自由，可以为联合国部队装备美国战机，以及增援阿杜拉政权，包括训练一支刚果空军部队等。负责国家安全事务的总统特别助理帮办卡尔·凯森（Carl Kaysen）对此方案提出质疑，宣称这是一份最糟糕的紧急文件，“可能会引爆一场全面战

---

① Draft Telegram, For Ambassador from McGhee and Williams, November 26, 1962, GM-WP. *New York Times*, November 28, 1962, p. 1.

② Telegram from the Consulate at Elisabethville to the Department of State, November 30, 1962, *FRUS*, 1961 – 1963, Vol. XX, p. 704.

③ Research Memorandum (RAF – 61) to the Secretary, from Allan Evans, Subject: Possible Courses of Action in Event of Renewed Fighting in Katanga, November 29, 1962; Memorandum to McGeorge Bundy, Subject: The Military Situation in the Congo, October 17, 1962; Memorandum for the Secretary of State, from John F. Kennedy, November 5, 1962.

争，其他非洲国家将加入支持加丹加的队伍；有些像非洲出现的白人—黑人战争”。[①] 而古里昂和斯蒂文森对该方案表示支持。古里昂警告说，若美国失去阿杜拉，统一的或亲西方的刚果的希望将落空，因而建议联合国部队享有自由行动的权力，以便摧毁冲伯的部队。斯蒂文森则向腊斯克强调说，中间路线虽然容易但已经不再可行，当前联合国要么结束加丹加分裂，要么撤离刚果。[②]

在其他方式尚未用尽之前，肯尼迪自然不希望刚果爆发全面战争。在 11 月 7 日讨论刚果问题的会议上，决策层一致认为当前必须督促比利时配合联合国迫使冲伯就范。为此，肯尼迪派麦吉前往布鲁塞尔会晤斯巴克。两人在磋商后原则上同意了一项方案，规定加丹加将在宪法中享有更多的自主权，且 50%（不是之前的 75%）矿业联盟的税款上缴中央政府。然而，在随后与腊斯克及其他美国官员会晤期间，斯巴克断言“吴丹计划”必定难以获得全面成功，并提出了两种方案：一是建议秘书长为西方国家拖延 10 天或两周，以便美、比代表能与刚果当局谈判；二是建议秘书长在纽约召开会议，把行动计划转向第二和第三阶段。在此之前，联合国应该再次邀请美、比代表与阿杜拉、冲伯在纽约会晤。总统肯尼迪认为前一种方案已经试过，并无结果，而后一种可能会使阿杜拉，特别是冲伯出现“新的情况”而予以支持。随后，比利时与美国发表联合公报，警告说若刚果统一问题不能在极短时间内取得进展，加丹加将面临严厉的经济制裁。[③]

冲伯看到麦吉的信及肯尼迪—斯巴克联合公报后，强烈表示无法接受这样的最后通牒。他抱怨肯尼迪政府对阿杜拉像是对待“上帝”，并威胁说联合国部队若向矿业联盟的三镇进军，宪兵队将炸掉通往雅多维尔与科卢维齐的大桥。[④] 至此，斯蒂文森确信，联合国此

---

① Kaysen to the President, November 7, 1962.

② Schlesinger, *A Thousand Days*, p. 532; John B. Martin, *Adlai Stevenson and the World*, p. 749.

③ Memorandum of Conversation, November 27, 1962, *FRUS*, 1961 – 1963, Vol. XX, pp. 687 – 688; *New York Times*, November 28, 1962, p. 1.

④ Telegram from the Consulate at Elisabethville to the Department of State, November 28, 1962, *FRUS*, 1961 – 1963, Vol. XX, p. 692.

时要么结束加丹加分裂，要么从刚果抽身，当前等待及希望冲伯转变立场不可能有结果。这种看法得到美国政府官员的普遍认同。非洲局则呼吁相关各方立即对加丹加实施全面封锁。12 月 6 日，威廉姆斯告诫腊斯克说，解决刚果分裂的时间快没了，非洲的安全和联合国维和机制的未来在于刚果重新统一，从刚果撤离将是肯尼迪政府对外政策的一次重大失败。[①] 次日，肯尼迪命令鲍尔负责对刚果政策进行全面评估，后者则立即要求非洲局、国际组织事务局和国务院情报及研究局提交形势分析与建议报告。

12 月 10 日，国务院情报及研究局局长罗格·黑尔斯曼（Roger Hilsman）向白宫递交了关于苏联干预可能性的备忘录，内称苏联已经向阿杜拉、蒙博托保证苏联将在联合国撤离后两个月内向刚果提供足够的军事援助。该文件提醒说，尽管阿杜拉把苏联援助作为“令人绝望的最后办法”，但仍将对他乃至蒙博托产生巨大的诱惑力。该文件还进一步认为，苏联单边干涉虽然不可能，但可以通过向刚果部队提供一定数量的军事装备与技术人员给阿杜拉造成麻烦，如果美国现在从刚果撤出，将来只能在更为不利的形势下卷土重来，而到那时，美、比可能会被迫联合起来支持冲伯。[②] 中情局专家也得出了相似的结论，认为苏联虽然对提供军事援助持谨慎态度，但仍会向激进派政府提供一些武器和顾问，对美国在刚果的长远利益造成极大的危害。一旦在刚果站稳脚跟，苏联就会把这里变成“一个基地”，并由此向周边地区渗透。此外，罗得西亚、南非及附近地区的激进势力也会把这里作为基地，从而“极大地增加了南部非洲许多地区白人—黑人对抗的危险”。[③]

针对这种状况，肯尼迪决定重新启动古巴导弹危机期间的审议程

---

① Memorandum for the Secretary, from Mennen Williams, Subject: Next Steps in the Congo, December 6, 1962.

② Memorandum From Roger Hilsman to the Secretary of State, “Possible Soviet Military Assistance to the Congo”, December 7, 1962. See Roger Hilsman, *To Move a Nation: The Politics of Foreign Policy in the Administration of John F. Kennedy*, pp. 263 - 267; Memorandum to the Under Secretary, from INR, Roger Hilsman, Subject: The Congo: Appraisal of Alternatives, December 11, 1962.

③ CIA, Office of National Estimates Memorandum, “Certain Consequences of the Withdrawal of UN Forces From the Congo”, December 11, 1962.

序，相关文件的散发被限制在最小范围内且对媒体保密，所有成员均可完全自由表达意见。[①] 在讨论中，政府内部对刚果政策各执一词。麦吉坚持认为对加丹加应以外交方式而不是以军事手段解决。而鲍尔改变了哈马舍尔德逝世后支持联合国行动的立场，在12月12日与邦迪的会谈中宣称，“此时要么必须加大筹码，要么彻底放弃，在这件事上加大筹码包括愿意出动美国的军队”。[②] 参谋长联席会议主席马克斯韦尔·泰勒（Maxwell Taylor）建议向联合国提供“由一支复合空中打击中队、必要的支持部队和必要的基地安全部队组成的一揽子美国军事计划”，若该计划不足以结束加丹加的分裂，美国应该出动更多的部队，特别是空中打击部队以摧毁加丹加的空军。在国家安全委员会召开之前，甚至反对武力统一的麦吉也站到了那些支持加大军事干涉力度的官员一边。[③]

正如马德琳·G. 卡尔布所言，“肯尼迪决定对冲伯采取强硬路线的根本原因与推动美国自危机爆发以来制定政策的原因相同，即希望阻止俄国人在非洲心脏地区获得一个据点”。苏联的威胁在基赞加被捕后基本消失，不过自9月涅基钦纳大使上任以来，这种威胁的可能性越来越大。12月11日，国防部部长助理威廉·邦迪在给鲍尔的绝密信中强调说，苏联表示愿意向阿杜拉政府提供军用飞机和其他军事装备，“明显地为刚果危机增加了新的关键性因素，加剧了联合国与刚果政府面临的困难”。他警告说，除非美国立即行动，否则联合国的所有努力可能毁于一旦。鲍尔斯给总统的备忘录也认为，苏美在刚果对抗的重要性在于“结束联合国作为有效的外交管理机构，而我们被认为承担了沉重的责任”。[④]

美国军方更关注苏联向刚果提供军事援助的状况。12月7日，

---

① Richard Doyle Mahoney, *The Kennedy Policy in the Congo, 1961 – 1963*, p. 435.

② Telcon, Ball/Bundy, 12/12/62.

③ Memorandum for the Secretary of Defense, from Curtis E. LeMay, Acting Chairman JCS, Subject: Congo Developments, December 11, 1962; Letter to George W. Ball from William P. Bundy attchd., December 11, 1962; Memorandum for the President, Subject: Recommended Course of Action on the Congo, December 13, 1962.

④ Letter from Deputy Asistant Secretary of Defense William Bundy to the Under Secretary of State Ball, December 11, 1962, *FRUS*, 1961 – 1963, Vol. XX, p. 717; Memorandum for the President, from Chester Bowles, The Congo Crisis, December 12, 1962, Chester Bowles Papers.

国防部部长助理尼采提请参谋长联席会议研究为联合国、刚果提供适当的军事援助以及提供哪些援助等问题。参谋长联席会议讨论后认为，只要加丹加分裂没有得到解决，任何亲西方的政权都会陷于政治危险之中。而加丹加分裂问题是由于刚果政府或联合国没有能力对冲伯及其支持者施加足够的压力造成的，建议美国增强联合国现有的空运能力及其他后勤支持，并加大对阿杜拉政府的军事援助，为此特别建议肯尼迪向联合国刚果行动部队提供一支空军中队，以“破坏或中立”加丹加的空中能力。邦迪同意上述建议，并提请腊斯克、古里昂将之尽早通知秘书长。① 随后，国务院决定立即在刚果部署一支美国空军中队。随后，美国的“空中霸王”运输机开始把利奥波德维尔的部队运往伊丽莎白维尔，还把3800人的印度尼西亚部队从达累斯萨拉姆空运至加丹加。此外，古里昂还提出向阿杜拉提供火箭、军事技术人员以及至少一架战斗机，也很快获得肯尼迪的批复。②

12月8日，国务院要求古里昂向比利时、英国解释美国的刚果政策，即联合国应对阿杜拉采取更强硬的态度，让三方观察小组阻止其军事冒险行动；向英国通告该计划，希望它至少继续保持沉默；继续劝说比利时迫使矿业联盟向中央政府纳税，美国愿意分担矿业联盟因合作而造成的一切损失；使矿业联盟确信结束加丹加分裂不可避免；劝说阿杜拉在实施该计划前进行最后的努力；诱使冲伯在计划框架内重新谈判，使其确信自己只有在矿业联盟向刚果政府纳税问题上保持沉默才是避免更严厉经济制裁的唯一办法；使加丹加的欧洲人确信结束分裂不可避免。③ 从上述内容看出，肯尼迪政府仍在沿袭以前的做法，强调相关各方对加丹加施加压力，最好以和平方式而不是更严厉的经济制裁或武力解决加丹加分裂。

---

① Memorandum from Assistant Secretary of Defense William Bundy to the Under Secretary of State Ball, December 11, 1962, Enclosing a Memorandum From the Joint Chiefs of Staff to the Secretary of Defense, “Congo Developments”, December 11, 1962; Memorandum from the Join Chiefs of Staff to the Secretary of Defense McNamara, JCSM-983-6, December 11, 1962, *FRUS*, 1961 – 1963, Vol. XX, pp. 713, 717 – 719.

② *New York Times*, December 4, 1962; Telegram from the Embassy in the Congo to the Department of State, December 8, 1962, *FRUS*, 1961 – 1963, Vol. XX, p. 710.

③ Telegram from the Department of State to the Embassy in the Belgium, December 8, 1962, *FRUS*, 1961 – 1963, Vol. XX, pp. 711 – 714.

与此同时，阿杜拉政府的危机不能不让国务院官员忧心忡忡。他们注意到刚果议会正准备通过一项“搁置联合国计划”决议，该决议若获得通过，阿杜拉政府很可能垮台。对此，鲍尔斯与威廉姆斯重申美国支持阿杜拉解散国民议会。在给古里昂的指示中，国务院强调说：“只要议会依然是环绕在他（阿杜拉）脖子上的盘石”，美国就不可能实现任何目标，因而提议阿杜拉采取下列决定性的措施：卡萨武布提议议会休会30天；蒙博托等人支持阿杜拉政府；阿杜拉与冲伯达成谅解；美国紧急帮助阿杜拉建立小型空军，建议联合国采取措施“中立”加丹加空军。国务院认为，若上述计划能够有效地实施，阿杜拉将停止在北部加丹加的军事行动，派高级代表到伊丽莎白维尔与冲伯谈判，制订中央政府与加丹加的权力分配计划。最后，国务院还特别提醒古里昂，这代表着美国政策的明显变化，即准备以更强硬的措施支持联合国结束加丹加分裂。①

12月11—12日，吴丹连续向11个国家发出倡议信件，宣称由于刚果“民族和解计划”迄今没有取得任何重大进展，联合国刚果行动将进入“吴丹计划”的第二阶段；要求比利时劝说矿业联盟向中央政府纳税；敦促英、葡、南非和中非联邦在矿业联盟纳税问题解决前，禁止加丹加的铜过境出口；要求美、英等在刚果政府出口铜和钴禁运方面提供援助。美国决策层紧急考虑了秘书长的这封信，总体上予以支持（包括使用武力），并重点强调矿业联盟向阿杜拉政府纳税是“吴丹计划”成功的关键性因素。② 如此一来，加丹加的外部形势迅速恶化，冲伯被迫宣称把加丹加出口贸易所得税全部交给刚果货币委员会。然而，由于他之前的言行反复无常，谁又能相信这次不是他故技重演呢？

---

① Telegram from the Department of State to the Embassy in the Congo, December 12, 1962, *FRUS*, 1961 - 1963, Vol. XX, pp. 720 - 722.

② Telegram from the Department of State to the Mission at the United Nations, December 8, 1962; Telegram from the Department of State to the Secretary of the state (at Paris), December 12, 1962; Telegram from the Department of State to the Consulate of Elisabaivile, December 13, 1962, *FRUS*, 1961 - 1963, Vol. XX, pp. 714 - 715, 724 - 725.

二　克里夫兰的新政策与杜鲁门使团

以麦吉为首的欧洲派认为冲伯的上述“让步”是和平解决加丹加分裂的希望。在白宫会议上，他们建议政府趁机劝说阿杜拉与冲伯重新谈判，若没有结果，再准备采取更强硬的措施也不迟，甚至为此设想了“渐进的压力规模”。[①] 鲍尔斯担心由于印度与其他联合国部队即将撤退，联合国动用武力统一刚果的能力将在30—50天丧失殆尽，故而强烈建议，若冲伯在一周内拒绝签署结束分裂的协定，联合国部队应该立即采取一系列军事行动，包括轰炸加丹加宪兵队的地面部队和飞机，切断加丹加通过北罗得西亚的通道，封锁伊丽莎白维尔，并动用联合国伞兵切断这里与葡属安哥拉之间的通道。[②]

在此期间，利奥波德维尔的政治局势进一步恶化。威廉姆斯报告说，蒙博托等人正密谋发动一场推翻阿杜拉、解散议会的军事政变，并为此寻求美国的支持。他个人完全反对蒙博托的这项计划，而部分官员却认为它具有一定的吸引力。克里夫兰虽然反对蒙博托发动政变，但认为应鼓励他解散议会并接管国家。总体而言，美国官员都认为美国在刚果必须有所作为，但在采取哪些具体行动上仍颇有争议。以威廉姆斯为代表的强硬派支持立即向联合国和阿杜拉政府提供战斗机，摧毁加丹加的空中力量，并对其实施报复性的轰炸。[③] 鲍尔斯也宣称，若冲伯在一周内没有签订一份可以接受的协议，联合国刚果部队应发起直接的军事行动，包括轰炸加丹加的地面部队和飞机，封锁其铜矿石经安哥拉与北罗得西亚的出口渠道。[④] 然而，麦吉仍坚持在谈判的希望完全破灭之前，不要对加丹加采取强制性的军事措施。他同意美国应该向联合国提供一支战斗机中队，但仅将之视为两周后加

---

① Memorandum From McGhee for the President, December 13, 1962.

② 《鲍尔斯回忆录》，上海《国际问题资料》编辑组译，上海人民出版社1974年版，第186页。

③ Memorandum from Williams to Rusk, “Policy Alternatives in the Congo”, December 13, 1962; Memorandum for President Kennedy, December 13, 1962, *FRUS*, 1961 - 1963, Vol. XX, pp. 729 - 731; Memorandum from Williams, Proposed Next Steps in Congo, December 12, 1962.

④ Chester Bowles, *Promises to Keep: My Years in Public Life, 1941 - 1969*, New York: Harper & Row, 1971, p. 427.

丹加问题未能取得进展的应急计划，且必须与联合国、英国、比利时磋商后执行。

克里夫兰认为，由于冲伯及其支持者不愿结束分裂，美国以经济制裁威胁促使加丹加结束分裂政策的基本假设是错误的，“如果我们继续执行当前的政策，将加强冲伯的分裂，进一步削弱阿杜拉的地位……可能最终不得不利用美国及其他西方力量解决非常混乱的形势”。在此基础上，他建议美国政府制定一项新的刚果政策，其核心包括三项重要的措施。第一，军事措施。美国向联合国提供一支战机中队，既可保持后者的空中优势，也可表明自己结束加丹加分裂的决心。他解释说，这项举措并非鼓励联合国采取军事行动击垮冲伯政权，而是让政治谈判成为冲伯唯一的选择。第二，增强阿杜拉政府的力量。在他看来，阿杜拉并非刚果中央政府的理想人选，却是当前控制政权的最好人选，美国应该鼓励他建立更有效率的政府。第三，政治和解与重新统一。他表示，制定中央与加丹加的权力分配及合并更为复杂，建议最好由吴丹飞赴刚果与阿杜拉、冲伯通过协商解决。[①]虽然克里夫兰提出的新政策与之前的提法并没有本质的区别，但其侧重点有着明显的不同，尤其是他强调美国应该把增强联合国的军事能力（特别是空军能力）放在首位。这也表明美国解决加丹加分裂的政策基础已经发生了变化，即由“吴丹计划”强调以经济制裁为主转变为以武力威慑为主。

克里夫兰的新政策立即得到了鲍尔等人的支持，也得到了肯尼迪的批准。据索伦森说，肯尼迪曾怀疑“派美国部队对付非共产党的加丹加难以向国会、盟国及美国人民解释”，不过他还是暂时批准了在刚果部署一支战机中队，前提是应吴丹和阿杜拉的请求。同时，他还要求菲律宾和伊朗向刚果派一支 F－86s 战机中队供联合国部队使用。针对肯尼迪倾向于把美国军队置于联合国的控制下，邦迪建议这支空军中队应该由美国人控制。最终，肯尼迪采取了折中的方案，即美国可以应阿杜拉的要求向联合国提供一支空军中队，但是它是与联

---

① Memorandum for President Kennedy, December 13, 1962, *FRUS*, 1961 – 1963, Vol. XX, pp. 729 – 733.

合国合作而非听命于它。[①] 随后，肯尼迪要求联合国代表斯蒂文森以该方案试探吴丹。在12月15日的秘密会晤中，吴丹首先对这个“新纪元式的”决定表示感谢，但随后明确表示若无安理会的批准，联合国不能接受这些飞机，因为苏联会行使否决权。他建议美国扩大对联合国部队的各种装备援助，如10架非美国飞行员驾驶的战机及地面非作战性机务人员等。[②]

鲍尔对吴丹的这种回复非常不满，认为正是联合国此前的无能和拖延导致了刚果的流血与混乱，建议政府应该明确告诉他美国将考虑在阿杜拉的请求下出兵干预。随后，他指派克里夫兰就该问题会晤吴丹。在16日与吴丹（与会者还有斯蒂文森、约斯特）的讨论中，克里夫兰警告说，如果“当前无效率的安排”持续下去，美国国会可能会拒绝向刚果行动拨款，联合国若想快速地解决加丹加分裂，那么美国的战机中队就是答案。不过，吴丹仍坚持联合国不能给予大国干涉的权力，甚至相当自信地认为，由于即将得到大量的增援，联合国可以在1963年2月底“解决问题”。[③] 他还介绍了联合国在刚果的军事行动计划：要求8000—10000名部队进驻基普希，以及800—1000名部队进驻雅多维尔；1月占领科卢维齐机场，并接管电台为刚果中央政府所用。最后，他表示刚果问题若到3月仍未解决，联合国才可能会接受一支美国空军中队。

17日，斯蒂文森与克里夫兰向肯尼迪汇报了吴丹的上述计划，建议尽快予以支持。同时，卡尔·凯森在给总统的备忘录中提供了两种可供选择的方案：一是继续支持联合国，包括提供援助但不直接干

---

① Memorandum for the Record, December 14, 1962, *FRUS*, 1961 - 1963, Vol. XX, pp. 734 - 736.

② Memorandum of Telephone Conversation, December 15, 1962. Quoted from Memorandum from the Assistant Secretary of State for International Organization Affairs (Cleveland) to the Under Secretary of State (Ball), December 16, 1962, *FRUS*, 1961 - 1963, Vol. XX, p. 738.

③ 此时，印度尼西亚派出的4500人轮换部队正在前往刚果的路上，其中1800名于12月底抵达。联合国驻刚果空军现有战机18架包括8架瑞典飞机，6架由菲律宾飞行员驾驶的喷气式飞机以及4架由埃塞俄比亚飞行员驾驶的意大利喷气式飞机。联合国认为，这支部队应该能迫使冲伯放弃军事抵抗。参见 Memorandum from the Assistant Secretary of State for International Organization Affairs (Cleveland) to the Under Secretary of State (Ball), December 16, 1962, *FRUS*, 1961 - 1963, Vol. XX, p. 740。

涉事件的进程，结果很可能是联合国在 1963 年 1 月的军事行动中与加丹加宪兵队交战，国会则会中止对联合国行动的资助；二是联合国部队被迫撤离刚果，直接造成联合国名誉扫地、美国非洲政策的溃败以及阿杜拉政府的垮台，而继任政府无疑会接受（包括苏联在内的）任何外部援助，结果是在刚果出现长期的、可能没有结果的斗争。① 凯森也承认上述两种选择都对美国不利。最终，肯尼迪不得不采用“经典的做法”：派路易斯·杜鲁门将军率领 8 人组成的军事代表团前往利奥波德维尔，研究联合国刚果行动的需求。之所以如此，主要是因为这种行动不但能够立即实施，且不需获得吴丹与阿杜拉的同意，而目的仍是把“恐惧植入冲伯的内心”，以及支持阿杜拉、联合国。② 与此同时，肯尼迪在 12 月 19—21 日的拿骚会晤期间向麦克米伦抱怨阿杜拉的状况令人绝望，强调此人是强烈的反共产主义者，应不惜代价予以支持，否则苏联将趁机介入。麦克米伦和休姆虽然对此表示抗议，但最终同意发动一场压制冲伯抵抗、增强阿杜拉实力的军事行动。③

随后，国家安全委员会执委会第 37 次会议讨论了主题为“刚果方案”的文件。该文件要求决策者同意吴丹的请求，向联合国刚果部队提供：6 辆装甲车、32 吨半的卡车，由美国空运至伊丽莎白维尔；一些飞机及地面机务人员；一支小型的美国架桥工程部队；把 6 架菲律宾飞机从马尼拉运到刚果。该文件强调，若冲伯拒绝合作，美国将向刚果派一支空军中队。对于这项计划，肯尼迪在“若无必胜把握，就不要作战”的前提条件下予以批准。④ 同时，国务院也表示要以实际行动支持联合国，并为此拨款 400 万美元用于联合国部队快速集结到利奥波德维尔。国务院还要求斯蒂文森向吴丹重申美国将继续全力支持联合国，尽快回应他对额外装备与援助的请求；如有必

---

① Memorandum from the President's Deputy Special Assistant for National Security Affairs (Kaysen) to President Kennedy, December 17, 1962, *FRUS*, 1961 - 1963, Vol. XX, p. 748.

② Madeleine G. Kalb, *The Congo Cables: The Cold War in Africa——From Eisenhower to Kennedy*, p. 366.

③ Harold Macmillan, *At the End of the Day, 1961 - 1963*, New York: Harper & Row, 1973, p. 283.

④ Editorial Note, *FRUS*, 1961 - 1963, Vol. XX, pp. 750 - 752.

要，美国政府可以应阿杜拉的请求考虑派一支美国战机中队支持联合国。参谋长联席会议则表示尽快派高级军官抵达刚果，以便对联合国部队在基普希、雅多维尔及科卢维齐获得自由行动的能力进行更可靠的评估。①

与之前的各种计划不同，这份新的援助计划是对联合国武力解决刚果分裂的肯定，表明美国官员已经彻底放弃了“吴丹计划”。然而，该计划首先在国内遭到了质疑。总统特别法律顾问索伦森、狄龙和拜尔等人认为向刚果派驻美国部队并不明智，因为向古巴、越南，甚至老挝、黎巴嫩等地派驻部队还可以指出共产党或左派政府的危险，而向大多数民众解释为什么美国必须军事干涉非共产党的加丹加则是困难的。他们担心美国在那里的军事行动得不到民众的支持，还会引起西方盟国的极大反感。② 比利时、英国等盟国更是坚决反对。斯巴克对之感到“巨大的震惊”，认为允许矿业联盟向中央政府纳税是明智的，但在该计划彻底失败前不应向刚果派出美国空军，如果确有必要，也要在阿杜拉履行以前对加丹加的承诺以及与联合国、援助国全面磋商的基础之上进行。英国代表也反对针对加丹加的任何制裁，强调秘书长应该利用冲伯同意向刚果政府货币委员会纳税的机会，把联合国的作用从军事援助领域转向经济援助领域。对于联合国试图使用武力的决议，英国代表以行使否决权相威胁。③ 吴丹也对美国向刚果派军事代表团的做法提出了质疑，认为该小组此行是灾难性的。

果然，刚果强硬的抵制态度超出了美国的预料。冲伯强烈谴责美国破坏加丹加的和平，鼓动学生袭击了其驻伊丽莎白维尔领事馆。12月21日，杜鲁门军事代表团抵达利奥波德维尔，阿杜拉政府中的左

① Telegram from the Department of State to the Mission at the United Nations, December 18, 1962; Telegram from the Department of State to the Embassy in the Congo, December 17, 1962, *FRUS*, 1961 - 1963, Vol. XX, pp. 752 - 754.

② Memorandum by the President's Special Counsel (Sorensen), December 17, 1962, *FRUS*, 1961 - 1963, Vol. XX, pp. 749 - 750.

③ Telegram from the Embassy in Belgium to the Department of State, December 19, 1962; Memorandum of Conversation, December 19, 1962; Memorandum of Conversation, December 21, 1962, *FRUS*, 1961 - 1963, Vol. XX, pp. 757 - 759, 761 - 763, 775 - 776.

派立即指责它是对刚果主权的威胁。当天，刚果议会在反美情绪的促动下举行投票，要求阿杜拉在48小时内释放基赞加。古里昂警告说，除非阿杜拉政府采取行动延期议会，否则它将倒台。杜鲁门代表团不得不决定缩短在刚果的访问时间并保持低调，以免使阿杜拉进一步尴尬。①

面对上述压力，国务院被迫解释其刚果新政策，表示将继续向联合国提供所需的装甲车、卡车和其他装备，以及一定数量的美国战机与地面机务人员，以此形成“某种心理威慑”，推动阿杜拉与冲伯之间的政治谈判。同时，国务院对吴丹的不同看法表示理解，决定延迟向刚果派遣空军，并宣称美国并没有强制冲伯无条件投降的政策，也无意于摧毁加丹加，只想让有意义的谈判继续进行下去。参谋长联席会议还注意到，驻扎在刚果的1.7万名联合国部队已经拥有了足够的飞机对付加丹加的空中力量，行动不力的主要原因在于其领导与管理能力低下。于是，它决定派一个军官小组现场评估刚果的形势，并要求在全面考虑其报告前，不要就美国军队是否进驻刚果作出决定。②

三 “格兰拉姆行动”与加丹加分裂结束

正值刚果分裂问题陷入僵持之际，加丹加宪兵队的挑衅使之出现了转机。12月24日，加丹加宪兵队袭击了当地驻守的埃塞俄比亚部队，在圣诞夜击落一架联合国直升机并打伤了几名士兵，还在伊丽莎白维尔市内外设置了路障。27日，冲伯的代表举行了一次煽动性的记者招待会，指控联合国与美国正在密谋对加丹加发动战争的“庞大计划”。在国务院看来，上述事件也许是加丹加宪兵队失控的结果，但更可能是冲伯及其内阁的预谋。联合国刚果行动决定趁机采取军事行动。驻伊丽莎白部队司令普拉姆·昌德（Prem Chand）将军极力劝说秘书长立即发动军事进攻，并得到批准。随后，联合国刚果

① Telegram from the Mission at the United Nations to the Department of State, December 19, 1962; Telegram from the Embassy in the Congo to the Department of State, December 21, 1962, *FRUS*, 1961 – 1963, Vol. XX, pp. 766, 777; *New York Times*, December 27, 1962.

② Telegram from the Department of State to the Delegation at Nassau, December 20, 1962; Memorandum from the Join Chiefs of Staff to the Secretary of Defense McNamara, JCSM-1017-62, December 21, 1962, *FRUS*, 1961 – 1963, Vol. XX, pp. 772, 781 – 782.

行动指挥中心向冲伯发出最后通牒，要求他把宪兵队交由联合国控制，否则将清除加丹加设置的路障并进攻该城外西北的宪兵队营地。对于即将到来的战斗，美国官员相信联合国部队胜券在握，如杜鲁门军事代表团表示，若能迅速获得所需的装备，联合国部队就能应付形势，而不需要额外的部队。①

12 月 28 日，加德纳制订的应急行动计划——“格兰拉姆行动”（Grandslam Operation，即“第三轮”行动）正式实施。联合国部队迅速向伊丽莎白维尔市推进，仅以较少伤亡的代价就占领了宪兵队司令部并控制了市中心地区。这次军事行动与 1961 年 12 月的第二轮军事行动有着明显的不同。尽管冲伯同样逃到了罗得西亚，并宣布对联合国无限期开战，但是他的宪兵队几乎没有进行真正的抵抗。② 次日，本奇召见克里夫兰，请求美国提供 10 架 F－84 飞机。腊斯克同意该请求，并表示这些飞机可用至加丹加形势稳定且联合国有了自己的飞行员和地面支持人员以后。③ 同日，联合国与加丹加展开了空战，前者迅速以一场对科卢维齐机场的袭击迫使后者撤出伊丽莎白维尔。经过两昼夜的奋战，联合国部队控制了整个伊丽莎白维尔地区，还占领了基普希。随后，瑞典的喷气式战机再次轰炸雅多维尔附近的卡玛坦达机场，基本上消灭了加丹加残余的空军力量。

美国政府对联合国军事行动的反应与 1961 年 9 月第一轮行动时如出一辙：在公开场合支持联合国的军事行动；私下强调对所有军事行动进行政治控制的必要性。12 月 30 日晚，正在棕榈海滩度假的肯尼迪致电鲍尔，宣称冲伯是最亲西方的刚果领导人，联合国若摧毁了他，刚果的混乱将接踵而至，因此想让联合国部队原地待命。腊斯克据此致电本奇，强调联合国的目标是和解并统一加丹加，而不是消灭

---

① Memorandum from the Department of State Executive Secretary（Brubeck）to the President's Special Assistant for the National Security Affairs（Bundy），December 28，1962；Memorandum for the Record，December 28，1962，*FRUS*，1961－1963，Vol. XX，pp. 787－789.

② Madeleine G. Kalb，*The Congo Cables*：*The Cold War in Africa——From Eisenhower to Kennedy*，p. 367.

③ Memorandum from the Deputy Assistant Secretary of Defense for International Security Affairs（Sloan）to the Deputy Secretary of Defense（Gilpatirc），December 29，1962，*FRUS*，1961－1963，Vol. XX，p. 792.

冲伯及其政权。[1] 国务院还为此起草了一份声明，宣称联合国军事行动的目的不是摧毁冲伯或加丹加省政府，而是给予刚果人民维护领土完整与政治独立的机会；呼吁冲伯实施矿业联盟的纳税计划，驱逐所有外国雇佣兵，把所有飞机转交联合国，并命令宪兵队高级军官对卡萨武布宣誓效忠等。国务院还提请吴丹发表声明，称这次行动被联合国大多数成员国接受。[2] 后者表示同意，并在声明中强调联合国对所谓的“军事胜利”不感兴趣，和解计划可以重新实施。他要求“吴丹计划”必须在约两周内完成，否则就对加丹加采取其他的措施，还补充说冲伯若不再鼓动群众以暴力反对联合国，就可以返回伊丽莎白维尔。[3]

12 月 30 日，联合国总部根据上述声明向刚果行动指挥部发去两份电报。第一份强调联合国部队在加丹加的任何军事行动（除自卫行动外）都要经过指挥部的确认；第二份则建议他们利用清除路障行动的胜利，扩大在伊丽莎白维尔周边的战果，让宪兵队和雇佣兵疲于奔命。[4] 这两封电报的指示显然具有一定的矛盾性，为后来未经授权的军事行动留下了解释的空间。[5] 同日，本奇表示联合国刚果军事行动第一阶段结束，将再次努力实施“吴丹计划”，若冲伯两周内在和谈与宪兵队宣誓问题上没有进展，联合国部队将进驻雅多维尔和科卢维齐。国务院多数官员对此评价颇高，认为联合国的举动将使国际舆论相信近来的军事行动并非旨在摧毁冲伯或其省政府，而是为其提供政治和谈的机会，并使他任何拖延加丹加分裂的企图都困难得多。然而，古里昂认为此举并无实际意义，因为冲伯并非结束分裂之人，

---

① Telcon, Rusk/Ball, 12/30/62. Quoted from John B. Martin, *Adlai Stevenson and the World*, p. 751.

② Telegram from the Department of State to the Mission at the United Nations, December 29, 1962, *FRUS*, 1961 - 1963, Vol. XX, pp. 794 - 795.

③ *New York Times*, January 2, 1962.

④ Arthur Burns & Nina Heathcote, *Peace-Keeping by UN Forces: from Suez to the Congo*, p. 212.

⑤ Richard Doyle Mahoney, *The Kennedy Policy in the Congo, 1961 - 1963*, p. 448.

“加丹加人及我们很可能想要一位不同的领导人”。①

与此同时，联合国驻加丹加部队似乎越来越不愿接受西方国家的建议，甚至不愿听从来自指挥部的命令，而坐失有利的军事形势。加德纳也不愿再与冲伯进行所谓的谈判，为此甚至以辞职相威胁。1963年1月1日，印度部队开始向雅多维尔推进，只是由于通往该地的唯一桥梁被宪兵队炸毁而暂时受阻。鲍尔得知该消息后担心这会引发地区骚乱，建议派克里夫兰前往刚果阻止古里昂、加德纳和印度将军以武力迫使冲伯无条件投降，并监督联合国部队的这次军事行动。② 包括腊斯克在内的反对派也支持该建议，并得到肯尼迪的批准。对此，吴丹表现出了前所未有的愤怒，认为派克里夫兰前往刚果将破坏与加德纳的关系，宣称自己准备于当晚派本奇前去解决联合国指挥部与驻刚果部队的内部困难。国务院不得不让克里夫兰的计划延迟一天或两天。随后，联合国部队完全控制了伊丽莎白维尔地区、卡米纳机场周围地区，并控制了通往雅多维尔的道路以及穿越两地的主要河流，冲伯的宪兵队则被完全驱逐在科卢维齐之外。

在联合国部队占据绝对优势的形势下，通过政治和谈解决分裂问题的可能性似乎越来越小，就连秘书长吴丹也宣称不再需要与冲伯谈判了。国务院情报与研究局的托马斯·休斯（Thomas L. Huges）在报告中明确地指出，冲伯当前仅有两种选择：一是返回伊丽莎白维尔，重新开始无休止的谈判；二是在200—500名雇佣兵的帮助下组建1.8万人的部队，并在雅多维尔和科卢维齐附近的矿业联盟地区建立防御堡垒。他强调说，如果冲伯控制了这块富庶的地区，就可以通过安哥拉的铁路线出口矿物，进口必需的武器与食物；联合国部队若占领了上述两地，就能把冲伯控制的地区压缩至“一个游击队据点”的规模，这样只会是一个麻烦而不是威胁。他还警告说，联合国部队进攻雅多维尔或科卢维齐可能会导致激烈的战斗，损坏矿业联盟的

① Telegram from the Department of State to the Mission at the United Nations, December 30, 1962; Telegram from the Embassy in the Congo to the Department of State, December 31, 1962, *FRUS*, 1961 – 1963, Vol. XX, pp. 796 – 799.

② Telegram from the Under Secretary of State for Political Affairs (McGhee) to the President Kennedy, January 1, 1963, *FRUS*, 1961 – 1963, Vol. XX, p. 801.

设施。①

正当美国决策者在上述两种选择上犹豫不决之际，驻雅多维尔城外的联合国部队“要么忽视，要么从未收到秘书长的命令，解决了这个问题的大部分”。他们顺利渡过了卢菲拉河，迅速击溃了对岸的加丹加宪兵队，并于 1 月 3 日几乎兵不血刃地占领了雅多维尔。事后，吴丹发表声明，宣称该行动是由于通信中断所致，并赞扬这是一次杰出的军事行动。古里昂也肯定了联合国的军事行动，称占领该地及尽早获得在加丹加全境的行动自由是实现“吴丹计划”目标不可缺少的一环。与鲍尔的会谈中，英国代表则对此表示震惊，强调冲伯在加丹加的地位无人能比，保留他是必要的、紧迫的。鲍尔也只能附和性地宣称，维持冲伯在加丹加的存在对解决问题是必要的。②

事实上，占领雅多维尔是联合国军事行动的重要转折点。此后，吴丹再也没有听取西方国家的建议。1 月 3 日，矿业联盟主任范·韦恩伯奇（Van Weyenbergh）致电冲伯，建议停止所有的破坏活动，尽快实施“吴丹计划”，并授权联合国部队在加丹加全境行动自由。冲伯被迫在回复中称自己愿意停止破坏活动，希望商谈“吴丹计划”的实施问题。国务院在评估后认为，冲伯当前的军事能力并不强大，但仍可能保留着破坏工业生产、桥梁、铁路及科卢维齐地区发电站的能力，且这种能力随着时间推移可能会更加强大，因此当前必须鼓励联合国迅速进军科卢维齐，以保护人民、工业、交通和电站设施。此后几天，联合国部队为和平进驻该地多次与冲伯取得联系，而后者似乎仍准备负隅顽抗，甚至对联合国向科卢维齐进军以焦土政策威胁。本奇失望地表示，冲伯只是在为自己争取时间，联合国不能落入他的圈套；若再与冲伯谈判，联合国部队的士气必将遭受重挫。他还注意到冲伯并非“未受到挑战的加丹加领导人”：宪兵队大量地背叛了

---

① Memorandum from Thomas L. Hughes to Williams, January 2, 1963.

② Telegram from the the Department of State to the Embassy in the Britain Kingdom, January 3, 1963; Telegram from the Embassy in the Congo to the Department of State, January 4, 1963, *FRUS*, 1961 - 1963, Vol. XX, pp. 808, 812.

他；加丹加官员与来自利奥波德维尔的官员正在进行很好的合作。[①]在这种形势下，吴丹逮捕冲伯的决定得到了多数人的支持。为安抚英国与比利时，他表示逮捕冲伯主要是为了保护矿业联盟的财产。

在此期间，冲伯频繁地穿梭于科卢维齐、伊丽莎白维尔与恩多拉等城市之间，但未能阻止联合国在伊丽莎白维尔任命中央政府官员以及美国继续向加丹加运送军事补给。同时，英国也在极力地劝他与联合国合作。冲伯意识到加丹加继续分裂确实到了日暮途穷的地步，便于1月14日与其部长分别致电阿杜拉、吴丹，以及比、美、英、法政府，宣称他们决定结束加丹加分裂，允许联合国部队和人员在加丹加全境行动自由，并返回伊丽莎白维尔安排实施“吴丹计划”。同时，他们要求中央政府实施“吴丹计划”中的特赦条款，保证加丹加官员及其工作人员的人身安全。

国务院认为冲伯的声明为解决加丹加问题提供了基础，建议吴丹在重申特赦后派人立即到科卢维齐，对联合国部队在48小时内进入该地作出技术性的安排。与此同时，国务院还要求古里昂把冲伯的信息解释为无条件投降，并以总统来信的方式规劝阿杜拉“本着对冲伯和加丹加人民的理解与宽宏大量行事”。15日，卡萨武布与阿杜拉再次声明1962年11月的大赦条款对冲伯及其政府成员一律适用。17日，联合国代表谢丽（Sherry）、昌德与冲伯签署协议，同意联合国部队进驻科卢维齐，并在加丹加全境行动自由；联合国保证宪兵队的安全，并解除其武装，清除科卢维齐的地雷和其他爆炸物。[②] 21日，联合国部队和平地占领科卢维齐。同日，肯尼迪在声明中宣称：“加丹加省政权宣布结束分裂，联合国军今天和平地进入科卢维齐。”两天后，伊里奥作为刚果中央政府的常驻代表抵达伊丽莎白维尔。

至此，这场历时两年半的危机经过多次反复的冲突、对抗与谈判

---

① Telegram from the Department of State to the Embassy in the Congo, January 5, 1963; Telegram from the Department of State to the Mission at the United Nations, January 6, 1963; Telegram from the Embassy in the Congo to the Department of State, January 9, 1963, *FRUS*, 1961 - 1963, Vol. XX, pp. 814 - 815, 823 - 824.

② Telegram from the Department of State to the Embassy in the Congo, January 14, 1963; Memorandum by the Director of the Office of United Nations Political Affairs Sisco, January 16, 1963, *FRUS*, 1961 - 1963, Vol. XX, pp. 829 - 832.

后，终于以刚果统一加丹加而告终。随后，美国政府开始紧急制订重组与训练刚果国民军以及“国家建设”的计划，以使之尽快从世界危机日程表上消失。[①] 2 月 4 日，吴丹在给安理会的报告也指出，早期安理会决议提出的许多基本任务现已经大体完成。加丹加的分裂已经结束；外国专家和军事人员也已经撤出加丹加；法律和秩序基本恢复；能够控制全国局势的联邦政府已经建立起来了。此后，联合国开始考虑减少刚果驻军的数量以及逐步结束在刚果的行动。当然，加丹加分裂的结束只是标志着这场危机的结束，并不意味着所有刚果问题的解决，其国内的政治和经济形势依然严峻。

① Memorandum from Secretary of State Rusk to President Kennedy, January 24, 1963, *FRUS*, 1961 - 1963, Vol. XX, p. 833.

结　　语

随着20世纪50年代冷战进入盛期以及世界范围内非殖民化浪潮的涌现，第三世界尤其是亚非新兴国家和地区逐渐成为超级大国新一轮争夺的焦点。当然，非殖民化并不必然导致冷战的渗透与扩散。正如斯塔夫里阿诺斯所言，“殖民地臣民和帝国主义当局之间的斗争与东方和西方之间的冷战是同时进行的。这两种运动相互联系，相互影响”，“尽管有这种相互联系，但殖民地革命并不是冷战的副产品”。[①] 如果第三世界的非殖民化进程平缓，则一般不会出现大规模骚乱以及由此导致超级大国干预的局面，譬如加纳、几内亚等非洲国家。然而，冷战为这些地区非殖民化运动中的主要内部势力提供了可资利用的外部力量，正如文安立所言：“在冷战期间，由于国际体系的两极存在形式，第三世界的政权和运动无论其内部政策有多么愚蠢，总能获得与大国结盟的机会。”[②]如果非殖民化进程中出现波折或冲突（如政变、内战、分裂等），则很可能引起超级大国的密切关注，甚至冷战的全面渗透。如此一来，这些国家在非殖民化进程中出现的内部冲突很容易升级为国际冲突。

就非洲地区的非殖民化而言，美国的政策在外部关注与内部现实之间面临显而易见的矛盾。它在非洲地区的少量经济与社会利益与遏制苏联的考量往往会导致“共产主义威胁论”甚嚣尘上，以及通常导致荒谬的政策。根据历史经验，欧洲宗主国似乎非常适合遏制苏联

---

① ［美］斯塔夫里阿诺斯：《全球通史：1500年以后的世界》（下），吴象婴、梁赤民译，上海社会科学院出版社1999年版，第814页。

② Odd Arne Westad, *The Global Cold War: Third World Interventions and the Making of Our Times*, p. 399.

在其前殖民国家的影响，并培育出倾向于西方的意识形态和经济利益。然而，欧洲或白人继续统治却更能激起非洲人的反抗，从而为苏联干涉提供了合法的理由。非洲政治环境的变幻不定与现代制度建设的缺乏，通常能够挫败所谓最深思熟虑的政策，从而让西方政治家难有立足之地。独立后的刚果显然就是这样的典型案例，肯尼迪也曾这样评论说，制定刚果政策的巨大困难在于它易于“被混乱的发展所压倒”。

刚果独立前后，冷战局势正处于非常紧张的时期。两个超级大国必然会对刚果独立后出现的任何机会或者危险保持警觉，“万一发生一场政治危机，大量来自外部的干涉是可以想象的”。① 随着第三世界地区的觉醒，刚果危机被视为又一次对美国遏制战略的破坏——苏联步步紧逼而美国一再后撤。从这种意义上说，独立后的刚果注定会成为冷战对手争锋的新战场。刚果危机标志着冷战已经进入撒哈拉以南非洲，其长期的破坏性结果至今可见，如非洲的军事化、难民负担、日益下降的食品生产以及由于内战而被削弱的经济等。

就其本质而言，这场危机是由非殖民化运动引发的国际性危机，是由几场互为因果的危机构成的复合物。（1）叛乱危机。1960 年 7 月初，刚果士兵哗变引发的国内社会秩序混乱。（2）分裂危机。7 月 11 日，加丹加宣布独立威胁到刚果的统一，并剥夺了中央政府的主要税收来源。（3）干涉危机。7 月 9—11 日，比利时以保护比利时公民和经济利益为由，贸然调派部队占领刚果的多处要地。（4）宪法危机。9 月初，总统卡萨武布和总理卢蒙巴相互解除对方职务，随后蒙博托发动军事政变，中立了总统与总理。（5）联合国内部危机。主要是东西方阵营以及亚非新兴国家之间围绕着比利时从刚果撤军、联合国的作用等问题出现了严重的分歧。

这场危机为美国在第三世界的干涉提供了一个典型的案例。非殖民化问题、民族主义问题、多边力量、各种手段（如策动政变、暗杀、扶植代理人等）、冷战同盟的维护全面地体现了冷战的复杂性，即冷战不仅仅是美苏两个超级大国的对抗，更是各自阵营内部之间、

---

① Catherine Hoskyns, *The Congo since Independence* (*January 1960-December 1961*), p. 21.

以及与新兴势力之间的较量与妥协。危机期间，美国希望借助于联合国，纵横捭阖于各种力量之间，既能从外部遏制苏联，又能从内部团结北约盟友，拉拢亚非新兴国家，对付刚果激进的民族主义者。然而，设想毕竟不等于现实。在复杂的冷战背景下，美国不得不面对上述各种力量相互交叠的、难以克服的多重困境。

其一，边缘地区的遏制与渗透——美国与苏联。经过20世纪50年代的激烈军备竞赛，美苏的军事力量对比出现了“恐怖平衡”，双方在刚果都把对方视为潜在的威胁，注定了独立后的刚果会成为两国争锋的新战场。处于冷战边缘地带的非洲国家，尤其是撒哈拉以南国家尽管虚弱不堪，苏联与美国之间博弈的“零和”观念依然主导了各自的决策思维。在大多数美国官员看来，苏联在非洲任何可疑的进展都被自动视为一次西方的失败，而苏联在其非洲关系中的挫折则必然是美国的所得。因而，美国决策者更多的是从全球冷战的角度看待刚果危机问题，其政策基点在于遏制苏联插手刚果，保持西方在该地区的传统优势地位。

冷战内在的制约因素与非殖民化无法使美国和苏联在刚果问题上达成妥协。在美国决策者看来，如果苏联实现了对刚果的控制，附近十几个国家，甚至撒哈拉以南非洲都将倒向苏联的怀抱，从而影响世界政治力量的平衡。因此，他们认为必须把刚果危机问题作为在非洲遏制苏联扩张的试金石。整体而言，苏联插手刚果问题带有机会主义的色彩，其主要目标不在于争夺该地区的经济资源或者战略地位，而主要出于政治上的考虑。在卢蒙巴遇害后，赫鲁晓夫决定放弃关于刚果的争夺。这意味着刚果尽管位于非洲的心脏地带，具有一定的经济与战略价值，但毕竟处于冷战的边缘地带，双方都不愿在此大动干戈。原中情局局长艾伦·杜勒斯在离任几个月后也不得不承认，“在刚果我们高估了苏联的危险”。①

其二，操纵与自主——美国与联合国。刚果危机爆发后，美国政府寄希望于把联合国作为保护伞，以最小代价阻止苏联集团在该地区的渗透。艾森豪威尔政府借助于联合国既能推卸单边干涉的责任，又

① “CBS Reports”, April 26, 1962: “The Hot and Cold Wars of Allen Dulles”. Quoted from Stephen Weissman, *American Foreign Policy in the Congo*, 1960 - 1964, p. 280.

能反对加丹加分裂以及阻止苏联向刚果左派提供援助。从联合国干涉开始，美国就成为其最热心的支持者，为此提供了近一半的经济援助与军事支持，甚至不惜与盟国结怨。据斯蒂文森说，“我们的目标，美国在这场长期和难堪的折磨中支持联合国的目标是推进美国在非洲的政策……所以对我们而言，我们的政策和联合国的政策在刚果问题上是非常一致的”。这让美国及其欧洲、拉美盟国能控制足够的票数击败安理会和联合国大会中许多“不友好”的决议。肯尼迪更是意识到解决刚果问题的关键在于冲突各方，即欧洲、非洲、亚洲的和刚果人的利益之间“达到一种适当的平衡”。

联合国的目标是在一个没有自治经验的国家恢复秩序的责任，并阻止该地区变成冷战冲突的场所。就其本质而言，联合国刚果行动依赖于其成员国（包括美国）的相互妥协与合作。然而，刚果政治家、分裂政权、比利时、主要外部国家的调解或干涉动机不同，围绕着诸如比利时撤军、刚果国内混乱、如何结束加丹加分裂、联合国合法目标及其在刚果的行动范围等问题展开激烈的争论。通过哈马舍尔德和联合国行政机构中的“刚果俱乐部”，美国成功地将联合国刚果行动部队作为一种有效的工具，对遏制“共产主义颠覆”以及在联合国掩护下获得西方的利益实施了相当大程度的影响。苏联只能在联合国大会上利用任何机会把比利时的行动与北约对非洲的阴谋联系起来，同时避免公开卷入以及与美国发生武装冲突。

随着更多新兴独立国家的加入，联合国内部对刚果行动的分歧不断增加，尤其对干涉合法性的争论最为激烈，标志着倡导中立主义的新兴亚非国家越来越成为不容忽视的国际政治力量。自第十五届联合国大会起，亚非国家获得 2/3 多数容易得多。亚非国家的主要目标是在两大阵营之间保持中立，并希望第三世界的非殖民化进程能够顺利进行。为此，它们为刚果行动提供了大部分军队，并在联合国拥有了更多的发言权，有时甚至可以增加或者撤离军队推动联合国在刚果的行动。这必然使联合国的自主意识大为增强，也使美国越来越难以像 20 世纪 50 年代那样得心应手地操纵联合国了。

其三，全球目标与地区目标——美国与北约盟国。冷战时期，影响美国对第三世界政策的因素是多方面的，其中主要包括对共产主义的恐惧、联盟的稳固等。[①] 美国通常以其反殖民主义传统自居，但更强调西方国家的“集体安全”的重要性。卷入1960年刚果危机显示出美国对外政策中的困境：国家拒绝殖民主义的情绪与包括反殖民主义结果在内的世界领导权的负担之间明显的不一致。[②] 对美国而言，刚果的核心问题及其战略重要性是维持全球和平，并避免由于内部冲突和政治混乱导致的东西方直接对抗。

从全球冷战的角度考虑，无论是艾森豪威尔还是肯尼迪在刚果问题上都倾向于支持自己的盟国比利时、英国、法国等，竭力避免与西方盟国在该问题上产生严重的分歧。然而，这些西欧同盟国都是传统的殖民国家，在刚果问题上主要是从其自身的殖民利益和地区利益上看待殖民地区的冷战，经常以苏联威胁为借口，迫使美国对其作出让步与妥协。在联合国和美国的共同干预下，比利时虽然把部队撤离了刚果，但仍与英、法支持加丹加保持分裂，实际阻止了刚果问题的解决，并促发了刚果地区的混乱，也成为危机迟迟得不到解决的症结所在。可以说，正是全球冷战思维和在西方盟国的压力之下，美国政府始终坚持联合国不能介入刚果中央政府与加丹加政权之间的政治斗争。正是从这种意义上说，刚果危机不仅体现了两大阵营之间的对抗，更展示了西方阵营内部在具体利益上的妥协与斗争交错的微妙关系。

其四，控制与受制——美国与刚果民族主义力量。斯蒂文森曾于1963年1月在电视采访中这样表示，如果不是因为来自外部的干涉，加丹加省的分裂可能不会持续下去……人们通常会忘记加丹加省获得选票最多的是巴卢巴卡特党，该党宣布向中央政府而不是冲伯效忠。[③] 事实上，艾森豪威尔与肯尼迪对刚果的民族主义力量均缺乏应

---

① John L. Gaddis, *We Now Know*: *Rething Cold War History*, New York: Oxford University Press, 1997, p. 187.

② Lawrence S. Kaplan, "The United States, Belgium, and the Congo Crisis of 1960", *The Review of Politics*, Vol. 29, No. 2, 1967, pp. 239 – 256.

③ "Transcript of 'Adlai Stevenson Reports', ABC-Television, January 20, 1963: Interview with Mr. Ralph J. Bunche", UN Archives, New York, Dag-1/2. 2. 1 – 90, Congo-United States, book 4 (January 1-December 31, 1963), pp. 3 – 4. Quoted from Robert A. Hill & Edmond Joseph Keller, eds. , *Trustee for the Human Community*: *Ralph J. Bunche*, *the United States*, p. 154.

有的了解，都认为可以轻松地对之进行控制。这种观念决定了艾森豪威尔把苏联的渗透归咎于卢蒙巴个人，不惜践踏美国一直极力鼓吹的民主原则传统，推动刚果内部反对派发动政变，甚至对卢蒙巴实施暗杀等隐蔽方式消除其个人及其政治影响。艾森豪威尔不能容忍与美国利益不相容的民主结果，为此宁愿在刚果维持蒙博托的军事独裁，也不愿采取合法的议会方式解决问题。肯尼迪的刚果新政策则倡导合法的政治解决方法，扶植反对共产主义的阿杜拉温和派政府，乃至最终支持蒙博托建立起军事独裁政权。刚果危机是第一次，却不是最后一次，一个非洲国家的独立和初期民主被送上东西方冷战对抗的祭坛。

日益觉醒的刚果民族主义力量并不关心两大阵营之间的意识形态冲突与军事对抗，而是致力于民族国家的构建与维护。卢蒙巴在“真正的独立”愿望的驱使下，把国家独立与主权放在首位，把加丹加分裂视为比利时新殖民主义的帝国主义入侵。正如卡米塔图后来所言：在分析冷战中，年轻人没有考虑到刚果的国内政治。这有时与我们对大国的想象完全不同。……然而，我们大多数政治决定与冷战无关，他们只与比利时人有关。于我们而言，我们政治和经济发展的唯一敌人是比利时人。美国人和俄罗斯人不是我们的敌人：我们想得到他们的支持反对比利时的入侵。[①] 后来的刚果各派领导人都试图利用超级大国矛盾左右逢源，前提是不能牺牲国家独立的根本利益，获得必需的资源，以达到国内政治目标，特别是统一加丹加。应该说，刚果各派民族主义的力量始终是推动刚果形势发展的主要因素之一。当联合国在刚果问题上处于僵持状态时，刚果的政治力量往往成为危机的“震源”，在很大程度上影响了美国政府的政策，也影响了参与其中的各种国际势力。

上述多层次的矛盾必然相互影响、相互冲突，使美国政府在决策中难以调和，只能根据刚果形势的轻重缓急摇摆于其间。艾森豪威尔与肯尼迪两任政府在处理刚果问题上的根本目标，即在遏制苏联上是一致的，基本手段与原则也是相同的，即通过联合国以及不使用武力解决。然而，由于上述各种矛盾的制约与变化以及两人性格迥异，两

---

① *The Congo Crisis, 1960 - 1961: A Critical Oral History*, p. 76.

任美国政府在应对上述各种矛盾关系的具体方法上又有着明显的差别。艾森豪威尔在刚果问题上倚重于欧洲派，着重强调保持与西方盟国的团结，因而始终没有提出如何结束加丹加分裂的问题；而肯尼迪则更倚重于非洲派，偏重于解决刚果自身需求的基本问题。

整体而言，美国对刚果问题的决策呈现出以下特点。

第一，以苏联威胁的强弱为进退。美国决策层始终把遏制苏联的渗透作为其主要目标，显然夸大了其在刚果的影响与作用。卢蒙巴为实现国家统一，向苏联求援触及了美国的冷战底线。艾森豪威尔为避免这里成为另一个朝鲜，积极支持联合国，甚至采取了诸如推动卡萨武布发起针对卢蒙巴的政变、蒙博托政变以及暗杀卢蒙巴等手段，以此消除苏联在刚果渗透的机会。卢蒙巴倒台后，苏联的影响随之减弱，为继任的肯尼迪政府实施刚果新政策提供了较大的空间。在肯尼迪政府时期，苏联“威胁论”仍或强或弱地存在，但美国面对的主要问题不再是遏制苏联，而是如何解决与西方盟国、与刚果民族主义者的矛盾。为此，肯尼迪政府努力地推行重建刚果合法政府的政策。1962 年 9 月以后，苏联试图在刚果卷土重来才迫使肯尼迪政府对冲伯政权施加更大的政治与经济压力，并增加对联合国刚果行动的军事支持。

第二，美国的刚果决策严重受制于西方盟国。刚果危机国际化的主要原因在于比利时出兵干涉及其支持加丹加分裂势力。虽然艾森豪威尔政府向比利时施加了一定的压力，促使其分批分期地撤离刚果，但他为了安抚盟国，又坚持“联合国不能被拉入总理卢蒙巴与省主席冲伯的政治斗争之中”，保持了加丹加的分裂状态。肯尼迪则把决策的重点放在结束加丹加分裂问题上，但他的几乎每项重大政策都受到了比利时、法国，特别是英国的制约。肯尼迪主张通过政治和谈方式解决，显然与他对刚果形势的认识有关，但在更大程度上则是受制于其盟国的结果。事实上，无论艾森豪威尔还是肯尼迪，在刚果问题上都不得不迁就北约盟国，一再地向它们妥协。

第三，美国的决策从应急走向理性。对于突然爆发的刚果危机，艾森豪威尔政府的政策显然是应急性的，也始终没有制定出解决问题的系统政策。危机初期，艾森豪威尔以防止苏联的介入为最高目标，并未在结束加丹加分裂问题上有所作为。卢蒙巴寻求苏联军事援助的做法，促使艾森豪威尔不惜践踏美国政府一直极力鼓吹的民主原则，推动刚果内部反对派发动反对卢蒙巴政变，甚至对其本人实施暗杀等方式以消除其个人的政治影响。肯尼迪政府在一定程度上克服了艾森豪威尔时期的应急性与随意性，开始正视倡导中立主义的亚非新兴国家在国际社会中力量增长的新形势，以及刚果民族主义对国家独立与领土完整的诉求。为此，肯尼迪政府制定了一系列政策，如关于刚果的新政策、一揽子经济方案、“吴丹计划”，通过合法的方式解决加丹加分裂问题。

第四，美国政府决策的重心经历了由刚果外部到内部，再到外部的转变。危机爆发初期，艾森豪威尔政府政策的侧重点主要在于遏制苏联的渗透，企图通过外部即联合国力量的介入达到目标。然而，他在很大程度上忽视了刚果民族主义的诉求。在卢蒙巴政权被推翻后，艾森豪威尔虽然也试图通过刚果内部，即建立亲美的临时过渡政府、召开议会等方式解决问题，但因其遏制苏联的目标而未能实现。肯尼迪政府偏重于从刚果内部解决刚果危机，为此制订了一套以基础广泛的联合政府为核心的解决方案，扶植起阿杜拉政府，并推动其与冲伯政权和谈。《基托纳协定》的签订曾让肯尼迪政府认为仅靠刚果内部谈判便可解决该问题。事实证明，这只是一厢情愿。在近一年的反复的政治和谈无果而终后，肯尼迪被迫再次加大对联合国刚果行动的军事援助力度，鼓励联合国部队以武力方式解决加丹加的分裂。

主要参考文献

一　档案文献

Confidential U. S. State Department Central Files, Congo: 1960-January 1963.

Department of State Bulletin, 1960 – 1962.

二　口述史料与回忆录

U. S. Government Printing Office, *Alleged Assassination Plots Involving Foreign Leader: An Interim Report of the Select Committee to Study Governmental Operations with Respect to Intelligence Activities*, Washington, 1975.

Devlin, Larry, *Chief of Station, Congo: Fighting the Cold War in a Hot Zone*, New York, 2007.

Hammarskjold, Dag, *The Lumumba Case: United Nation Policies, Vital Speeches of the Day*, Vol. 27, March 15, 1961.

The Congo Crisis, 1960 – 1961: A Critical Oral History, Organized by The Woodrow Wilson International Center for Scholars' Cold War International History Project and Africa Program, September 23 – 24, 2004.

三　英文著作

Abi-Saab, Georges, *The United Nations Operation in the Congo, 1960 – 1964*, Oxfordd University Press, 1978.

Alan, James, *Britain and the Congo Crisis, 1960 – 63*, St. Martin's Press,

1996.

Andrew, Tully, *CIA: The Inside Story*, New York, 1962.

Archer, Jules, *Congo: The Birth of a New Nation*, New York, 1970.

Bowles, Chester, *Promises to Keep: My Year in Public Life, 1941 – 1969*, Harper & Row, 1971.

Bunche, Ralph J., *Ralph J. Bunche: Selected Speeches and Writings*, University of Michigan Press, 1995.

Burns, Arthur L. and Heathcote, Nina, *Peace-Keeping by U. N. Force: from Suez to the Congo*, New York & London, 1963.

Davis, Erik M., *The United States and the Congo, 1960 – 1965: Containment, Minerals and Strategic Location*, MA, Lexington, Kentucky, 2013.

Dayal, Rajeshwar, *Mission for Hammarskjold: The Congo Crisis*, Princeton University Press, 1976.

de Witte, Ludo, *The Assassination of Lumumba*, translanted by Ann Wright and Renee Fenby, London & New York, 2001.

Duignan, Peter, *The United States and Africa: A History*, Cambridge: Cambridge University Press and the Hoover Institution, 1984.

Dunn, Kevin C., *Imagining the Congo: The International Relations of Identity*, Palgrave Macmillian, 2003.

Eisenhower, Dwight D., *Waging Peace (1956 – 1961)*, New York: Doubleday, 1965.

Emmanuel, Gerard & Bruce Kuklick, *Death in the Congo: Murdering Patrice Lumumba*, Harvard University Press, 2015.

Epstein, Howard M., ed., *Revolt in the Congo, 1960 – 1964*, New York, 1965.

Gavshon, Arthur L., *Crisis in Africa: Battleground of East and West*, Westview Press, 1984.

Gibbs, David N., *The Political Economy of Third World Intervention: Mines, Money and US Policy in the Congo Crisis*, University of Chicago Press, 1991.

Goldschmidt, Wlater, ed., *The United States and Africa* (Revised), New

York & London, 1963.

Hajayandi, Jean-Baptiste, *The Bright Side of the Coin: American Assistance Amid Contentious Involvement in the Congo from 1960 to 1965*, Ph. D, Stony Brook University, 2013.

Heinz, G. & Donnay, H., *Lumumba: The Last Fifty Days*, translated form the Frence by Jane Clark Seiz, Grove Press, 1969.

Heller, Peter B., *The United Nations under Dag Hammarskjöld, 1953 – 1961*, Lanham, Md.: Scarecrow Press, 2001.

Helmreich, Jonathan E., *United States Relations with Belgium and the Congo, 1940 – 1960*, University of Delaware Press; London: Associated University Presses, 1998.

Hill, Robert A. & Keller, Edmond J., eds., *Trustee for the Human Community: Ralph J. Bunche, the United Nations, and the Decolonization of Africa*, Ohio University Press, 2010.

Hilsman, Roger, *To Move a Nation: The Politics of Foreign Policy in the Administration of John F. Kennedy*, New York, 1967.

Hoskyns, Catherine, *The Congo Since Independence (January 1960-December 1961)*, London, 1965.

Hoskyns, Catherine, *The Organization of African unity and the Congo crisis, 1964 – 65: Documents*, Oxford University Press, 1969.

House, Arthur H., *The U. N. in the Congo: The Political and Civilian Efforts*, University Press of America, 1978.

Ian Scott, *Tumbled House: the Congo at Independence*, Oxford University Press, 1969.

In Support of the People of the Congo (Leopoldville) Against U. S. Aggression, Peking: Foreign Languages Press, 1965.

Jackson, Henry F., *From the Congo to Soweto: U. S. Foreign Policy toward Africa since 1960*, W. Morrow, 1982.

John, L. Gaddis, *We Now Know: Rething Cold War History*, New York: Oxford University Press, 1997.

Kalb, Madeleine G., *The Congo Cables: The Cold War in Africa—From*

Eisenhower to Kennedy, New York, 1982.

Kanza, Thomas, *Conflict in the Congo: The Rise and Fall of Lumumba*, Penguin Books, 1972.

Kaplan, Lawrence S., *NATO and the UN: A Peculiar Relationship*, University of Missouri Press, 2010.

Kent, John, American, *The UN and Decolonization: Cold War Conflict in the Congo*, Routledge, 2010.

Lefever, Ernest W., *Crisis in the Congo: A United Nations Force in Action*, Washington: D. C. Brookings Institution, 1965.

Lemarchand, Rene, *Political Awakening in the Belgian Congo*, University of California Press, 1964.

Lierde, Jean van, ed., *Lumumba Speaks: The Speeches and Writings of Patrice Lumumba, 1958 – 1961*, Little, Brown and Company-Boston-Toronto, 1972.

Light, Margot, *The Soviet Theory of International Relations*, Wheatsheaf, 1988.

Macmillan, Harold, *At the End of the Day, 1961 – 1963*, New York: Harper & Row, 1994.

Mahoney, Richard D., *The Kennedy Policy in the Congo, 1961 – 1963*, Ph. D, The Johns Hopkins University, 1979.

Mahoney, Richard, *JFK: Ordeal in Africa*, New York, 1983.

Martin, John B., *Adlai Stevenson and the World*, Doubleday, 1977.

Mazov, Sergey, *A Distant Front in the Cold War: the USSR in West Africa and the Congo, 1956 – 1964*, Woodrow Wilson Center Press & Stanford University Press, 2010.

Merriam, Alan P., *Congo: Background of Conflict*, Northwestern University Press, 1961.

Montgomery, Mary E., "The Eyes of the World were Watching: Ghana, Great Britain and the United States, 1957 – 1966", Doctor of Philosophy, 2004.

Mountz, William T., *Americanizing Africanization: The Congo Crisis*,

1960 – 1967, University of Missouri-Columbia, 2014.

Mugur, Valahu, *The Katanga Circus: A Detailed Account of Three UN Wars*, New York, 1964.

Murphy, Robert, *Diplomat Among Warriors*, Garden City & New York, 1964.

Mwakikagile, Godfrey, *Africa 1960 – 1970: Chronicle and Analysis*, New Africa Press, Dar es Salaam, 2009.

Nkrumah, Kwame, *Challenge of the Congo*, International Publishers & New York, 1967.

Noer, Thomas J., *Cold War and Black Liberation: Cold War and Black Liberation*, Columbia: University of Missouri Press, 1985.

Nzongola-Ntalaja, Georges, *The Congo from Leopold to Kabila: A People's History*, London: Zed Books, 2002.

O'Balance, Edgar, *The Congo-Zaire Experience 1960 – 1998*, New York: St. Martin's Press, 2000.

O'Brien, Conor Cruise, *To Katanga and Back*, New York, 1962.

Okumu, Washington, *Lumumba's Congo: Root of Conflict*, Ivan Obolensky, New York, 1963.

Packham, Eric S., *Success or Failure: The UN Intervention in the Congo after Independence*, Science Publishers, 1998.

Renton, David, Seddon, David & Zeilig, Leo, *The Congo: Plunder and Resistance*, London & New York, 2007.

Rikhye, Indar J., *Military Adviser to the Secretary-General: U. N. Peacekeeping and the Congo Crisis*, London & New York, 1993.

Schatzberg, Michael G., *Mobutu or Chaos? The US & Zaire (1960 – 1990)*, Lanham, MD: University Press of America, 1991.

Shepard, Robert B., *Nigeria, Africa, and the United States: from Kennedy to Reagan*, Indiana University Press, 1991.

Spooner, Kevin A., *Canada, the Congo Crisis, and UN Peacekeeping, 1960 – 1964*, the University of British Columbia, 2009.

Stockwell, John, *In Search of Enemies: A CIA Story*, New York, 1978.

The UN Department of Public Information, *The Blue Helmet—A Review of United Nations Peace-Keeping*, New York, 1996.

Urquhart, Brian, *Bunche: An American Life*, New York, 1993.

Urquhart, Brian, *Hammarskjold*, Norton, 1994.

Weissman, Stephen R., *American Foreign Policy in Congo (1960 - 1964)*, Cornell University Press, 1974.

Westad, Odd A., *The Global Cold War: Third World Interventions and the Making of Our Times*, London & New York, 2005.

Williams, A. Susan, *Who Kill Hammarshjold*, Hurst & Co., 2011.

Williams, Michael W., "America and the First Congo Crisis, 1960 - 1963", Ph. D, University of California, 1991.

Young, Crawford, *Politics in the Congo Decolonization and Independence*, Princeton University Press, 1965.

四　中（译）文著作

埃里克·吉尔伯特、乔纳森·T. 雷诺兹：《非洲史》，黄磷译，海南出版社、三环出版社 2007 年版。

安东尼·凯夫·布朗：《原子弹秘史》，董斯美等译，原子能出版社 1986 年版。

S. F. 比米斯：《美国外交史》第 3 分册，商务印书馆 1997 年版。

巴兹尔·戴维逊：《现代非洲史：对一个新社会的探索》，舒展等译，中国社会科学出版社 1989 年版。

比埃尔·约阿、萝西娜·勒纹：《在刚果的托拉斯》，沙地、林立等译，世界知识出版社 1964 年版。

《艾森豪威尔回忆录》（四），樊迪、静海等译，东方出版社 2007 年版。

弗兰克·E. 哈格特：《现代比利时》下册，南京大学外文系法文翻译组译，江苏人民出版社 1973 年版。

何春超主编：《国际关系史》下册（1945—1980），法律出版社 1983 年版。

杰弗里·巴勒克拉夫：《国际事务概览（1959—1960 年）》，曾稣黎译，上海译文出版社 1986 年版。
孔华润主编：《剑桥美国对外关系史》，周桂银、杨光海等译，新华出版社 2004 年版。
李铁城编：《联合国的历程》，北京语言学院出版社 1993 年版。
李智彪：《刚果民主共和国》，社会科学文献出版社 2004 年版。
梁根成：《美国与非洲：第二次世界大战结束至 80 年代后期美国对非洲的政策》，北京大学出版社 1991 年版。
列西奥夫斯基：《联合国前秘书长死亡之谜》，龚毅华译，群众出版社 1989 年版。
刘绪贻主编：《美国通史》第 6 卷，人民出版社 2002 年版。
陆庭恩、彭坤元：《非洲通史》（现代卷），华东师范大学出版社 1995 年版。
罗贝尔·科纳万：《刚果（金）历史》（下），史陵山译，商务印书馆 1974 年版。
罗伯特·达莱克：《肯尼迪（1917—1963）》，曹建海译，中信出版社 2005 年版。
罗兰·奥利弗、安东尼·阿尔莫特等：《1800 年以后的非洲》，李广一等译，商务印书馆 1992 年版。
B. A. 马尔蒂诺夫：《帝国主义压榨下的刚果》，何清新译，世界知识出版社 1963 年版。
美国西北大学非洲研究计划处：《美国对非洲的外交政策：美国西北大学非洲研究计划处研究报告》，北京编译社，世界知识出版社 1960 年版。
尼基塔·谢·赫鲁晓夫：《赫鲁晓夫回忆录》，述弢等译，社会科学文献出版社 2007 年版。
牛军主编：《冷战时期的美苏关系》，北京大学出版社 2005 年版。
祁长松主编：《美国情报首脑全传》（上），中国社会科学出版社 2006 年版。
《鲍尔斯回忆录》，上海《国际问题资料》编辑组译，上海人民出版社 1974 年版。
让·东特：《比利时史》，南京大学外文系法文翻译组译，江苏人民出版社 1973 年版。
时殷弘、蔡佳禾主编：《世界历史长编（1956—1958）》，上海人民出版社 2000 年版。
斯蒂芬·安布罗斯：《艾森豪威尔传》下卷，徐问铨、邬杰伦等译，中国社会科学出版社 1989 年版。
斯塔夫里阿诺斯：《全球通史：1500 年以后的世界》（下），吴象婴、梁赤民译，上海社会科学院出版社 1999 年版。
苏联科学院非洲研究所编：《非洲史：1918—1967 年》，上海人民出版社 1974 年版。
D. C. 瓦特：《国际事务概览（1962 年）》，上海市政协编译工作委员会译，上海译文出版社 1983 年版。
D. C. 瓦特：《国际事务概览（1963 年）》，上海市政协编译工作委员会译，上海译文出版社 1985 年版。
王玮、戴超武：《美国外交思想史》，人民出版社 2007 年版。
威廉·陶伯曼：《赫鲁晓夫全传》，王跃进译，中国社会科学出版社 2009 年版。
威廉·艾菲厄斯·韩顿：《非洲的命运：目前冲突的起源》，齐干译，世界知识出版社 1958 年版。
吴秉真、高晋元：《非洲民族独立运动简史》，世界知识出版社 1993 年版。
西奥多·索伦森：《肯尼迪》，复旦大学世界经济研究所译，上海译文出版社 1981 年版。
西克·安德烈：《黑非洲史》第 4 册（下），上海新闻出版系统“五·七”干校翻译组译，上海人民出版社 1979 年版。
小阿瑟·施莱辛格：《一千天：约翰·菲·肯尼迪在白宫》，仲宜译，三联书店 1981 年版。
杨泽伟、谢韬编著：《20 世纪国际关系史》，中国法制出版社 2001 年版。
于力人：《中央情报局 50 年》，时事出版社 1998 年版。
郑家馨主编：《殖民主义史》（非洲卷），北京大学出版社 2000 年版。
中国非洲史研究会：《非洲史论文集》，三联书店 1982 年版。

钟伟云：《血洒加丹加：卢蒙巴事件始末》，世界知识出版社 1997 年版。

资中筠：《战后美国外交史——从杜鲁门到里根》上册，世界知识出版社 1994 年版。

五　中英论文

Bengt, Rosio, "The Ndola Crash and the Death of Dag Hammarskjold", *The Journal of Modern African Studies*, Vol. 31, No. 4, 1993, pp. 661 – 671.

Collins, Carole, "Fatally Flawed Mediation: Codier and the Congo Crisis of 1960", *Africa Today*, Vol. 39, No. 3, 1992, pp. 5 – 22.

Collins, Carole, "The Cold War Comes to Africa: Cordier and the 1960 Congo Crisis", *Journal of International Affairs*, Vol. 47, No. 1, 1993, pp. 243 – 269.

O'Brien, Conor Cruise, "The UN, Congo and Tshombe", *Transition: A Journal of the Arts, Culture and Society*, Vol. 4, No. 15, 1964, pp. 29 – 31.

David N. Gibbs, "Let Us Forget Unpleasant Memories: The US State Department's Analysis of the Congo Crisis", *The Journal of Modern African Studies*, Vol. 33, No. 1, 1995, pp. 175 – 180.

Franck, Thomas M., "United Nations Law in Africa The Congo Operation as a Case Study, Law and Contemporary Problems", *African Law*, Vol. 27, No. 4, 1962, pp. 632 – 652.

Gibbs, David N., "Dag Hammarskjöld, the United Nations, and the Congo Crisis of 1960 – 1: A Reinterpretation", *The Journal of Modern African Studies*, Vol. 31, No. 1, 1993, pp. 163 – 174.

Gibbs, David N., "Let Us Forget Unpleasant Memories: The US State Departments Analysis of the Congo Crisis", *The Journal of Modern African Studies*, Vol. 33, No. 1, 1995, pp. 175 – 180.

Hastings, Stephen, "The United Nations in Katanga", *African Affairs*, Vol. 61, No. 244, 1962, pp. 191 – 200.

Hoskyns, Cathreine, "Sources for a Study of the Congo since Independence", *The Journal of Modern African Studies*, Vol. 1, No. 3, 1963, pp. 373 –382.

Hughes, Matthew, "Fighting for White Rule in Africa: The Central African Federation, Katanga, and the Congo Crisis, 1958 –1965", *The International History Review*, Vol. 25, No. 3, 2003, pp. 592 –615.

Kaplan, Lawrence S., "The United States, Belgium, and the Congo Crisis of 1960", *The Review of Politics*, Vol. 29, No. 2, 1967, pp. 239 –256.

Larmer, Miles & Kennes, "Erik, Rethinking the Katangese Secession", *The Journal of Imperial and Commonwealth History*, Vol. 42, No. 4, 2014, pp. 741 –761.

Lemarchand, Rene, "The Limits of Self-Determination: The Case of the Katanga Secession", *The American Political Science Review*, Vol. 56, No. 2, 1962, pp. 404 –416.

Lyman, Princeton N., "Ralph Bunche's International Legacy: The Middle East, Congo, and United Nations Peacekeeping", *Journal of Negro Education*, Vol. 73, Issue 2, 2004, pp. 159 –170.

MacFarlane, S. N., "Intervention and Security in Africa", *International Affairs*, Vol. 60, No. 1, 1983, pp. 53 –73.

Mazov, Sergei, "Soviet Aid to the Gizenga Government in the Former Belgian Congo (1960 –61) as Reflected in Russian Archives", *Cold War History*, Vol. 7, No. 3, 2007, pp. 425 –437.

McMahon, Robert J., "Eisenhower and Third World Nationalism A Critique of the Revisionists", *Political Science Quarterly*, Vol. 101, No. 3, 1986, pp. 453 –473.

Metz, Steven, "American Attitudes Toward Decolonization in Africa", *Political Science Quarterly*, Vol. 99, No. 3, 1984, pp. 515 –553.

Miller, E. M., "Legal Aspects of the United Nations Action in the Congo", *The American Journal of International Law*, Vol. 55, No. 1, 1961, pp. 1 –28.

Minter, William, "The Limits of Liberal Africa Policy: Lessons from the Congo Crisis", *Transafrica Forum*, Vol. 2, No. 3, 1984, pp. 27 –48.

Mohan, Jitendra, "Ghana, The Congo, and The United Nations", *The Jour-*

nal of Modern African Studies, Vol. 7, No. 3, 1969, pp. 369 - 406.

Namikas, Lise A., "Battleground Africa: The Cold War and the Congo Crisis, 1960 - 1965", UMI: PhD dissertation, University of Southern California, May 2002.

Nwaubani, Ebere, "Eisenhower, Nkrumah and the Congo Crisis", *Journal of Contemporary History*, Vol. 36, No. 4, 2001, pp. 599 - 622.

Ohaegbulam, Festus U., "The Congo Crisis (1960-June, 1964) as a Case Study of the Formative Stages of Nigeria's Foreign Policy, Some Aspect of Congo Problem", *International Affairs*, Vol. 38, No. 1, 1962, pp. 379 - 397.

Rupert, Emerson, "American Policy in Africa", *Foreign Affairs*, Vol. 40, No. 2, 1962, pp. 303 - 315.

Saideman, Stephen M., "Explaning the International Relations of Secessionist Conflicts: Vulnerability Versus Ethnic Ties", *International Organization*, Vol. 51, No. 4, 1997, pp. 1374 - 1376.

Sherwood, Marika, "Robert Kweku Atta Gardiner (1914 - 1994): An Unrecognised Ghanaian Pan-Africanist Par-excellence", *Contemporary Journal of African Studies*, Vol. 2, No. 1, 2014, pp. 27 - 57.

Van Bilsen, A. A. J., "Some Aspects of the Congo Problem", *International Affairs*, Vol. 38, No. 1, 1962, pp. 41 - 51.

Weissman, Stephen R., "CIA Covert Action in Zaire and Angola Patterns and Consequences", *Political Science Quarterly*, Vol. 94, No. 2, 1979, pp. 263 - 286.

West, Robert L., "United Nations and the Congo's Finiancal Crisis: Lessons of the First Year", *International Organization*, Vol. 15, No. 4, 1961, pp. 603 - 617.

Wigny, Pierre, "Belgium and the Congo", *International Affairs*, Vol. 37, No. 3, 1961, pp. 273 - 284.

Young, Crawford, "The Politics of Separatism: Katanga 1960 - 63", in Gwendolen M. Carter, ed., *Politics in Africa: 7 Cases*, New York: Harcourt, Brace & World, 1966, pp. 167 - 208.

Young, Crawford, "Unted States Policy Toward Africa: Silver Anniversary Reflections", *African Studies Review*, Vol. 27, No. 3, 1984, pp. 1 - 17.

Young, M. Crawford, "Post-Independence Politics in the Congo", *Transition*, No. 26, 1966, pp. 34 - 41.

戴超武:《肯尼迪—约翰逊时期的外交与第三世界》,《美国研究》2006 年第 2 期。

姜莉莉:《1960—1963 年刚果危机与美国的政策》,硕士学位论文,陕西师范大学,2006 年。

梁根成:《肯尼迪和约翰逊政府对南部非洲的政策》,《外交评论》1989 年第 3 期。

梁根成:《美国对非洲的政策(二次大战结束至五十年代后期)》,《西亚非洲》1986 年第 1 期。

梁根成:《美国同西欧国家在刚果(金)的矛盾(1960—1967)》,《国际政治研究》1989 年第 5 期。

刘青:《美国对亚洲不结盟国家态度与政策的变化(1953—1963)》,《美国研究》2008 年第 1 期。

刘增莉:《联合国二十世纪六十年代在刚果的维和行动(ONUC)》,硕士学位论文,外交学院,2004 年。

时晓红:《卢蒙巴与刚果独立》,《山东师大学报》(社会科学版)1995 年第 3 期。

孙建党:《从"委任统治"到"非殖民化"——美国殖民地问题的政策变化》,《历史教学》2005 年第 7 期。

六 报刊

《纽约时报》(*New York Times*), 1960—1963 年。

《人民日报》, 1960—1963 年。

后　　记

2006 年，我幸运地重回秀美的丽娃河畔，再次浸染华东师范大学浑厚的人文精神。在随后的三年时间，我完成了自己的博士学位论文，同时也为本书奠定了基础。

吾师沈志华先生博学多识、治学严谨、高瞻远瞩，且睿智幽默、为人豁达。虽然他一直忙于学术研究和行政事务，但他“授之以渔”的教导让学生受益无尽。吾师陈兼教授兼通中西学术路径，视野宽广，对历史问题的宏观把握令吾辈仰止。学生自知鲁钝，虽不敢懈怠，但终未能得到两位老师半点衣钵。

华东师范大学历史学系大师云集，置身其中，如沐春风。我特别感谢硕士导师沐涛教授。沐先生治学严谨踏实、待人宽容而不乏严格，多年来在指导我的学业、关心我的生活的同时，又教我为人处世之道。历史学系的余伟民、郑寅达、戴超武等教授在课堂上为我指点迷津，在论文开题及预答辩期间为本书进一步修改指明了方向。

荣幸的是，我的论文答辩还请到了学术界德高望重的金重远先生、叶书宗先生。他们对本书的宽容和建设性的建议让我感到惭愧和感激。至今，我还清楚地记得给金重远先生送交论文时，精神矍铄的他还笑着对我说自己“seventy two”，已经到“闭关”的年纪了。得知金先生于 2012 年 6 月驾鹤西去的消息后，我又找出先生当年那张写有论文建议的发黄信纸，禁不住唏嘘不已。

在本书早期资料收集阶段及写作过程中，我得到了许多热心人的帮助。国际冷战史研究中心的周娜、陈波，以及师妹王卓等为我提供了无私的帮助。我还要特别感谢安徽财经大学的丁祖煜博士，他为我拍摄了《美国对外关系文件集》（刚果危机卷）的档案资料。

读博的那段岁月非常艰辛，我全家相扶相持地走过。同读博士的爱人姬庆红虽然自己的学业繁重，但在我痛苦之时一直给我安慰、鼓励和帮助。儿子王扶尧也乖巧懂事，让我们宽心不少。母亲坚持为我们照料儿子，让我们在外求学而无后顾之忧。每念及此，我们都愧疚不已，深恐无以为报。

本书能够付梓，我要特别感谢兰州大学社会科学处处长陈文江教授在出版经费方面给予的大力支持。我还要感谢中国社会科学出版社的领导和编校人员在规范与出版方面的帮助。由于本人的能力与水平有限，书中难免有疏误之处，恳请方家批评指正。

王延庆

2017 年 4 月于兰州大学